KB143863

DICHOTOMY LEADERSHIP

미 해군 네이비씰이 팀을 이끌고 승리하는 방법

네이비씰 균형의 기술

★★★ 리더십의 이분법 ★★★

조코 윌링크, 레이프 바빈 지음
나현진 옮김

조코 윌링크와 레이프 바빈

극한의 오너십: 미 해군 네이비씰이 팀을 이끌고 승리하는 방법

브루저 기동대 소속 네이비씰 대원과 폭발물 처리 요원, 이라크 병사들이 레드 커래히 기동대 대원들과 함께 라마디 동부 말랍 구역에서 폭발물 제거 작업을 벌이고 있다. 레드 커래히 기동대는《밴드 오브 브라더스》에 나오는 전설적인 미군 101 공수사단 506 낙하산 보병연대 1대대 소속이다. 사진 속 가운데에 있는 사람이 506 낙하산 보병연대 1대대의 중대장으로 그는 '건 파이터 식스'라고 불리며 실력이 출중하고 숙련된 군인이다.

(사진 제공: 토드 피트먼)

미 해군 네이비씰이 팀을 이끌고 승리하는 방법

네이비씰 균형의 기술

★★★ 리더십의 이분법 ★★★

조코 윌링크, 레이프 바빈 지음
나현진 옮김

데이원

네이비씰 3팀과 브루저 기동대의 빅 터프 프로그맨Big Tough Frogmen들,

작전 중 전사한 마크 리, 마이크 몬수어, 라이언 잡에게 이 책을 바칩니다.

또한 우리의 친구이며 전설로 남은 크리스 카일과 델타 소대의

책임자이자 우리의 형제인 세스 스톤에게도 고마움을 전합니다.

언제나 당신들의 숭고한 희생을 기억하겠습니다.

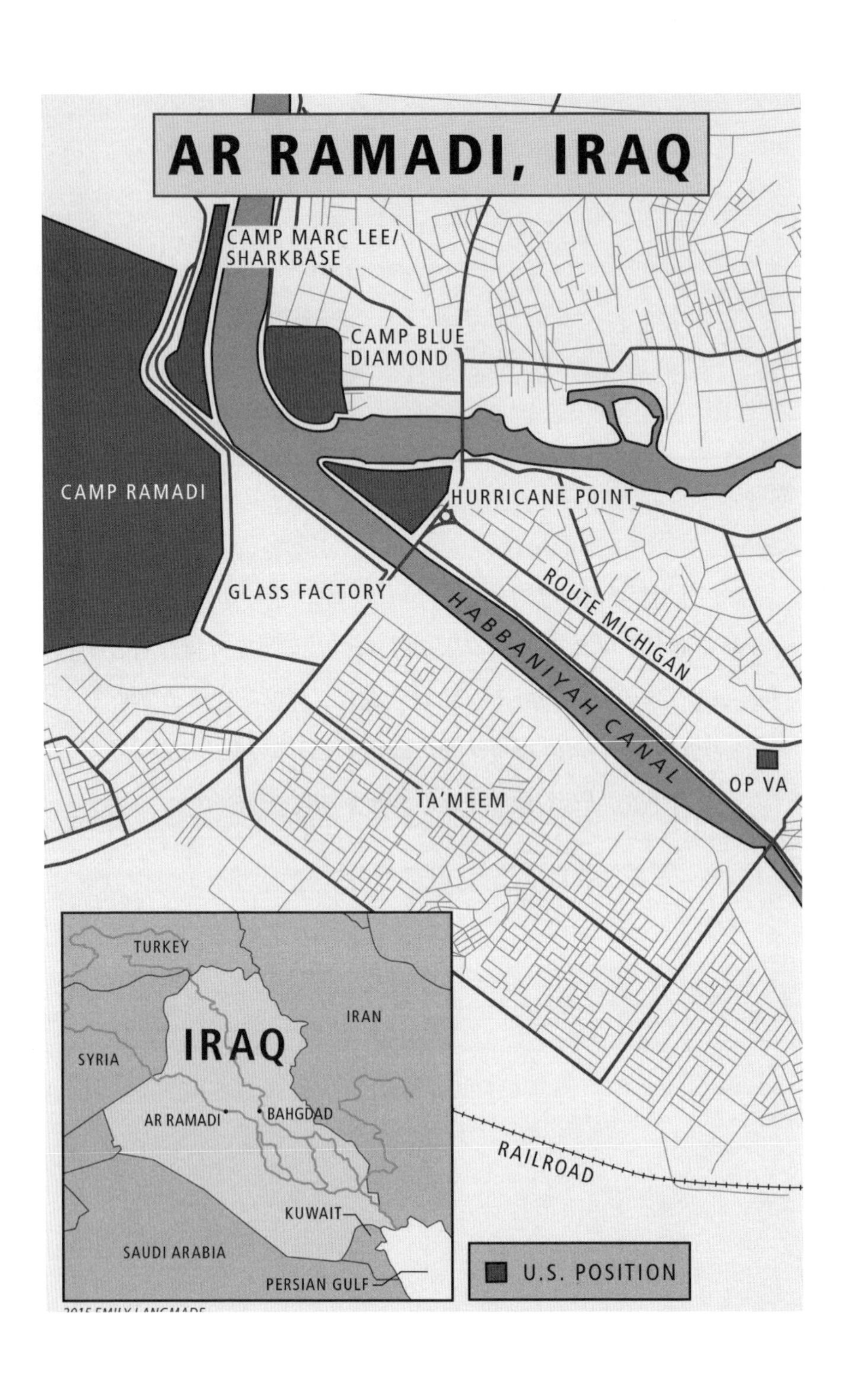
AR RAMADI, IRAQ
CAMP MARC LEE/
SHARKBASE
CAMP BLUE
DIAMOND
CAMP RAMADI
HURRICANE POINT
GLASS FACTORY
ROUTE MICHIGAN
HABBANIYAH CANAL
OP VA
TA'MEEM
RAILROAD
TURKEY
IRAN
IRAQ
SYRIA
AR RAMADI
BAHGDAD
KUWAIT
SAUDI ARABIA
PERSIAN GULF
U.S. POSITION

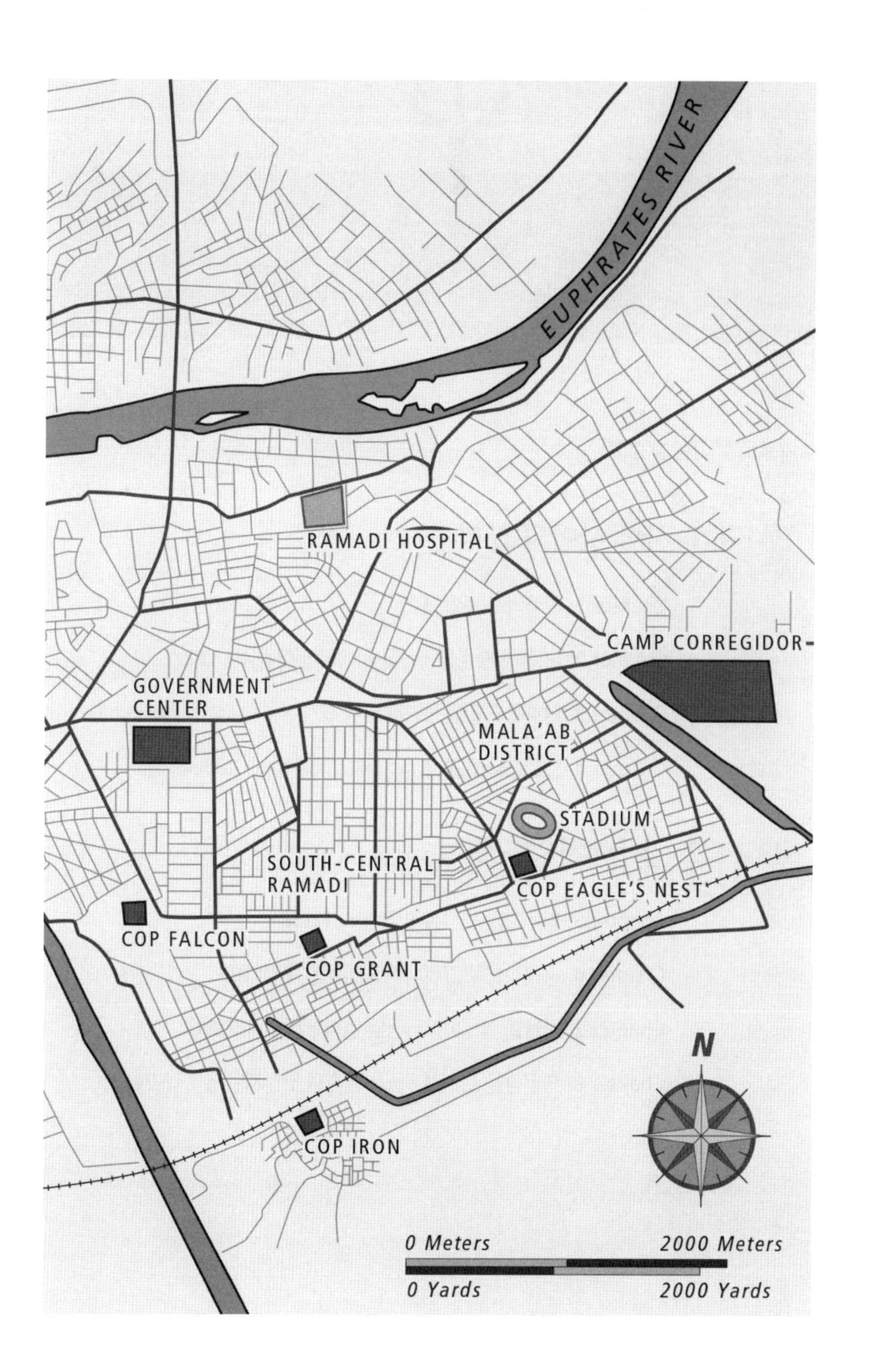
EUPHRATES RIVER
RAMADI HOSPITAL
CAMP CORREGIDOR
GOVERNMENT CENTER
MALA'AB DISTRICT
STADIUM
SOUTH-CENTRAL RAMADI
COP EAGLE'S NEST
COP FALCON
COP GRANT
COP IRON
N
0 Meters
2000 Meters
0 Yards
2000 Yards

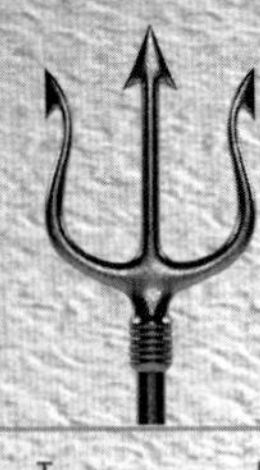

C O N T E N T S

『서문』

전쟁은 악몽이다. 끔찍하고 무차별적이며 파괴적이고 악랄하다. 마치 생지옥 같다.

그러나 한편으로는 대단한 가르침을 주는 선생이기도 하다. 이를테면 잔인한 선생이라고 할 수 있다. 우리는 전쟁 중에 수많은 고통을 통해서 슬픔과 상실은 물론이고 피로 물든 가르침을 얻었다. 또한 부서지기 쉬운 인간의 생명과 강인한 정신력을 배우기도 했다.

전술과 전략을 터득하며 가장 효율적으로 적을 상대하는 방법을 배웠고, 목표물을 분석하고 관련 정보를 수집해서 적의 약점을 찾아내 활용하는 기술도 익혔다. 이러한 전략들을 적용하여 우리는 적에게 자신들이 저지른 죄에 대한 대가를 치르게 했다.

전쟁에서 배운 이런 전술과 전략 중에 가장 보편적이며 다른 이에게 전달 가능한 전술은 '리더십의 힘에 대한 진정한 이해'이다. 도무지 승리할 수 없을 것 같은 상황에서 멋진 리더들이 어떻게 승리에 도달하는지 우리는 두 눈으로 똑똑히 보았다. 또한 형편없는 리더십이 천하무적이었던 팀을 좌절하게 만드는 모습도 목격했다.

전쟁을 치르며 리더십의 원칙이 간단하지만 쉽지 않다는 걸 몸소 경험했고 깨달았다. 여기에는 다양한 전술과 기법, 기술이 있는데 이를 효과적으로 활용하기 위해선 상당한 시간과 연습이 필요하다. 강한 리더십의 최우선 요건은 겸손이다. 겸손한 리더는 자신의 한계를 정확히 이해하고 받아들인다. 우리는 전쟁터에서 배운 수많은 가르침들을 사람들에게 전달하고 있지만, 지금도 여전히 실수를 저지른다. 그렇기 때문에 겸손을 잃지 않고 끊임없이 배우려 노력하고 있다.

《네이비씰 균형의 기술: 리더십의 이분법》은 첫 번째 책 《네이비씰 승리의 기술》을 토대로 쓰였으며, 그 뒤를 잇는 책이다. 그동안 《네이비씰 승리의 기술》의 수많은 독자들이 후속작을 써 달라고 부탁했다. 우리는 《네이비씰 균형의 기술: 리더십의 이분법》이 전작과 별개로 쉽게 읽히며 분명하게 이해가 될 수 있도록 간결하게 서술했다. 여러분은 다음 페이지에 설명된 이 책의 개요를 보고 《네이비씰 승리의 기술》의 배경에 관해 더 깊게 알고 싶어 할 수도 있다. 물론 전작의 메시지를 분명하게 이해하는 것이 이 책을 읽는 데 도움이 될 수 있다. 그러나 반드시 필요한 것은 아니다.

이 두 책에서 우리는 네이비씰 대원으로 지냈던 시절의 경험을 바탕으로 글을 썼고, 책 속의 교훈 대부분은 네이비씰 제3팀 브루저 기동대 지휘관으로 2006년 라마디 전투를 치르며 얻은 것이다. 라마디 전투에서 브루저 기동대의 네이비씰 대원들은 놀라울 정도로 용감하고 강인하게 싸웠다. 그들은 전쟁터에 상당한 영향력을 미친 만큼 심각한 부상을 입기도 했다. 그들의 희생은 영원히 잊히지 않을 것이다. 미 해군 현역을 그만두자마자 우리는 '에셜론 프런트'라는 회사를 설립하여 그동안 배운 교훈들을 모든 분야의 리더들과 공유해 왔다. 2015년《네이비씰 승리의 기술》출간을 통해 전 세계의 리더들이 우리가 전하는 근본적인 리더십 원칙을 이해하고 받아들였다. 그 근본적인 리더십 원칙은 이렇다.

극한의 오너십과 네 가지 교전 수칙: 엄호 이동하라, 단순하게 생각하라, 우선순위를 정하고 실행에 옮겨라, 지휘권을 분산하라.

백만 명 이상의 독자들이 이 원칙을 터득해서 각자의 전문적인 분야 또는 개인의 삶에 접목시켜 굉장한 결과를 만들어 내고 있다.

하지만 이 원칙을 최대한으로 활용하는 것은 결코 쉬운 일이 아니다. 어떠한 미묘한 차이를 소홀히 여겨 문제가 생길 경우 극복하기 어려운 장애물이 눈앞에 나타날 수 있다. 우리는 리더십의 성공과 실패의 차이를 인지하게 하는 세밀한 통찰력을 길러 주기 위해 이 책을 썼다. 이 책을 통해 여러분은 현재 있는 곳이 전투 지역이건 사업체이건 가정이건 상관없이 자신의 전쟁터에서 이 리더십의 원칙을 분석하고 적용하며 올바르게 실행할 수 있을 것이다.

《네이비씰 균형의 기술: 리더십의 이분법》의 구성은《네이비씰 승리의 기술》과 같다. 세 파트로 나누어졌고, 각 파트마다 네 가지의 챕터로 이루어져 있으며, 한 챕터는 세 개의 섹션으로 구분된다. 각 챕터의 첫 번째 섹션에는 전쟁터 또는 네이비씰 훈련소에서 경험한 것들이 묘사되어 있고, 두 번째 섹션에서는 그에 상응하는 원칙에 대해 논하며, 마지막 세 번째 섹션에서는 비즈니스 세계에 활용할 직접적인 방안을 제시한다.

《네이비씰 균형의 기술: 리더십의 이분법》은 이라크 전쟁의 역사 기록물이나 회고록이 아니다. 《네이비씰 승리의 기술》에서 우리는 "이 책은 리더십에 관한 책입니다. 팀이 크건 작건 여자이건 남자이건 상관없이 더 나은 자신을 염원하는 이들을 위해 썼습니다. 책에 네이비씰의 전투 작전에 관한 흥미로운 이야기가 담겨 있기는 하지만 이 책은…… 그동안의 경험을 통해 배운 가르침이, 또 다른 리더들을 승리로 이끈 가르침들이 한데 모인 책입니다. 이 책이 자신의 팀을 훈련시켜 기반을 다지고 고성능 팀으로 이끌고자 열망하는 리더들에게 유용한 가이드가 된다면, 그렇다면 이 책은 소기의 목적을 달성한 셈입니다"라고 썼다.

책에 적힌 전투와 훈련 경험은 모두 사실이다. 그러나 역사적 기록을 위해 쓴 건 아니다. 책 속의 대화들은 의사소통의 내재적 의미와 메시지를 보다 사실적으로 전달하고자 삽입하였다. 하지만 시간이 많이 흘러 기억이 흐릿해졌기 때문에 대개는 불완전한 상태이다. 더군다나 미군의 구체적인 전술과 기법, 절차를 드러낼 수가 없었고, 특정 작전이 언제 어디에서 시작됐는지, 어떤 대원들이 참여했는지 등에 관한 그 어떤 기밀 정보도 밝혀선 안 되었다. 미 국방부의 요청에 따라 출간 이전에 원고를 제출했고 펜타곤*의 보안 리뷰 프로세스를 통해 최종 승인을 받았다. 네이비씰 팀 대원들 중 전사했거나 이미 대중에 알려진 경우에만 실제 이름을 썼고 그 외엔 전부 가명을 사용하였다. 지금도 네이비씰 팀에서 업무 수행 중인 대원들은 모두 이목을 집중시키는 것에 관심이 없는 조용한 전문 군인들이다. 그들의 신분을 보호하기 위해 책을 집필하는 동안 매우 진지

* 펜타곤: 미 국방부의 청사 역할을 하는 시설이다. -옮긴이

하게 책임감을 갖고 작업에 임했다.

우리는 함께 라마디 전투지와 다른 지역에서 복무한 훌륭한 군인*들을 비롯해 해군 장병들의 신분을 지키기 위해서 같은 노력을 기울였다. 그들의 이름은 비범한 리더십과 희생, 영웅 정신으로 우리의 기억 속에 남아 있다. 그러나 그들의 프라이버시와 안전을 지키기 위해 이미 많은 사람들에게 알려진 경우가 아니라면 본명을 사용하지 않았다.

마찬가지로 리더십 컨설팅 회사 에셜론 프런트의 고객들의 비밀을 유지하는 데도 주의를 기울였다. 업체명 사용을 최대한 피하고 실명과 직급을 바꿨으며 해당 산업의 특정 정보를 되도록 쓰지 않거나 변경하였다. 《네이비씰 승리의 기술》에서와 같이 비즈니스 분야에 관한 이야기는 실제 경험을 바탕으로 두고 있지만, 경우에 따라서는 기밀 정보를 보호하고 우리가 강조하고자 하는 원칙을 더욱 부각하기 위해 세부 사항을 수정해 가면서 다양한 상황들을 재조합했으며 일어난 순서를 압축하기도 했다.

《네이비씰 승리의 기술》에서 다룬 극한의 오너십이 전 세계적으로 뻗어 나가 많은 이들에게 영향을 미쳤다는 것을, 특히 수많은 독자들이 그 원칙 덕분에 목적 달성에 성공했다는 것을 직접 확인하니 내심 뿌듯했다. 그러나 그중엔 책의 제목과 강력한 기본 원칙, 즉 극한의 오너십을 받아들이는 태도를 잘못 이해한 이들도 더러 있었다. 리더십은 대부분 극한보다는 균형을 요구한다. 리더는 대립되는 요소들 사이에서 균형을 찾아야 한다. 공격적으로 이끌되 경계를 늦추지 말아야 하고, 통솔을 잘하되 엄격하지 말아야 한다. 리더뿐만 아니라 팀원들도 마찬가지다. 이는 리더

* 미 국방부 정책에 따라 책 전반에 걸쳐 '군인'이라는 용어는 '미군'을 대표하는 단어로, '해군'은 '미 해군'을 의미하는 것으로 한다.

십의 거의 모든 부분에 적용된다. 수많은 이분법 가운데서 적절한 균형을 찾고 이루는 것이 리더십의 원칙 중 가장 어렵다.

우리는 리더들이 이 어려움을 이해하고 팀을 가장 효율적으로 이끌고 승리하는 데 필요한 균형 이루기를 도와주기 위해 《네이비씰 균형의 기술: 리더십의 이분법》을 집필했다. 분야를 막론하고 최적의 성과를 올리려면 균형이 이루어져야만 하기 때문이다. 만약 리더가 팀원에게 너무 많은 권한을 부여하면 팀은 점점 뒷걸음질 치면서 방향을 잃고 말 것이고, 반대로 리더가 너무 의욕이 넘치면 팀 전체와 업무는 위험한 상황으로 내몰리게 될 것이다. 그렇다고 팀원들이 움직이길 기다리고만 있으면 결과는 파국으로 치달을 테고, 반대로 리더가 자신의 팀원들을 달달 볶으면 전부 번아웃되어 나가떨어질 것이다. 하지만 현실에 맞는 훈련과 도전을 하지 않는다면, 실제 직면할 여러 상황들에 대해 아무런 대비를 하지 못한 채 도태되고 만다. 이런 식으로 이분법은 끝도 없이 이어지므로 리더들은 각자 그에 맞는 적절한 균형을 찾아야 한다.

《네이비씰 승리의 기술》이 출간된 후로 수백 개의 업체와 조직에서 수천 명의 리더들을 만났는데 책의 주제에 관한 그들의 주요 질문은 이것이었다. 리더십의 이분법 속에서 적절한 균형을 찾는 방법은 무엇인가.

우리는 이 질문을 구체적으로 다루기 위해 이 책을 썼다. 《네이비씰 승리의 기술》에 서술된 것처럼 모든 것에 답을 하지는 않는다. 누구도 그렇게 할 수 없다. 그러나 전쟁터의 지휘관으로서 실패와 성공 모두를 경험하며 소중한 교훈과 겸손을 누구보다 뼈저리게 습득했다. 때로는 실수와 실패를 통해 가장 가치 있는 교훈을 얻기도 했고 그것을 배우며 성장해 나갔다. 지금도 우리는 끊임없이 배우고 성장한다.

《네이비씰 균형의 기술: 리더십의 이분법》은 극한의 오너십을 다룬《네이비씰 승리의 기술》에 토대를 둔 책이다. 전작의 서문에 담긴 말을 인용하자면 이렇다.

> 우리는 미래 세대에게 리더십의 기본 원칙을 남기고자 이 책을 썼다.
> 그들이 잊지 말기를 바라는 마음으로,
> 새로운 전쟁이 시작되고 끝날 때마다 피로 물들이며 이런 중대한
> 가르침을 다시 배우고 또다시 쓰는 일이 없기를 바라는 마음으로.

전쟁터에 나선 팀들뿐만 아니라 그 저편에 있는 회사, 팀, 조직 단체 등 임무를 수행하고 성취하는 사람들이 모인 곳, 리더십이 필요한 곳이라면 어디든 우리가 배운 리더십 교훈이 좋은 영향을 미치길 바라며 책을 폈다. 우리가 이끌고 이기기 위해 배운 원칙들을 활용하고자 하는 이 세상의 모든 리더들에게 이 책을 바친다.

밴딧 기동대(미군 제1기갑사단 1 여단 37 기갑연대 1대대 소속)의 '메인 건' 마이크 바제마 소령이 미군의 M2 브래들리 전투 차량과 불도그 팀(브라보 중대)의 M1A2 에이브럼스 탱크를 이끌고 라마디의 중서부에서 전투 작전을 펼치며 미군과 이라크 보병 그리고 찰리 소대의 네이비씰 대원을 위해 화력 지원을 하고 있다. 불도그 팀과 밴딧 기동대의 실력이 출중한 군인들은 공격적으로 전투에 가담하였고, 수도 없이 많은 전투에서 브루저 기동대의 네이비씰 대원들을 용감하게 구출했다.

(사진 제공: 마이크 바제마)

『프롤로그』

균형 찾기

레이프 바빈

2006년, 이라크 라마디 중남부 J-블록

"스탠 바이, 레디."

무전기에서 나오는 소리였다. 마치 비행기 승무원이 승객들에게 착륙 중이니 트레이를 접으라고 하는 것 같은 차분한 목소리였다. 앞에 보이는 길거리에 사람들이 하나도 없었다. 마법처럼 동네 사람들이 순식간에 사라졌다.

우리는 그 의미를 잘 알았다. 적의 공격이 목전에 와 있다는 것. 초긴장 상태라 털이 쭈뼛 서고 등골이 오싹해졌다.

"스탠 바이, 레디"는 라마디에서 포악한 총격전을 숱하게 겪어 온 우리가 일촉즉발 상황에서 몰아치는 긴장을 완화시키기 위해 자주 하는 우스갯소리였다. 절체절명의 상황에서 아주 태연하게 말할수록 더 웃겼다.

환한 대낮, 네이비씰 대원과 이라크 병사는 주변 정찰을 돌다가 양쪽에 높은 콘크리트 벽으로 둘러싸인 좁다란 시내 길로 내려가는 중이었다.

갑자기 쾅하며 천지가 흔들렸다. 총알 십여 발이 쉭쉭 공기를 가르며 날아들어 바로 옆에 있는 벽에 우레 같은 소리를 내며 충돌했다. 콘크리트 잔해가 사방에 날렸다. 곧바로 일제히 이어지는 사격 소리는 마치 다목적 잭해머*로 주변의 벽과 거리를 동시에 부수는 것과 같았다.

우리는 적진으로 바로 들어갔다. 반군이 기관총으로 사방에서 우리를 공격했다. 어디에서 총을 쏘는 건지 보이지 않았지만 공중을 가로지르는 적의 총알탄이 우리에게 미친 듯이 날아들었다.

숨을 곳이 없었다. 양쪽으로 높은 벽이 늘어선 라마디 중남부의 좁은 길에는 몸을 숨길 곳이 어디에도 없었다. 반군의 기관총과 우리 사이에는 주차된 차 한 대 그리고 여기저기 흩어진 쓰레기들뿐이었다. 2열 종대로 진행되던 정찰이 1열씩 나뉘어 길 맞은편의 벽으로 붙어 섰고, 우리는 그 아래에 잠복했다. 날아드는 총알로부터 몸을 보호할 만한 방패가 전혀 없었다. 그래도 빈손은 아니었다. 엄청난 파괴력을 지닌 화기가 손안에 있었다. 여덟 개의 네이비씰 팀은 반군의 점령지 부근을 정찰할 때마다 기관총 탄띠를 최소한 네 개씩 챙겨 다니며 혹시 마주칠지 모를 총격전에 대비해 무장하곤 했다. 급격하고 포악한 총격전에 즉각 대응할 수 있는 건 이 교전 수칙뿐이었다.-엄호 이동하라. 몇 달간 라마디 도심에서 벌어졌던 일반적인 전투들을 경험하면서 브루저 기동대는 이 교전 수칙을 굉장히 많이 연습했다.

1억분의 1초가 지나기도 전에 네이비씰 대원들이 거대한 기관총을 들

---

* 다목적 잭해머: 휴대용 압축 공기식 드릴이다. -옮긴이

어 올려 상상조차 할 수 없을 만큼 무자비하고 치명적인 총격을 퍼부었다. 바로 눈앞에서 잔혹하고 폭력적인 시가전이 벌어지는데도 내 입가에는 미소가 번졌다.

역시 우리 전우들은 최고였다. 빅 터프 프로그맨(the Big Tough Frogmen)*이 방탄복에 헬멧을 착용한 채 묵직한 Mk48**과 Mk46 기관총, 수백 개의 탄약, 무전기와 물 그리고 그 외 지참할 수 있는 모든 것을 들고 이라크 여름 태양의 이글거리는 열기 속을 뚫고 걸었다.

네이비씰 기관총 사수들이 우리를 구해 주었다. 그동안 미군의 저격수들은 수없이 많은 반군을 사살했고 그에 마땅한 포상도 받았지만, 우리가 공격당할 때마다 적군의 위협을 진압했던 건 네이비씰 기관총 사수들이었다. 그들은 무릎을 꿇거나 선 채로 어깨에 기관총을 받치고서 믿을 수 없을 정도로 정확하게 사격했다. 그들의 발포 소리가 우리에게 총을 쏘던 반군들을 숨죽이게 만들었다. 즉, 반군들이 총격전에 우리를 제대로 끌어들이지 못했다는 의미였다. 덕분에 우리는 교묘한 작전 행동을 할 필요도 없었고, 아무런 해도 입지 않고 쉽게 길에서 빠져나올 수 있었다.

십여 발의 총알이 길 한복판을 강타하고 바로 앞의 벽에 박히는 난리통 속에서도 우리는 총에 맞지 않았다. 이것이 바로 '엄호 이동하라'의 위대함이었다.

찰리 소대의 소대장이자 지휘관으로서 나는 근처에 있는 건물을 '거점'으로 선택하기 위해 일단 물러나라는 명령을 내리고 싶어서 입이 근질거

---

* 빅 터프 프로그맨: the Big Tough Frogmen 네이비씰의 애칭으로, 대단히 멋지고 강한 개구리맨이란 뜻이며 까다롭고 중요한 임무에 나서는 대원들을 존중하는 의미가 담겨 있다. -옮긴이

** Mk48: Mark 48이라고도 불리며, 7.62mm NATO 중기관총으로 네이비씰 팀을 위해 특수 제작되었다. 그보다 약간 더 가벼운 5.56mm NATO 중기관총 Mk46(Mark 46)의 상위 버전이다.

렸다. 그 건물로 가면 콘크리트 벽 뒤에 숨을 공간이 있을 테니 안전 장비를 재정비하고 옥상으로 올라가 우위를 차지할 수 있을 것이었다. 그곳에 대원들을 보내 공격을 개시하면서 반군을 급습할 수도 있고 탱크를 출동시켜 적의 기지를 폭파해 흔적도 없이 사라지게 할 수도 있었다. 나는 어린 시절부터 전투 부대의 지휘관을 꿈꿨다. 중학생 때 전설적인 네이비씰 특수 작전팀에 대해 배운 뒤로 네이비씰 대원이 되고 싶었다. 라마디 같은 지역에서 강도 높은 전투 작전을 이끌고 있다는 것은 어릴 적 꿈을 궁극적으로 실현한 것과 다름없었다. 몸속의 세포 하나하나가 앞으로 나아가기를, 팀을 책임지기를, 폭발적인 총격 소리 너머로 구두 명령을 마구 외치기를 바라고 있었다.

그러나 나는 이 작전의 지휘관이 아니었다.

이 특수 전투 작전의 지휘관은 찰리 소대에서 가장 신참인 분대장이었고, 그는 전투 경험이 거의 없었다. 하지만 분명 그의 작전이었고 그가 결정해야 했다.

만일 분대장이나 다른 누군가 나를 필요로 했으면 당연히 개입해서 결정을 내렸을 것이다. 그러나 그는 훌륭한 장교인 데다가 경험이 많고 뛰어난 부소대장 토니 이프래티와 협력하고 있었다. 나는 우리 분대장을 완전히 신뢰했다. 결국 그는 다시 한번 자신의 능력을 증명했다.

분대장이 거점이 될 만한 더 큰 건물을 다급하게 가리켰다. 앞쪽의 네이비씰 대원들이 대응 사격을 멈추었을 때, 다른 대원들은 건물 입구 쪽으로 이동했다. 큰길에서 벗어나 좁은 길로 이동하면서 해당 건물 구역으로 들어섰다.

내 위치에서 정찰대 중간까지, 저 앞 몇 블록 떨어지지 않은 곳에 적어도 한 명 이상의 적군이 사격 자세를 취하고 있길래 M4 소총에 장착된 M203 유탄 발사기에서 40mm 유탄을 몇 발 쏘았다. 뒤이어 정찰대의 머리 위로 고성능 폭약 '골든 에그'를 던져 적진으로 떨어뜨리자 쾅하는 폭발음을 내뿜으며 순식간에 폭파되었다. 그리 큰 공헌은 아니었지만 덕분에 효율적으로 적의 코를 납작하게 할 수 있었다. 그 후 우리는 기관총으로 지원 사격을 했다.

그런 다음 건물의 입구 방향으로 올라가 바로 앞길에 자리를 잡고서 뛰어오고 있는 우리 대원들을 입구 안으로 안내했다. 커다란 Mk48 기관총을 소지한 마크 리가 저 앞 얼마 떨어지지 않은 곳에서 탄띠의 유탄을 무지막지하게 퍼붓고 있었다. 마크는 용맹한 군인이었다. 그가 우리를 보호하고 있었다. 적의 탄환이 길거리를 가로지르며 계속 우리를 향해 날아들었지만, 마크의 무자비한 총격 덕분에 반군의 탄환은 점점 정확도를 잃어갔다.

몸을 틀어 정찰대 뒤쪽을 보았다. 맨 뒤의 대원 하나가 내 쪽으로 전력질주하고 있었다.

"이쪽으로!" 출입문 방향으로 손짓하며 그에게 소리쳤다.

그 순간 내가 있는 콘크리트 벽으로부터 얼마 떨어지지 않은 곳에서 그가 갑자기 얼굴을 푹 떨구더니 강하게 쿵 넘어졌다. 깜짝 놀라 그에게 달려갔다.

'넘어졌다.' 그리고 생각했다. '분명 가슴이나 머리에 총을 맞았어.'

그의 몸이 피범벅이 됐을 거라고 생각하며 쏜살같이 달려갔다. 그가 나를 보고 슬며시 미소 지었다. 나는 흠칫했다.

"괜찮나?" 내가 우레 같은 사격 소리 너머로 외쳤다.

총알은 여전히 바로 옆 벽에 튕겨 먼지를 일으키며 우리 앞을 슉슉 스치고 있었다.

"전 괜찮습니다." 그가 대답했다. "발을 헛디뎠습니다."

나는 안도하며 미소를 보였다. 그가 심한 부상을 당하거나 죽지 않아서 정말 다행이었다.

"어이!" 시끄러운 사격 소리에 묻히지 않도록 내가 크게 소리쳤다. "자네 머리통에 총알 박힌 줄 알았어!" 우리 두 사람은 싱긋 웃었다.

서둘러 그의 손을 잡아 일으켜 세우고 건물 입구까지 전력 질주했다. 네이비씰 대원이 출입문 안으로 몸을 홱 숙이고 들어갔을 때 나는 앞으로 더 뛰어가서 마크의 등짝을 철썩 때렸다.

"자네만 남았어!" 그에게 우리 대원들의 소재가 전부 파악되었다는 걸 소리쳐 알렸다. 마크가 뒤로 돌아 연기가 풀풀 나는 기관총의 총열을 하늘 위로 향하게 한 채 물러나는 동안 나는 그를 호위했고, 우리는 함께 건물 안으로 숨어 들어갔다. 마침내 전원이 적군의 사정거리에서 벗어나 콘크리트 벽 뒤의 건물에 안착했다. 마크와 기관총 사수들은 M4 소총을 든 네이비씰 사수들의 지원을 받아 악랄하고 강력한 적의 총격 속에서도 다치지 않았다.

옥상으로 올라갔더니 네이비씰 사수들이 사격 자세를 취하고 있었다. 반군이 이 건물에서 저 건물로 옮겨 다니며 계속 공격을 퍼부었고, 우리는 대응 사격을 이어 갔다. 분대장이 옥상에서 찰리 소대의 무전병과 상황을 주고받고 있었다.

"이제 어떻게 할 생각인가?" 내가 물었다.

"탱크를 불러 화력 지원을 요청하겠습니다." 그가 차분하게 말했다. 분대장은 이 총격 속에서도 흔들림이 없었다. 그는 리더들이 지녀야 할 훌륭한 자질을 갖추고 있었다.

"알겠다." 내가 말했다. 정확한 판단이었다. 우리는 옥상에서 우위를 확보하고 있었다. 콘크리트 벽 뒤에 위치한지라 안정성도 괜찮았다. 무전병이 미 육군 불도그 팀(미군 37 기갑연대 1대대 브라보 중대 소속)에 무전을 보냈고, 곧이어 엄청난 화력을 갖춘 M1A2 에이브럼스 탱크가 우리 쪽으로 들어오기 시작했다. 우리는 '메인 건' 마이크 바제마 소령 휘하의 군인들을 몹시 아꼈다. IED(급조 폭파 장치)*는 라마디 중남부 부근 지역에서 탱크 한 대를 박살 냈을 만큼 치명적인 위협을 내재한 도로변 폭발물인데도 메인 건 마이크는 우리가 도움을 요청할 때마다 한 치의 망설임도 없이 탱크에 올라탔으며, 다른 탱크도 추가로 투입해 우리를 도왔다. 우리는 위험에 빠지면 불도그 팀이 구원해 줄 거란 걸 알았기에 위험을 무릅쓰고 적진 깊숙이까지 정찰을 하곤 했다. 마이크와 그의 병사들은 능력이 출중하고 공격적인 전사들이었다. 그들은 상황이 얼마나 위험하고 복잡한지에 관계없이 언제든 우리를 구하기 위해 모든 힘을 쏟을 것이었다. 탱크를 끌고 전투 지역에 도착하자마자 그들은 무자비하게 포격을 쏟아 냈다.

탱크병들이 우리 진영으로 모여드는 데까지 시간이 조금 걸렸다. 우리는 여러 방향에서 적의 공격을 받고 있었다. 대원 하나가 적의 위치를 파악하기 위해 옥상 위로 머리를 쑥 내밀었다. 그 즉시 그의 머리가 뒤로 홱 꺾이더니 몸이 뒤쪽으로 밀려났다. 다행히 그는 다치지 않았고 멍하니 자리에 앉아 방금 무슨 일이 발생한 건지 의아해하고 있었다. 그가 헬멧을

---

* IED(급조 폭파 장치): 미 육군이 Improvised Explosive Device의 앞 글자만 따서 지은 이름으로, 급조 폭발물이며 폭발력이 매우 강하다. 반군의 가장 주요한 무기이다.

벗고 살펴보니 헬멧 앞쪽 야간 투시 장치가 있는 곳에 반군의 총알이 튕겨 나간 자국이 깊게 새겨져 있었다. 1인치 또는 2인치만 아래로 내려갔어도 머리에 박힐 뻔했다.

"무슨 일이야?" 옆에 있던 다른 대원이 물었다.

"총에 맞았어." 대원이 헬멧을 가리키며 슬며시 웃었다.

아슬아슬했지만 다행히 웃어넘길 수 있는 상황이었다.

옥상에서 대기를 하던 중 나는 주파수를 불도그 팀 무전 통신망에 맞췄다. 메인 건 마이크가 반군의 사격이 계속되고 있는 건물들을 표시해 줄 수 있는지 묻는 소리가 들렸다.

"빨간색 연막탄 있으십니까?" 무전병이 물었다. 나한테는 없었다.

"예광탄은 있다." 나는 다른 방안을 제시했다. 무전병이 탄창에 예광탄을 가득 채웠다. 예광탄은 주황빛으로 탄도를 그리며 공기를 가르는 총알이었다. 마크 리 역시 탄띠에 탄환 다섯 개마다 예광탄을 한 알씩 넣어두었다. 우리는 메인 건 마이크와 탱크병들에 그 계획을 전달했다. 육중한 에이브럼스 탱크들이 시내의 콘크리트 바닥을 덜커덕거리며 다가왔을 때, 무전기 너머로 타깃을 표시하라는 지시가 들렸고 나는 구두 명령을 내렸다.

"목표 건물을 표시한다!" 마크와 무전병이 예광탄을 쏘아 적의 위치를 표시했다. 에이브럼스 탱크가 거대한 포탑을 회전하며 우리를 사격했던 건물에 강력한 120mm 대포를 발사할 때, 나는 *'스탠 바이, 레디'*라고 생각했다. 탱크가 어마어마한 화염을 쏟아붓자 적의 공격이 멈추었다. 간신히 목숨을 건진 반군들이 황급히 퇴각했다. 그날 우리는 마이크와 그의 불도그 팀 병사들 덕분에 적의 총격을 더 이상 받지 않았다. 이번에도 그 탱크가 우리들을 이동시켜 주었다. 네이비씰 팀과 미 육군의 연합은 반군들에게 그들이 감당해 낼 수 없는 더 많은 것을 일깨워 주었다. 그리고 우리 분대장은 이번에 다시 한번 자신이 확고한 리더라는 걸, 근접 전투의 압박 속에서도 침착하고 능수능란하게 임무를 수행했다는 것을 증명했다.

분대장이 작전을 이끌어야 하는 상황에서 나는 그를 따를 준비를 해야 했다. 모든 리더들은 자신의 업무에서 한 걸음 떨어질 줄 알아야 했다. 우리는 하급 지도부와 전방 배치 대원들에게 지휘권을 넘기면서 훨씬 더 효율적으로 작전을 수행할 수 있었고, 그와 같은 리더십 문화가 부대 내 모든 단계의 지도부에 생겨났다. 리더십과 팔로우십을 고르게 조율하는 것은 리더십의 이분법의 한 예였다. 모든 리더들은 반대되는 두 개의 리더십의 사이에서 균형을 찾아야 한다. 팀을 이끌 준비를 하면서도 팀원을 따라야 할 때를 알아야 한다. 업무에 영향을 미치는 모든 것에 극한의 오너십을 가지면서도 팀원에게 지휘권을 넘길 줄 알아야 한다. 다양한 이분법을 인지하고 맞은편의 리더와 균형을 맞추는 능력은 모든 단계의 리더들이 이끌고 승리할 수 있게 하는 강력한 수단이다.

이분법: 균형을 이룬 극한의 오너십을 갖추기 위한 도전

조코 윌링크, 레이프 바빈

우리의 첫 책《네이비씰 승리의 기술》은 많은 이들의 마음을 움직였다. 리더라면 이 세상 모든 것, 업무에 영향을 미치는 모든 것에 주인 의식을, 즉 극한의 오너십을 갖춰야 한다는 생각이 사람들의 관점을 바꾸어 놓았다. 실수가 발생한다 해도 능률이 좋은 리더는 다른 이를 비난하지 않는다. 그 실수에 오너십을 갖고 무엇이 잘못되었는지 파악하고, 실수를 바로잡을 해결 방안을 모색해 앞으로 같은 일이 반복되지 않게 한다.

아무리 최고의 팀 또는 리더라고 해도 흠잡을 데 하나 없는 성과를 내진 못한다. 누구도 완벽할 순 없다. 최고의 팀과 리더를 만드는 가장 좋은 방법은 실수를 했을 때 그것을 인정하고 오너십을 발휘해 성과를 업그레이드할 새로운 방안을 만들어 내는 것이다. 이런 식으로 반복하다 보면 팀과 리더는 자신들의 업무 효율을 강화시킬 수 있다. 시간이 흐를수록 다른 팀들과의 경쟁 구도에서, 특히 성과가 아예 이루어지지 않는데도 서로에 대한 비난과 변명만 늘어놓는 팀들과의 경쟁에서 더욱더 우위를 점령할 수 있다.

우리의 네 가지 교전 수칙은 미국 전역뿐만 아니라 세계적으로 많은 팀들 및 단체의 성과를 향상하는 데 근본적인 도움이 되었다. 규모와는 상관없이 거의 모든 산업과 군대·경찰·소방 관련 단체, 자선 단체, 학교 그리고 스포츠 팀에도 큰 도움을 주었다.

첫 번째 교전 수칙은 '엄호 이동하라'이다. 이건 팀워크와 관련된 것인

데, 모든 개개인과 팀원은 임무를 수행할 수 있도록 상호 간에 협력해야 한다. 팀 내의 여러 부서와 그룹들, 주변의 외부 팀도 임무를 성공으로 이끄는 데 아주 중요한 역할을 한다. 서로 간에 과도한 경쟁을 지양하고 승리를 위해 협업해야 한다. 그룹 내에서 딱 한 사람만 일을 한다고 해서 될 일이 아니다. 팀이 실패하면 전체가 실패한다. 그러나 팀이 전체적으로 성과를 거두면 모두가 승리한다. 모두 함께 성공을 공유하게 된다.

두 번째 교전 수칙은 '단순하게 생각하라'이다. 복잡함은 혼돈과 재앙을 불러일으킨다. 특히 무언가 잘못되었을 때는 상황이 더욱 심각해지면서 문제가 계속 발생한다. 계획이나 명령이 너무 복잡하면 임무를 수행해야 하는 팀원들은 결국 이해를 하지 못한다. 팀 구성원이 이해하지 못한다는 것은 이행할 수 없다는 것과 같다. 그래서 지휘관의 의도, 이를테면 임무에 내재된 목표 달성을 위한 계획과 각자의 역할을 팀원들이 제대로 파악하게 하기 위해선 업무가 단순해야 한다. 리더의 지시는 '간결하고 단순하고 명확하게' 전달될 필요가 있다. 계획이나 지시가 팀원들에게 효과적으로 전달되었나 확인하는 방법은 이것이다.-*팀원들이 제대로 이해했는가.* 팀원들은 리더의 지시를 이해하고 나서야 비로소 실행에 옮길 수 있다.

세 번째 교전 수칙은 '우선순위를 정하고 이행하라'이다. 동시다발적으로 다방면에서 문제가 발생할 경우, 특히 이런 일이 흔히 발생할 경우에는 너무 많은 문제를 한 번에 처리하려 하면 오류가 생긴다. 이때 리더가 세부 사항에서 손을 떼고 한 걸음 떨어져서 전략적 임무를 위한 최우선순위를 결정하는 것이 아주 중요하다. 일단 최우선 과제가 결정되고 나면, 리더는 팀원들에게 우선순위를 분명하게 전달하고 팀이 이행할 수 있도록 확신을 주어야 한다. 그런 다음 팀원들과 함께 차선 과제로 넘어가고 또 그다음 과제를 수행한다. 만일의 사태에 대한 대비책을 수립하고 지속적으로 훈련하면, 팀과 리더는 실제 압박을 받는 상황에서 '우선순위를 정하고 이행하라'는 교전 수칙을 더 효율적으로 가동할 수 있다.

네 번째 교전 수칙은 '지휘권을 분산하라'이다. 어떤 리더도 혼자 모든 임무를 관리하고 결정을 내릴 수 없다. 지휘권이 각 단계별 책임자에게 분산되어 전방에 배치된 병사들에게까지 닿도록 하여 그들이 임무의 일부분과 자기 자신을 책임질 수 있게 해야 한다. 누구든 지휘권을 부여받으면 이끌 수 있다. 팀원 모두에게 지휘권이 분산되게 하려면 팀은 무엇을 하느냐 뿐만 아니라 왜 해야 하는지도 알아야 한다. 요구 조건은 상하 지휘 계통 사이의 분명하고 빈번한 의사소통이다. 여기에서 가장 중요한 것은 역시 믿음이다. 부지휘관들은 전략적 임무와 상급 지휘관의 의도와 자신이 결정을 내릴 수 있는 범위를 확실하게 이해하고 있다는 자신감을 가져야 한다. 상급 지휘관은 부지휘관이 올바른 결정을 했을 거라 믿으며 격려해 주어야 한다. 효율을 극대화하려면 자주 의사소통하고 끊임없이 연습하는 것이 필요하다.

《네이비씰 승리의 기술》에는 큰 문제가 하나 있다. 바로 '극한의 오너십'이라는 주제이다. 책에서 가장 중요한 리더십의 기본 토대를 적절히 인식시키긴 했지만 약간의 오해를 불러일으키기도 했다. 극한의 오너십은 리더십의 근간이다. 그렇다고 극단적인 생각이나 태도를 요구하는 건 아니다. 오히려 그 반대쪽이 맞다고 할 수 있다. 리더십은 균형을 필요로 한다. 《네이비씰 승리의 기술》의 '챕터 12. 엄격한 규율이 곧 자유다'에 관련 내용이 담겨 있음에도 기업체나 팀, 단체의 수많은 리더들이 책의 원칙을 실행하는 과정에서 다양한 이분법의 균형을 찾느라 고군분투 중이다. 지난 몇 년간 우리의 리더십 컨설팅 회사 에셜론 프런트를 찾아온 수백 개의 회사들과 수천 명의 리더들에게 다양한 조언과 방법을 제시하는 동안 가장 눈에 띄게 관찰되었던 부분이 바로 이분법에서 균형 찾기였다.

《네이비씰 승리의 기술》의 마지막 챕터에 이런 내용이 담겼다.

> 모든 리더는 경계선 위를 걸어야 한다. …… 리더는 서로 모순돼 보이는 여러 요소들, 즉 극단과 그와 대립되는 요소 사이에서 균형을 찾아야 한다. 이것을 단순히 알고 있는 것만으로도 리더에게 가장 강력한 무기가 된다. 리더는 이 점을 염두에 두고 두 가지의 대립되는 요소 속에서 더욱 쉽게 균형을 잡으면서 효율을 극대화함에 따라 팀을 잘 이끌 수 있다.

리더가 수행하는 모든 행동과 특성이 자칫 지나칠 때도 있을 것이다. 또 팀을 효과적으로 이끄는 데 필요한 균형을 극단적으로 이루려고 할 수도 있다. 균형을 잃으면 리더십이 악화되고 팀의 업무 효율도 급속도로 추락한다.

전투 리더십의 기본 원칙마저도 극한의 오너십에서는 균형을 잃을 수 있다. 리더가 너무 과하게 무장하고 움직이면 오히려 다른 지휘관과 소대 및 팀들이 해를 입을 가능성이 있다. 그렇다고 계획이 너무 단순하면 만일의 사태를 대비하지 못할 수도 있다. 우선순위를 정하고 이행할 때도 과하게 앞서 나가면 목표에 집착하게 되어 새롭게 나타나는 문제점과 위협을 인식하지 못하는 경우가 발생하기도 한다. 지휘권 분산 역시 지나치면 팀의 전략적 목표와 그 목표를 달성하는 방법을 이해하지 못한 하급 지도자에게 과도한 자율성이 주어질 수도 있다.

이런 사항들은 리더가 하는 모든 일에 반복적으로 발생한다. 리더들은 부하 직원과 가까이 지내야 하지만, 그렇다고 문제가 될 정도로 가까워선 안 된다. 어느 정도 규율과 선을 지켜야 하지만, 독불장군이 되어서도 안 된다. 리더가 자신이 속한 세계에 지나친 오너십을 가져서 팀원들이 어떤 것에도 책임이나 주인의식을 느끼지 못한다면, 넘쳐흐르는 리더의 극한의 오너십이 오히려 화를 불러올 수도 있다. 결국 팀원들은 굳건한 오너십 없이 그저 상관의 지시만 수행하게 되고 어려움을 극복하고 일을 성취하는 팀의 능력 또한 나락으로 떨어진다.

리더십에서 균형은 성공에 아주 중요한 역할을 한다. 끊임없이 모니터링되어야 하고 특정 상황 발생 시 그에 맞게 조절되어야 한다. 예를 들어 팀원이 업무를 적절하게 수행하지 못하면 리더는 그 팀원이 제대로 일을 할 때까지 사소한 것 하나하나 살피고 관리해야 한다. 그러나 그 팀원이 본 궤도로 복귀해 괄목할 만한 성과를 보이면 한 걸음 뒤로 물러서 그에게 더 강한 오너십을 부여하고 스스로 업무를 관리할 수 있게 해야 한다.

리더십의 모든 범위에 걸쳐 있는 다양한 이분법에서 균형을 이루기 위해 지속적으로 변화하고 조절하고 조정하는 것은 결코 쉬운 일이 아니다.

우리는 훌륭한 리더들이 더 나은 곳을 향해 끊임없이 고군분투하는 모습을 지켜보았고 그러다 보니 리더십의 이분법이라는 개념에 더 깊이 빠져들었다. 이 책의 목적은 리더들이 올바른 균형을 찾을 수 있는 방법, 이를테면 과하게 리드하겠다는 생각을 지양하고 균형 유지에 초점을 맞추는 방법을 다양한 예를 통해 들려주면서 팀 내에서, 동료들 사이에서, 그리고 상하 지휘 계통에서 숱한 어려움을 이겨 낼 수 있도록 돕는 것이다. 독자들은 균형을 인지하고 이해하고 조절하는 능력을 길러야 한다. 쉽진 않겠지만 리더십의 이분법에 관한 지식과 연습 그리고 한결같은 노력이 뒷받침된다면, 누구나 리더십의 이분법에서 균형을 이루는 방법을 통달할 수 있다. 그런 리더들이야말로 자신의 전쟁터를 지배하고 팀을 승리로 이끌 것이다.

PART 1.

사람 사이의 균형

마크 리의 군 장비인 헬멧과 군화, 세심하게 칠해진 Mark 48 기관총이다. 그에게 경의를 표하고자 브루저 기동대 캠프 내 샤크베이스의 전술 작전 본부 지붕 위에 세워 두었다. 그와 더불어 존경의 의미로 캠프의 이름을 마크 리 캠프로 바꾸었다. 이라크에서 미국 국기를 게양하는 것은 엄밀히 말하자면 불법이었지만, 브루저 기동대 본부는 본래 미국 국기로 캠프를 표시해 놓았다. 마크 리는 전우와 대의를 위해 싸웠고, 이라크에서 임무 수행 중 전사한 첫 번째 네이비씰 대원이었다. 그 후 브루저 기동대는 마이클 몬수어도 잃었고, 라이언 잡 역시 전투 중 당한 부상을 치료하는 수술을 받던 중 의학적인 문제로 끝내 목숨을 잃었다.

(사진 제공: 조코 윌링크, 레이프 바빈)

Chapter 1.

최후의 이분법

조코 윌링크

2006년, 이라크 라마디 캠프 내 찰리 의무 시설

“기동대장님,” 젊은 대원이 희미한 목소리로 속삭였다. “여기입니다.” 그와 나는 손을 꽉 맞잡으며 악수했다. 비즈니스맨의 형식적인 악수가 아니라 팔씨름을 할 때처럼 엄지손가락으로 손등을 감싸 서로의 손바닥을 꽉 맞닿게 하는, 전우애가 깃든 악수였다. 그 젊은 대원은 모르핀을 맞은 것 같았다. 그의 눈이 그래 보였다. 그래도 아직은 의식이 있고 인지할 수 있었다. 그는 여느 젊은 대원과 다를 바 없었다. 똑똑하고 용감하고 운동도 잘했으며, 재미있고 터프하며 신뢰가 가는 청년으로 모든 걸 갖추었다. 대략 30분 전 그의 다리에 총알이 박혔다. 나는 또 다른 젊은 네이비씰 대원이자 기관총 사수인 마이크 몬수어가 적의 극악무도한 총격 속으로 뛰어 들어가 전쟁으로 피폐해진 말랍 구역의 길거리에서 부상당한 이

젊은 대원을 끌고 나온 뒤에야 전부 알게 되었다. 말랍 구역은 라마디의 도심으로 잔인하고 포악한 이라크 반군의 중심 기지였다.

부상당한 대원은 환자 이송용 들것에 누워 찰리 의무 시설에 있었다. 찰리 의무 시설은 라마디 캠프의 야전 병원으로 미군 수술팀이 중상을 입은 병사들을 살리기 위해 매일같이 피땀을 흘리는 곳이었다. 7.62*54mm 크기의 원형 철갑관통 탄환이 대원의 살갗을 찢고 아래쪽 허벅지를 그대로 관통해 다리뼈 속으로 침투해서 사타구니 부근의 위쪽 허벅지를 뚫고 나왔다. 다리를 잃지 않을 거라고 말하기는 참 어려운 상황이었다. 상처를 보고 있자니 왠지 결과가 좋지 않을 것 같다는 생각이 들었다. 그가 다리를 잃을 것 같았다.

부상당한 대원이 내 손을 꽉 움켜쥐고 나를 자기 얼굴 가까이로 끌어당겼다. 무슨 말을 하고 싶어 하는 듯해서 고개를 돌려 그의 입 근처에 귀를 갖다 댔다. 나는 어떤 말을 기대해야 할지 몰랐다. 다리를 잃게 될지도 모르는 상황에서 무섭다거나 화가 난다거나 우울하다고 말하려는 걸까? 앞으로 무슨 일이 벌어질지 불안하고 혼란스럽다고 털어놓으려는 걸까?

그가 호흡을 가다듬고 속삭였다. "기동대장님. 저 여기 있게 해 주십시오. 제발 부탁입니다. 절 집으로 보내지 말아 주세요. 뭐든 다 하겠습니다. 캠프 주변에서 빗자루질이라도 하겠습니다. 여기서 다 회복할 수 있습니다. 제발, 제발 여기 기동대에 머물게만 해 주십시오."

그랬다. 그는 잃을지도 모르는 다리 때문에 두려운 게 아니었다. 화가 난 것도, 우울한 것도 아니었다. 단지 우리 기동대를 떠나야 할까 봐 두려운 거였다.

브루저 기동대. 우리의 기동대. 우리의 삶. 그 대원은 우리 대원들 중

중상을 입은 첫 번째 사상자였다. 예전 작전에서 대원들이 파편을 맞은 적도, 정말 아슬아슬했던 적도 있었다. 그러나 브루저 기동대에서 대원이 전투 중 심각한 부상을 입은 것은, 특히 인생이 완전히 바뀔 수도 있을 만큼 과중한 부상을 당한 건 처음이었다. 설령 그가 다리를 잃지 않는다 해도 손상이 매우 크기 때문에 이전에 보여 줬던 엄청난 활동성을 완전히 끌어올리는 것은 불가능해 보였다. 그런데도 그 대원은 나의 기대를, 기동대의 기대를, 소대의 기대와 소속 팀의 기대를 저버렸다는 사실을 걱정하고 있을 뿐이었다.

그는 진짜 남자였다. 진짜 전우고 형제였다. 그리고 영웅이었다. 젊고 용감한 영웅. 자신의 인생보다 동료를 더 걱정하는 참된 영웅이었다.

가슴이 뭉클했다. 눈물이 차올랐다. 눈물을 참으려 애쓰면서 메인 목을 삼켰다. 그러나 감정을 허물어뜨릴 여유가 없었다. 나는 '리더'였으니까. 그에게는 굳건한 리더가 필요했다.

"괜찮네. 일단 자네가 회복하는 게 우선이야." 내가 속삭였다. "회복하는 대로 곧장 자네를 복귀시킬 거야. 어쨌든 지금은 치료를 받는 게 우선이라고."

"전 괜찮습니다." 부상당한 대원이 대답했다. "그냥 여기에 머물게 해 주십시오……. 여기에 있게 해 주세요."

"이봐," 내가 진지하게 그를 불렀다. "자네가 일어설 수 있게 되면 곧바로 데리고 올 거야. 그렇지만 지금은 가야 해. 가서 회복해야 해."

"여기서 치료받겠습니다. 전술 작전 본부에서 일할 수 있습니다." 그가 전술 작전 본부를 언급했다. 그곳은 유인 항공기와 무인 항공기로 촬영한 영상 자료가 송출되는 텔레비전 스크린과 무전을 통해 전투 임무를 모니터하는 곳이었다.

"잘 듣게. 그런 상태로 일을 할 순 없어. 자네의 부상은 장난이 아니라고. 심하면 마약성 진통제로 치료를 해야 할지도 모르는 상태야. 여기선 그런 치료를 받을 수가 없어. 그러니까 돌아가서 치료받게. 꼭 다시 일어서. 그러면 다시 복귀시키겠네. 약속하네."

진심이었다. 그가 다리를 잃든 말든 온전하기만 하다면 온 힘을 다해 그를 데리고 오고 싶었다.

"알겠습니다, 기동대장님." 그는 오래 걸리지 않을 거라고 확신했다. "곧 돌아오겠습니다."

"자네는 꼭 그렇게 할 거야. 반드시 그럴 거야." 내가 단호하게 말했다.

얼마 지나지 않아 그는 의무 후송 헬기*에 탑승해 필요한 수술을 받을 수 있는 상급 의료 시설로 옮겨졌다. 어쩌면 그의 다리를 다시 살릴 수도 있는 시설로.

나는 캠프로 돌아와 우리 군용 텐트와 건물이 모여 있는 구역, 샤크베이스로 돌아갔다. 샤크베이스는 라마디의 커다란 미군 기지와 유프라테스강 사이에 끼어 있었다.

나는 우리 전술 작전 본부 건물 2층에 있는 내 방으로 갔다. 그 건물은 예전에 사담 후세인 정권의 구성원들이 소유했던 것으로 화려한 기둥이 세워진 호화로운 곳이었다.

이제는 우리 본부와 막사로 쓰이고 있었다. 막사의 창문에는 모래주머니가 쌓여 있고 가구들은 임시용이었다. 나는 합판으로 만들어진 조잡한

* 의무 후송 헬기: 전투지에서 의료 시설로 후송되는 부상병을 이동 중에 치료하거나 의료 시설을 변경해야 하는 경우에 환자를 이송하기도 한다. 일반적인 사상자 후송과 비슷하지만 약간 다르다.

침대에 걸터앉았다.

이제야 실감이 났다. 이곳에 파병 온 지 겨우 한 달째였다. 대원들은 매일 총격전을 벌였다. 우리가 작전을 벌이는 곳 라마디는 반군들이 우글대는 지역이었고, 반군들의 실력도 꽤 괜찮았다. 장비도 잘 갖춰진 편이고, 훈련도 잘된 상태로 규율도 나름 잡혀 있었다. 무엇보다 그들은 정말 집요하고 무자비했다.

물론 우리 실력이 더 출중했다. 우리의 훈련법과 장비, 전투에 임하는 자세는 전 세계의 어느 부대보다도 뛰어났다. 우리는 라마디의 현지인들을 위해 그 지역을 보호하고자 반군들과 싸웠다. 악마 같은 그들을 끌어내리고 사살하는 게 목적이었다. 반란군 말살이 우리의 목표였다.

그러나 우리는 날아오는 탄알을 막을 수 있는 사람들이 아니었다. 하루 종일 이 도시를 누비고 다닐 수도 없었고 사상자를 예상할 수도 없었다. 나무를 자르면 톱밥이 나오는 법이다. 전투를 벌이면, 특히 폭력적인 시가지 전투를 벌이면, 사상자가 생기기 마련이었다. 그것이 이 분야의 자연스러운 순리였다. 특이하게도 이라크에 주둔한 네이비씰은 그 시점까지는 매우 운이 좋은 편이었다. 전투에 참여한 지 3년이 지나도록 부상당한 대원들이 손에 꼽힐 만큼 적었고 전사자는 하나도 없었다. 굵직한 사고들이 예고도 없이 터지거나 평소보다 운이 나쁜 경우가 대부분이었다.

하지만 라마디에 파견된 내내 운이 좋았던 건 아니었다. 그 증거는 명백했다. 과다 출혈로 얼굴이 창백해지고 모르핀 때문에 정신이 흐릿한 그 젊은 대원을 보면서 나는 그래도 살아남은 게 행운이라고, 최고의 행운이라고 생각했다.

다친 대원은 젊은 남자였다. 그의 두 번째 네이비씰 소대였고, 두 번째 이라크 파병이었다. 그는 훌륭한 대원이자 팀에서 중요한 사람이었다. 곁에 두고 싶은 멋진 사나이였다. 신의 있고 충실하며 재미있는 사나이였다.

기동대의 대원들은 전부 다르지만 여러모로 비슷한 면이 많았다. 물론 하나같이 별난 구석도 있고 개인적인 특성도 다 조금씩 달랐다. 당연히 완벽과는 거리가 멀었다. 우리 전부 그랬다.

그와 동시에 우리는 모두 놀라운 사람이기도 했다. 애국심이 깊고 이타적이었다. 모두들 같은 이유로 위대한 우리나라와 우리 팀 기동대에 모든 것을 바쳤으며 임무를 수행하기 위해 이 '팀(Teams)'에 존재했다. 보통 '해군 특수전 씰 팀(Teams)'을 '네이비씰'이라고 부른다.

나는 그들의 책임자였다.

그러나 '책임자'라는 간단한 단어로 대원들을 생각하는 나의 마음을 설명하기엔 턱없이 부족했다. 나는 대원들과 농담하고 웃고 떠들기도 했기에 그들은 나의 친구나 다름없었다. 또한 전우애를 나누었기 때문에 나의 형제였고, 좋은 일이건 나쁜 일이건 그들의 모든 행동에 책임을 지고 힘닿는 데까지 최선을 다해 보호하는 것이 내 일이었으므로 그들은 나의 자식이었다. 그들이 옥상에서 도시를 감시하거나 총격이 터지는 길거리를 지나갈 때면, 나는 그들을 지켜봐야 했다.

대원들은 자신이 가진 모든 것을 내게 바쳤다. 업무 중에도 훈련 중에도. 그리고 전투 중에도. 바꿔 말하면 그들은 내 전부였다. 여러 방면에서 나는 우리 부모님과 형제 심지어 아내와 자식보다 그들과 더 가깝게 지냈다. 물론 우리 가족을 무척 사랑하지만 우리 기동대 대원들 역시 나의 가족이었기에 그저 그들을 돌보고 지켜 주고 싶었다.

하지만 내가 대원들을 보호하고 싶은 만큼 우리는 함께해야 할 일들이 있었다. 폭력적이고 위험하며 고단한 일이었다. 내 손으로 그들을 위험으로, 경악스러울 만큼 힘든 폭풍우 속으로 다시 그리고 또다시 밀어 넣어야 했다. 이것은 이분된 리더십의 한 예이다. 전투 지휘관이라면 반드시 맞닥뜨려야 하는 최후의 리더십의 이분법일 수도 있다. 전투 지휘관은 이 세상 어떤 것보다도 자신의 대원들을 챙길 의무가 있다. 그러나 그와 동시에 그들을 총격 속으로 밀어 넣어 임무를 수행하게 해야 한다. 다시 말해 지휘관은 자신이 무척 아끼는 대원들을 잃을 수도 있는 전술과 전략을 이행해야 하고, 그런 결정을 내려야 한다는 것이다.

이는 나에게 정말 많이 어려운 일이었다. 라마디에서는 *누군가를 잃느냐 마느냐*가 문제가 아니었다. 그게 *언제이냐*가 문제였다.

그렇다고 내가 숙명을 따르는 사람이라는 의미는 아니다. 나는 그런 사람이 아니었다. 그렇다고 당연히 부상을 입을 거라 생각한 것도 아니었다. 그저 사상자가 없기를 기도했다. 사상자가 발생하지 않도록 우리가 통제 가능한 위험을 어떻게든 완화하려 노력했다.

이 말은 내가 현실을 직시하고 있다는 의미였다. 현실은 미 육군과 해군이 라마디에 있는 한, 언제든 다치거나 죽을 수 있다는 것이었다. *언제든 매일매일.*

우리는 전사한 영웅들을 위한 추모식에 주기적으로 참석했다.

나는 이번 라마디 파병이 나의 첫 파병이었던 2003년부터 2004년까지의 이라크 때와는 완전히 다르다는 걸 알았다. 예전 이라크 파병 때는 많은 것들이 통제되어 있었고 움직일 일도 별로 없었다. 반면 2006년의 라마디는 폭력적인 시가지 전투가 여기저기서 터졌고 우리가 통제할 수 없는 위험 역시 도처에 널려 있었다. 대원들이 매일같이 전투지에 있을 때마다 나는 오늘이 그날일 수도 있다는 걸 인지해야만 했다.

그것이 기동대를 지휘하면서 가장 무거운 부담이었다.

그리고 그날이 다가왔다.

2006년 8월 2일, 이라크군 부대의 전투 고문 역할을 하던 레이프 소대장과 그가 이끄는 찰리 소대 대원들은 이라크군, 미 육군 불도그 팀* 병사들과 라마디 중남부 지역의 대규모 폭발물 지대 통로 개척 작전을 벌였다. 작전은 이른 아침부터 시작되었고, 한 시간 남짓 동안은 아무 일도 일어나지 않았다.

갑자기 탕 소리가 크게 울렸다. 뒤이어 무전에서 "엎드려"라는 외침이 급박하게 터져 나왔다. 찰리 소대의 뛰어난 기관총 사수인 라이언 잡의 얼굴에 반군 저격수의 탄환이 날아들었다. 그는 매우 심한 중상을 입었다. 중남부 지역은 순식간에 아수라장으로 변했고 온 사방에서 총격이 시작됐다. 레이프와 찰리 소대는 라이언을 대피시키려고 고군분투했고, 불도그 팀의 M2 브래들리 전투 차량과 M1A2 에이브럼스 탱크가 무시무시한 화력으로 그들을 엄호하러 왔다. 찰리 소대원들은 제대로 된 치료를 위해 라이언을 응급 수송 차량에 태워 전투지 밖으로 보냈다. 그러고 난 뒤 레이프와 찰리 소대원, 이라크 병사들은 위험천만한 거리를 뚫고 요새화된 미 육군 진지인 팰컨 전투 기지(COP Falcon)로 무리 지어 갔다. 그러나 라마디 중남부로 적들이 계속 몰려들었고 전투는 더 격렬해졌다. 불도그 팀의 미 육군 군인들이, 즉 메인 건 마이크 대위와 소속 대원들이 적의 악랄한 총격전에 대항하는 소리가 찰리 소대원들에게 들렸다. 총격전은 도심 이곳저곳에서 벌어지고 있었다. 레이프 소대장과 소대의 지도부들

* 불도그 팀: 미군 제1기갑사단 37 기갑연대 1대대 브라보 중대에 소속된 팀이다.

이 짧게 상의를 한 뒤 나에게 무전을 보냈다. 다시 전투지로 돌아가서 적이 숨어 있으리라 의심되는 건물을 처리하겠다며 승인 요청을 했다.

"알았다." 내가 답했다.

레이프와 찰리 소대원들은 위험한 상황을 최대한 피하기 위해 할 수 있는 모든 조치를 취했다. 그들은 방탄력이 뛰어난 브래들리 전투 차량을 타고 의심스러운 건물로 향했다. 브래들리 전투 차량에서 목표 건물을 향해 강한 화력의 25mm 기관총을 발사했다. 심지어 대원들이 건물 입구를 뚫으려 차에서 내려 건물 쪽으로 가는 길을 엄호하기 위해 브래들리 전투 차량으로 건물을 들이받았다. 그러나 그런 노력에도 위협은 사라지지 않았다. 도무지 사라지게 할 수가 없었다.

나는 찰리 소대원들이 브래들리에서 하차해 건물로 들어가는 모습을 드론 실시간 영상으로 보고 있었다. 총격전은 꽤나 심각했다. 우리 네이비씰 대원들이 건물로 들어간 뒤에는 무슨 일이 벌어지고 있는지 더는 보이지 않았다.

대원들이 건물에 들어간 지 몇 분이 지난 뒤 그들이 건물 밖으로 사상자를 끌어내고 근처에 있던 브래들리 전투 차량으로 돌아가는 모습이 보였다. 우리 대원 중 한 사람이었다. 그 대원에게서 생기가 느껴지지 않았다.

전술 작전 본부에서 영상을 보고 있는데 뱃속에 끔찍한 구멍이 뚫린 것 같았다. 울고 싶고 소리 지르고 싶고 전부 토해 내고 싶고 하늘 위로 주먹을 휘두르고 싶었다.

하지만 감정을 억눌러야 했다. 내가 해야 할 일이 있었으니까. 그래서 무전기 옆에 우두커니 서서 레이프의 무전을 기다렸다. 내가 먼저 무전을 하지 않았다. 레이프도 해야 할 일이 있을 테니. 나는 그의 일에 간섭하고 싶지 않았다.

몇 분 뒤 레이프에게서 무전이 왔다. 그는 침착함을 유지하려고 무척 애쓰고 있었지만, 내 귀에는 그의 목소리에 담긴 터질 듯한 감정의 폭포수가 들렸다.

그가 보고를 시작했다.

"찰리 소대가 건물로 진입했을 때 인접한 건물에 있던 반군에게 공격을 당했습니다. 네이비씰의 기관총 사수 마크 리가 복도로 진입하는 동료들을 뒤에서 호위하고 반군을 공격하기 위해 용감하게 출입구로 들어선 순간, 즉시 반군의 총에 맞아 전사했습니다. 그 자리에서 즉사했습니다."

마크 앨런 리, 용맹한 전사이자 친구이고 형제, 아들, 남편, 삼촌이자 믿음직한 청년이었던, 재미있는 사람이며 놀라운 정신력의 소유자인 그가 떠났다. 이것은 찰리 소대의 또 다른 기관총 사수 라이언 잡이 얼마 전 극심한 부상을 입고 의학적 혼수상태에 빠진 상태로 독일의 외과 의료 시설로 이송되고 있다는 사실보다 더 심각한 일이었다. 그래도 라이언의 운명은 아직 정해지지 않은 상태였으니 말이다.

상실의 부담이 내 영혼을 무겁게 짓눌렀다.

레이프가 캠프로 돌아왔을 때, 그의 가슴이 슬픔으로 가득 찬 것이 내 눈에 보였다. 그의 눈 속에는 눈물뿐만 아니라 의심과 의문, 침통한 책임감이 서려 있었다. 레이프는 자신 역시 부상을 당했으면서도 그 사실을 입 밖으로 꺼내지 않았다. 탄환의 파편이 그의 몸을 보호하고 있던 방탄복을 뚫고 등에 박혔는데도. 그는 깊은 상처를 입은 자신의 피부 따위 신경 쓰지 않았다. 부서진 건 그의 심장이었다.

하루가 지나갔다.

레이프가 내 사무실로 왔다. 그의 영혼은 휘몰아치는 혼란 속에 여전히 머물러 있었다.

그날 레이프는 현장 지휘관으로서 총격이 남발했던 불기둥 속으로 다시 들어가겠다는 결정을 내렸었다. 그리고 나는 그 결정을 승인했다. 레이프는 자신은 살아남았지만 마크는 그렇지 못한 것에 마음의 짐을 짊어지고 있었다.

"제가 잘못된 결정을 한 것 같습니다." 레이프가 조용히 입을 뗐다. "그냥 시간을 다시 되돌리고 싶습니다. 뭔가 다른 걸 했다면 마크가 여기에 우리와 함께 있을 텐데……."

그 생각이 레이프를 갈기갈기 찢어 놓고 있었다. 그는 무시무시한 혼란과 광기 속에서도 자신이 다른 결정을 내리고 다른 길을 선택했어야 했다고 믿었다.

그러나 그건 틀린 생각이었다.

"아니야, 레이프." 내가 천천히 말했다. "자네는 어떤 결정도 내릴 수 없었네. 미 육군 병사들은 그런 극악무도한 전투에서 우리의 도움이 필요했고 우리의 지원이 간절했어. 그리고 자네는 그렇게 한 거야. 다른 방법은 뒤로 물러나서 육군 병사들이 자기들끼리 알아서 싸우는 걸 지켜보는 것뿐이었다고. 자네는 찰리 소대가 안전한 건물 안에 가만히 앉아만 있게 둘 수 없었을 거야. 불도그 팀이 위험 상황에 직면하고 사상자가 발생하는 걸 두고 볼 수만은 없었을 거라고. 우리는 그렇게 못 해. 두 손 놓고 두고만 볼 수 없어. 우리는 팀이니까. 우리는 서로를 챙겨야 하네. 다른 선택은 없었어. 다른 어떤 결정도 내릴 수 없었네."

레이프는 아무 말도 하지 않았다. 나를 바라보며 슬며시 고개를 끄덕였다. 가만히 듣고 있다가, 물론 쉽지 않겠지만, 내 말이 맞다는 걸 깨달았다. 그는 한 달간 계속되고 있는 라마디 전투 중 어쩌면 가장 규모가 큰 교전일지도 모르는 위험한 상황에서 다른 미군 병사들이 도움을 필요로 하는데도 모른 체하고 옆으로 빠져나올 수 없었다. 만일 그랬다면, 모든 소대원들이 잘못된 결정이란 걸 느꼈을 것이다. 레이프 역시 잘못되었다고 인지했을 거다. 그래도 마음속에 죄책감이 남아 있다면 그에게는 다른 위로의 말이 필요했다.

그래서 계속 말을 이었다.

"우리는 프로그맨이야. 네이비씰 대원이지. 미국의 전사들이고. 우리 전우들을 도울 일이 뭐라도 있으면 우리는 도울 거네. 그게 우리가 하는 일이야. 우리도 잘 알고 있고 마크도 알고 있었어. 우리 모두, 전부 안단 말이지. 그게 우리니까."

"제가 그냥 마크와 자리를 바꿀 걸 그랬습니다." 레이프의 눈에 눈물이 차올랐다. "마크만 다시 데리고 올 수 있다면 무슨 짓이든 하고 싶습니다."

"자," 내가 말했다. "우리는 점성술사처럼 유리구슬을 가지고 있지 않아. 대원들이 언제 부상당하고 죽을지 알 수 없지. 만약 안다면 그 특정 전투에 나가지 않을 거야. 그렇지만 우리는 몰라. 알 수가 없어. 모두를 안전하게 지키는 것은 오로지 아무것도 하지 않는 것과 부대원들을 전장에 내보내지 않는 것뿐이야. 하지만 그건 잘못된 거야. 자네도 알 거야. 우리는 이기기 위해 최선을 다해야 해. 물론 할 수 있는 한 위험을 줄여나가야 하지. 그러나 모든 위험을 없앨 순 없어. 우리는 계속 임무를 수행해야 하니까."

레이프가 또 고개를 끄덕였다. 그도 내 말이 옳다는 걸 알고 있었다. 그것이 사실이기 때문이었다.

그러나 마크를 잃었다는 죄책감은 사라지지 않았다. 레이프는 평생 마크의 죽음을 가슴속에 지니고 살 거란 걸 나는 이미 알고 있었다. 그리고 레이프는 정말로 그렇게 했다.

리더가 자기 사람을 이 세상 그 누구보다 잘 돌보고 보살피는 것, 즉 리더가 기꺼이 자신의 삶을 그들의 삶과 바꿀 수 있을 정도로 신경 쓰는 것, 그러면서 그들을 죽음으로 내몰 수도 있는 임무로 끌어들이는 것은 사실 온전히 받아들이기 어렵다. 이는 리더십의 모든 이분법 중에서도 가장 어렵고 골치 아픈 문제였다.

이런 좋지 않은 상황에서 미국으로 돌아간다 한들 파병 준비를 위한 네이비씰 훈련이 위험하지 않을 리 없었다. 훈련생들이 낙하산 점프를 하거나 헬리콥터에서 줄을 타고 내려가거나 작은 보트에서 배로 옮겨 타거나 한밤중 야간 투시경만 끼고 호송 차량을 고속으로 운전하거나 실탄 사격 훈련을 절대 하지 말아야만 위험이 감소될 것이었다. 안타깝게도 안전장치를 아무리 꼼꼼하게 설치하고 통제하고 철저히 관리해도 몇 년에 한 번씩 고위험 훈련 도중 대원들이 죽거나 큰 부상을 입었다. 그러나 실전 훈련에서 이런 내재된 위험을 감수하지 않으면, 네이비씰 대원들은 완전하게 대비되지 않은 전투 지역으로 파견되었을 때 더 큰 위험에 빠지게 된다. 그래서 리더는 자신의 부대원들을 더 깊이 보살펴야 하면서도, 훈련이 됐든 그보다 더 심한 전투지가 됐든 그들을 어쩔 수 없이 위험으로 내몰아야 한다. 물론 통제 가능한 위험을 경감시키는 것은 리더의 의무이자 사명이다. 그러나 위험은 항상 리더의 통제 너머에 있고, 그것의 잠재적인 결과는 무시무시하게 치명적이다.

자기 사람들의 안녕을 신경 쓰면서 동시에 임무 이행을 위해 그들을 위험으로 내모는 이런 이분된 상황을 전투지의 모든 리더들은 언제나 경험한다. 특히 라마디 지역의 리더들은 더욱 강하게 느낀다. 라마디의 안전을 되찾기 위해 최선을 다해 반군을 파괴시키는 그 승리의 대가가 젊고 유망한 미국 군인의 피일 수도 있다는 걸 잘 알고 있기 때문이다.

그 뒤 브루저 기동대원의 피는 멈추지 않고 흘렀다. 라이언이 부상을 입고 마크가 전사한 후에 가벼운 부상자들이 속출했다. 심각한 건 아니고 피부가 살짝 베이는 등 작은 부상이었다. 9월 29일, 라마디 주둔 종료를 몇 주 남기고 브루저 기동대 소속 델타 소대가 전투 작전을 위해 전선 밖에 있는 동안 레이프와 나는 전술 작전 본부에서 무선 통신을 듣고 있었다. 우리는 델타 소대가 적의 움직임과 사망한 적의 수를 업데이트하는 무전을 들었다. 이런 일은 라마디의 일상이었다. 그때 사상자를 후송해 달라는 델타 소대의 요청이 들렸다. 몇몇 네이비씰 대원들이 부상당했다는 말이 무선 통신을 통해 선명하게 들려왔다. 목소리가 심상치 않았다.

심장이 쿵 내려앉았다. 즉시 미 육군의 긴급 대응 부대가 델타 소대의 위치를 파악해 출동했다. 몇 분 뒤 다수의 네이비씰 대원이 부상을 입었다면서 "긴급 수술 요망"이라는 다급한 무전이 미 육군 전술 작전 본부에서 왔다. 이는 즉각적인 의료 조치가 필요하고 사망할 위험이 있다는 의미였다. 우리는 침통하게 무전을 들으며 부상당한 전우들이, 특히 심각한 중상을 입은 전우가 부디 무사하기를 바랐다.

그러나 506 연대 1대대* 중대장의 무전으로 우리의 희망은 산산조각 났다. 그는 비통한 소식을 전했다. 대원들 중 셋이 부상을 당하긴 했지만, 회복 가능한 상처라서 목숨이나 사지를 잃을 위험은 없다고 했다. 그런데 이 용감하고 유능한 중대장이 한동안 침묵의 무게를 키워 갔다. 그는 부상을 입은 대원이 한 명 더 있다고 했다. 마이크 몬수어가 심각하게 다쳤다고 전했다. 중대장의 목소리가 살짝 떨렸다. 그는 마이크가 이겨 내지 못할 것 같다고 솔직하게 털어놨다.

영원 같은 시간 동안 레이프와 나는 새로운 소식을 기다렸고, 야전 병원에서 온 연락에 우리의 영혼은 결국 부서지고 말았다. 마이클 앤서니 몬수어, 소대와 기동대의 모든 이들에게 사랑받고 촉망받았던 젊은 네이비씰 대원이자 놀라울 만큼 강하고 우직하며 친절하고 인정이 많아 젊은 대원들에게 좋은 영향을 미쳤던 그가 부상을 이기지 못하고 전사했다.

나머지 델타 소대가 전투지에서 빠져나왔을 때, 델타 소대장이자 동료인 세스 스톤의 연락을 받았다. 그는 교전 중에 일어난 일을 나에게 자세히 털어놓았다. 델타 소대의 저격수가 건물 옥상에서 캠프를 감시하고 있는데 어떤 반군이 옥상 위로 수류탄을 던졌다고 했다. 마이크 몬수어는 자신을 앞서 생각하지 않고 그 누구보다 이타적으로 행동했다. 용맹하게 수류탄 위로 몸을 던져 팀원 세 명을 보호했다. 그는 팀원들을 위해 자신을 희생했다. 그 교전은 미국으로 돌아가기 불과 며칠 전에 수행해야 하는 그의 마지막 임무였다.

* 506 연대 1대대: 미군 101 공수사단 506 낙하산 보병연대 1대대를 뜻한다. 506 연대는 전설적인 '밴드 오브 브라더스' 부대로, 《밴드 오브 브라더스(Band of Brothers)》의 저자 스테판 앰브로스가 2차 세계대전에서 그들의 업적을 책에 자세히 담았다. 이 책을 원작으로 한 같은 제목의 드라마가 미국의 유선 방송사 HBO에서 방영되기도 했다.

마크의 죽음으로 무척 힘들어했던 레이프처럼 세스 역시 마이크를 잃고 나서 가슴을 짓누르는 압박감을 느끼며 하루하루 견디고 있었다. 그날 세스는 대원들을 지휘하며 임무를 수행하다가 우리 대신 도착한 네이비씰 대원들과 교대를 했다. 마이크를 잃은 그의 영혼은 이미 처절하게 무너지고 있었다. 마이크가 전사한 지 몇 주가 채 지나기도 전에 우리는 다시 미국으로 돌아왔고, 그때 세스는 업무를 마친 후 나와 함께 기동대 사무실에 앉아 속마음을 털어놓았다.

"마이크가 저 때문에 죽은 것 같습니다. 제 책임입니다." 세스의 눈에 눈물이 차올랐다.

나는 잠시 생각에 잠겼다가 솔직하게 말했다. "우리 책임이긴 하지."

침묵이 이어졌다. 세스는 아무 말도 하지 않았다. 내 말에 놀란 눈치였다.

"우리 책임이네." 나는 같은 말을 했다. "우리가 세운 전술이었잖아. 위험은 충분히 숙지하고 있었고. 임무를 계획하고 진행한 건 자네야. 그걸 승인한 사람은 나고. 우리는 지휘관이야. 교전 중에 일어나는 모든 일에, 모든 것에 책임을 져야 하지. 원래 다 그런 법이야. 빠져나갈 수가 없지. 그게 리더가 되는 길이네."

나는 세스를 바라보았다. 그의 심장은 분명 무너져 내렸을 것이다. 레이프와 세스 두 사람은 전쟁터에서 적을 공격적으로 추격하는 것만큼, 임무를 완벽하고 확고하게 수행해 내는 만큼 그들의 소대원들을 이 세상 무엇보다 소중히 여기고 사랑했다. 그들은 전사한 두 병사를 다른 것과 맞바꿀 수만 있다면, 그게 무엇이든 그렇게 했을 터였다. 무엇이든 간에. 그러나 그건 선택할 수 있는 문제가 아니었다. 세상은 그렇게 돌아가지 않는다.

두 사람은 지금 이곳에서 리더십의 최후의 이분법, 그 이후를 겪고 있었다. 그들의 최후의 이분법은 임무를 완수하고 의무를 다해야 하는 리더로서 자신의 팀원을 아껴야 하지만, 한편으로는 사람의 목숨을 대가로 치르게 할 수도 있는 끔찍한 위험 속으로 팀원을 끌어들여야 한다는 것이었다.

나의 마지막 말이 세스의 마음속으로 깊이 들어갔는지 마침내 그가 입을 열었다. "머릿속으로 작전 임무를 복기하고 있었습니다. 제가 다른 선택을 할 수 있었을지 찾아내려고요. 다른 건물에서 감시하라고 지시했어야 했을까요? 옥상 말고 3층에서 감시하라고 했어야 했을까요? 아니면 우리 소대가 애초에 이 임무를 수행하지 말았어야 했을까요?" 자신의 번뇌를 읊는 그의 목소리에 점점 더 감정이 실렸다.

"세스," 그를 차분하게 불렀다. "늘 지나고 나서야 뭐가 옳았는지 알게 되는 거네. 그날 일어날 일을 정확하게 알고 있었다면 다른 결정을 내리고 행동할 수도 있었겠지. 그런 일은 수백만 개도 넘어. 하지만 우리는 그렇지 않았잖아. 그럴 수가 없었다고. 그 지역에서는 그 건물이 전술적으로 가장 좋은 위치였기 때문에 자넨 그 건물을 선택했고 대원들을 건물 옥상으로 보냈어. 거기가 시야가 가장 좋았고 더군다나 잠복하기도 딱 이었으니까. 그리고 적과 싸우는 게 우리의 일이기 때문에 자네는 그 임무를 수행할 수밖에 없었던 거야. 이런 작전은 수도 없이 해 봤잖아. 자네는 최선을 다해 모든 위험을 줄여 나갔어. 그렇지만 이런 결과를 미리 알 수 있는 방법은 없지."

세스가 고개를 끄덕였다. 레이프처럼 그 역시 내 말이 옳다는 걸 깨달았다. 그러나 그렇다고 해서 마이크를 잃은 고통이 가라앉는 건 아니었다.

그 후 6주가 지나고, 라마디 파병을 마친 뒤 군 장비도 바꾸고 행정상 필요한 요건들을 전부 마무리 지었을 때, 세스와 나는 그의 미래에 대한 이야기를 나누었다. 레이프와 나는 훈련소 지휘관을 맡으라는 명령을 받았고, 얼마 뒤면 이라크와 아프가니스탄의 분쟁 지역으로 파견 가게 될 후임 네이비씰 대원들에게 라마디에서 배운 다양한 리더십 교훈들을 전수해야 했다. 한편 세스는 앞으로 무엇을 해야 할지 결정하지 못한 채 자신이 계속 해군으로 남아도 될지 고민하고 있었다. 라마디 파견은 정말 힘들었다. 여섯 달 내내 적의 압박이 지속적으로 이어지는 상황에서 세스는 자신이 데리고 있는 소대원이 부상당하고 사망하는 아픔을 겪었다. 하루가 멀다 하고 두려움과 죽음을 마주했었다.

마침 그때 네이비씰 제3팀에는 내 업무였던 브루저 기동대 지휘관을 맡을 사람이 필요했다. 윗선에서 세스에게 그 자리를 제안했다.

"잘 모르겠습니다." 그가 내게 말했다. "제가 다시 그 일을 해낼 수 있을지 정말 모르겠습니다."

"자네 마음 잘 알지." 나는 그의 심리를 이해했다. 그는 지옥을 경험했으니. "그 일을 자네가 꼭 맡을 필요는 없네. 자신이 원하는 일을 해야지. 당연히 우리 팀을 나갈 수도 있는 거고. 여행을 하거나 서핑을 갈 수도 있고, MBA 공부를 해도 돼. 그래서 돈을 왕창 벌 수도 있지. 뭐든지 다 할 수 있어. 자기가 원하는 걸 하는 것, 그게 멋진 거야. 자네는 그동안 팀을 위해 그리고 날 위해 내가 요구했던 것보다 훨씬 더 많은 일을 해 줬네. 하지만 이 말은 꼭 전하고 싶어. 지금 새로운 리더가 필요한 네이비씰 소대가 두 개 있는 상황이야. 전반적으로 소대를 관리하면서 전투지 안에서도 밖에서도 대원들을 보살필 사람이 필요하단 말이지. 자네는 이 팀에서 어떤 누구보다도 전투 경험이 많아. 나는 자네보다 기동대를 잘 이끌 수 있는 사람은 없다고 생각하네. 물론 자네도 원하는 건 뭐든 다 할 수 있지. 그렇지만 대원들, 우리 대원들은 자네가 필요해. 리더가 필요하다고. 그 사실은 변하지 않아."

세스는 잠시 말없이 앉아 있었다. 그는 라마디에 모든 걸 바쳤고, 전역하면 수많은 기회가 그를 기다리고 있을 터였다. 세스는 매우 총명하고 창의적이며 근면한 사람이었다. 게다가 이력 또한 대단했다. 나는 그가 민간인으로서 군대 밖의 세상에서 또 다른 도전을 이루고 싶어 하는 꿈과 포부를 품고 있다는 걸 알았다. 솔직히 세스가 해군 군복을 벗는다고 해도 충분히 이해할 수 있었다. 그는 이미 자기 몫을 다했다. 나는 그가 내 앞에서 곰곰이 생각하는 모습을 지켜보았다. 이내 그의 표정이 변하더니 얼굴에 자신감이 떠올랐다.

"맞습니다." 세스가 의자에서 일어났다.

"뭐가 맞아?" 내가 물었다.

"저 가야겠습니다." 그가 문 쪽으로 움직이며 말했다.

"어딜 가?"

"대대장님께 가서 기동대를 맡겠다고 말해야겠습니다. 브루저 기동대장 제가 맡겠다고 말입니다. 제가 해야 할 일입니다." 세스가 말을 이었다. "더는 고민할 필요 없습니다."

세스는 싱긋 웃으며 문밖으로 걸어 나갔다.

'고민할 필요 없다.' 나는 혼자 가만히 생각했다. 장밋빛 인생을 기다리는 선택지가 지천에 깔렸는데도 결국 세스는 다른 선택을 하지 않았다. 그는 무엇이 옳은지 정확히 파악했다. 자신의 의무를 알고 있었다. 그리고 그렇게 했다.

라마디에서처럼 그는 시간이 지날수록 한 걸음 한 걸음 성장했다. 여러 가지 대립하는 요소들로 가득한 리더십의 이분법 속에서 그는 지휘관이라는 엄청난 압박의 무게를 어깨에 다시 한번 짊어지고 힘겨운 여정을 이어 갔다. 리더가 되는 것과 따르는 자가 되는 것 사이에서 균형을 맞추고 자신만만하되 자만하지는 않고 공격적이되 늘 경계를 잃지 않고 대담하면서도 사려 깊게 행동했다.

가장 중요한 것은 그가 이분법의 최후, 마지막 이분법에 맞서기로 결정했다는 거였다. 그는 동료와 전우로 이루어진 팀을 훈련하고 성장시키고 조화를 이루게 하면서 팀에 모든 관심을 쏟아붓고 이 세상 무엇보다 세심하게 관리해야 했다. 그러면서도 임무 수행 중 사망할 가능성이 도사리는 전쟁터로 소중한 대원들을 내보내야 했다.

그건 굉장히 부담스러운 일이었다. 그리고 도전이었다. 이것이 바로 이분법이다.

그리고 리더십이다.

기본 원칙

리더십에는 수도 없이 많은 이분된 요소들이 존재한다. 리더는 대립하는 요소들 사이에서 신중하게 균형을 이루어야 하는데, 그것은 말처럼 쉽지 않은 꽤나 까다로운 문제이다. 업무를 수행할 때 필연적으로 발생할 위험 요인을 받아들이는 동시에 팀원 하나하나를 세심하게 살펴야 한다. 훌륭한 리더는 남자든 여자든 자신을 따르는 팀원들과 강력하고 끈끈한 유대 관계를 형성하고 팀원들을 위해 무슨 일이든 할 테지만, 업무와도 연관 지어 생각해야 한다. 그 업무가 리더들이 매우 아끼는 사람을 큰 위험에 빠지게 할 수도 있으니.

전쟁터에서 나타나는 최후의 이분법은, 리더가 자기 손으로 가장 아끼는 자산, 즉 대원들을 부상당하거나 죽을 수도 있는 상황으로 내몰아야 한다는 것이다. 만일 상하 관계가 너무 친밀해서 감정적인 부분과 분리시키지 못한 채 팀을 지휘하면, 대원을 위험에 처하게 만드는 힘든 결정을 내리지 못할 것이다. 그런 식으로 가면 팀은 아무것도 해내지 못하고 결국 임무 완수에 실패하고 만다. 이와 완전히 대립하는 면에서 볼 때, 리더가 임무 수행에만 몰입해 눈에 띄는 여분의 성과도 얻지 못하면서 대원들의 건강과 안전만 희생시키는 경우도 있다. 이런 일이 발생하면 대원들은 끔찍한 경험으로 인해 임무 수행에 부정적인 영향을 받을 뿐만 아니라 나중에는 더 이상 리더를 존경하지도, 따르지도 않게 된다. 그렇게 그 팀은 무너지고 만다.

군대라는 극단적인 상황이 아니더라도 이런 이분법은 우리 주변의 일반적인 분야에서도 나타난다. 이는 균형을 이루기가 가장 어려운 이분법 중 하나이며, 까딱하면 어느 방향으로든 쉽게 치우칠 염려가 있다. 리더가 팀원들과 지나치게 친밀한 관계를 형성하면, 리더는 팀원들에게 중요한 프로젝트나 업무를 완성하는 데 필요한 업무를 시키지 않을 수도 있다. 또 어떤 리더는 회사의 이익을 위해 올바른 행동을 취해야 하는데도 불구하고 팀원이 자신과 가깝다는 이유로 해고 조치를 내리지 못하는 경우도 흔히 발생한다. 뿐만 아니라 일부 리더들은 팀원들과 워낙 가까운 나머지 도리어 진지한 대화를 피하는 지경에 이르기도 한다. 이를테면 리더가 팀원에게 능력 개선 및 실력 향상에 관한 이야기를 언급하지 않는 것이다.

반면 리더가 팀원들과 너무 동떨어진 경우 리더가 막중한 업무를 혼자서만 수행하고 그런 모습을 팀원들에게 과하게 노출하면, 자신의 희생으로 인한 어떤 가치도 일궈 내지 못한 채 오히려 팀원들에게 해를 입힐 수도 있다. 부담을 줄이기 위해 팀원을 빠르게 해고할 수도 있고, 그에 따라 전략적 목표를 지원하는 리더의 능력 부족을 포함하여 팀을 제대로 돌보지 못했다는 혹평을 들을 수도 있다.

그래서 리더는 균형을 이루어야 한다. 힘껏 밀어붙이면서도 또 너무 세게 밀어붙여선 안 된다. 팀원들을 차에 태우고 그들이 임무를 완성할 수 있도록 잘 운전해서 데리고 가야 한다. 낭떠러지로 떨어지지 않게 말이다.

실전 비즈니스

"직원들은 열심히 일합니다!" 지역 관리 매니저가 목소리에 힘을 주어 말했다. 그는 채굴 작업장 다섯 곳을 감독했는데, 땅에서 원자재를 끌어올려 시장에 상품으로 파는 작업을 담당했다. 나름 간단한 사업이었다. 생산 비용이 저렴할수록 돈을 더 많이 벌었다. 그러나 원자재 비용과 직원들의 개인적인 삶 그리고 생계 수단이 한데 모여 서로 영향을 미치기 시작했다.

"알고 있습니다. 밖에서 작업하는 걸 봤어요." 내가 대답했다.

"몇 시간 동안만 보셨을 거 아닙니까. 그 정도는 하루나 일주일, 한 달 또는 일 년 내내 보는 거에 비하면 아무것도 아니죠. 저 작업자들 아니면 여기는 돌아갈 수가 없습니다." 지역 관리 매니저가 다소 공격적으로 받아쳤다.

지역 관리 매니저는 내가 작업자들의 노고를 정확히 파악하지 못했다고 확신했다. 나는 그의 관점에서 관찰했다. 그가 옳았다. 나는 남자 또는 여자 작업자가 이 광산에서 매일 무엇을 하는지 완벽하게 이해할 수 없었다. 그러나 그의 공격적인 태도로 미루어 볼 때 그는 분명 나를 '그의 사업적인 문제를 고쳐 주려고' 상아탑에서 온, 아는 체나 하는 업체의 인간들 중 하나라고 여기고 있었다. 물론 틀린 말은 아니었다. 나는 그의 문제를 고쳐 주기 위해 업체에서 나온 사람이었다.

여덟 달 전 그가 관리하던 광산 중 하나가 문을 닫는 바람에 그는 여섯 개가 아니라 다섯 개의 광산을 감독해야 했다. 생산비가 너무 높아져서 광산은 당연히 수익을 낼 수 없었다. 광산 하나가 문을 닫았을 때, 지역 관리 매니저는 작업자의 약 4분의 1을 해고하지 않고 다른 광산으로 보냈다. 조합은 이 부분에 관해 항의했지만 그는 남은 광산에 인력을 골고루 충원하면 전반적으로 생산력이 증대될 것이라고 확신했기에 자기주장을 점점 더 세게 밀어붙였다. 그러나 그런 결정의 이유는 매니저가 진정으로 작업자들을 깊게 생각하고 신경 썼기 때문이었다. 그는 3대째 이어지는 광부였기에 누구보다 작업의 고충을 잘 알았다.

매니저와의 대화는 그다지 수월하지 않았다. 나는 단계적으로 개입을 줄여야 했다.

"사실 작업자들의 일이 얼마나 어려운지 완벽하게 이해하진 못했습니다." 나는 작업자들이 업무에 어느 정도의 노력을 기울이는지 정확하게 파악하지 못했다는 걸 인정했다. "전 전문가가 아니니까요. 그렇지만 작업자들이 일을 열심히 하는 모습은 제 눈에도 보입니다. 서너 시간밖에 보지 않았지만요."

그 정도로는 지역 매니저를 만족시킬 수 없었다.

"저들은 단순히 그냥 열심히 일하는 사람들이 아닙니다." 그가 말했다. "기술자들이죠. 저들 중에는 세계 최고의 기술자도 있다고요. 저기 굴착기에 있는 미겔 좀 보시죠. 저 사람은 제가 본 기술자 중 최고의 기술자입니다." 그가 유리창 밖에 육중한 굴착기가 커다란 덤프트럭으로 흙을 부지런히 옮기는 모습을 가리켰다.

"그렇네요. 자기 몸의 일부분인 것처럼 굴착기를 다루는군요. 잘하시네요." 내가 매니저에게 말했다.

"그거 아십니까?" 그가 말을 이었다. "저 사람은 그냥 대단한 기술자가 아니에요. 정말 좋은 남자죠. 아내도 있고 아이도 넷이나 있습니다. 아이들이 참 착해요."

"가정적이겠군요." 내가 분명하게 말했다.

"완전히요. 정말 완전히요."

"자 그럼 사무실로 가서 여러 가지 수치를 보고 이야기를 좀 나눠 보죠." 나는 그와 꼭 나누어야 할 대화를 더 이상 미루고 싶지 않았다. 지역 관리 매니저는 수치를 훤히 꿰고 있었다. 폐쇄한 광산의 인력이 충원되어 남은 광산의 생산량이 증가하기는 했지만, 늘어난 비용을 충당하기엔 턱없이 부족했다. 현재 작업자가 너무 많다는 걸 매니저도 인지했고, 그가 관리하는 다섯 개의 광산 작업장들은 이윤을 충분히 남기지 못했다.

우리는 매니저의 사무실로 들어가 자리에 앉았다.

"당신이 무슨 말을 할지 나도 압니다." 지역 관리 매니저가 말했다. 그의 목소리는 시비조였다. 나를 화나게 하고 싶어 하는 듯했다. 나는 신중하게 발을 내디뎌야 했다.

"음. 그렇다면 제가 말을 많이 할 필요가 없겠군요. 수치가 다 말해 주니까요."

"수치가 모든 이야기를 하진 않죠." 지역 관리 매니저가 확고하게 말했다.

"물론입니다." 내가 대답했다. "그러나 비용 지불과 관련된 문제의 일부분을 알려 주기는 하지요."

"그 이상의 것이 더 있습니다!" 매니저가 불만을 터트렸다.

"저도 알고 있어요." 나는 그와 공감하려 노력했다.

"그래요?" 그가 거칠게 되물었다.

이젠 그를 견제해야겠다고 결심했다.

"네." 내가 단호하게 말했다. "매우 잘 알고 있습니다."

지역 관리 매니저가 나를 빤히 쳐다봤다. 그의 비즈니스를 이해한다고 분명하게 주장하자 살짝 놀란 눈치였다. 그러나 내가 안다고 했던 것은 그의 비즈니스가 아니라 리더로서 그가 직면한 상황이었다.

"저 밖에 많은 사람이 근무한다는 걸 알고 있습니다. 많은 사람들이 매니저님이 옳은 결정을 내릴 거라 믿고 있죠. 계속 직장을 다닐 것인지 말 것인지 또는 융자금을 갚을지, 식탁 위에 가족들이 먹을 음식을 사다 놓을 수 있을지 등과 같은 결정들 말입니다. 이런 것들은 부담스럽고 어려운 결정입니다. 저도 경험해 봤어요. 내가 내린 결정에 따라 사람 목숨이 왔다 갔다 했죠. 우리가 어떤 임무를 할지, 어떤 지역으로 가야 하는지, 지휘관으로서 누구에게 무엇을 하라고 지시를 내려야 하는지와 같은 결정을 이야기하는 겁니다. 저는 제 대원들을, 제 친구이자 형제인 그 사람들을 끊임없이 위험에 처하게 했습니다. 게다가 결과가 항상 좋았던 것도 아니었죠."

지역 관리 매니저는 이제야 내 말에 귀를 기울였다. 처음으로 경청하고 있었다. 마침내 그와 내가 연결되었다.

"자, 보세요. 매니저님은 리더입니다. 엄청난 부담이 뒤따르지요. 군대에서는 이를 '명령의 부담'이라고 합니다. 내 지시 아래에 움직이는 사람들의 목숨에 대한 책임감이죠. 네이비씰 팀에서 저는 대원들의 목숨을 손에 쥐고 있었지만, 여기서 매니저님은 작업자들의 생계를 손에 쥐고 있어요. 정확하게 같다고 할 순 없지만 꽤 비슷합니다. 직원들은 매니저님이 앞으로도 계속 월급을 줄 거라고 기대하고 있어요. 그래야 자기 가족들을 먹여 살릴 수 있으니까요. 또 매니저님은 직원들을 신경 써야 합니다. 반드시 그래야 합니다. 저 역시 제 대원들에게 신경을 많이 썼어요. 그들은 제 전부였거든요. 지금도 여전히 그렇고요. 이것이 리더십의 이분법 중 가장 까다로운 부분입니다."

"뭐가요?" 매니저가 물었다.

"자신이 관리하는 직원에게 굉장히 많은 관심을 기울이면서 동시에 그들을 이끌어야 한다는 것 말입니다. 그리고 리더로서 팀원 개개인에게 상처가 될 만한 결정을 내려야 하는 경우도 있어요. 그래도 리더는 팀 전체의 이익을 위해 임무를 계속 수행하며 밀고 나가야 하죠. 만일 군부대의 지휘관이 수단과 방법을 가리지 않고 모든 위험 요인들로부터 부대원들을 보호하려고만 한다면 그 부대가 과연 임무를 수행할 수 있을까요?"

"음, 아무것도 해내지 못하겠죠." 그가 수긍했다.

"정확합니다. 군대가 제 역할을 하지 않으면 나라가 어떻게 되겠습니까? 솔직히 말하면 '국가'라는 개념이 있지도 않았을 겁니다. 그래서 군대의 리더들은 임무를 수행해야 합니다. 매니저님의 상황도 매우 비슷해요.

매니저님은 직원들의 일자리를 지키기 위해 할 수 있는 모든 걸 다했어요. 하지만 일거리가 없죠. 딱 봐도 없어요. 그래서 여덟 달 동안 고생을 하고 있어요. 폐쇄한 광산에서 직원을 얼마나 데리고 오셨죠?" 내가 물었다.

"147명이요."

"그 직원들을 옮기기 전에 남은 다섯 광산에는 몇 명이 일을 하고 있었나요?"

"한 600명 정도요."

"자, 그러니까 147명의 일자리를 지키기 위해 나머지 광산 다섯 곳과 직원 600명에게 위험 부담을 안긴 거군요. 업무 전체에도 마찬가지고요. 이런 식으로 힘들고 어려운 결정을 계속 피하기만 하고 확실한 조치를 취하지 않으면 같은 문제가 계속 발생합니다."

지역 관리 매니저는 잠자코 앉아 있었다. 내 말이 그의 마음속으로 스며들었다. 눈빛을 보면 알 수 있었다.

"그렇지만…… 잘 모르겠어요……. 제가 할 수 있을지 모르겠습니다." 그가 침착하게 말했다. "몇몇 작업자들은 저에게 가족과 같은 사람들입니다."

"제 이야기 한번 들어 보시죠. 만일 매니저님이 앞으로 나아가지 않는다면, 그들을 이끌지 않는다면, 이 회사가 어떻게 될 것 같은가요?"

"다른 광산들도 문을 닫겠죠…… 아니면……." 그가 말을 흐렸다. 다른 명백한 가능성들을 인정하고 싶지 않은 듯했다.

"어떻게 될까요?" 내가 물었다.

"나를 자르겠죠." 그가 대답했다.

"정확해요." 내가 동의했다. "지금 여기에 있는 모두에게 더 나은 것은 어떤 걸까요? 광산을 완전히 폐쇄하는 걸까요? 아니면 매니저님만큼 팀에게 신경을 쓰지 않는 사람이 관리자 자리에 들어와서 작업자들을 극단적으로 해고하면서 비용을 낮추는 걸까요? 이게 무척 힘든 일이라는 거 저도 압니다. 잘 알아요. 그렇지만 매니저님이 해야 할 일, 반드시 필요한 그 일을 피하기만 한다면 결국 매니저님은 누구도 돕지 않는 겁니다. 당연히 조직을 이끄는 것도 아니겠죠. 아니, 사실은 정반대예요. 어려운 결정을 내리지 않으면 매니저님이 아끼는 직원들이 힘들어져요. 돕기는커녕 힘들게 하는 거죠. 이건 또 다른 이분법이에요. 직원들을 도와주기 위해 때때로 그들을 아프게 해야 한다. 수술을 하는 외과의사와 비슷해요. 수술은 잔인하잖아요. 몸을 자르고 신체의 일부를 제거한 다음 바느질로 다시 봉합하죠. 하지만 생명을 살리기 위해선 어쩔 수 없이 해야 해요. 매니저님이 여기에서 해야 하는 일 역시 잔인한 일입니다. 저도 알아요. 그러나 실패는 훨씬 더 잔인한 결과를 가져올 겁니다."

지역 관리 매니저는 고개를 끄덕이고 있었다. 그는 내 말을 이해했다. 매니저는 따뜻한 마음으로 직원들을 배려하는 리더였다. 이것은 리더의 중요한 자질이다. 그러나 그는 업무를 수행하는 것보다 직원들을 신경 쓰는 데 훨씬 더 많은 노력을 기울였고, 결국 이분법의 균형을 이루지 못한 채 자기도 모르게 길을 벗어나고 말았다. 전략적으로 가장 중요한 것을 내다보는 시야를 잃어버렸다. 몇몇 직원들을 보호하는 데만 몰두하다가 조직의 임무와 다른 직원들을 위험에 빠뜨렸다. 이제 매니저는 자신의 행동이 결국은 리더십의 실패로 이어진다는 사실을 알게 되었다. 그래도 일단 그것을 인정하면 이분된 요소들 사이에서 균형을 찾으며 재조정할 수 있다. 매니저는 어려운 결정을 내려야 했다. 썩 내키지 않아 했지만, 그는 어쨌든 내 뜻을 받아들였다.

2주가 지난 뒤 지역 관리 매니저는 약 80명을 조직에서 내보냈다. 정말 원치 않았지만 그렇게 해야만 했다. 그는 조직을 이끌어야 했다. 비용 절감 덕분에 광산은 적자에서 흑자로 전환되었고, 그 후에도 다시 한번 더 수익을 내며 지속 가능한 미래로 향한 길 위에 올라섰다. 매니저는 이제 리더십의 이분법 중 가장 어려운 것을 정확히 이해하게 되었다. 리더는 팀원을 돌보는 동시에 임무를 완수해야 한다. 물론 임무 수행 중에 팀원이 위험에 처하거나 때때로 불가피한 결과에 이를 수도 있다. 지역 관리 매니저는 업무를 해 나가면서 직원들에게도 균형 있게 신경 써야 한다는 걸 이제 깨달았다. 이 상반된 두 가지 요소에서 균형을 맞추지 못하면 어느 쪽이든 실패하게 된다는 것 또한 알게 되었다.

2003년 바그다드. 네이비씰 팀 세븐 에코 소대가 한밤중에 테러리스트로 의심 가는 사람을 생포 또는 사살하기 위해 직접 타격을 개시하고 있다. 험비의 철갑판과 문을 떼어 내서 탑승 중인 네이비씰 대원들이 바깥쪽으로 수월하게 직접 타격을 수행할 수 있게 했다. 덕분에 대원들은 신속하게 소총 사격에 들어갔다가 바로 복귀가 가능했고, 보호판이 덧대어진 방탄복을 착용했기 때문에 적의 위협에 최소한의 안전을 보장받을 수 있었다.

(사진 제공: 조코 윌링크)

Chapter 2.

모든 것에 주인의식을 지니되 권한을 주자

조코 윌링크

2003년, 이라크 팔루자

바닥 전체가 피로 물들고 공기 중에는 연기가 자욱했다. 밖에서 총격 소리가 들렸지만 누가 쏘는 건지, 누구한테 쏘고 있는 건지 확신이 서지 않았다. 복도를 따라 내려가 보니 다른 방들은 다 이미 확보된 상태였다. 얼마 지나지 않아 피의 출처를 찾아냈다. 어떤 이라크 민간인이 부상당한 상태였고, 잘 훈련된 네이비씰 의무대원이 의료 지원을 하는 중이었다.

"무슨 일인가?" 내가 물었다.

"침투 임무 수행 중에 문 옆에 서 있었습니다." 의무대원이 대답했다. "분명 굉장히 가까이 있었을 겁니다. 눈 한쪽과 손 일부분을 잃었습니다. 그러면서 동맥을 건드렸고 그래서 피가 이렇게 쏟아지는 겁니다."

네이비씰 소대가 침투 임무를 할 때 사용하는 폭발물은 문을 열 수 있을 만큼 강력하기는 해도 집 안에 있는 민간인에게 부수적인 피해가 가지 않도록 설계되었다. 듣자 하니 그 남자는 문 바로 맞은편에 있다가 파편에 맞은 듯했다.

"괜찮겠나?" 내가 물었다.

"네. 출혈은 멈추었습니다." 의무대원이 대답했다.

그가 이라크 남자의 팔에 있는 지혈대 쪽으로 움직이더니 부상당한 남자의 눈을 살피고 있었다.

"알았네." 내가 말했다. 그 건물은 모든 층을 빙 두르는 나선형 구조여서 복도가 고리 모양이었고, 맨끝으로 가면 확보 작업을 시작하기 위해 올라왔던 계단실 부근으로 이어졌다. 마지막 방을 확인해 보니 이미 확보를 마친 상태였다.

내가 무전기 볼륨을 높이고 알렸다. "목표물 확보. 안전에 신경 써서 수색을 시작하라."

2003년 가을, 우리 소대는 이라크의 팔루자에서 테러리스트의 우두머리를 생포 또는 사살하기 위해 전투 작전을 개시했다. 팔루자는 이라크에서 가장 위험한 지역으로 적의 공격이 발생할 확률이 매우 높았다. 소대장은 나였으나, 분대장과 부분대장 역시 어떤 임무를 수행해야 하는지 정확히 파악하고 있었다. 그들은 책임지고 안전을 확보한 뒤 각 방을 수색하기 시작했다. 우리는 징병 연령대의 남자 열셋을 구금하고 있었는데, 그중에는 우리가 쫓고 있는 테러리스트가 될 가능성을 가진 남자가 포함되어 있을 터였다. 우리는 그들의 손을 묶어 몸을 수색한 뒤 건물 밖으로 빼내 전투 차량으로 이송시킬 준비를 했다.

그때 헤드셋에서 치직치직 소리가 났다. "조코, 조금 더 서둘러야 한다.

주민들이 불안해하고 있다."

당시 나의 기동대 대장이 무전에 대고 말했다. 그는 밖에서 험비*와, 외부 보안을 위해 하차한 네이비씰 대원들, 그리고 우리와 협력하는 미 육군 장병들을 지휘하고 있었다. 지상군 지휘관인 그는 나와 돌격대를 포함한 모든 작전을 책임지고 있었다. 그때 우리 돌격대는 테러리스트가 있을 거라 추정되는 건물로 진입해 완전하게 확보한 상태였다. 이제 우리가 수색을 서둘러야 한다는 말 같았다.

"알겠습니다." 내가 대답했다.

돌격대의 목표물은 예상했던 것보다 훨씬 더 혼란스러웠다. 건물 확보 작업도 복잡했지만 건물의 배치도가 특히 희한했다. 확인 작업을 해야 하는 작은 방들이 아주 많았고 전부 다닥다닥 붙어 있었다. 더 심각한 문제는 폭파 침투를 위해 배치한 다중 폭탄과 크래시 수류탄**이 공기 중에 자욱한 연기를 만들어 내서 시야를 방해하고 혼란을 더 가중시킨다는 것이었다. 사실 건물 내부에는 포로 여럿과 의료 지원이 필요한 다친 이라크 민간인들까지 있어서 아수라장이었기 때문에 그렇게 놀랄 일은 아니었다. 결국 우리는 수렁에 빠져 추진력을 잃었고 다음 행동을 정확히 파악한 사람이 아무도 없어 보였다. 나는 몇몇 대원들에게 그만하라고 말했다.

"여기서 나가야 한다." 내가 지시했다. 대원들은 고개만 끄덕일 뿐 하던 임무를 계속 수행했다. 진전이 없었다. 설상가상으로 밖에서 발포 소리가 들려왔고, 저 경고 사격이 포격전을 암시하는 것 같다는 생각이 들었다.

---

* 험비: 고기능성 다목적 차량(High Mobility Multipurpose Wheeled Vehicle)이다.

** 크래시 수류탄: 섬광탄의 한 종류이고, 비살상 장치로 환한 불빛과 큰 폭발음을 내기 때문에 주변을 굉장히 놀라게 하지만 위험하지는 않다.

예상대로 그 발포 소리는 우리 기동대장이 경고의 의미로 취한 조치였다. 서둘러 소대원들을 내보내야 했다.

"잘 들어라!" 내가 크게 외쳤다. 일순간 건물 전체가 고요해졌다. "후방 경계에 있는 대원들을 제외하고 전부 내 쪽으로 돌아온다. 포로들을 붙잡아 확인하고 험비 뒤쪽으로 데리고 간다. 징병 연령의 남자는 전부 데리고 간다. *시작하라!*"

곧바로 소대원들이 착착 행동 개시를 했다. 대원들은 포로를 데리고 나와 함께 확인한 후 길거리로 이어지는 계단으로 끌고 갔다. 1분 뒤 소대의 지도부인 부분대장이 내 어깨를 톡톡 치며 포로 전원을 밖으로 이송했다고 보고했다. 우리 두 사람과 후방 경계를 맡은 대원 둘만 건물 내부에 있었다.

"자 이제 됐으니 나간다." 내가 지시했다. 부분대장이 후방 경계 팀에게 철수해 출구로 나가라고 전했다. 후방 경계 팀이 우리 쪽으로 왔을 때 다 같이 건물 밖으로 나갔다. 그 뒤 출입구 앞에서 잠시 대기하다가 후방 경계 대원들까지 전부 출입구에 도착하고 나서야 우리는 배정된 험비로 이동했다.

우리가 험비에 올라타자 전투 차량 지휘관이 지시했다. "마지막 열부터 숫자 센다."

각 험비의 지휘관들이 크게 외쳤다.

"6열 완료."

"5열 완료."

"4열 완료."

"3열 완료."

"2열 완료."

"1열 완료. 출발."

그렇게 호송 차량은 어둠에 싸인 팔루자 거리로 나아갔다. 총구를 바깥으로 돌린 채 야간 투시경으로 눈을 흘기며 주변의 위협을 탐지했다. 적의 시야를 완벽하게 차단하기 위해 전부 소등하고 빠르게 이동하는 것은 매복 중인 적을 피하는 데 효과적이었다. 30분 뒤 우리는 미군 전진 작전 기지 경계선 안으로 들어왔고 드디어 안전을 되찾았다. 그리고 함께 임무를 수행했던 정보 요원들과 미군 구류 시설에 포로들을 인도했다.

인도를 마친 후 우리는 팔루자와 바그다드를 연결하는 메인 도로로 돌아갔다. 팔루자 부근에 있는 도로들은 계속되는 전투로 인해 큰 피해를 입어서 엉망진창이었다. 그러나 팔루자 밖의 도로들은 미국에서 흔히 볼 수 있는 고속도로와 별반 다를 게 없었다. 한 시간 정도 흐른 뒤 바그다드 국제공항에 인접한 캠프로 돌아왔다. 이 전쟁이 시작되기 불과 몇 달 전에 그 공항은 사담 후세인 국제공항이라는 이름으로 불렸다.

우리는 캠프에서 표준 작전 절차를 따랐다. 일단 가장 먼저, 지원 요청에 대비하여 험비에 연료를 주입했다. 출동 명령이 내려질 경우가 있으니 언제든 만반의 준비를 갖추어야 했다. 둘째, 험비를 주차하고 하차한 후 소대의 계획실로 가서 수행한 임무를 보고했다. 불시에 출동할 수도 있기 때문에 전투 장비를 벗지 않은 채 조금 전의 작전을 하나하나 점검했다. 어디에서 실수가 있었는지, 어떻게 더 효율적으로 작전에 임할 수 있었는지, 어떤 작전에 성과가 있었는지 등을 살폈다. 보고가 끝나고 나면 다시 차량으로 돌아가 소대의 군 장비들, 이를테면 험비와 무거운 무기들, 내비게이션 시스템, 통신 장비 등을 점검하고 관리했다. 모든 걸 다 마친 뒤에는 무기 세척 구역으로 이동해 개별적으로 무기를 닦았다. 팀과 소대의 장비 관리가 마무리되고 개별 무기 세척과 정비를 끝낸 후에야 네이비씰 대원들은 마침내 샤워를 하고 간단히 요기를 했다. 전부 완료되면 부소대장과 나는 내일 밤에 계획된 작전을 살펴보고 상부의 승인을 받기 위한 서류를 준비하고 소대에 전달할 건물 침투 작전 보고서를 만들었다. 우리는 아침 여섯 시나 일곱 시쯤에 누워 서너 시간 정도 쪽잠을 잔 후 열한 시에 일어나 점심 식사를 했다.

테러리스트 용의자 또는 사담 후세인 정권의 충신들을 타깃으로 잡고 주로 야간에 직접 타격을 하는 것이 그 당시 작전이 흘러가는 루틴이었다. 믿기 어렵겠지만 소대의 네이비씰 대원 대부분이 그렇듯 우리도 실제 전투 경험이 전혀 없었다. 우리 소대원들은 전부 첫 걸프전을 그리워했다. 걸프전은 제한된 구역에서 딱 72시간 동안만 지속되었기 때문에 큰 어려움이 없었다. 그때 우리는 그레나다 또는 파나마에서 전투를 치르기엔 매우 미숙했다. 게다가 소말리아 전투 작전을 직접 본 대원도 아주 드물었고, 우리가 함께 겪은 전투도 전혀 없었다. 이라크 전쟁이 발발하기 전 우리 대원들 대부분이 경험한 가장 최근 작전은 북 아랍 만에서 있었던 밀반입 제지 작전이었고, 그 작전은 사담 후세인 정부를 압박하는 UN의 제재 조치로 인해 시작된 것이었다. 당시 우리는 이라크에서 석유나 다른 밀수품들을 반출하는 것으로 의심되는 선박과 다우 배*에 올라타는 임무를 수행했다. 헬리콥터로 다우 배를 미행하면서 일단 그들이 공해상으로 진입했다는 확신이 들면 재빨리 선교에 올라간 다음 다우 배와 선원들을 장악했다. 우리는 그들을 확실하게 붙잡아 놓고 미 해군이나 해안

* 다우 배: 삼각형의 큰 돛을 단 나무로 만든 아랍 배이며 크기가 작다. -옮긴이

경비대에 연락해 인도했다.

밀반입 제지 작전을 수행했던 1990년대와 2000년대 초반에는, 물론 할 일이 없는 것보단 나았지만, 까다롭고 도전적인 임무가 없었다. 나는 부소대장으로 지내면서 그런 작전들을 꽤 여러 번 수행했었다. 총격은 한 번도 없었다. 솔직히 말해서 그럴듯한 위협도 아예 없었다. 그래도 우리의 임무였기에 전문적으로 수행했다.

그 임무는 이라크에서 테러리스트를 추적하는 것과 거리가 멀었다. 이라크에서 적군이 가하는 위협은 강도가 무척 셌고 전투 작전도 굉장히 공격적이었다. 그에 반해 우리들 모두 전투 경험이 없었기 때문에 나는 작전을 계획하고 실행하는 데 정말 많은 고민을 해야 했다. 일단 첫 번째 전투에서 반드시 무언가를 보여 주어야겠다는 의지를 마음속 깊이 다졌다. 내 자신에게 그리고 주변 사람들에게 증명해야 했다. 우리가 훌륭히 임무를 완수할 수 있다는 것을 확실히 보여 주기 위해 모든 임무의 진행 과정을 세밀하게 점검하고 확인했다. 정보 요원에게 목표물 관련 정보를 전달받자마자 온 신경을 곤두세워 목표물 안팎의 루트를 확인하고 정보를 샅샅이 조사하고 돌격팀의 경로를 계획하고 돌격대를 조직하고 험비에 적재할 장비를 정하고 예행연습을 했다. 짧은 시간에 모든 걸 나의 세계로 끌어들였다. 전부 다. 물론 나는 부사관들이 자진해서 지휘권을 갖고 몇몇 임무를 이끌기를 바랐다. 그러나 그들은 그렇게 하지 않았다. 조금은 의아한 일이었다. 우리 소대에는 그보다 훨씬 더 많은 일을 처리할 수 있는 선임 부사관과 대원들이 있었기 때문이었다. 어찌 됐건 그들은 내가 원하는 방식으로 지휘권을 잡으려 하지 않았다. 결국 나는 모든 것을 세밀하게 감독했다. 아주 미세하게 관리했다.

내가 할 수 있는 것과 소유할 수 있는 부분이 정말 많았다. 우리의 작전은 매우 빠른 속도로 진행되었다. 반란군을 체포하거나 사살하는 직접 타격 임무를 최우선으로 두었고 그 외에도 수도 없이 많은 추가 작전을, 예를 들어 공수 및 차량 수송 정찰 임무와 다른 정보 수집 작전 등을 이행했다.

어느 날 아침 연합 정찰 임무를 수행하고 난 뒤, 그날 저녁에 잠재적 직접 타격인 반군 생포 및 사살 작전이 두 개나 있다는 소식을 접했다. 그 작전들을 전부 내가 맡을 순 없었다. 나는 부사관들 중 넷에게 각각 임무의 지휘권을 할당해 주고, 작전 계획을 짜서 각자의 병력과 자원으로 '디컨플릭트(deconflict)하라*'고 지시했다. 그런 다음 나에게 확인받으라고 전했다. 나는 한 발짝 물러나 그들에게 작전을 맡겼다.

결과는 기대 이상이었다. 부사관들은 오너십을 가졌다. 견고하고 전술적인 계획을 세웠을 뿐만 아니라 새롭고 혁신적인 아이디어를 개발시키고 창의적으로 행동하여 작전 계획을 더욱 효율적으로 실행할 수 있도록 했다. 가장 중요한 것은 탄탄한 오너십과 더불어 전투에서 승리하는 데 꼭 필요한 공격적인 리더십과 자신감을 갖고 임무를 수행했다는 것이다. 내가 처음부터 그들에게 바랐던 게 바로 그것이었다. 물론 나는 그때도 극한의 오너십을 가슴에 품고 있었다. 극한의 오너십은 내가 리더로서 했던 모든 일과 지금도 하고 있는 것을 올바른 길로 인도하는 기본 철학이다. 나는 부사관들의 작전과 계획, 임무를 수행하는 태도, 임무의 성공 또는 실패에 모든 책임을 가진다. 그렇지만 나의 오너십은 분산된 지휘권과 균형을 이루어야 했다. 나는 그들이 각자의 수준에 맞게 임무를 지휘하도

* 디컨플릭트(deconflict) : 사전적 의미는 '분쟁을 피하다'라는 의미로, 미군에서 쓰는 군대 용어이다. 부대 간의 세부 조율을 한다는 뜻이며, 부대 간 시간대를 통합하고 상호 간에 최대 지원 가능한 정도를 알려 줌으로써 아군 간 교전을 방지한다.

록 이끌어야 했다. 그래야 그들이 힘을 얻고 확신에 찬 상태로 팀을 이끌며 임무를 수행할 수 있을 테니 말이다.

작전 속도가 점점 빨라질수록 내가 현장에서 보내는 시간이 줄어들었고 부사관들의 오너십은 더 단단해졌다. 부사관들은 나 또는 부소대장의 도움 없이, 다시 말해 네이비씰의 상급 지휘관 없이 스스로 작전을 지휘하기 전에 내게 작전 계획을 보여 주었다. 그러나 얼마 지나지 않아 나는 그들의 작전 기획서를 꼼꼼히 살펴볼 필요가 없게 되었다. 어느 순간 그들의 작전 기획서는 대충 점검만 해도 되는 수준으로 높아져 있었다.

상급 지휘관 없이도 부사관들은 굉장히 잘 해냈다. 나는 이 부분에서 중요한 교훈을 배웠다. 이전에 부사관들이 앞으로 나서지 않았던 이유는 내가 그렇게 하도록 리드하지 않았기 때문이었다. 모든 일에 극한의 오너십을 갖는 나의 태도로 인해 그들은 아무것에도 주인의식, 즉 오너십을 갖지 못한 것이었다. 당시 부사관들도 나도 그런 걸 느낀 건 아니었지만, 하나하나 다 살폈던 나의 관리 방법이 너무 많은 통제를 야기했기에 그들이 마음의 문을 닫은 것이었다. 그렇다고 부사관들이 아예 두 손 두 발 다 들고 있었다거나 마음가짐이 형편없었던 건 아니었다. 전혀 그렇지 않았다. 오히려 내가 리더니까 모든 걸 혼자 다 하겠다는 모습만을 여실히 드러내고 있었던 거다. 혼자 전부 다 처리하고 있을 때 부사관들은 그저 한 걸음 물러나 나의 지시와 명령을 기다렸다. 그런데 내가 뒤로 물러나 그들에게 임무를 부여하기 시작하자 그들은 모든 일에 아주 열심히 뛰었다. 그런 모습을 보는 것만으로도 가슴이 벅차올랐다. 나는 부사관들이 자신들의 임무에 푹 빠져들어 헌신을 다해 수행하는 모습을 지켜보았다.

이런 접근의 이점은 다방면에서 나타났다. 먼저, 내가 더는 현장에 있을 필요가 없어서 큰 그림을 더 잘 살펴볼 수 있었다. 실무에서 벗어나 해당 지역의 다른 요소들과 협력하는 것에 중점을 두기 시작하면서 그 지역의 목표물과 지형을 완벽하게 숙지했고 더 나은 정보를 얻게 되었다.

둘째, 하나의 특정 작전에만 집중을 할 필요가 없기 때문에 다른 작전들을 어떻게 서로 지원해 줄 수 있는지, 또는 충돌이 발생할 가능성이 있는지 살펴보는 게 가능했다. 이런 관점 덕분에 나는 인력과 장비를 낭비하지 않고 더 수월하게 적재적소에 알맞은 자원을 할당했다.

마지막으로, 전략적인 작전을 지휘하는 부사관들의 리더십 덕분에 마침내 한층 높은 곳에서 작전들을 총괄할 기회가 생겼다. 이제 나는 정보의 조각들을 한데 모아서 가능한 많은 테러리스트 용의자를 어떻게 생포하고 사살할지 고안해 내는 임무를 수행했다. 비로소 나는 우리 팀 내부와 아래만 살피는 게 아니라 더 높은 위치의 업무들을 처리하기 시작했다.

극한의 오너십이 리더에게 중요하다는 건 익히 알고 있었지만, 그 상황을 경험하면서 극한의 오너십을 그동안 과하게 갖고 있었다는 걸 새삼 깨달았다. 진정한 극한의 오너십은 리더로서 모든 책임이 나에게 있다는 걸 의미하는 것이지 모든 걸 나 혼자 해내야 한다는 뜻이 아니었다. 극한의 오너십에 대한 나의 오해는 우리 소대가 가장 효과적으로 임무 수행을 할 수 있게 했던 지휘권 분산을 짓누르고 있었다. 리더 스스로 오너십을 가지는 것과 더불어 우리 팀원들도 오너십을 지닐 수 있도록 하는 적절한 균형을 찾아야 했다.

나 역시 오너십을 충분히 가지지 못한 적이 몇 번 있었다. 그때 나는 이 분법을 아주 멀리 저쪽으로 밀어 버리고 아예 쳐다보지도 않았다. 이라크에 도착하기 전, 우리 소대는 중요하고 민감한 임무를 위해 준비를 마치고 리허설을 하는 중이었다. 해상 작전이었는데 새로운 기술을 접목시켜 바다 한가운데에서 작은 나무배를 찾아낸 다음 최악의 상황 속에서 배에 탑승한 사람들을 이송하는 임무였다.

나는 리더로서 지휘권 분산을 계속 시도하고 있던 터라 하급 대원들에게 권한을 주고 그들이 팀을 이끌게 하려 노력했다. 그래서 네이비씰 부사관 중 한 대원에게 작전을 지휘하라는 임무를 주었다. 그 임무에는 새로운 기술 접목, 우리 소대가 임무 수행 준비를 마쳤다는 걸 보여 주는 리허설, 그리고 훈련 진행이 포함되어 있었다. 선임 하사는 관리 능력의 평판이 좋고 경험도 많은 숙련된 네이비씰 대원이었고, 나는 그가 잘 해낼 거라 믿었다. 우리는 그 임무에서 해군 특수전 보트 부대와 긴밀히 협조해야 했다. 해군 특수전 보트 부대는 네이비씰 임무를 지원하기 위해 고안된 고속 수상선을 운용했다. 자원을 어떻게 최대한으로 활용해야 할지 이해하려면 상호 간에 협력이 무엇보다 중요했다. 지휘를 맡은 선임 하사가 보트 부대와 미팅을 잡아 놨고 우리는 부둣가 초입에서 총연습을 시작했다. 지상에서는 기술들을 연습했고 바다에서는 새로 적용될 임무 수행 방법을 시험해 보며 개선해 나갔다. 새로운 방법에 활용되는 장비와 무기들은 익숙한 것들이었다. 해상 무전기와 야간 투시경, 레이더, 나일론 재질의 1인치 튜브, 선박에서 쓰는 로프 또는 쇠사슬 등이었다. 개념만 잘 파악하면 복잡하지 않았다. 비교적 쉬웠다.

미팅과 부둣가에서의 리허설이 계속되는 동안 지휘봉을 쥔 선임 하사는 내가 평소에 수행했던 접근 방식에 비해 상대적으로 느슨하게 일 처리를 하고 있었다. 내가 그의 일거수일투족을 전부 감시하지는 않았기 때문에 그도 소대의 나머지 부분을 그렇게 열심히 감독하지 않았다. 그가 소대원 관리를 느슨하게 하면 할수록 소대원들은 그 이점을 더 많이 이용하려 들었다. 우리 소대가 0700*에 보트 부대원들을 만나기로 한 날, 소대원 중 몇몇이 0659에 도착했다. 원래 리허설을 여섯 번 하기로 계획했었는데 세 번밖에 하지 못했다. 우리 대원들은 군복도 제대로 입지 않았고 심지어 사복과 겹쳐 입기까지 했다. 아마추어 같았다. 게다가 대원들은 실제 발생 가능한 일들에 대해서만 리허설을 했다. 만일의 사태에 대비한 연습은 전혀 하지 않았다.

이런 상황은 실제 임무 수행 날짜에 가까워질 때까지, 즉 2주간 지속되었다. 나는 선임 하사가 굉장히 느슨하게 팀을 이끄는데도 그냥 두며 오만한 태도를 이어 갔다. 마음이 편치 않았지만 그가 오너십을 갖기를 바랐고 내가 그를 신뢰한다는 걸 알아주길 바랐다. 그러나 속마음은 너무 멀리 갔다고 말하고 있었다. 일이 너무 느슨해지는데도 그냥 내버려 두었다. 선임 하사를 포함한 소대원들과 이 문제에 대한 소통도 전혀 하지 않았다. 지휘관 자리에 앉은 사람은 선임 하사이니까 그가 오너십을 가져야 한다고만 생각했다.

바다에서 첫 리허설을 하는 날, 그 생각이 바뀌었다. 리허설 시작 시각은 0600이었다. 그 말은 해군 특수전 보트 부대가 0600 정각에 부두에서 출발한다는 뜻이었다. 나는 0530에 나갈 준비를 마치고, 군복을 갖춰 입고 나타나 보트 두 대 중 나에게 할당된 보트에 탔다. 장비를 확인하고 또 확인하면서 임무 수행 준비를 확실히 마쳤다.

0600이 거의 다 되었을 때 소대원들이 몰려들었다. 한 번에 대원들 둘 셋씩 군복을 엉성하게 걸친 채 마구 뛰어 들어왔다.

* 0700은 군대에서 쓰는 시간이다. 24시간 시계를 기본으로 하며 12시간 시계에서 오전 7시를 의미한다.

0600 정각. 대원 두 명이 아직도 오지 않았다.

특수 보트 부대장이 우리 선임 하사에게 다가가 리허설을 진행할 시각이라고 일렀다. 그러자 선임 하사는 조금 전 대원 둘과 이야기를 나눴는데 그들이 조금 늦게 나와서 뛰어오고 있다며 기다려야 한다고 전했다.

그 대원 둘은 0607에 눈썹을 휘날리며 부둣가의 통로에 도착했다. 7분이나 늦었다.

정말 창피했다. 내 자신에게 창피하고 소대에게 창피하고 네이비씰 팀에게 창피했다. 평소대로라면 해군 선박은 뒤처진 자를 두고 떠났을 것이다. 그런 뒤처진 자를 해군에서는 '움직임을 놓친 자'라고 칭하며, 이는 엄중한 처벌로 이어지는 중대한 위반 사항이었다. 하지만 그 임무는 우리 소대의 참여를 중심으로 돌아갔기 때문에 보트 부대장은 두 명의 네이비씰 대원을 기다리는 것에 동의했다. 정말 무례한 행동이었다.

마침내 소대원들이 전부 탑승했고, 해군 특수전 보트 두 대는 항해를 시작해 수평선 너머 해변이 보이지 않는 곳으로 이동했다. 리허설을 하기로 지정된 해역에 도착하자 선임 하사가 시작 명령을 내렸다. 소대원들은 각자의 위치로 가서 선박의 로프와 쇠사슬을 설치하고 통신 장비를 작동시키며 계획한 대로 작전 수행 준비를 했다. 선임 하사에게 임무를 맡긴 이후 나는 네이비씰의 사격 대원이라도 된 것처럼, 마치 최전방 사격수처럼 임무를 수행했다.

그런데 무언가 당황스러워하는 기운이 느껴졌다. 우리 소대원들 사이에서 두려움이 느껴졌다.

소대원들 간 대화를 들어 보니 무언가 누락된 게 분명했다.

"저한테 없습니다."

"네가 가져온 줄 알았는데?"

"지난번에 어디에 두셨습니까?"

"그건 내 일이 아니야."

"아무도 저한테 가져오라고 하지 않았습니다."

대원들이 혼란에 빠진 동안 나는 잠시 보고만 있다가 선임 하사에게 다가갔다.

"무슨 일인가?" 내가 물었다.

"1인치 나일론 튜브를 가져오지 않았습니다." 그가 허탈하게 털어놓았다. 그 단순한 물건은 이번 임무에서 아주 주요한 장비였다.

나는 처음에는 낙담했다가 곤혹스러워졌고 결국에는 화가 치밀었다. 리더로서 너무 손을 놓고 있었다.

"알겠다." 그에게 말했다. "흠, 빨리 알아봐야겠군. 서둘러. 일단 보트 부대장 하고 이야기해 봐. 여분이 있을지도 모르니까."

선임 하사는 여러 사람에게 여분의 1인치 나일론 튜브가 있는지 물어보고 다녔다. 결국 보트 부대 대원들이 서로 묶으면 임무를 수행하는 데 사용할 수 있는 0.5인치 나일론 튜브를 여러 개 들고 왔다. 보기에 좋지도 않고 이상적이지도 않고 우리가 원했던 것만큼 안전하지도 않았지만 어쨌든 해결은 되었다. 더 심각한 문제는 예정보다 한참 뒤처져서 임무를 수행하고 있다는 사실이었다. 그 누구의 잘못이 아니었다. 우리 모두의 잘못이었다.

우리는 리허설을 이어 갔고 모의 임무를 완료한 후 부두로 돌아갔다. 거기에서 장비를 풀고 캠프로 복귀한 다음 다 함께 소대 계획실로 향했다.

소대로 돌아온 뒤 나는 훈련 작전에 관한 보고를 들었다. 대원들은 장비 누락과 여러 가지 개선 사항들을 언급했다. 그런데 비판이 가벼웠다. 그렇게 가볍게 언급하고 넘어갈 문제가 아니었다. 나는 아무 말도 하지 않았다. 보고가 끝난 후 내가 물었다.

"더 할 말 있는 사람 있나?" 아무도 나서지 않았다. 확실히 하기 위해 조금 더 가만히 있었다. 그 누구도 수준 이하의 수행 능력에 대해 입도 뻥긋하지 않았다. 좋지 않은 상황이었다. 나는 진즉에 극한의 오너십을 지녔어야 했다.

소대 지도부를 내 사무실로 불렀다. 그들 눈에 내 기분이 썩 좋아 보이지 않았을 것이다. 마지막 대원이 들어오고 난 후 문을 닫았다.

"나는 자네들 일을 내가 다 하고 싶네. 전부 다." 내가 직설적으로 말했다. "어떻게 해야 하는지 잘 알고, 제대로 하는 방법도 알고 있으니까. 어떻게 하면 지각하는 대원이 발생하지 않는지도 알아. 임무에 필요한 장비를 절대로 누락시키지 않는 법도 잘 알지. 아주 정확히 안다고. 솔직히 나는 이 소대를 이끌고 싶고 소대의 구석구석을 샅샅이 살펴서 의심의 여지가 없게, 정확하고 흔들리지 않는 기준에 맞추고 싶다. 그러나 이것이 소대를 이끄는 적절한 방법이 아니라는 것 역시 잘 알고 있지. 그런 식으로 하면 자네들이 더 나은 네이비씰 대원 또는 리더로 성장하는 데 방해가 된다는 것도 안다. 자, 그래서 기회를 한 번 더 주겠다. 오늘 같은 일이 다시는 일어나지 않게 확실히 할 기회를 주겠다. 절대 지각자가 나오지 않게 할 기회, 다시는 장비를 누락시키지 않게 할 기회를 말이다. 모두가 일찍 온다. 모든 장비를 점검하고, 모든 임무와 작전과 훈련을 인생에서 가장 중요한 일인 것처럼 죽어라 수행한다. 한 번만 더 공을 떨어뜨리면 끝이다. 내가 다시 지휘권을 잡는다. 알아듣겠나?"

나의 동료이자 우직한 네이비씰 대원인 선임 하사는 내 말을 정확히 이해했다. 내 말이 옳다는 것은 물론이고 함축된 의미도 제대로 파악했다.

"알겠습니다, 소대장님. 다시는 이런 일이 일어나지 않게 하겠습니다. 확실하게 처리하겠습니다. 저희 전부 그렇게 하겠습니다."

그게 마지막이었다. 우리 소대는 그 이후 다시는 날 실망시키지 않았다. 몇 주 뒤 우리는 이라크로 파병되었다. 이라크 전역에서 끊임없이 전투 작전을 수행하며 적극적으로 적을 추격했다. 모의 해상 작전 이후 소대의 모든 것을 직접 관리, 감독하겠다는 나의 위협은 대원들의 태도와 행동, 오너십을 바꾸는 데 큰 역할을 했다. 그들은 결코 느슨해지지 않았다. 오히려 이라크에 파병되고 나서 약간 게을러진 사람은 나였다. 나는 그들에게 임무를 맡을 권한을 주어야 했고 오너십을 지닐 수 있게 해야 했고 팀을 이끌어 나가도록 해야 했다. 오너십을 너무 과하게 갖는 것과 너무 약하게 갖는 것 사이에서 균형을 이루어야 했다.

기본 원칙

마이크로 매니징* 리더십과 간섭하지 않는 리더십은 명백하게 반대되는 것이다.

세부 사항까지 관리하는 리더는 모든 걸 하나하나 통제하고 팀원 개개인의 행동을 감독하는 데 많은 노력을 기울인다. 이런 리더는 실패한다. 빠르게 변화하고 예측 불가능한 동적인 환경에서 수많은 행동과 더불어 각종 임무를 수행하는 다양한 사람을 전부 통제할 수 있는 리더는 없기 때문이다. 이는 또한 하급 직원의 성장을 억제한다. 사람은 해야 할 일을

* 마이크로 매니징(Micromanagement): 꼼꼼하고 세밀하게 모든 일에 간섭한다는 의미이다. -옮긴이

지시받는 것에 익숙해지면 나아갈 방향을 기다리기 시작한다. 결국 자주성은 점점 옅어져 사라지고 만다. 그밖에도 창의성과 대담한 생각, 적극적인 행동 역시 뒤이어 사라진다. 팀은 아무런 이해 없이 명령만 따르는, 지시가 내려올 때만 앞으로 움직이는 자동화기기 같은 존재가 된다. 이런 팀은 절대 위대한 업적을 이루지 못한다.

반면 간섭하지 않는 자유방임적 태도를 가진 리더는 그 반대편 영역에 있다. 그런 리더는 특정한 방향을 제시하지 못하고 명확한 방향을 안내하는 경우도 거의 없다. 자유방임형 리더 아래의 팀원들은 마이크로 매니징 리더의 팀원들처럼 생각을 안 하는 것이 아니라 오히려 너무 많이 해서 문제다. 자연스레 팀원들은 좋은 아이디어와 계획을 만들고 새로운 전략과 절차를 제안하고, 더 나아가 그들의 책임과 능력의 범위를 넘어선 광범위한 계획을 개발하기 시작한다. 이러한 거창한 아이디어와 전략이 만에 하나라도 회사의 궁극적인 비전 또는 목표와 같은 방향을 보지 않을 경우 자칫 심각한 문제를 일으키기도 한다. 그러다 보니 팀원들은 중구난방으로 움직이게 되고 결국 팀을 전략적인 목표로 이끌지 못한다. 또한 서로에게 간단한 지원조차 제공하지 못할 뿐만 아니라 팀 내에서 직접적인 갈등을 불러일으킬 요소가 있는 프로젝트나 업무에 매달리는 일이 빈번히 발생한다.

전혀 다른 스타일의 두 가지 리더십에서 균형을 맞추기 위해 리더는 중간 지점을 찾아야 한다. 팀에 관심을 기울이며 어느 한 방향으로만 과하게 밀어붙이지 않을 거라는 확신을 팀원들에게 주어야 한다. 리더가 두 가지 스타일 중 한쪽으로 치우쳤다는 걸 알려 주는 몇 가지 현상이 있다. 다음은 마이크로 매니징 리더십으로 인한 일반적인 현상이다.

1. 팀원들이 진취적이지 못한 모습을 보인다. 리더의 지시가 없으면 행동하지 않는다.
2. 팀원들이 문제의 해결책을 찾으려는 의지를 보이지 않는다. 가만히 앉아서 해결책을 알려 주기를 기다린다.
3. 마이크로 매니징에 익숙한 팀은 긴급한 상황에도 총동원되거나 활동을 하지 않는다.
4. 팀 내에서 적극적이고 대담한 행동이 잘 보이지 않는다.
5. 팀원들의 창의력이 쇠약해진다.
6. 팀원들이 자기만의 공간에 갇혀 있으려는 경향을 보인다. 밖으로 나와 다른 부서 또는 팀원들과 협력하려 하지 않으며 자신이 정한 선을 넘지 못한다.
7. 전체적으로 수동적인 모습을 보이고 반응을 하지 않는다.

리더는 일단 팀에서 이런 행동이 보이면 즉시 바로잡아야 한다. 임무가 무엇이고 어떻게 수행해야 하는지 설명하는 등 세세한 방향을 제시하는 대신 총괄적 목표와 리더가 원하는 최종 상태, 임무의 중요성을 알려준 다음 팀이 임무 수행 계획을 세울 수 있도록 해야 한다. 그러면서 리더는 팀에서 무슨 일이 일어나고 있는지, 어떻게 진행되고 있는지 계속 감독해야 한다. 하지만 팀의 주도하에 세워진 그 계획이 극단적으로 부정적인 결과로 이어질 것 같지 않다면, 임무 수행에 관한 상세한 지침은 삼가야 한다. 마지막으로 리더는 어느 정도의 시간과 위험이 허용 범위 내에 있을 때 완전히 뒤로 물러나 팀원들이 자발적으로 임무를 계획하고 실행할 수 있도록 독려한다. 브루저 기동대에 있을 당시, 파견 이전의 훈련을 받는 동안 이 방법을 수시로 사용했었다. 찰리 소대장 레이프와 델타 소대장 세스 스톤, 그리고 부소대장을 포함한 상급 지도부는 한 걸음 물러나 하급 지도부들이 훈련 임무를 계획하고 수행할 수 있게 했다. 그로 인해 우리는 지시가 내려올 때까지 기다리던 부사관들이 수동적인 태도를 버리고 스스로 문제를 평가하고 해결책을 구현하는 능동적인 리더로 빠르게 변화하는 모습을 직접 확인할 수 있었다.

다음은 리더가 팀에 너무 신경을 쓰지 않을 때 나타나는 일반적인 현상이다.

1. 팀이 하고자 하는 것과 어떻게 할 것인가에 대한 팀원들의 비전이 부족하다.
2. 팀원들 간의 협력이 부족하고, 서로 경쟁하거나 훼방 놓으려는 시도가 자주 발생한다.
3. 자율성이 권한의 범위를 벗어나며 개인과 팀 모두 권한 밖의 일을 이행하려 한다.
4. 협력에 실패한다. 마이크로 매니징 리더십 아래의 팀은 일정한 범위를 벗어나고 싶어 하지 않기 때문에 다른 팀과 협력을 하지 않지만, 리더의 정확한 지시가 없는 팀은 두려움이 아니라 무지함 때문에 다른 팀과 협력하지 못한다. 팀은 다른 부서가 그들의 노력을 방해하면서 교묘하게 조종할 수도 있다는 걸 신경 쓰지 않는다.
5. 성과가 좋지 않았던 이전 임무에 집중하거나 팀의 전략적인 방향 또는 리더의 의도와 맞지 않는 해결책을 물고 늘어진다.
6. 리드하려는 사람이 너무 많아진다. 모두가 리드를 하려다 보니 임무를 수행할 사람이 없다. 리더는 팀원들이 앞으로 나아가는 모습 대신 의논하

는 모습을 더 자주 보게 될 것이다. 일을 하는 게 아니라 계속 연장되는 토론을, 통일된 움직임 대신 개별적인 노력만을 추구하는 분열된 모습을 보게 될 것이다.

이런 행동들이 리더의 눈에 띌 때 팀을 원래 자리로 되돌릴 수 있는 기본 수칙들이 있다. 우선 분명한 지도와 지시가 있어야 한다. 미션과 목표, 최종 상태가 간결하고 명확하게 설명되어야 한다. 팀은 또한 현존하는 범위의 정도를 알고 있어야 하고, 그 범위에 벗어날 경우 어떤 조치를 취해야 하는지 이해해야 한다. 만일 리더가 팀원들에게 다목적이고 동시다발적이며 중복된 노력을 추구한다면 리더는 자신이 선택한 행동 방침을 명확하게 이행해야 한다. 그리고 팀은 다른 팀이 하는 노력과 업무를 미리 익혀 놓고 서로 간의 충돌을 예방해야 한다. 마지막으로 너무 많은 사람들이 서로 팀을 이끌려다가 팀이 마비되면-이는 '코치만 많고 선수는 충분치 않다'의 전형적인 사례이다-리더는 지휘 체계와 리더의 역할, 책임을 팀원들에게 정확히 설명하며 적절한 권한을 부여해야 한다.

나는 브루저 기동대 시절을 포함해 네이비씰 팀의 다른 기동대에서 지내면서 어떤 작전의 임무가 명확한 지시 없이 소대에 그대로 전달되었던 일을 경험한 적이 있다. 네이비씰 기동대는 소대 두 개로 이루어져 있고 각각 지휘권이 따로 있다. 소대는 소대장, 부소대장, 분대장, 부분대장으로 직책이 나뉘어 있다. 만일 지휘 소대를 정하지 않고 두 소대 모두에게 임무를 주면 두 소대는 각자 개별적인 계획과 행동 방침을 고안해 내기 시작한다. 특정 작전을 어떤 소대가 이끌 건지에 대한 지시가 내려지지 않는 시간이 길어질수록 각 소대는 자신들의 계획을 계속 끌고 나가며 시간과 노력을 낭비한다. 그러나 한 소대는 작전을 지휘하게 하고 다른 한 소대에게는 도움을 주는 역할을 맡게 하면 이 문제는 쉽게 해결된다. 정확한 방향을 제시함으로써 두 소대는 협력하고 하나의 팀은 통합된 계획을 향해 함께 나아간다. 다시 한번 강조하자면, 핵심은 바로 균형이다. 팀이 임무 수행을 하도록 명확한 지시를 주면서 동시에 팀원들이 스스로 결정을 내리고 이끌 수 있는 자유도 함께 주어야 한다. 리더는 그렇게 균형을 유지해야 한다.

실전 비즈니스

완제품은 이미 선판매 중이었다. 문제는 완제품이 아직 다 완성되지 않았다는 것이었다. 물론 한 번에 하나씩 수작업으로 생산된 꽤 실용적인 베타 모델이 있긴 했지만, 최종 버전으로 완벽하게 마무리된 건 아니었다. 더군다나 대규모 생산 작업을 하는데 제조 과정의 표준 기준도 잡히지 않았다.

해당 산업의 특성이 상황을 더 어렵게 만들었다. 자동차에 활용되는 제품이어서 상당히 어려웠다. 첫째, 통합 소프트웨어는 다른 자동차 회사 몇몇과 각각의 자동차 모델에 호환 가능해야 했다. 둘째, 제품은 장비의 부피나 모양의 큰 변화 없이 사전에 설계된 공간에 딱 들어맞아야 했다. 마지막으로 차량 생산에 관한 특정 안전 규정에는 제조 과정에 사용하는 소재에 대한 재량권이 거의 없었다.

한참 성장 중인 이 회사에 새로운 리더십 개발을 주제로 한 교육 과정을 진행하러 갔을 때는 별문제가 없어 보였다. 회사는 지난 몇 년간 자동차 산업에서 나름 기반을 잘 다져 가고 있긴 했지만 아직 성장 중이었기에 새롭게 승진하고 고용된 리더들을 위한 교육이 필요했다. 회사의 분위기는 전반적으로 훌륭한 편이었고 직원들은 눈앞에 다가올 유망한 도약과 승진을 맞이할 기회가 있을 거라는 사실에 들떠 있었다.

직원들의 사기도 대단했다. 이제 곧 출시할 신제품에 대한 높은 수요에 회사의 성장이 달려 있었다. 내가 처음 그 회사에 갔을 때 신제품 출시를 위한 막바지 작업이 한창이었다. 제품 디자인이 대부분 완성되었고, 소프트웨어 사전 테스트도 완료되었고, 최종 디자인을 적용시키기 위한 제조 작업이 막 시작되고 있었다. 예약 판매도 진즉에 시작되었으며 반응이 꽤 좋았다. 전반적인 회사의 상황과 운영되는 방식이 인상적이었다. 나는 이제 막 승진했거나 새로 고용된 리더들을 교육하는 데 대부분의 시간을 보냈다. 나머지 시간에는 회사의 리더십과 산업의 특수한 상황을 익히는 데 힘썼다.

3일간 진행된 리더십 개발 교육 프로그램이 마무리되었을 때 나는 6주 후에 다시 돌아올 계획을 세우고 발길을 돌렸다. 6주 뒤에는 첫 과정을 수료한 리더들에게 다음에 이어지는 교육 과정을 알려 주고, 최근에 승진하거나 새로 고용된 리더들을 위한 새로운 교육 프로그램을 소개하면 좋겠다는 생각이 들었다.

그러나 6주 후 다시 돌아가보니, 회사의 분위기가 완전히 뒤바뀌어 있었다. 직원들의 사기와 열정이 사라졌다. 기회와 성공의 비전도 사라졌다. 회사에는 새로운 분위기가 내려앉았다. 두려움과 불확실이라는 새로운 분위기가.

CEO가 직설적으로 말했다. "저는 저희가 출시 날짜를 맞출 거라고 생각하지 않습니다." 그가 신제품 출시 스케줄을 언급했다. "지난번에 당신이 여기 오신 이후로 저희는 거의 움직이지 않았습니다. 생산이 멈췄어요. 그 팀이 두 손 두 발 들고 아무것도 안 합니다."

"제가 지난번에 교육했던 팀의 책임자들을 말씀하시는 겁니까?" 나는 에셜론 프런트의 기본 리더십 과정을 수료한 중간급 관리자 그룹을 언급하며 물었다.

"아니요, 전혀요." CEO가 대답했다. "중간급 관리자들은 별문제가 되지 않습니다. 오히려 고위 관리자들이 성과를 내지 못하고 있어요."

"무엇이 문제인 것 같습니까?"

"모르겠어요. 그렇지만 고쳐 나가야 합니다. 중간 관리자들 교육은 다음으로 미루고 며칠간만 고위 관리자들과 이야기를 나누며 뭐가 문제인지 알아봐 줄 수 있을까요?"

"네, 가능할 것 같습니다만." 내가 대답했다. "일단 제 스케줄을 확인해 보겠습니다."

나는 에셜론 프런트의 운영위원장인 제이미에게 전화를 했다. 그는 내 스케줄을 신속하게 조정해서 회사의 고위급 지도부들의 리더십을 살펴봐 달라는 CEO의 부탁을 들어줄 수 있도록 했다.

"그 팀과 이야기 좀 나눠 보시겠어요?" CEO가 물었다.

나는 전에 극한의 오너십과 전투 리더십의 기본 원칙 교육 과정을 가르치면서 이 회사의 고위 지도부를 겪어 보았다. 당시 그들은 상당히 잘 이해한 듯했다. 더 해 줄 말이 없었다. 이제는 팀 안으로 직접 들어가서 무슨 일이 어디서 일어나고 있는지 확인해야 했다.

"아닙니다. 이야기는 충분히 나눴습니다. 그보다는 팀이 일하는 모습을 봐야 합니다. 그룹 전체가 참여하는 다음 미팅이 언제입니까?"

"사실 몇 분 뒤에 모두 참여하는 회의가 있긴 해요. 점심 식사 직후에 또 하나 있고요. 그 사이와 오후 시간 내내 제가 그 팀과 리더를 만날 예정입니다."

"스케줄이 빡빡하군요. 일주일에 몇 번 회의를 하십니까?" 내가 물었다.

"회의는 매일 있습니다. 지금 급한 사안이 너무 많고, 제가 오너십, 그러니까 극한의 오너십을 지니고서 확인해야 할 일이 많아요."

"알겠습니다." 나는 이 회사의 문제를 이제야 인식했다는 사실에 고개를 갸우뚱하며 천천히 대답했다.

우리는 복도를 따라 내려가 첫 번째 회의실로 들어갔다. 모든 팀의 리더들이 전부 와 있었다. 나는 리더들이 대략적인 현 상황을 업데이트한 뒤 회의를 일찍 마칠 줄 알았다. 그러나 그렇지 않았다. 그들은 저마다 자기 팀에서 벌어지고 있는 일을 자세히 알렸다. 지도자급의 관리 범위를 벗어난 세세한 사항까지 전부 다루고 있었다. 팀원들의 행동 방침이 논의되면서 사실상 부서 간 구분이 되지 않는 옵션들이 나왔고 논쟁이 길게 늘어졌다. 결국 CEO는 여러 팀에게 앞으로 어떻게 업무를 실행할지 결정을 내려 주었다. 회의는 거의 두 시간 내내 진행되었다. 이 회의가 끝나자마자 다른 회의가 또 이어졌는데, 이번에는 엔지니어링 팀이 제품의 몇몇 부분을 어떤 제조사가 사용할지에 관한 내용을 알고 싶어 했다. 그 회의 역시 디테일의 수렁에 빠져 45분 동안 이어졌다. 어느새 점심시간이었다.

나는 CEO와 함께 그의 사무실로 갔다. 식사를 하는 동안 그는 쏟아지는 회의 관련 메일에 답메일을 보냈고 전화도 두 번이나 왔다. 그에게 직접 보고하려는 전화가 아니라 신제품에 내장될 전자 부품의 미세한 요소들을 설명하는 일선 엔지니어들의 전화였다.

이메일과 전화로 대화를 주고받은 뒤 CEO와 나는 오후에 예정된 소규모 리더십 미팅에 들어갔다. 이번 미팅에서는 빨리 진행 상황을 확인하고 중요한 문제가 해결되기를 다시 한번 바랐다. 그러나 이번에도 내가 틀렸었다.

이전에 진행된 회의들처럼 이번 미팅도 순식간에 제품의 엔지니어링은 물론이고 제조, 마케팅, 영업 등 모든 분야의 세부 사항을 논하는 형태로 변했다. CEO는 계획과 실행의 각 측면을 드릴로 뚫듯 미친 듯이 파헤치고 모든 단계에서 결정을 내렸다. 나는 미팅에 참가한 직원들을 둘러보면서 그들이 절망에 빠졌을 거라 생각했다. 그러나 대부분 그런 얼굴이 아니었다. 다들 가만히 앉아서 앞을 뚫어지게 응시하며 CEO의 질문에 대답할 차례를 기다렸다. 절망도 없고 절박함도 없고 감정도 없었다. 그들은 전혀 적극적이지 않았다.

그런 식으로 이틀이 더 지났다. 계속 회의, 회의, 회의였다. 모든 것 하나하나가 CEO에 의해 결정되었다. 드디어 회의를 마친 뒤 CEO와 함께 사무실로 향했다.

"자, 이제 제 말이 무슨 소리인지 아시겠습니까?" CEO가 물었다.

"확실히 알았습니다."

"회사의 지도부들이 전혀 적극적으로 임하지 않습니다. 어떤 일도 추진하지 않으려 하죠. 정말 오너십이 없다니까요!" 그가 한탄했다.

"네, 모든 회의에서 분명하게 드러났던 부분입니다." 내가 덧붙였다.

"이제 뭘 해야 할까요? 어떻게 해야 그들이 극한의 오너십을 가질까요?"

"방법은 간단합니다. 그러나 결코 쉽지 않지요." 내가 말을 이었다. "대표님께서 직접 오너십을 주셔야 합니다."

"당연히 그러고 있습니다. 저는 직원들에게 본보기가 되려고 오너십을 지닌 모습을 보여 줍니다. 그런데도 아무도 오너십에 관심이 없어요. 전혀요!" CEO가 불평했다.

"맞습니다. 지금 일어나고 있는 문제가 정확히 그거예요. 대표님께서 오너십을 가지고 계시지만 너무 과합니다." 내가 CEO에게 말했다.

"오너십이 너무 과하다고요?" 그는 당황스러워했다. "그런 말씀은 하지 않으셨잖습니까?"

"하긴 했습니다. 어쨌든 제가 더 명확하게 설명드렸어야 했어요. 솔직히 리더는 오너십을 마음껏 가져도 됩니다. 당연히 극한의 오너십으로 대표님은 회사의 모든 것에 책임을 져야 하지요. 하지만 모든 결정을 내려선 안 됩니다. 각 팀에게 지휘권을 주고 오너십을 갖도록 해야 해요. 그렇게 직원들에게 오너십을 주는 겁니다.

리더가 모든 것을 소유하려고 하면, 즉 팀의 모든 움직임을 직접 지휘하려 하면, 일이 진행되지 않습니다. 어쩌면 모든 것이 잘 돌아가도록 하려는 욕심일 수도 있지요. 하급 지도부들이 자신이 해야 할 일을 안다는 믿음이 부족해서 일 수도 있고요. 오히려 그들은 스스로를 작은 것 하나하나를 결정하는 중요한 사람이라고 느끼길 바랄 수도 있습니다. 하지만 리더가 오너십을 과하게 가지면 팀이나 하급 리더를 위한 오너십이 남지 않게 되죠. 그래서 팀이 적극성과 진취성을 잃는 겁니다. 업무를 수행하는 데 활동력을 잃는 것이지요. 그러면 그들은 어떤 결정도 내리지 않습니다. 그저 가만히 앉아서 해야 할 일이 정해지길 기다리죠."

CEO가 수용해야 할 내용이 많았지만 그의 얼굴을 보니 이미 완벽하게 파악한 듯했다.

“제가 직원들을 질식시키고 있었군요, 그렇죠?” CEO가 물었다.

“음, 그 말은 너무 센데요. 죽음을 의미하는 단어니까요.” 나는 농담을 던졌다. “비유적인 표현이라면 대표님 말씀이 맞습니다. 지금 일어나고 있는 상황을 적절하게 표현한 말이죠.”

“그러면 이제 어떻게 할까요?” CEO가 물었다.

“직원들에게 공간을 주세요. 산소를 주세요. 다시 숨 쉴 수 있게 말입니다. 그들이 결정하게 해 줘야 합니다. 임무 계획을 구성하게 해야 합니다. 목적지를 알려 주되 어떻게 도달하는지는 직접 알아 가게 두세요. 그들이 오너십을 가지게 해야 합니다. 진정한 오너십, 이를테면 그들의 업무에 진정한 오너십을 갖도록 해야 하죠. 그러면 진실되고 효율적인 극한의 오너십을 가진 팀이 만들어질 겁니다. 그리고 대표님의 실적은 마구 치솟을 거고요.”

“정말 좋군요. 하지만 어떻게 전략적으로 할 수 있을까요?” CEO가 물었다.

“가장 먼저 회의를 전부 없애세요. 잦은 회의는 업무가 진행되지 않는 첫 번째 이유입니다. 직원들은 해결책을 찾는 대신 당장 대표님께 해결책을 물어보고 요청합니다. 회의를 하실 때는 ‘간편한 버튼(Easy Button)’이 되는 걸 멈추셔야 합니다.” 내가 제안했다.

“간편한 버튼이요? 내가 어떻게 간편한 버튼이라는 말입니까?”

“모든 질문에 답하고 모든 문제를 해결하고 모든 것 하나하나에 결정을 내리고 계시죠.” 내가 답했다. “간편한 버튼을 손쉽게 누르기만 하면 되는데 회사의 고위 지도부들이 무엇 때문에 본인이 나서서 생각을 하고 고민하겠습니까? 뿐만 아니라 대표님이 그들을 대신해 결정을 내리고 고민하고 계시는데 굳이 왜 나서겠습니까? 대표님이 직원들을 위해 모든 걸 다 하면 그들은 움직이거나 생각할 필요가 없습니다. 그러니 당연히 가만히 있는 거죠. 지금 직원들이 바로 그 상황에 있습니다."

"그렇지만 내가 직원들의 질문에 답하지 않으면……." CEO가 입을 뗐다.

내가 그의 말을 가로막았다. "그러면 그들은 질문에 대한 답을 스스로 찾을 겁니다. 알아서 해결책을 찾을 겁니다. 다들 문제를 해결하기 위해 함께 일할 거고요. 대표님께 문제를 떠넘기는 대신에 말이죠."

"그러니까 지휘권을 분산하라는 것이 당신이 하고 싶은 말이군요, 맞습니까?" CEO가 물었다.

"정확합니다. 대표님은 지휘권 분산과 극한의 오너십 사이에서 균형을 찾으셔야 합니다. 팀에게 너무 많은 권한을 부여하면 어느 방향으로 가야 할지 아무도 모릅니다. 반면에 과한 오너십은 사람을 진취적으로 움직이지 못하게 하지요."

"그러니까 내가 그쪽으로 너무 갔군요. 오너십을 너무 과하게 가졌어요." CEO가 깨달았다.

"그렇습니다. 그렇지만 괜찮습니다. 이분법을 인지하고 계시니까요. 이제 추를 반대로 돌리세요. 너무 멀리 가지는 마시고요. 그런 실수를 하는 사람 많이 봤습니다. 행동 수정을 너무 과하게 하는 사람들 말입니다. 그러니 이제 움직이세요. 회의를 좀 줄이시고 각 팀과 리더들이 결정을 내릴 수 있게 하세요. 완벽하게 관리하지는 마시고요. 대표님이 직접 배를 몰거나 조종할 필요 없습니다. 그냥 올바른 길로 나아갈 것이라는 확신만 갖고 계시면 됩니다."

몇 주 뒤 CEO는 관리 감독의 단계를 조정했다. 나는 간혹 그를 자제시켜야 했고 모든 걸 자신이 맡으려는 그의 성향을 없애야 했다. 어느덧 그는 스스로를 점검했고, 그 결과 고위 지도부의 리더십과 나머지 팀원들의 변화는 상당히 빠르게 이루어졌다. 몇 주 내에 그들의 자세는 완전히 변했다. 팀의 모든 단계에 있는 리더들이 업무를 이끌기 시작했다. 마침내 그들은 진정한 오너십을 가지게 되었으며, 또한 신제품의 진행 상황도 호전되어 제품을 다시 출시했다.

"프로그맨 옥상에 위치." 네이비씰 대원들이 고층에 있다는 걸 알리는 무전이었다. 찰리 소대와 델타 소대의 브루저 기동대원들이 사방에서 날아드는 적의 총알을 피해 최대한 몸을 낮추고 옥상에서 작전 행동을 펼치는 중이다. 사진의 왼쪽에 마크 리가 **Mark 48** 기관총을 들고 있고, 오른쪽 전면에 보이는 사람은 챕터 1에서 언급했던 중상을 입은 네이비씰 작전병이다.

(사진 제공: 토드 피트맨)

Chapter 3.

단호하되 고압적이지 않게

레이프 바빈

2006년, 이라크 라마디 남부

밝은 주황빛 예광탄이 레이저 빔처럼 우리들 머리 위 너머로 몇 발짝 떨어진 곳에 날아들었다. 초음속 탄환이 굉음을 내며 공중을 가로지르고 있었다.

'이런 제길, 아군 사격이다.' 서둘러 옥상 벽 뒤로 몸을 숨기면서 생각했다.

데이브 버크 쪽을 바라보았다. 그도 근처에 몸을 수그리고 있었다. 같이 옥상에 있는 대원들처럼 우리는 머리에 총알이 박히지 않도록 바짝 엎드렸다.

데이브가 나를 보더니 유머가 섞인 씁쓸한 미소를 지으며 고개를 저었다.

"이건 아니지." 데이브는 감정을 억누르고 있었다.

데이브 버크는 미 해병대의 소령이었다. 전투기 조종사였던 그는 탑건(TOPGUN)으로 더 잘 알려진 전설적인 미 해군 전투 무기 학교에서 수석 교관으로 있었다. 데이브는 조종실을 뒤로하고 이라크에서 가장 위험한 라마디의 전방 항공 관제사로 자원해서 왔고, 미 해병대 항공 함포 연락 5중대 소속 지상 화력 지원 연락팀인 SALT6를 이끌고 있었다. 데이브와 SALT6의 해병대 장병 열두 명이 상공에서 작전을 지원하는 항공기와 협력하기 위해 찰리 소대와 동행했다. 그들은 미 육군과 이라크 부대보다 앞서서 작전을 진두지휘하고자 우리와 정찰을 도는 중이었다.

미군 탱크가 약 200미터 떨어진 곳에서 우리가 있는 위치 바로 위로 중기관총 한 방을 발포했다. 이런 상황을 미국의 군대 용어로 블루온블루(a blue-on-blue)라고 하며 아군의 포격을 의미한다. 적의 사격에 의해 심각한 부상을 입거나 죽는 것보다 우리 미군의 사격으로 인해 죽음을 맞이하는 것이 훨씬 끔찍한 일이었다.

'안심하기엔 거리가 너무 가까워.' 그 순간, 무장할 거라고는 낮은 담벼락뿐인 상황에서 담벼락 뒤로 최대한 몸을 숙였다. 즉시 우리가 아군이라는 걸 알려 탱크의 발포를 멈추게 해야 했다. 그러기 위해서는 특정 탱크 지휘관에게 직접 무전을 쳐서 '사격 중지'라고 지시해야 했다.

탱크의 중기관총은 50 캘리버 M2 브라우닝이었다. '마 듀스(Ma Deuce)'라고도 불리며 발포력이 가공할 만했다. 1933년부터 미군에서 사용 중이고, 그 이후에 있었던 모든 전쟁에서 굉장한 효과를 거두며 치명적인 발포력을 증명해 왔다. 그 위협적인 탄환은 사람의 머리를 단번에 나가떨어지게 하거나 흉곽을 박살 낼 수도 있었다. 그 말은, 그 탄환이 우리가 숨어 있는 콘크리트 벽을 한 번에 뚫을 수 있다는 뜻이었다. 단 몇 초 만에 자동 발사된 탄환 십여 발 정도가 우리 쪽으로 날아들었다. 즉시 발포를 멈추게 하지 않았다면, 만일 미군 탱크에 우리가 아군이라는 걸 알리지 않았다면, 우리 대원들 대부분이 죽거나 중상을 입었을 것이다.

조금 전 나는 적의 진영 깊숙이에 있는 어느 이라크 주택의 옥상에 찰리 소대원들 몇몇과 함께 서 있었다. 옆에 있던 데이브는 머리 위에서 원을 그리며 돌고 있는 미 공군의 무장 헬리콥터 AC-130U 스푸키와 무전을 하는 중이었다. AC-130U는 밤하늘에서도 수천 미터 아래를 기가 막히게 감시하고 강력한 화력을 뿜어낼 수 있었다. 이 불안한 지역에 주둔하는 첫 미군이었던 우리는 밤이 되기 몇 시간 전부터 도보 정찰을 돌며 이번 작전의 주력 부대를 향한 적의 공격을 막기 위해 저격수들이 적을 감시할 만한 위치를 미리 준비해 놓았다.

미군 제1기갑사단 1 여단 37 기갑연대 1대대 소속의 밴딧 기동대는 작전의 주력 부대로서 탱크와 장갑차 약 50대, 미군과 이라크군 천여 명을 이끌었다. 우리 네이비씰 저격수들이 기관총을 들고 보안팀과 함께 사격 위치에 자리를 잡았다. 데이브와 그의 해병대 무전병은 우리와 옥상에서 대기하면서 무장 헬리콥터 스푸키와의 교신을 통해 업데이트되는 소식을 전달했다.

우리는 M1A2 에이브럼스 탱크와 M2 브래들리 전투 차량이 무리 지어 운하 위의 철교를 건너 우리가 위치한 마을 쪽으로 진입하는 모습을 보았다. 우리는 저격수와 폭발물 처리병, 침투 대원들의 시야를 탁 트이게 하기 위해 야자나무 몇 그루를 쓰러뜨릴 목적으로 그 아래에 폭탄을 설치해 놓았었다. 밴딧 기동대를 포함한 대대와 중대, 소대에게 우리 저격수가 감시 중인 위치를 정확하게 알리고자 적극적인 조치를 취했다. 그들이 우리를 적군으로 착각하지 않게 하기 위함이었다. 또한 미리 준비해 놓은 신호 장비로 우리의 위치도 표시해 두었다. 그러나 나는 나무를 쓰러뜨리려고 폭탄을 설치한 것이 우리를 얼마나 위험하게 할지 전혀 고려하지 않았었다.

이것은 '장악, 정리, 유지, 건설' 전술의 첫 주요 작전 중 하나였다. 포악한 반군들의 손에 꽉 잡힌 도시, 라마디를 원래대로 돌려놓기 위한 역사적이고 위대한 작업이었다. 그 작전은 발생 가능한 여러 가지 만일의 사태를 확인하고 점검하며 몇 주간 꼼꼼하게 계획되었다. 격렬한 총격전이 될 거라 예상했고, 그에 못지않게 미군 사상자 수도 많을 터였다. 탱크에 탄 병사들은 이미 신경이 곤두서 있었고 적진으로 진입하자마자 공격이 시작될 거라고 예측했다. 핵심 지도관들에게 감시 임무가 예정된 특정 건물의 옥상을 보고 했는데도 불구하고 그 보고는 전방에 배치된 작전 부대 병사들에게까지 언제나 전달되지 않았다. 물론 전방 배치 병사들이 보고를 받는다고 하더라도 전투지 지도상에서 정확한 위치를 파악하고 실제 지면의 거리 또는 건물과 일치시키는 일은 쉽지 않았다.

나는 철교 건너편에서 육군 대대를 통해 조코에게 무전을 보냈다. 그는 미 육군 대대와 함께 전투 기지에서 대기 중이었다. 전투를 위한 폭파가 아닌 우리가 설정한 '통제 가능한 폭파'를 이행할 거라는 내용이었다. 대대의 병사가 알겠다는 무전을 보냈다. 하지만 그 내용이 철교 위의 탱크병에게 전달되었거나, 그들이 내 무전의 의미를 정확하게 이해했다는 보장이 없었다. 탱크병들은 길에 묻혀 있는 IED(급조 폭파 장치)와 적의 기관총, RPG-7 로켓포의 중대한 위협에 맞서야 했다.

우리가 설정한 폭탄이 산산이 부서지고 조용한 화염을 내뿜으며 순간적으로 어둠을 비추었을 때, 에이브럼스 탱크의 지휘관은 틀림없이 적의 공격이라고 생각했을 것이다. 그는 옥상의 우리 실루엣을 보고 반군이라고 확신했고, 곧바로 중기관총으로 쾅쾅 포격을 퍼부으며 어둠을 밝혔다. 아무 생각 없이 장갑차가 우리 쪽으로 들어오는 모습을 옥상 벽 너머로 응시하고 있는데, 캘리버 50 탄환이 내 머리 바로 위로 슉 지나갔다. 서둘러 몸을 숨길 곳을 찾아 데크로 뛰어갔다.

무전을 하려고 장비로 손을 뻗는 순간이 영원처럼 느껴졌다.

우리 소대만의 특정 무전 절차에 따라 나는 조코와 직접 연결이 가능했다. 조코가 옆에 있는 대대의 병사에게 말을 전달하면, 그 병사가 중대에 전하고, 중대의 병사가 탱크를 소유한 기동대의 대원에게 전달할 수 있었다. 그러나 그럴 시간이 없었다. 매 순간이 중요했다. 지금 당장 탱크와 직접 소통을 해야 했다. 그렇게 하지 않으면 기관총 캘리버 50 탄환이 우리를 박살 낼 수도 있었다. 캘리버 50이 탱크의 강렬한 120mm 활강포보다 그나마 낫긴 했지만 이제는 활강포가 날아올 차례였다. 나는 재빨리 무전 주파수를 탱크 중대로 바꾸고 볼륨을 높였다.

"사격 중단, 사격 중단." 내가 소리쳤다. "현재 아군에게 사격 중이다."

무전 송신이 제대로 되었고 사격이 멈추었다.

'정말 아슬아슬했어.' 속으로 생각했다. 화가 나지는 않았다. 오히려 아군 공격의 위험성을 경감시키기 위해 그토록 광범위한 노력을 했는데도 이렇게 쉽게 일어날 수 있다는 사실을 알게 되었고 앞으로 걱정이 이만저만이 아니었다.

무전 주파수를 바꿔서 우리에게 화력 공격을 한 탱크에 바로 연결했던 순간적인 판단이 우리를 살린 것일지도 모른다. 찰리 소대와 브루저 기동대의 다른 지휘관들처럼 나 역시 전투 작전 때마다 이런 무전 기술이 임무 이행에 꼭 필요한 주요 기술이라고 믿었다. 그러나 네이비씰 대원으로 라마디에 처음 도착했을 때 우리는 미 육군과 해병대의 무전 네트워크에 익숙하지 않았기 때문에 무전으로 그들과 직접적인 소통을 할 수가 없었다.

네이비씰 팀인 우리는 미 육군, 해병대와 다른 장비와 다른 전술, 다른 문화를 갖고 있었다. 무엇보다 무선 통신 장비가 가장 눈에 띄게 달랐다. 완전히 다른 시스템을 운영했다. 그들과 무전을 하려면 그들의 무전 시스템 사용법을 숙지해야 했다. 보통 네이비씰 소대에서는 무전 대원이 무전 프로그래밍을 하는 통신 전문가로서 소대에서 발생하는 무전에 관련된 모든 문제를 분석하고 해결했다. 그러다 보니 무전과 관련된 일을 전부 무전 대원에게만 의존해야 했다. 예전에 파견됐을 당시에는 무전에 문제가 생기면 군복에서 무전기를 빼서 무전 대원에게 건네주고 그가 새것으로 교체하거나 수리해 주었다. 게다가 지휘관은 전술 작전 본부와 네이비씰의 소대나 팀 외의 다른 분대에서 오는 모든 의사소통을 무전 대원을 통해서만 전달받기도 했다.

하지만 라마디에서 우리는 소규모 팀들로 나뉘어지는 바람에 주변에 무전 대원이 충분하지 않았다. 무전 대원이 실제로 다른 건물에 있는 팀이나 작전에 투입되어 임무 수행 중이면 나머지 대원들은 본인이 알아서 무전 대원의 역할을 해야 했다. 그런 일은 꽤 자주 벌어졌다.

사병 시절, 무전 대원이었던 우리의 기동대장 조코는 브루저 기동대원들 모두가 무전을 다룰 줄 알아야 한다고 생각했다. 그의 말에 따라 개별적으로 무전 프로그래밍 방법을 배웠기 때문에 우리는 전투 중 곤경에 빠졌을 때 연합 육군 또는 해병대와 직접 무전을 해서 도움을 요청할 수 있었다. 이것은 전투지에서 목숨을 건질 수 있는 중요한 기술이었다.

"모두들 자신의 무전기를 다루는 방법을 확실히 숙지한다." 조코가 찰리 소대의 임무 계획실에서 초반 보고를 하던 중에 명령했다. 네이비씰 대원들 사이에서도 조코는 덩치가 크고 사나워 보이는 위협적인 대장이었다. 다들 조코가 무슨 말을 하든 따라야 한다고 생각했을 것이다. 그의 분노가 두려워서가 아니었다. 우리는 그의 경험과 리더십을 존중했다.

그런데도 우리는 무전을 다루는 법을 익히지 않았다. 배우지 않은 대원이 대부분이었다. 그것이 중요하지 않다고 생각하거나 조코를 존중하지 않아서가 아니었다. 그 반대였다. 단지 업무가 너무 과하고, 일정이 빽빽하다 보니 다른 긴급한 사안들이 그보다 항상 우선시되었다. 무전 프로그래밍하는 법을 배우라는 조코의 명령은 뒤로 밀려날 수밖에 없었다. 우리는 대부분 무전 프로그래밍 근처에도 접근하지 못했다.

무전 프로그래밍을 배우라는 조코 소령의 명령이 있고 며칠 뒤 브루저 기동대는 이라크 반군 테러리스트의 지도부를 생포 및 사살하기 위한 야간 공습 계획을 세우고 승인을 받았다. 반군 테러리스트들은 라마디에서 미군 부대와 이라크 부대를 복합적이고 치명적으로 공격한 대가를 치러야 했다. 찰리 소대가 선두에 서서 계획을 세웠다. 예전에 작전을 수행할 때마다 그랬던 것처럼 우리는 대원들을 모아 임무 관련 브리핑을 하고 작전 명령을 알려 주었다. 핵심 지도부들은 자리에 일어나 작전 계획 중 각자 맡은 분야를 설명해 주었다. 우리는 상세한 부분까지 이야기를 나누며 남은 의문에 답했다.

작전 명령을 마무리 지었을 때 조코가 일어나 마지막 전술적인 부분을 언급했다. 그의 질문에 우리는 결국 덜미를 잡혔다.

"무전 설정하는 법 다들 알고 있나?" 조코가 물었다. 멍한 눈동자만 굴러다닐 뿐이었다. 아무도 용기를 내서 '아니요'라고 하지 않았다.

나는 생각했다. '시간이 없었습니다. 시간을 내지 못했습니다.'

조코는 답을 들을 필요가 없었다. 전투 작전 개시에 관한 회의가 있었던 임무 계획실에 앉아 있는 대원들의 멍한 눈빛과 침묵만으로도 답을 알 수 있었다. 대원들은 아직도 자신의 무전기 프로그램을 설정할 줄 몰랐다.

조코가 소대에 새로 들어온 작전병을 바라보았다. 우리는 그 작전병을 영화 〈빽 투 더 퓨처〉의 등장인물인 '비프'라고 불렀다.

"비프, 무전기 보여 줘 봐." 조코가 직설적으로 말했다. 비프는 신속하게 지시를 따랐다. 헤드셋에 연결된 장치를 풀고 잠금장치를 돌린 다음 군복에서 무전기를 꺼내 조코에게 건넸다. 무전기에는 메모리를 지우는 기능이 있어서 메모리 삭제 후 다시 프로그래밍을 해야 했다. 조코가 무전기에서 메모리를 지우고 비프에게 주었다.

"프로그램 다시 설정해." 조코가 지시했다.

비프는 멍하니 그를 응시했다. 그는 무전기를 프로그래밍하는 법을 알고 있지 않았다. 조코의 명령을 제대로 이행하지 않아 네이비씰 소대원들이나 기동대원들 앞으로 불려 나가는 일은 꽤 곤혹스러운 일이었다. 그러나 비프만 그런 게 아니었다. 대다수가 그와 한배를 타고 있었다.

조코는 화를 내지 않았다. 회의실에 앉아 있는 우리가 일부러 그의 명령에 불복종을 한 것이 아니라 무전 프로그래밍의 중요성을 완전히 이해하지 못했기 때문이라는 걸 그는 알고 있었다. 우리는 그 중요성을 명확하게 자각하지 않았기에 배울 시간조차 만들지 않았다. 그러나 조코는 물러서지 않았다. 그냥 그렇게 두지 않았다. 자신의 기조를 유지하며 원칙을 고수했다. 그는 우리가 전투지에서 도움이나 지원이 닿지 않는 급박한 상황에 닥쳤을 때, 스스로 무전을 작동시킬 줄 알아야 한다고 주장했다. 이처럼 지휘권 분산과 더불어 모든 단계의 리더들이 자주적으로 임무를 이행하고 앞으로 나아가는 것은 매우 중요한 문제였다.

조코가 찰리 소대의 선임 무전 대원에게 몸을 돌려 말했다. "비프에게 무전 프로그래밍하는 법을 알려 줘."

그러고는 나머지 소대원들에게도 덧붙였다. "다른 대원들도 마찬가지로 무전기 프로그래밍 방법을 정확히 숙지하도록. 그것이 너희들의 목숨을 구해 줄 거다. 다음 임무 때까지 무전기 프로그래밍을 숙지하지 못한 자는 전선에 뛰어들지 않는다."

다음 전투 작전 때 소대원 전원이, 브루저 기동대 네이비씰 대원 전체가 자신의 무전기를 프로그래밍하는 법을 알고 있었다. 우리는 몇 번이고 연습했다. 우리의 상관은 모든 대원을 호출해서 자신의 명령이 어떠한 예외 없이 반드시 이행되어야 한다고 분명하게 밝혔다.

보통 리더들은 언제 어디에서 자신의 주장을 밀고 나가야 하는지 알지 못해 고민에 빠지는 경우가 많다. 다른 조직과 마찬가지로 네이비씰 팀 내에서도 사소한 문제로 팀원에게 욕설을 퍼붓고 채찍을 휘두르는 리더는 존경이 아니라 경멸을 받았다. 그런 리더는 능률이 떨어졌고 중요한 업무를 수행해야 할 때도 팀원들이 그를 따르지 않아 곤혹을 치렀다. 리더는 팀원을 고압적으로 대해선 안 된다. 그렇다고 리더가 너무 관대해서도 안 된다. 이것이 바로 또 하나의 리더십의 이분법이다. 팀이 장기적으로 좋은 성과를 내고 임무를 성공적으로 완수하는 안정적인 상태에 이르렀을 때, 리더가 뒤로 물러나 완전히 손을 놓아 버리고 지나치게 관대한 태도를 취하면 팀은 위태로워진다.

조코가 우리를 불러내서 모두가 자신의 무전기를 프로그래밍할 수 있다는 걸 확실하게 보여 주지 않았다면 우리는 절대 하지 않았을 것이다. 그런 무능은 우리의 목숨을 앗아갈 가능성이 매우 높았다. 분명히 말하지만 무전 프로그래밍을 숙지하지 않았다면, 나는 우리 소대의 무전 통신망만으로 육군 또는 해병대 부대와 절대 직접적으로 내용을 주고받지 못했을 것이다. 만일 조코가 그렇게 하지 않았다면 그가 우리 기동대의 작전병에게 진심으로 관심을 쏟았다고 할 수 있는 걸까? 당연히 아닐 것이다. 조코는 자기 대원들에게 쏟는 관심이 그들 자신과 전략적 임무의 성과를 지속적으로 향상한다는 걸 잘 알고 있었다. 단순히 타협해서는 안 되는 기준이 몇 가지 있었던 거다.

시간이 흐르고, 브루저 기동대원 전원이 자신의 무전기를 프로그래밍하고 활용할 줄 알게 되었다. 무전병이 아닌데도 우리는 보통 무전 대원들이 가지고 다니는 더 큰 무전기가 필요할 때를 대비해 그것의 사용법을 익혔다. 큰 무전기가 필요한 경우는 생각보다 빈번했다. 다른 네이비씰 대원들이 라마디 캠프에 방문해 우리 기동대의 전투 작전에 낙하산 부대원으로 투입될 때, 그들에게 가장 먼저 알려 주는 것이 자신의 무전기를 프로그래밍하는 방법과 육군 또는 해병대와 직접 소통하는 방법이었다. 조코는 자신의 생각을 끝까지 밀고 나갔다. 그 결과 우리는 실제 전쟁터에서 위험을 대폭 완화시켰고 임무를 매우 효율적으로 이행할 수 있었다.

원칙을 반드시 이행해 내는 조코의 리더로서의 책임감을 보면서 나는 과거에 실패했던 경험을 되돌아보았다. 젊은 지휘관이었던 나는 성과를 향상해야 할 시기가 있다는 것과 킬 하우스(치열한 접전이 벌어지는 전투를 연습하는 곳)에서 예행연습을 더 해야 할 시기, 완전히 준비가 되었다는 걸 확인하기 위해 추가 리허설을 해야 할 시기가 있다는 걸 알고 있었다. 그러나 그런 순간마다 내 주장을 끝까지 고수하지 않았다. 팀원들을 충분히 밀어붙이지 않았다. 그러면서 팀에게 다른 추가적인 업무를 할당하지 않았더니 팀원들이 점점 뒤로 물러나 불평불만만 늘어놓았다.

그런 일들을 그냥 넘기면서 '팀원들을 돌봐야 한다'는 생각과 '힘들게 일 시키지 말아야 한다'는 생각 사이에서 혼동할 때도 있었다. 결과적으로는 성과가 썩 좋지 않았다. 팀은 절대 더 나아지지 않았고 서로에게 책임을 미루기 바빴다. 그것은 실패한 리더십이었다. 나의 실패한 리더십이었다.

당시 나는 이분법을 인지하긴 했다. 종종 팀원들을 밀어붙이고, 내 주장을 고수하는 것이 옳다고 여기며 특정한 방식을 반드시 내 방식대로 해야 한다고 의견을 밀고 나가거나 전략적으로 중요하지 않은 사소한 문제를 계속 들먹인 적도 있었다. 결국 불필요한 마찰이 생기고 성장이 억눌렸으며 팀의 하급 지휘관들은 한 단계 더 올라서지 못했다. 이는 효율적인 지휘권 분산이 제대로 기능하지 못하도록 방해하는 요인이었다.

나는 해군 시절 동안 병사들을 억압하는 리더들을 수없이 겪었다. 그건 내가 원하는 리더십이 아니었다. 그들 중 몇몇은 매우 거칠게 군기를 잡고 병사들에게 소리를 질러 대면서 팀의 사기를 떨어뜨렸다. 아무도 그런 리더를 따르고 싶어 하지 않았다. 그런 리더는 즉각적으로 업무를 완수해 낼지는 몰라도 장기적으로는 팀의 성장세를 꺾었다. 이런 부정적인 사례들은 내 머릿속에 자주 뚜렷하게 떠올랐다. *나는 절대로 그런 리더가 되지 않을 것이다.*

모든 리더에게는 조금씩 양보하고 팀원들이 전략적으로 움직일 수 있는 공간을 내어주어야 할 시기가 있다. 2005년, 브루저 기동대가 구성되고 훈련이 시작되었을 때 우리는 이라크로 가서 전투를 치르기로 단단히 마음먹었다. 그곳에 가면 미 육군과 해병대의 보병대, 기갑대대, 공수부대 팀들과 연합해 전투를 치를 터였다. 그들은 모두 군복과 전투 장비에 대한 엄격한 규율을 따르고 있었다. 육군은 군복에 자신이 속한 공식 팀의 패치와 미국 국기를 달았고, 해병대는 미국 국기와 해병대의 상징인 독수리, 지구본, 닻이 그려진 마크를 달았다. 하지만 네이비씰 팀의 대원들은 보통 각자 원하는 대로 밝은색 계열 옷을 입었다. 다른 군복과 장비가 섞이는 일도 자주 있었다. 베트남에 파견되었던 초반 네이비씰 대원들은 민간인 오리 사냥꾼으로 위장하기 위해 전투 작전 중에 청바지를 입곤 했다. 그 뒤에도 대개 '특이한' 옷을 입는 전통을 이어 갔다.

우리의 군복 스타일은 다른 군부대들과 달라 보이긴 했지만, 그래도 네이비씰 대원들 다수가 벨크로로 된 특수 제작 패치를 만들어 달기도 했다. 각 네이비씰 소대가 로고를 디자인하고 소대만의 패치를 제작하는 경우도 있었다. 브루저 기동대의 델타 소대는 '개구리 뼈'라고 불리는 로고를 디자인했는데 델타를 뜻하는 삼각형에 개구리 뼈대 모양을 그려 넣은 패치였다. 찰리 소대는 미국 자동차 브랜드 캐딜락의 로고에 네이비씰 3팀을 뜻하는 '3'과 찰리 소대를 뜻하는 'C'를 넣었다. 팀별 패치 외에도 우리 중 일부는 전통적인 미 해군의 첫 로고를 패치로 붙이기도 했다. 그 로고는 미 해군 선박의 깃대에 매달았던 것이었고, 열세 줄이 그어진 바탕에 미국 혁명 당시 개즈던 기에서 따온 '나를 밟지 마라'라는 문구와 방울뱀이 함께 배치되어 있었다. 네이비씰 대원들은 자신이 멋지다고 생각하거나 재미있는 영화 대사 등 무엇이든 그걸로 각자 패치를 디자인하곤 했다. 브루저 기동대의 훈련 주기가 시작됐을 때 인기 있었던 패치는 '펀 미터(fun meter)'였는데 펀 미터의 바늘이 빨간색(max) 칸에 가 있는 모양이었다. 의미는 '펀 미터기가 더는 움직이지 않는다'였다. 또 몇몇 대원들은 미국의 텔레비전 코미디 및 버라이어티 쇼 프로그램인 〈새터데이 나이트 라이브(SNL)〉에서 코미디 영화배우 윌 페럴이 가수 블루 오이스터 컬트를 콩트로 표현한 '모어 카우벨(More Cowbell)*'을 패치에 넣기도 했다. 그 외 다른 패치들은 훨씬 더 조잡하고 형편없었다.

소대의 모든 패치들이 조잡하다는 건 나도 알고 있었다. 어떤 패치들은 소대장 입장에서 보기에 눈살이 찌푸려지기도 했다. 어쩌면 대원들에게 패치를 떼라고 지시해야 할지도 모르겠다는 생각이 들었다. 그러나 한편으로는 또 재미있었다. 나는 우리가 이라크에서 미 육군, 해병대와 함께 배치되고 근무하는 데 있어서 패치처럼 별것 아닌 것이 문제를 일으킬 줄은 꿈에도 몰랐다. 패치를 떼어 내게 하는 건 지나치게 가혹한 명령이고, 이 때문에 대원들의 사기가 떨어질 거라고 믿어서 그냥 두기로 했다.

---

* 모어 카우벨(More Cowbell): 노력이나 작업을 한 단계 끌어올린다는 의미의 신조어이다. –옮긴이

조코는 이런 조잡하고 산만한 패치들을 누군가 본다면 전후 관계를 무시하고 대원들을 공격하고 마찰을 일으켜 자칫 심각한 상황으로 갈 수도 있다는 것을 인식했다. 조코는 미덕을 과시하는 천사가 아니었다. 나는 그가 많은 패치들을 재밌게 여긴다는 걸 알고 있었다. 그러나 그는 패치가 어떤 식으로든 문제를 일으킬 가능성이 조금이라도 있다면 굳이 위험을 감수할 가치가 없다고 생각했다. 패치는 우리 기동대가 이라크 파병 부대로 선택되는 데 해를 끼칠 수도 있었다. 우리가 바라는 대로 이라크로 파병되면 함께 임무 수행을 할 미 육군과 해병대는 초반에 겉모습으로 우리를 판단할 터였다. 그들은 올바른 질서와 규율을 상징하는 자신들의 군복에 자부심을 가졌다. 들쑥날쑥하고 조잡한 우리의 패치로는 브루저 기동대의 첫인상이 그들에게 좋을 리 없었다. 조코는 겉모습의 중요성을 자각했고 대원들의 패치 제거가 아무런 문제를 일으키지 않을 거라 판단했다.

"패치 제거한다." 조코 소령이 내게 말했다. 나는 알겠다고 대답했다.

그러고는 브루저 기동대의 모든 대원에게 그 문제에 대해 설명했다.

조코는 이렇게 선언했다. "브루저 기동대에 패치는 없다. 너희들이 붙이고 있는 패치는 전부 별로다. 웃긴 패치들이 있다는 건 나도 안다. 그러나 재밌는 패치는 우리가 연합할 군부대와 강한 결속력을 맺는 데 도움이 되지 않는다. 패치가 육군, 해병대와 작전을 수행할 우리의 능력을 저지할 것이다. 또한 적을 바짝 추적하고 파괴하는 것을 방해할 것이다. 패치는 없다." 그가 반복했다.

"절대 안 된다. 다들 알겠나?" 조코가 이끄는 기동대의 주임원사가 상관의 명령이 예외 없이 집행되도록 확실하게 못 박았다. 공식적인 미국 국기 패치만 예외였다.

"알겠습니다." 우리는 모두 이해했음을 알렸다. 우리 기동대, 특히 찰리 소대는 그 지시를 좋아하지 않았지만 모두들 이해했으니 따라야 했다. 새로운 기준이 정해졌고 모래 속에 선이 그어졌다. 그리고 우리는 모든 패치를 제거했다.

그러나 몇 달이 지나고 브루저 기동대가 이라크 파병 부대로 선택되었을 때, 나는 개인적으로 브루저 기동대가 전투지에서 뛰어난 업적을 남길 역사적인 팀이 될 것 같았다. 그래서 우리도 공식적인 팀 패치가 필요하다고 생각했다. 자유 시간이 주어졌던 어느 날, 드문 일이지만 나의 친한 친구이자 델타 소대의 소대장인 세스 스톤과 함께 조코 소령에게서 벗어나 서핑을 하러 갔고 함께 이야기를 나누었다.

"브루저 기동대에도 팀 패치가 있어야 해." 내가 말했다. "조코 기동대장님이 패치는 없다고 말하긴 했지만 모두를 위해 하나 만들어야 할 것 같아."

"동의해." 세스가 대답했다. 우리는 둘 다 조코를 좋아했다. 그의 리더십을 존경했다. 큰일이건 작은 일이건 그의 말에 동의를 하지 않은 적이 거의 없었다. 그러나 우리는 팀의 공식 패치가 팀원들 사이의 결속력을 높이는 데 중요하다는 사실을 외면할 수 없었다. 조잡한 패치와 기동대를 적절하게 표현할 기동대 공식 패치는 엄연히 달랐다.

"아무도 모르게 해야 해." 내가 단호하게 말했다. "특히 기동대장님이 못 보게 해야 한다고."

"좋아, 그렇게 하자." 세스가 동의했다.

그 후 세스와 나는 우리 집으로 가서 대원들의 어깨에 붙일 패치 두 가지를 디자인했다. 두 패치 모두 원형에 황갈색 바탕이었고, 상단에 '브루저 기동대'라고 적혀 있었다. 세스가 디자인한 패치에는 뿔이 아래쪽으로 살짝 내려간 황소 머리와 그 하단에 '빅 볼스 인 카우타운(Big Balls in Cowtown)'이라는 문구가 삽입되어 있었다. 텍사스 출신인 세스와 나는 전설적인 컨트리 음악의 대가 밥 윌스와 더 플레이보이스의 노래 〈빅 볼스 인 카우타운〉을 굉장히 좋아했다. 이 노래 제목은 우리가 라마디에 파견된다는 것을 막 알았을 때의 상황과 가장 잘 어울리는 말장난 같은 것이었다. 다른 패치는 내가 디자인했는데, 포스트 아포칼립스* 영화 〈매드 맥스 2: 로드 워리어〉에서 하키 복면을 쓴 채로 권총을 들고 다니는 근육질의 약탈자 휴멍거스 경의 모습과 그를 칭하는 '로큰롤라의 아야톨라(The Ayatolaahs of Rock N Rolla)'라는 문구를 넣었다.

파병을 몇 주 앞두고 나는 새롭게 디자인한 패치를 제작했고, 패치 뒷면에 전투복에서 쉽게 떼었다 붙였다 할 수 있게끔 벨크로를 달아 줄 가게를 다급하게 찾았다. 패치는 이라크로 출발하기 하루 이틀 전에 겨우 도착했다. 상자를 뜯지도 않은 채 군인용 배낭에 쑤셔 넣고서 우리를 이라크로 데리고 갈 비행기가 이륙하기 직전에 화물 운반대에 간신히 올렸다. 라마디에 도착했을 때 조코 모르게 상자들을 조심히 옮기고 세스를 옆으로 끌어당겼다. 우리는 상자를 열어 소대원들에게 줄 패치를 넉넉하게 꺼냈다. 조코와 그의 직속 본부 대원을 제외한 모든 브루저 기동대원들에게 비밀스럽게 패치를 나눠 주었다.

조코와 주임원사의 가시거리 내에서 전투 작전 중이거나 혹은 캠프에 있을 때는 공식 미국 국기 패치를 제외하고 아무것도 달지 않았다. 폭발

* 포스트 아포칼립스: 사이언스 픽션의 하위 장르로서 세계 종말을 테마로 하는 장르이다. -옮긴이

물 처리반을 포함한 찰리 소대와 델타 소대의 각 대원들은 전투복의 카고 주머니에 패치를 숨겨 놓았다. 조코가 전술 작전 본부에서 남은 임무을 수행 중일 때, 험비 호송대가 캠프를 출발하자마자 소대 내부 무전망에 "패치 장착"이라고 지시했다. 모든 대원들은 카고 주머니에서 브루저 기동대의 패치를 꺼내 전투복 위에 철썩 붙였다. 그렇게 해야만 브루저 기동대의 일원으로서 적을 파괴하고 접전을 치를 만반의 준비를 끝낸 것이었다.

그러나 이런 노골적인 규칙 위반이 들통나는 건 시간문제였다. 브루저 기동대가 주요 작전에 투입되었던 그날이 운명의 날이었다. 우리와 연합하는 미 육군 부대의 민간 기자가 네이비씰 브루저 기동대의 작전 수행 사진을 몇 장 찍었는데 그 사진이 사령부에 전달되었고 결국에는 조코와 주임원사에게까지 닿았다. 사진 속 브루저 기동대의 패치는 몇몇 대원의 어깨 위에서 선명하게 그 자태를 드러내고 있었다.

주임원사가 무섭게 화를 내며 우리에게 특별 징계를 내리려고 했다. 그는 조코의 명령을 대원들에게 강하게 밀어붙이고 있었다. 나는 조코가 매우 화가 났을 거라고 예상했다. 그리고 내가 규칙 위반을 계획하고 조직한 만큼 모든 징계를 혼자 온전히 받을 생각이었다.

하지만 하루가 지나고 또 하루가 지났는데도 조코는 아무 말도 하지 않았다. 의아했다. 조코는 우리가 상관의 명령을 위반한 것을, 즉 고의적으로 불복종한 것을 알고 있었는데도, 이번에는 그의 주장을 고수하거나 규칙을 강요하지 않았다. 그냥 내버려 두었다.

왜 나를 따로 불러내지 않았을까, 곰곰이 생각해 보니 그 이유를 알 것 같았다. 이유는 점점 명확해졌고 우리가 파병 근무를 끝내고 다시 미국으로 돌아왔을 때, 내 생각이 맞았다는 걸 그가 확인시켜 주었다. 조코는 기동대의 패치가 대원들 간의 결속력을 강화시킨다는 걸 인지하고 있었다. 결속력이 강하다는 것은 자부심이었다. 그는 우리가 패치를 전부 숨겼다는 것 또한 이미 알고 있었다. 이라크로 파견되기 전 미국에서 봤던 조잡하고 산만한 패치를 단 대원은 아무도 없었다. 대신 모두 브루저 기동대의 통일된 패치, 우리 전투복과 잘 어울리는 황갈색 패치를 달고 있었다. 조코는 우리가 그의 눈을 피해 패치를 숨긴다면 캠프 내의 다른 부대에게도 숨길 거라고 생각했었다.

조코는 패치를 달아도 좋다는 말은 절대 하지 않았지만 우리가 규칙을 어기는 것은 허락했다. 브루저 기동대 패치는 독창적이고 우리의 명성과도 일치했기 때문에 미 육군이나 해병대와의 관계를 악화시키기보다는 오히려 그들이 우리를 결속력이 강한 팀이라고 확신하게 하는 역할을 했다. 파견이 끝날 무렵 브루저 기동대 패치 몇 개를 우리와 밀접하게 임무를 수행하고 전체 전투 작전팀을 이끈 미 육군 대령을 포함한 핵심 육군 지휘관과 해병대 지휘관들에게 나눠 주었다.

조코가 자신의 주장을 고수하는 방식과 대원들이 무전기 프로그래밍을 확실히 알 수 있게끔 규칙을 강요하는 모습을 직접 경험하면서—물론 패치 착용에 관한 부분은 느슨했지만—이분법의 균형을 이루는 매우 모범적이고 강력한 방법을 배울 수 있었다. 리더는 확고한 자세로 규칙을 강요해야 할 때도 있고, 유연하게 풀어 주면서 양보를 해야 할 때도 있다. 리더가 이런 균형을 찾는 것은 팀의 능률을 최대치로 올리는 데 아주 중요한 역할을 한다.

기본 원칙

리더는 팀원들에게 너무 관대하면 안 된다. 그러나 또 한편으로는 과하게 압박을 가해서도 안 된다. 당연히 수준 높은 규칙을 정하고 팀이 그것을 이행할 수 있게 잘 이끌어야 하지만, 전략적으로 크게 중요하지 않은 문제에 융통성 없이 행동하거나 팀원들을 억압하면 안 된다는 뜻이다. 그 사이의 균형을 이루기 위해 리더는 언제 어디에서 자신의 주장을 고수해야 하는지 또는 느슨하게 풀어 줘야 하는지 신중하게 고민해야 한다. 아울러 하급 지도자들의 의견을 들으며 현재의 우려와 요구를 조정해야 할 시기와 그들이 진정한 오너십을 지니게 할 방법을 결정할 필요가 있다.

어떤 이들은 리더가 이분법에서 균형을 이루기 위해 세심하게 분석하고 파악해야 한다는 의미로 '리더십 자산'이라는 용어를 사용한다. 리더십 자산은 어떤 리더든 그 힘은 유한하다는 인식에서 출발한다. 전략적으로 중요하지 않은 사소한 문제를 끊임없이 지껄이는 리더들은 리더십 자산을 쓸데없이 낭비하곤 한다. 리더십 자산은 리더가 오랜 기간 진심으로 팀과 임무에 최선을 다했다는 것이 입증됨에 따라 팀원들과의 신뢰를 쌓아 가는 과정과 시간이 지나면서 천천히 얻어진다. 리더십 자산을 현명하게 활용하려면, 좀 덜 중요한 부분에서는 느슨하게 풀었다가 규칙이 타협될 수 없을 정도로 중요한 부분에서는 주장을 굽히지 않고 최우선시해야 한다.

《네이비씰 승리의 기술》의 챕터 8. '지휘권 분산'에서 말했던 것처럼 리더가 팀에게 해 주어야 하는 가장 중요한 말은 '왜?', 즉 그 이유를 알려주는 거다. 특히 리더가 주장을 고수하고 규칙을 강요할 때, 그것이 왜 중요한지, 그것이 어떻게 임무를 완수할 수 있게 하는지, 그렇게 하지 않으면 어떤 결과가 초래되는지에 대한 설명이 늘 함께 뒤따라야 한다. '내 지시니까'라는 말로는 절대 일이 진행되지 않는다. 그렇게 되면 팀은 리더가 이행하고자 하는 규칙을 따를 때 훨씬 더 힘들어하고 그 사이에 반발도 생길 것이다. 리더는 책임자로서 이분법의 균형을 이뤄야 한다. 중요한 부분에서는 단호해야 하지만, 또 너무 고압적이면 안 된다. 팀의 전반적인 이익이나 전략적 임무에 별로 중요하지 않은 문제를 다룰 때에 유연성이 결여된, 타협이 불가능한 모습을 보여서는 안 된다.

실전 비즈니스

"패튼 장군에 관한 책을 많이 읽었습니다." 부사장은 세계 2차 대전에서 많은 업적을 남긴 전설적인 미 육군 장군 조지 S. 패튼을 언급하며 자랑스러워했다. "프레젠테이션에서 패튼 장군을 말씀하셔서 너무 좋았습니다. 저는 패튼 장군이 기대했던 규율이 제대로 잡힌 그런 조직을 원하거든요. 저희는 명령을 내릴 사람이 필요합니다. 질문하는 사람 말고요."

나는 부사장이 군대 경험이 전혀 없다는 걸 곧바로 알아차렸다. 그는 군대의 리더들이 팀을 효율적으로 이끄는 방식을 완전히 오해하고 있었다. 그것은 엄격한 권위주의를 바탕으로 이뤄진 것이 아니었다. '내가 한 말이니까 그렇게 해. 안 그러면 너는 징계를 받을 거야.' 물론 이런 식으로 팀을 이끄는 군인도 분명 존재했다. 그러나 결코 큰 성과를 거두지 못했다.

나는 회사에서 부사장의 역할과 그에 대해 더 알아보기 위해 함께 회의에 들어갔다. 에셜론 프런트는 해당 회사의 리더십을 평가하고 리더십 개발 및 프로그램 조정을 위해 일대일 미팅에 참석하는 것이 꼭 필요했으며 그런 미팅을 통해 책임자와 부서, 팀 및 다양한 전략 사이의 진정한 도전 과제와 내부적인 마찰을 이해하곤 했다. 그렇게 얻은 주요한 정보로 에셜론 프런트 팀은 리더십 프로그램을 조정하고 문제를 해결하기 위한 리더십 솔루션을 시행하며 여러 가지 도전 과제를 전달하는 방법을 구현했다.

부사장의 회사는 품질과 서비스 부문에 오랜 역사를 지니고 있었다. 최근 회사의 경영진은 오래전부터 회사의 주요 시장이었던 지역을 넘어서 다른 지역으로 사업을 확장하기로 결정했다. 그간 최전선 리더들의 폭넓은 경험과 실습에 의존해 왔던 회사는 이제부터 각 팀과 각 부서들이 동등한 입장에서 운영될 수 있도록 새로운 표준 운영 절차를 수립해야 했다.

부사장은 첫 리더십 프레젠테이션 내내 자리를 지켰다. 브리핑 후 질문과 답변 시간에 나는 패튼 장군을 언급했는데 그것이 부사장의 정신을 번쩍 들게 한 모양이었다.

"규율은 자유와 같습니다." 부사장이 조금 전 리더십 훈련 강의에서 다룬 조코의 신조를 인용했다. "저는 여기 우리 팀에 규율을 불어넣고 싶습니다. 우리는 더 강한 규율이 필요해요."

"무엇 때문에 그렇습니까?" 나는 흥미로운 마음에 더 듣고 싶었다.

"바로 휴대폰입니다." 부사장이 분명하게 말했다. "미팅을 할 때마다 휴대폰 때문에 굉장히 화가 납니다. 누군가는 반드시 통화를 하고 있을 테니까요. 제가 여기 앞에 나와서 중요한 정보를 전하려고 하면 누군가는 전화를 하거나 이메일 답장을 보내고 있습니다. 아예 회의실 밖으로 나가서 전화를 받는 경우도 있고요. 핵심 내용을 전달하는 중에 말입니다."

"아니 글쎄 대표님이 계셔도 똑같이 행동한다니까요." 부사장이 믿을 수 없다는 듯 덧붙였다.

“실망스럽겠군요.” 내가 말했다. “저희 에셜론 프런트에서도 늘 있는 일입니다. 어쨌거나 회사를 위해 즉각적인 관심과 집중이 필요한 중요한 순간들은 늘 있기 마련이죠.”

“그런데 제가 참여하는 미팅에서는 그러지 않습니다.” 부사장이 자랑하듯 말했다. “우리 부서장들과 지도부 모두에게 확실히 해 뒀거든요. 무슨 일이 있어도 내 회의에서는 휴대폰 사용이 안 된다고요.”

“어떻게 그렇게 하셨습니까?” 내가 물었다.

“간단합니다. 모든 미팅 시작 전에 직원들 주머니에서 휴대폰을 꺼내게 한 다음 전원을 끄라고 합니다. 그리고 휴대폰을 들어 올려서 전원이 꺼진 화면을 제게 보여 주는 거죠. 한 명이라도 휴대폰을 끄지 않으면 미팅을 시작하지 않아요.”

부사장이 우쭐해했다. 그는 팀에 엄격한 규칙을 강요하며 단호하게 자신의 주장을 고집하는 것을 무척 자랑스러워했다.

“팀원들 반응은 어땠습니까?”

“당연히 투덜대며 불평했죠.” 그가 대답했다. “그래도 저는 끝까지 밀고 나갔어요. 패튼 장군처럼 말입니다.”

“중요한 미팅들입니까?”

“오, 그럼요. 모두가 따라야 할 새로운 표준 운영 절차를 제시하는 중이거든요. 대표님이 직접 지시하신 부분이기 때문에 팀원들이 아무리 저항해도 반드시 실행시켜야 합니다. 게다가 저와 회의에 집중을 해야 하는데 한 시간이나 두 시간쯤 휴대폰을 꺼놓지 못할 정도로 중요한 일이 뭐가 있겠습니까?”

"음, 그에 앞서 생각해 볼 점이 있을 텐데요. 예를 들어 어느 주요 고객과의 대규모 계약을 놓치지 않기 위해 고객과 좋은 관계를 이어 나가는 상황이라고 쳐 보죠. 만일 그 고객이 회사에 신속하고 긴급하게 해결책을 요구하는 경우라면 어떨까요? 또는 꽤 심각한 제품 품질 문제로 인해 고객이 화가 났고 그 때문에 회사에 대한 부정적인 언론 보도가 나온다면요? 게다가 이 문제가 회사의 성장에 악영향을 미치면 어떨까요? 안전에 관련된 중대한 사건이 터져서 누군가 심한 부상을 입거나 사망에 이르게 된다면 어떻겠습니까?"

부사장은 미팅보다 우선시되어야 할 문제들을 듣더니 고개를 끄덕였다. "자, 보세요. 저는 팀에 규율을 적용하려고 합니다. 패튼 장군이 그랬던 것처럼요. 그리고 당신과 조코가 이야기했던 대로요. 작은 일에 규율을 적용하면 더 큰일에도 규율을 적용시킬 수 있지 않을까요?"

"작은 부분에도 규율은 중요합니다. 하지만 부사장님은 리더이기 때문에 대립되는 두 가지 요소, 이를테면 어디에서 주장을 확고히 하고 어디에서 굽혀야 하는지를 정확히 파악하고 신중하게 균형을 찾아야 합니다. 어느 시점에서 주장을 고수하고 기본 규칙을 실시해야 하는지 고려하며 진지하게 우선순위를 매겨야 합니다.

'리더십 자산'이라는 말 들어 보셨을 텐데요, 리더는 엄청난 권한을 가졌을 뿐이고 그 권한을 어디에서 어떻게 적용할지 선택해야 한다는 의미를 담고 있죠. 제가 보기에 부사장님은 휴대폰에 리더십 자산을 과하게 쏟아붓고 계시는 것 같습니다. 다른 곳에서 훨씬 더 잘 활용할 수 있을 텐데요.

부사장님은 새로운 표준 운영 절차에 대한 직원들의 저항이 있다고 하셨습니다. 조금 더 자세히 말씀해 주시겠습니까?"

"저는 많은 저항에 부딪히고 있습니다." 부사장이 인정했다. "우리 회사의 리더들은 대부분 각자 특정한 방식으로 업무를 진행합니다. 바꾸고 싶어 하지 않더군요."

"인간의 일반적인 반응입니다." 내가 말했다. "사람들은 자신이 하던 방식 그대로 하고 싶어 하니까요. 왜 변화가 필요한지, 왜 새로 규정된 절차가 시행되어야 하는지 이해시키는 것은 부사장님께 달렸습니다. 만약 팀원들이 그들 자신에게 그리고 팀에게, 더 나아가 업무 전체에 어떠한 이익이 생기는지 정확히 이해한다면 변화를 받아들일 가능성이 훨씬 높죠."

"그게 왜 저한테 달렸습니까?" 부사장이 물었다. "이건 그들의 문제입니다. 그들이 배에 올라타야지요. 우리가 왜 그렇게 해야 하는지 그간 수도 없이 말해 주었습니다. 솔직히 팀원들에게 설명하는 것도 이젠 귀찮고 지긋지긋합니다. 우리는 그냥 입장을 계속 밀고 나가면서 규칙을 시행하기만 하면 됩니다. 새로운 절차를 이행해야 한다, 이 말이죠."

나는 완전히 확신했다. 부사장의 태도가 바로 회사의 지도부가 뒤로 물러나 새로 규정된 절차를 따르지 않으려는 주된 이유였다. 그는 회의 중 '휴대폰 사용 금지'와 같은, 전략적으로 아무런 영향을 미치지 않는 규칙을 강요하면서 자신의 리더십 자산을 부적절하게 쏟아붓고 있었다. 한편 회사의 성공 또는 실패에 지대한 영향을 미치는 새로 규정된 절차 이행에 사용해야 할 리더십 자산을 거의 남겨 두지 않았다.

"군대의 이야기를 읽으신 건 아주 좋습니다. 그런데 제 생각에는 실제 군대에서 리더십이 어떻게 작용하는지에 대해 오해를 하신 것 같습니다.

영화나 텔레비전에서는 장병들이 맹목적으로 상부의 명령을 따르는 모습을 보여 주지만, 사실 그렇지 않습니다. 장병들은 결과의 여부에 상관없이 무조건 지시만 따르는 터미네이터가 아닙니다. 개별적으로 자신들이 이 일을 왜 해야 하는지, 그리고 누구를 이해해야 하는지 고민하고 또 생각합니다."

"하지만 군대에서는 명령을 반드시 따라야 하지 않나요?" 부사장이 물었다.

"아무리 군대라고 해도 끔찍한 중상이나 죽을 수도 있는 아주 위험한 상황에서 만약 부사장님이 누군가에게 동의하거나 믿지 못할 그런 명령을 내린다면, 정말 부대 내에서 반발이 없을 거라고 생각하십니까?" 내가 물었다. "그렇게 하면 팀은 당연히 뒤로 물러날 겁니다. 심지어 군사 법원에 넘어간다 하더라도 팀은 상부의 명령에 저항하거나 또는 실행에 옮기지 않을 겁니다."

"군대의 최고 리더는," 내가 계속 말을 이었다. "비즈니스의 리더와 같이 '왜' 그런지 설명할 시간을 가져야 합니다. 팀원들을 이해시켜야 합니다. 지휘관들은 하급 병사들이 억지로 이해하도록 강요하거나 위협하지 않습니다. 그리고 사소한 일에 괜한 힘을 빼지도 않죠. 정말 중요한 문제에 관한 당위성을 설명하는 방식으로 가야만 그 부대가 길을 잃지 않습니다. 그래야 그 부대가 리더의 지시를 실행할 가능성이 훨씬 높아지게 됩니다."

부사장은 고개를 끄덕이며 새로 규정된 절차에 맞춰 팀원들을 끌고 가기 위해서는 전술적으로 조정이 필요하다는 것을 이해하기 시작했다.

"회사의 전략적 중요도 측면에서 볼 때 어떤 것이 더 경쟁력이 있을까요?" 내가 부사장에게 물었다. "지도부에게 미팅 중에 휴대폰 사용을 금지시키는 걸까요? 아니면 그들을 새로 규정된 절차라는 배에 올라타게 해서 각자의 팀에서 이행하도록 하는 걸까요?"

"그야 물론 규정된 절차이지요." 부사장이 인정했다. "우리 지도부들이 새로운 절차를 전략적으로 실행하는 것이 훨씬 더 중요합니다."

"알겠습니다. 그러면 부사장님은 리더십 자산을 활용하는 데 더욱더 통찰력을 가지셔야 합니다. '휴대폰 사용 금지' 정책에 낭비하지 마세요. 그러면 중요한 문제들을 이행할 능력이 피해를 보게 될 테니까요.

이는 굉장히 이분법적인 요소입니다. 아무리 중요한 미팅이라고 해도 그 시간 내내 모두가 휴대폰을 사용하지 않게 할 수는 없습니다. 그러니까 휴대폰 사용을 확실하게 허락하되, 정말 정말 중요한 일일 때만 사용하게 해 보세요."

"그렇게 하면 제가 너무 약해 보이지 않겠습니까?" 부사장이 물었다. 또다시 패튼 장군을 생각하고 있는 듯했다.

"솔직히 그게 부사장님을 더 강하게 보이게 할 겁니다. 부사장님이 전략적으로 중요한 것이 무엇인지, 어디에서 주장을 굽히지 않아야 하는지, 어느 수준에서 각 팀의 리더들에게 자율권을 주고 유연하게 대처해야 하는지를 파악했다는 의미이니까요. 그러면 부사장님의 리더십 자산은 각 팀의 리더들이 새로운 절차를 이행하는 과정을 통해 자연스레 증대될 겁니다."

이제 부사장은 언제 그리고 어디에서 자신의 뜻을 밀어붙이고 굽혀야 하는지 다시 가늠하기 시작했다. 또한 리더로서 '내 방식대로 해. 그렇지 않으면 결과는 참혹할 테니까'라고 말하기보다는 우선 설명해야 한다는 걸 온전히 받아들였다. 무엇보다 가장 중요한 것은, 부사장이 단호하지만 억압하지 않는 이분법의 균형이 얼마나 중요한 가치를 지니는지 알게 되었다는 것이었다.

"레드불 식스." 조코 윌링크가 이끄는 해군 특수 부대 라마디 주둔 기동대의 작전명이다. 조코 윌링크는 대규모 저지선에서 레드 커래히 기동대(미군 101 공수사단 506 낙하산 보병연대 1대대 소속)와 수색 작전을 벌이는 동안 이라크군 병사들의 전투 고문 역할을 맡았다. 조코는 자신의 네이비씰 대원과 이라크군 병사들에게 지휘 통제권을 부여했다. 이 전투 작전은 네이비씰 대원들이 훈련해 왔던 것과 극명하게 달랐지만, 라마디에서 게릴라전을 진압해야 하는 전투에서는 필수적이었다.

(사진 제공: 토드 피트맨)

Chapter 4.

멘토링을 해야 할 때와 해고해야 할 때

조코 윌링크

2006년, 라마디 동부 말랍 지역

멀리서 총격 소리가 들렸다. 바로 가까이에 영향을 미칠 만큼 큰 총격은 아니었다. 그러나 언제라도 심각한 위험에 빠질 수도 있다는 걸 상기시킬 정도는 되었다. 위협은 어디에나 존재했다. 우리의 한 걸음 한 걸음이 IED(급조 폭파 장치)를 잠재적으로 촉발시킬 수도 있었다. 모든 창문이 반군 저격수들의 조준 사격 대상일 수도 있었다. 심지어 하늘에서 무시무시한 박격포가 쏟아질 가능성도 염두에 두어야 했다. 언제 그런 일이 일어나도 이상하지 않았다.

이런 위협과 위험에 대한 생각은 두려움을 만들어 냈다. 그렇지만 우리는 정찰 중에도 두려움에 집중하지 않았다. 지금 당장 눈앞에 닥친 임무에 초점을 맞추었다. 모퉁이로 숨는다. 도로를 질주한다. 문이나 창문을 안전하게 유지한다. 사정 범위를 확인한다. 앞에 있는 대원, 뒤에 있는 대원과 육안 접촉을 유지한다. 전투지에서 자신의 위치를 정확히 인지하기 위해 지나간 건물과 거리를 메모한다. 무전에 귀를 기울이며 아군의 위치와 의심되는 적의 움직임에 관한 최신 정보를 업데이트하고, 주변 거리의 위협에 귀 기울인다.

이 모든 것이 계속되어도 두려움은 우리의 뇌 속 멘탈이라는 땅에 안착할 수 없었다. 그 땅에 머물 여유가 아예 없었다. 그래도 정찰 중에 가끔씩 한 걸음 뒤로 물러나 주변과 팀 동료들을 관찰하곤 했다. 그럴 때마다 우리 브루저 기동대는 마치 하나의 유기체처럼 동일하게 움직이는 놀라운 모습을 보여 주었다. 어떤 무기가 공격력을 상실하면 다른 무기를 강화했고, 어느 대원이 위험 지역으로 진입하면 그의 사격 파트너가 엄호했다. 목소리 또는 무전과 같은 언어적 소통 없이 미묘한 고갯짓만으로도 움직임이 시작되었다. 간혹 무기로 대상을 가리키거나 손짓을 하기도 했고 다른 팀들은 감지할 수 없는, 팀원들끼리만 알고 있는 보디랭귀지를 쓰기도 했다. 내가 이 팀의 일원이라는 것이 자랑스러웠다. 우리는 모두 한마음으로 힘을 합쳐 임무를 수행하고 작전에 임했다. 그만큼 우리 기동대원 모두의 기술과 능력을 완전히 신뢰했고 자신이 있었다.

그러나 늘 그랬던 건 아니었다. 2006년 봄 라마디로 파견되기 전 열두 달 내내 지독한 훈련이 이어졌고, 우리는 팀워크의 수준을 높이기 위해 열심히 훈련을 받았다. 비록 모두 네이비씰 기초 군사 교육 프로그램에 속한 해군 특수전 초급 훈련(BUD/S, 수중 폭파 훈련)를 거치며 공통적으로 기준치를 공유하고 있었지만 대원들의 사회 경제적 성장 배경과 출신, 인종, 종교가 매우 다양했다. 많은 영화나 텔레비전 프로그램에서 통상적으로 묘사되어 대중들의 인식에 박힌 모습과 달리 네이비씰 대원들은 로봇이 아니었다. 우리는 미 육군과 똑같았다. 서로 다른 훈련소에서 받은 입문 교육과 반복되는 훈련, 생활 습관 그리고 문화가 누구에게나 깊숙이 침투해 영향을 미치긴 하지만 군대에 있는 사람들도 그냥 사람일 뿐이었다. 다들 다른 추진력과 동기, 독특한 유머 감각, 다양한 배경, 다른 종교 그리고 각기 다른 성격을 갖고 있었다. 또한 능력의 강점과 약점도 달랐다. 브루저 기동대의 대원들은 운동 실력이 천차만별이었다. 어떤 대원들은 지구력이 강하고 날씬하며 호리호리한 체형이었고 어떤 대원들은 역도 선수처럼 몸집이 크고 힘이 좋았다. 인지 능력과 지식 수준에도 차이가 있었다. 각자의 스트레스도 다르고 복잡한 문제를 처리하는 능력도 다 달랐다. 팀 내에 이렇게 다양한 개성들이 존재하면 리더는 모든 팀원들을 일정 수준으로 높여서 최상의 실력을 발휘할 수 있도록 이끌어야 한다. 그러기 위해 리더는 팀원들에게 개인별 임무를 교육시켜야 하고 코칭해야 하며 멘토가 되어야 한다. 그래야 그들이 가장 높은 수준까지 또는 최소한의 수준까지 수행 능력을 끌어올릴 수 있다. 그러나 여기에는 이분법이 존재한다. 리더가 팀원 개개인의 능력 향상과 개발을 위해 할 수 있는 모든 도움을 주어야 하지만, 한편으로는 팀원이 업무를 해내는 데 필요한 능력이 없다 해도 어느 정도는 이해해야 한다. 한 개인을 성장시키기 위해 별짓을 다했는데도 성공이 뒤따르지 않는다면, 그 사람이 남자건 여자건 관계없이 팀에 부정적인 영향을 미칠 수 있으니 해고해야 한다. 이건 리더의 손에 달렸다.

물론 팀원 해고는 리더가 해야 하는 일 중 가장 어려운 것이다. 단결심*이 강하고 빠르게 다져진 브루저 기동대에서는 특히나 더 어려웠다. 종종 어떤 사람들은 우리가 동지애를 어떻게 강화시켰는지 궁금해했다. 우리는 여러 가지 훌륭한 방법 중 '단순하게 그러나 쉽지 않게: 힘든 훈련 방식'을 적용했다. 어느 단체이건, 특히 군대에서는 조직이 힘든 훈련을 받을수록 더 많은 대원들이 압박감을 느끼고 점점 더 긴장한다. 이것은 군대 전반적으로, 특수 작전 부대에서는 더욱더 진리로 통용되었다. 브루저 기동대도 예외는 아니었다. 물론 우리는 몇 주간 24시간 내내 함께 살고 일하고 먹고 파티하고 운동하면서 강력한 유대 관계를 형성했다. 그러나 끈끈한 팀이 될 수 있었던 가장 중요한 요소는 강하게 밀어붙이는 훈련 방식이었다. 우리는 최고가 되고 싶었다. 어느 것에서도 2등이 되고 싶지 않았다. 그래서 뒤로 물러서지 않고 서로를 압박했고 한편으로는 가족처럼 보호했다. 안타깝게도 모든 대원이 브루저 기동대의 기준을 이해할 능력을 갖추지는 못했다.

네이비씰 팀에서 6개월간 진행되는 사전 파견 훈련 '워크업'은 정신적으로나 육체적으로 매우 힘든 과정이었다. 특히 처음 겪는 신입 대원들에게는 더욱 그랬다. 실탄을 이용하는 실제 작전 훈련, 무기 다루기, 야간 투시경으로 정찰하기, 군 장비들의 무게, 더위와 추위 그리고 부족한 잠. 무엇 하나 쉬운 것이 없는 이 모든 게 합쳐지면 누군가에게는 감당할 수 없는 훈련이 되곤 했다.

브루저 기동대의 첫 워크업은 남부 캘리포니아의 뜨거운 사막에서 시

* 단결심: 팀의 구성원들에게 열정과 헌신, 그리고 팀의 영예에 대한 강한 존경을 고취시키는 공통 정신을 뜻한다.

작되었다. 그곳은 우리가 지상전 훈련을 했던 곳으로 산도 많고 바위도 많은 지형이었다. 우리는 이런 환경에서의 지상전 훈련이 사람을 '프로그맨'으로 만들어 낸다고 입버릇처럼 말했다. 극심한 스트레스와 역동적인 환경은 모두에게 힘든 일이었지만 특히 신입 대원들에게는 더욱 그랬다. 기동대장으로서 나는 고군분투하는 대원들에게 집중하며 두 소대의 지도부가 못 따라오는 팀원들에게 각각 어떤 식으로 행동하는지 살펴보았다. 레이프와 세스 그리고 일반 대원들과 소통하는 부소대장과 분대장은 내가 기대한 그대로 팀을 이끌었다. 그들은 덜 뛰어난 대원들이 속도를 올릴 수 있도록 도와주었다. 소대마다 잘 따라오지 못하는 신입 대원이 서너 명씩 있었는데, 내가 보기에 그들은 이 일을 하는 데 필요한 능력을 지속적으로 향상하지 못할 것 같았다.

하지만 나는 소대의 지도부가 그들과 함께 헤쳐 나가고 끊임없이 북돋아 주고 조언해 주고 숙련된 대원을 멘토로 지정하며 다시 훈련시키는 모습을 보았다. 그리고 그 이유를 알게 되었다. 숙련된 대원들의 도움을 받는 신입 대원들은 어려움을 겪는 중이었지만 여전히 소대의 일원이기 때문이었다. 그들은 네이비씰 대원이고, BUD/S(수중 폭파 훈련)와 SQT(네이비씰 자격 교육)를 수료한 우리 조직의 구성원이었다. 지도부는 미숙한 대원들을 보호하면서 그들의 성공을 일궈 내고자 했다.

다행히도 힘들어하는 신입 대원에게 투자한 시간은 나름 성과를 보이는 듯했다. 모두 몇 주간 진행된 지상전 훈련을 성공적으로 완수했고 그다음 몇 주 동안 이어진 기동 훈련에서 사격술과 이동법, 그리고 험비에서 소통하는 법을 배웠다. 그 훈련을 힘들어하는 신입 대원들이 또 발생했다. 그들은 무거운 무기를 들고 실수를 저지르기도 하고 전술 명령에 적절하게 반응하지 않기도 하고 중요한 순간에 행동하는 걸 주저하기까지 했다. 그러나 또다시 소대의 지도부와 숙련된 대원들이 오너십을 갖고 젊은 팀원을 위해 한데 힘을 모아 끈질기게 훈련을 수행해 나가며 신입들이 앞으로 나아가도록 도왔다.

기동 훈련이 끝난 뒤 나는 레이프와 뒤처지는 대원들에 관해 이야기를 나누었다.

"어떻게 생각하나?" 내가 물었다. "몇몇 대원들이 아주 힘들어하는 것 같던데."

"맞습니다." 레이프가 대답했다. "그래도 그들이 있어야 할 곳으로 반드시 데리고 갈 겁니다." 나는 그가 정확히 그렇게 답변할 거라고 생각했다. 그는 자기 소대의 모든 대원을 보호하고 있었다. 무엇보다 그들은 레이프의 사람들이었고 레이프는 그들을 책임지고 있었다. 그와 소대는 분명 앞으로 나아갈 것이었다. 레이프가 대원들의 수행 실력에 오너십을 갖고 있다는 것과 모든 대원들이 기준에 맞게 수행할 수 있도록 이끄는 소대의 능력에 확신을 가신다는 말을 들으니 내심 기분이 좋았다. 그게 바로 올바른 리더의 역할이었다.

다음 훈련은 근접 전투였다. 그 훈련에서는 도시 환경에서 건물 내부의 방과 복도를 확보하는 방법을 배웠다. 근접 전투 훈련에서는 소대가 복잡하고 혼란스러운 건물 내에서 역동적으로 실탄 사격 훈련을 해야 하기 때문에 압박감이 더욱 심했다. '실탄 사격 훈련'은 대원들이 정해진 목표물을 찾기 위해 건물 안을 돌아다니면서 치명상을 입힐 수도 있는 탄환을 몇 발짝도 떨어지지 않은 곳에서 서로를 향해 쏘는 훈련이었다. 도전 정신이 필요하기는 해도 대개는 재미있었다. 하지만 훈련을 힘들어하는 몇

몇 대원들은 엄청난 압박감을 느꼈다. 그날 레이프는 찰리 소대원 중 하나가 실제 전투에서도 실탄 사격에 필요한 능력을 갖출 수 없을 것 같다며 처음으로 걱정을 내비쳤다.

레이프가 내게 다가와 그 대원에 대해 이야기했다. '락'이라 불리는 젊은 네이비씰 대원이었다. 락은 BUD/S(수중 폭파 훈련)를 마친 신입이었고 찰리 소대가 그의 첫 소대였다. 그는 이전에 이런 훈련 사이클을 경험해 본 적이 없었다. 그에게 무언가 문제가 생긴 것 같았다.

"그 대원은 열심히 했습니다." 레이프가 말했다. "다들 그를 좋아합니다. 기동대장님도 보셨다시피 우리는 그와 함께 여기까지 헤쳐 왔습니다. 그런데도 그는 근접 전투 훈련에서 너무 힘들어했습니다. 굉장히 어려워하는 것 같았어요. 솔직히 저희와 함께 전투지에 배치될 수 있을지 확신이 서지 않습니다."

"무슨 뜻이지?" 내가 물었다. "락은 신체 조건도 좋고 성실한 대원이지 않나?"

나는 락의 뛰어난 신체적 능력과 일에 대한 열정을 알고 있었다.

"그게 문제가 아닙니다." 레이프가 답했다. "그는 하려는 의지도 있고 신체적으로도 강합니다. 그런데 현실적인 문제가 좀 있습니다. 지상전 훈련 때는 어떻게든 그를 이끌어 왔고, 그때 그는 생각할 여유가 지금보다는 조금 더 있었어요. 그러나 여기에서는 빨리 결정을 내려야 한다는 압박감에 완전히 지배당하는 모습을 보였습니다. 허둥지둥대며 얼어 버렸죠. 하마터면 '그 집'에서 정말로 나쁜 결정을 내릴 뻔했어요."

문제가 심상치 않았다.

'그 집'은 네이비씰 대원들에게 보통 '죽음의 집(the Kill House)'이라는 의미로 통한다. 그 건물은 실탄 사격 훈련과 근접 전투로 방을 확보할 수 있도록, 방탄벽으로 이루어진 방과 복도들로 복잡하게 이루어져 있었다. 건물 내부에서 역동적인 작전 상황이 빠르게 진행되었고, 방 안의 사격수들은 개별적으로 신속한 결정을 내려야만 했다. 건물들이 벽으로 나누어진 터라 시야가 막혀 있고 구두로 소통을 할 수 없기 때문에 신입 대원이 전체 작전의 방향에 영향을 미치는 결정을 내려야 할 때가 종종 발생했다. 그래서 각자 중요한 결정을 빠르고 대담하게 내리려면 전술적인 작전 요령이 필요했다. 결정 내리기에 대한 스트레스 말고도 근접 전투에서의 실제 사격 훈련은 그 자체만으로도 매우 위험하기 때문에 사상자 발생을 예방하기 위한 안전 수칙이 대단히 엄격했다. 만일 우리 중 누구라도 그 규칙을 위반하면 네이비씰 교관들이 안전 수칙을 위반했다는 내용이 담긴 공문을 발행했다.

네이비씰에서는 안전 수칙 위반 기록이 두 번만 있어도 문제가 있는 것으로 간주했다. 만에 하나 두 번 이상 주의를 받으면 엄중한 경고가 떨어지고 소대에서 나오거나 네이비씰 대원으로서의 경력에 흠집이 생길 수도 있었다.

"락에게 무슨 문제가 있는 거지?" 내가 물었다.

"주요 안전 수칙을 몇 차례 위반했습니다." 레이프가 대답했다. "그런데도 무언가를 습득하려는 것 같지가 않았습니다. 개선의 여지가 보이지 않아요. 노력하고 있긴 하지만 압박이 조금이라도 가해지면 너무 빨리 과부하 상태에 빠져 버립니다."

'과부하 상태에 빠지다'는 개인이나 팀에게 여러 문제가 동시에 들이닥쳐서 압박감을 느끼게 될 때 네이비씰 대원들이 쓰는 표현이다. 그들은 우선순위를 정하고 이행하는 교전 수칙을 적절하게 적용하지 못했다. 한 번에 너무 많은 정보를 다루려 애쓰다가 실패해서 아무런 조치도 취하지 못했고, 결국 팀이나 임무를 위험에 빠뜨리는 형편없는 결정을 내렸다.

나는 그것이 주된 문제라는 걸 파악했다. 그러나 락을 해고하기 전에 그의 능력 개선을 위해 무슨 일이든 다 해 본 게 확실한지 꼭 짚고 넘어가고 싶었다. 레이프와 그의 부소대장 토니는 강직한 리더였다. 둘 모두 팀에서 개인적인 역량을 발휘할 대원들이었다. 찰리 소대의 대원들은 대부분 뛰어났다. 그러나 강직한 리더들은 가끔 실력이 조금 떨어지는 사람에게 발전할 기회를 충분히 주기도 전에 일단 해고하는 경향이 있었다. 레이프와 토니, 그 외 찰리 소대원들은 할 수 있는 모든 노력을 기울이는 중이었지만, 나는 그들이 정말 완벽하게 파악한 것이 맞는지 확인해야 했다. *뒤처지는 대원들은 대개 해고당하지 않아도 된다. 그들에게는 자신을 이끌어 줄 사람이 필요하다.*

"그 대원과 충분히 대화를 나누었나? 제대로 도와줬냐는 뜻이네." 내가 물었다. "토니는 뭐라 하던가?" 락이 실력을 끌어올리는 데 필요한 조언을 듣고 코칭을 받은 뒤에 충분히 개선이 되었는지 확실히 점검하려면 동료이자 전술 전문가인 토니 이프래티(찰리 소대의 부소대장)의 생각을 알아야만 했다. 토니는 해외 파견 경험이 매우 많았으며 락과 함께 임무를 수행해 왔다. 훈련 지도자로서 토니는 상급 훈련의 모든 부분을 가르쳤고, 그가 락에게 실력을 개선할 수 있는 최고의 기회를 주었으리라는 걸 나는 잘 알았다.

"물론입니다." 레이프가 답했다. "부소대장은 할 수 있는 모든 걸 했습니다. 저도 그렇고요. 부분대장도 마찬가지입니다. 저희는 락이 제대로 따라올 수 있도록 열심히 노력했습니다. 다들 나가서 파티를 하는데도 몇몇 대원들은 주말 내내 락과 함께 연습을 하기도 했어요. 그런데 별다른 효과가 없었습니다. 저희가 얼마나 더 노력해야 할지 모르겠습니다."

레이프의 얼굴에 실망감이 또렷하게 드러났다. 그는 코칭과 멘토링, 그리고 누군가를 내치는 것 사이에서 이분법의 균형을 이루기 위해 애쓰고 있었다.

"락을 보내 줘야 한다고 생각하나?" 내가 물었다.

"제 생각에는 그게 최선일 것 같습니다." 레이프가 침울하게 말했다. 쉽지 않은 일이었다.

"락은 훌륭한 대원입니다." 레이프가 계속했다. "열심히 훈련을 받아 왔어요. 저는 그가 해내는 모습을 보고 싶습니다. 그렇지만 실제 전투에서, 굉장히 결단력 있게 행동해야 하는 자리에 그를 배치하면 심각한 위험을 초래할 수도 있습니다. 그 자신에게도, 찰리 소대의 다른 대원들에게도요."

나는 레이프의 말뜻을 정확히 이해했다. 그의 말이 옳았다. 우리가 이라크에 파견되면 락은 그의 인생뿐만 아니라 네이비씰 동료들의 삶과 아무 잘못 없는 민간인들의 삶까지 위태롭게 만들 수도 있었다. 실제 전투에서 그는 빠르게 결단을 내리고 제대로 된 지시를 해야 할 터였다. 만일 락이 전투지에서 얼어 버린 채 적과 교전을 시작하지 못하면, 그는 자기 자신 또는 다른 사람을 죽일 수도 있었다. 잘못된 결정을 내리거나 무기를 가지고 있지 않은 민간인을 적군으로 오인했다가는 무고한 사람의 목숨을 대가로 치러야 할지도 모를 일이었다. 어쩌면 교도소에 수감될 수도 있었다. 우리는 기동대 또는 소대의 대원으로서 압박이 심한 상황에서 임무를 수행해야 하는데 앞으로 나아갈 준비가 되어 있지 않은 대원을 계속 데리고 있을 수 없었다. 하지만 또 다른 문제가 있었다. 내가 레이프를 충분히 이해한 건지 확신이 서지 않았다. 더군다나 균형을 이뤄야 하는 다른 이분법이 또 존재했다.

"우리가 락을 내보내도 대체자는 들어오지 않아." 내가 말했다. "자네는 인원이 부족한 상태로 남은 워크업을 진행하게 될 거야. 파견 복무를 할 때도 마찬가지일 거고."

"저희가 락을 대신할 수 있을 거라고 생각하지 않으십니까?" 레이프가 물었다.

"천만에. 그러나 자네도 알다시피 네이비씰 대원이 충분하지가 않아. 원래 그렇지. 모든 팀의 모든 소대가 대원들을 찾아 헤매고 있어. 락을 내보낼 거면 다른 대원이 보충될 거라는 기대를 하지 말아야 하네. 그러니까 스스로에게 물어봐. 찰리 소대에 인원이 부족해도 괜찮을지."

레이프는 말없이 고개를 흔들며 어떻게 처리해야 할지 몰라 고민했다.

"잘 생각해 봐. 락이 할 수 있는 다른 일이 있나? 공격적인 임무에서 그를 뺄 수도 있을 텐데. 전투 차량의 포탑 포병이나 운전병을 시키면 어떻겠나? 포로들을 집결시키는 임무를 주는 건 어떤가? 출입문을 습격하는 보병 외에도 인력이 부족한 작업이 더 있잖아."

"그렇지만 그런 임무들을 수행할 때도 락은 결정을 내려야 할 것입니다. 그런 자리에서도 그는 감당할 수 없는 상황에 놓일 겁니다."

"그래, 그것도 사실이지." 내가 동의했다. "어쩌면 락은 그냥 조금 천천히 이해하는 것일 수도 있네. 모든 걸 받아들이는 데 그저 시간이 더 필요한 것일 수도 있단 말이지. 뒤쪽이나 캠프에서만 일하거나 소대원들과 교대 업무를 하며 지내다가 나중에 제대로 자리를 잡을 수도 있어. 그와 조금 더 일해 봐. 토니와 다른 대원들도 마찬가지고. 락이 소대에 도움이 되는 역할을 잘 해내는지 한번 지켜보자고."

"알겠습니다." 레이프가 말했다. "분명히 이해했습니다. 최선을 다하겠습니다."

그렇게 레이프는 락이 해낼 수 있는 방법을 찾아내고자 하는 마음을 안고 자리를 떠났다. 만일 그들이 락의 역량을 충분히 끌어올리지 못한다면, 아마 덜 역동적인 작업 기술을 요하는 자리, 압박을 받거나 자기 자신 또는 다른 누군가의 목숨을 위협할 가능성이 낮은 자리에라도 앉힐 터였다.

근접 전투 훈련은 계속 이어졌고 하루가 멀다 하고 강도가 높아졌다. 우리는 방도 더 많고 복도도 더 복잡한, 훨씬 위협적인 거대한 건물을 확보하는 훈련을 성공적으로 마쳤다. 그다음 더 어려운 훈련으로 넘어갔다. 두 명으로 이루어진 개별적인 공격 팀이 죽음의 집으로 동시에 진입하여 무기를 지니지 않은 민간인과 수많은 포로들을 다루며 폭파 침투 임무를 수행했다. 나는 락이 어떻게 행동하는지 면밀히 살폈다. 레이프 말이 맞았다. 락은 임무 수행 내내 진땀을 빼고 있었다. 나는 마흔 명 이상의 다른 대원들, 특히 지도부를 예의 주시해야 했기 때문에 락에게만 집중할 수가 없었다. 하지만 그의 임무 수행 능력이 찰리 소대와 델타 소대의 다른 신입 대원들보다 훨씬 떨어진다는 것은 충분히 파악했다. 그러나 그가 우리 기동대에서 빠져야 할 만큼 끔찍한 실수를 저지르는 모습은 아직 한 번도 보지 못했다. 하지만 그는 안전 수칙 위반 공문을 몇 차례 더 받았고, 핵심 교관이 그와 상담한다는 말이 몇 번이고 계속 들려왔다.

그럼에도 찰리 소대는 락을 팀의 일원으로 남겨 두었다. 레이프와 토니 그리고 나머지 소대원들은 그의 실력이 향상될 수 있도록 도우며 함께 임무를 수행했다. 브루저 기동대는 근접 전투 훈련을 마무리 짓고 또 몇 주간 진행될 다음 훈련으로 넘어갔다. 그다음 훈련이 이어졌다. 마침내 '특수 정찰' 또는 'SR'이라 불리는 마지막 훈련에 들어갔다. SR은 소대가 기지 밖의 훈련 전투지에서 오랜 시간 잠복하고 관찰하면서 보고를 보내는 곳이었다. 그 훈련의 요지는 '몰래 훔쳐보기'이며 자신이 그곳에 있다는 것을 적이 알아채기 전에 빠져나와야 했다. 그 훈련에서는 사격도 없고 빠른 결정을 내릴 필요도 없었다. 압박의 강도가 훨씬 낮았기에 나는 락이 그 임무를 잘 처리할 거라고 생각했다.

레이프와 토니에게 다시 연락을 했다. "락이 하면 어떻겠는가?" 내가 토니에게 물었다.

"그렇게 좋은 방법은 아닙니다. 거기에서도 락은 잘 해내지 못할 겁니다." 토니가 대답했다.

"그렇습니다. 여전히 실수를 하고 있습니다. 간단한 것들이지만요. 저는 잘 모르겠습니다. 요즘 작은 희망을 보고 있긴 한데 락이 아직도 힘들어합니다." 레이프가 덧붙였다.

"음, 워크업은 이제 마무리 단계야." 내가 말했다. "이제 결정지어야 해. 자네들이 할 수 있는 걸 다 해 봤는데도 락이 여전하다면 이젠 그를 보내 줘야지."

"알겠습니다. 기동대장님." 토니가 말했다.

"알겠습니다." 레이프도 답했다.

그 일은 우리가 여태까지 기동대를 이끌면서 해야 했던 결정 중에 가장 어려운 결정이 될 것 같았다. 누군가를 개선시키면서 함께 작업을 해 나가는 것과, 해고를 결정하는 것 사이에서 균형을 이루기란 여간 어려운 일이 아니었다.

레이프와 찰리 소대는 며칠간 다른 작전을 하기 위해 밖으로 나가 있었다. 다시 돌아오자마자 레이프가 내게 단도직입적으로 말했다.

"기동대장님, 이번 마지막 작전에서는 정도가 지나쳤습니다." 그가 말했다. "락이 간단한 업무를 몇 가지 수행하였는데요, 압박도 없었고 스트레스도 없는 업무였습니다. 그런데도 전부 실패했습니다. 저희는 그를 그 업무에서 끌어내고 다른 대원에게 맡겨야 했습니다. 다행히도 그 대원들이 느슨해진 부분을 다시 조였고 덕분에 임무를 완수했습니다. 락이 일을 맡으면 저희가 훨씬 더 힘들어집니다. 임무 수행에 도움을 주기는커녕 그의 부족한 면 때문에 나머지 대원들까지 무너지게 됩니다. 이젠 확실합니다. 더는 그를 위해 할 수 있는 일이 없습니다."

레이프가 고개를 저었다. "저도 이 상황이 너무 싫습니다." 계속 말을 이었다. "락은 좋은 사람입니다. 그렇지만 압박감에 너무 쉽게 무너집니다. 그는 자신과 모두에게 위험한 존재가 되어 버렸어요. 이제 그는 저희가 필요로 하는 곳에 도달할 수 없습니다. 그를 보내 주어야 할 것 같습니다."

"힘든 결정이야. 나도 자네가 그를 아낀다는 거 알고 있지. 그래서 특히 더 어려운 결정이었을 거야."

"우리는 모두 락을 좋아합니다." 레이프가 답했다. "그는 노력하고 있습니다. 진심으로 말입니다. 그러나 반복해서 자신이 이 일을 할 수 없다는 걸 보여 주고 있어요. 저는 락이 자신이나 다른 누군가에게 해를 입힐

까 봐, 특히 전투 중에 피해를 줄까 봐 걱정스러워요. 제가 락을 능력 밖의 일에 밀어 넣지 않은 건 다 락 덕분입니다. 만일 그가 나쁜 결정을 해서 누군가 다치거나 죽었다면 남은 인생을 죄책감 속에 살아야 했을 겁니다. 저는 양심상 그런 일이 일어나게 할 수 없습니다."

"자네 말이 맞아, 레이프. 그리고 자네가 그를 개선시키기 위해 최선을 다했다는 것도 알고 있어." 내가 확신을 갖고 말했다.

"저는 최선을 다했습니다, 기동대장님. 정말로요. 저희 모두 말입니다."

한동안 조용히 앉아서 가만히 생각해 보았다. 어려운 결정이었다. 가장 어려웠다. 네이비씰 팀에서 누군가를 해고한다는 것은 그의 심장을 찢어내고 꿈을 부수고 친구에게서 빼앗아 가고 커리어를 망치고 생계 수단을 빼앗는 것이었다. 가볍게 여길 일이 아니었다. 그러나 동시에 더 묵직한 부담 역시 존재했다. 다른 소대원들의 목숨 말이다. 자신의 일을 잘할 수 있고 잘 해낼 수 있다고 믿는 대원들의 목숨. 우리는 모두 서로의 뒤를 살펴볼 줄 알아야 했다. 그게 전부였다.

내 결정에 영향을 미친 또 다른 요인도 마찬가지로 중요했다. 그 요인은, 찰리 소대가 레이프의 소대라는 것이었다. 그는 리더였다. 나는 그의 판단을 믿어야 했다. 소대장으로서 가장 힘든 결정이었다. 물론 그는 훈련 중에 결정을 내렸고, 여전히 소대의 전반적인 기능을 지휘하고 있었다. 그러나 그 어떤 결정도 아끼는 대원이었던 락을 해고하는 것과 같은 파급력을 갖진 못했다. 그 결정은 락의 인생에 영원히 영향을 미칠 것이었다. 레이프는 오랫동안 생각하고 고민했다. 나도 마찬가지였다. 우리는 이분법 속에서 균형을 찾기 위해 최선을 다했다. 사실 우리는 락이 충실히 임하기를 바랐다. 락이 성공해서 네이비씰에서 훌륭한 커리어를 쌓길 바랐다. 그러나 또 한편으로 우리는 멋진 팀을 위해, 찰리 소대와 브루저 기동대, 그리고 우리의 임무를 위해 책임감을 가져야 했다. 대원들 모두가 자신의 임무를 수행하도록 이끌어야 했다. 하지만 락은 그렇게 할 수 없었다. 이제 우리는 옳은 일, 즉 어려운 일을 해야만 했다.

"좋아." 내가 입을 열었다. "락을 소대에서 내보내고 트라이던트 검토 위원회로 보내자."

이 일을 처리하기 위해 레이프와 토니가 락과의 미팅을 잡았다. 두 사람은 그에게 상황을 설명하고 왜 그런 결정을 내렸는지, 앞으로 무슨 일이 일어날지에 대해 알려 주었다. 이제 락은 트라이던트 검토 위원회의 결과를 기다려야 했다.

'트라이던트'는 미 해군 소속 특수 부대 네이비씰의 배지를 칭하는 말이다. 배지에는 큼직한 황금 독수리와 플린트락 피스톨(단발 권총), 닻, 그리고 삼지창이 합쳐져 있으며 그 배지를 군복에 매단다. 트라이던트 검토 위원회는 네이비씰 팀에서 가장 경험이 많은 부사관급 대원들로 구성되어 있다. 원사, 상사, 하사가 해당된다. 그들은 락의 경우를 검토한 후 네이비씰 대원으로 남겨 두고 훗날 소대에서 또 다른 기회를 얻게 할지 또는 트라이던트 배지를 회수하고 네이비씰이 아닌 미 해군 지상 함대 사령부로 보낼지를 결정할 것이었다. 위원회는 락의 경우를 살피면서 그의 안전 수칙 위반 사항들을 점검하고, 토니와 찰리 소대의 지도부 부사관들로부터 그의 수행 능력에 대한 증언을 취합했다. 결정은 명확했다. 위원회는 락의 트라이던트 배지를 회수하고 함대로 보내기로 결정했다. 락은 더 이상 네이비씰 대원이 아니었다. 더는 네이비씰 팀의 일부가 아니었다.

락은 그 결정을 달가워하지 않았다. 이제 더는 네이비씰 팀원이 아니라는 사실에 속상해하기는 해도 한편으로는 어느 정도 안도감을 내비쳤다. 해낼 수 없는 일을 어떻게든 해 보려고 애쓰면서 받았던 스트레스에서 벗어난 듯했다. 그는 좌절했지만 끝까지 긍정적인 자세를 유지했고 그 뒤 해군 부대에서 경쟁력 있는 경력을 쌓아 갔다.

지금도 눈앞에 생생하게 그려지는 거칠었던 라마디 전투를 치르면서 우리 브루저 기동대는 뛰어난 팀으로서 큰 성과를 냈다. 광범위한 훈련과 멘토링, 이전부터 이어져 내려온 지침이 이에 중요한 역할을 했다. 하지만 예외적으로 특출난 우리의 수행 능력은 저성과자를 내보내야 하는 어려운 결정을 하게 만들었다. 그렇다고 극단적으로 해고를 한 건 아니었다. 이 이분법의 반대편에는 탁월한 성과를 보인 신입 대원들도 있었다. 찰리 소대에 새로 들어온 대원 넷은 소대의 지도부와 숙련된 대원들의 멘토링 및 코칭, 특별한 노력 아래에서 성장해 나갔다. 락을 제외한 새로 들어온 대원들은 전부 부단히 노력했고 점점 실력이 향상되었다. 찰리 소대의 베테랑 대원들은 그들과 함께 일하고 훈련하면서 조언을 아끼지 않았고, 그들이 찰리 소대와 네이비씰 팀의 뛰어난 대원이 될 수 있도록 이끌었다. 그리고 이런 태도는, 즉 온 힘을 다해 하급 대원과 동료와 지도자를 돕는 태도는 찰리 소대와 브루저 기동대의 성공에 아주 주요한 요인이었다.

그러나 그런 태도를 취하면서 개개인의 능력을 개선시키려면 리더가 팀원을 위해 어느 정도까지 최선을 다해야 하는지 우리는 알아야 했다. 균형을 이루어야 했다. 안타깝게도 그 대원은 끝까지 부족한 모습을 보였고, 결국 우리는 그를 놓아주기로 했다.

기본 원칙

저성과자들은 대부분 해고할 필요가 없다. 그들을 이끌어 주면 된다. 하지만 저성과자를 개선시키기 위한 모든 도움과 노력이 실패로 돌아가면 리더는 그를 떠나보내야 하는 힘든 결정을 내려야 한다. 이것은 모든 리더들의 의무이자 책임이다.

리더는 팀원들의 결과에 책임을 진다. 어떤 리더든 팀원들이 최고의 수행 능력을 보이도록 이끄는 것을 목표로 삼는다. 팀원들 각 개인이 최대의 잠재력을 발휘하도록 독려하고 궁극적으로 팀 자체가 최대의 잠재력을 드러내게 해야 한다. 역으로 모든 인간에게는 한계가 있다는 사실을 리더는 잊지 말아야 한다. 팀원 전부가 특정한 업무에 다 맞을 수는 없는 법이다. 어떤 이들은 기술적인 업무에 잘 맞지 않고, 어떤 이들은 스트레스를 제대로 다루지 못하기도 한다. 협업에 능하지 않은 사람들도 있고, 새로운 아이디어나 문제 해결 방안을 제시하지 못하는, 창의성이 부족한 사람들도 있다. 그렇다고 그들이 전부 필요 없는 건 아니다. 그러니 리더는 각자의 강점을 최대한 발휘할 수 있는 업무에 팀원들을 배치해 십분 활용해야 한다. 다시 말해 리더는 모든 팀원의 잠재력을 극대화시키려는 노력을 게을리해선 안 된다.

가끔은 그 어떤 역할을 맡아도 일정 수준의 수행 능력을 보여 주지 못하는 팀원들이 있다. 리더가 개선을 위해 추가적으로 코칭하고 조언하고 멘토링을 해 주다가 지쳐 버리면, 그를 팀에서 빼내는 힘든 결정을 내리는 수밖에 없다. 이런 상황에서의 이분법은 일에 필요한 기술이 부족함에도 계속 옆에 두고 보살펴야 하느냐와, 팀 전체 및 업무에 부정적인 영향을 미치는 그를 해고하여 팀을 보호하느냐로 나뉜다. 리더는 모든 팀원에게 관심을 쏟으며 신뢰감을 주면서 동시에 팀 자체에도 충실히 주의를 기울여 팀원 전부와 임무 수행에 긍정적인 영향을 주어야 한다.

이 이분법에서 문제를 일으키는 한 가지는 극한의 오너십이라는 개념이다. 우리는 극한의 오너십을 '나쁜 팀은 없다, 나쁜 리더만 있을 뿐'이라고 표현했다. 리더가 이 좌우명을 갖고 있으면 대개 긍정적인 결과로 이어진다. 팀에 실력이 부족한 사람이 있는 경우 리더는 오너십을 갖고 그를 훈련하고 코칭하고 멘토링하며 확실하게 개선시킨다. 인적 투자는 보통 큰 이익을 가져온다. 인적 투자로 인해 실력이 부족한 팀원의 능력이 향상되면 그는 팀에 든든한 기여자가 된다.

하지만 실력이 부족한 팀원의 능력이 향상되지 않는 경우도 존재한다. 즉, 리더가 개선을 이루지 못할 때가 종종 있다. 간혹 일하는 데 필요한 필수적인 기술과 능력, 태도가 단순히 부족할 때도 있다. 그러면 리더는 오너십을 갖고 그 팀원에게 시간과 에너지, 돈을 꾸준히 투자해야 한다. 그럼에도 그 팀원의 능력이 여전히 제자리일 수도 있다. 리더가 그에게만 시간과 자원을 계속 투자하면, 다른 팀원들과 우선 사항들이 등한시되고 결국 팀이 분열되기 시작한다. 또한 다른 팀원들이 보기에 리더가 실력도 없는 사람에게 지속적으로 자원을 퍼붓고 있으니, 결국 팀원들은 리더의 판단에 의구심을 갖게 된다.

이때 리더는 팀원들에게 균형을 이루려는 노력을 보여 줘야 한다. 한 사람에게만 초점을 맞추지 말고 팀 전체의 수행 능력이 개인의 수행 능력을 뛰어넘는다는 것에 유념해야 한다. 저성과자를 훈련하고 코칭하는 데 들어간 여러 사람의 노력이 아무 소용이 없게 되면, 한 개인에게만 계속 투자할 것이 아니라 그를 놓아줄 필요가 있다. 이것은 리더가 해야 하는 것 중 가장 어려운 결정이지만 반드시 해야 하는 옳은 일이다.

우리는 종종 '직원을 해고시키는 적절한 타이밍이 언제인가?'라는 질문을 한다. 몇몇 리더들은 제대로 된 지도를 하지도 않고 능력을 얻을 충분한 기회도 주지 않고 선불리 방아쇠를 당겨 팀원을 해고한다. 반면 어떤 리더들은 저성과자가 잠재성을 보여 주지 못하고 결국 팀에게 부정적인 영향을 미친다는 사실을 알게 된 후에도 다른 사람이 그를 내보내 주기를 기다린다. 정답은 이렇다. 리더가 실력이 부족한 직원에게 할 수 있는 모든 노력을 기울였는데도 성과가 나타나지 않았을 때, 바로 그때가 그 직원을 보내 주어야 할 시점이다. 너무 빨리 해고하지는 않아야 하지만, 너무 오래 기다려서도 안 된다. 균형을 찾고 자신의 입장을 고수하라.

실전 비즈니스

"타워 2동 관리자는 일을 어떻게 하는지 모르는 것 같아요. 타워 1동보다 6일이나 뒤처졌어요." 프로젝트 매니저가 한창 건설 중인 두 개 동의 아파트 중 한 동을 맡고 있는 관리자를 언급하며 부사장과 내게 말했다.

"6일이나 뒤처졌다고?" 부사장이 물었다. "그러면 전부 계획에 어긋나지 않나?"

"당연히 그렇죠." 프로젝트 매니저가 대답했다. "저희 일은 작업을 한 번에 끝낼 수 있는 게 아니고 같은 작업을 여러 번 반복해야 하잖아요. 콘크리트 타설과 크레인을 움직여서 하는 일들 말입니다. 시간이 곧 돈이니까요!"

"흠, 문제가 있군." 부사장이 말했다. "이 프로젝트만 유일하게 일정에 어긋나고 있어."

"음…… 제가 최선을 다해 보겠습니다." 프로젝트 매니저가 말했다. "타워 2동은 어쨌거나 관리자가 일 처리를 제대로 못 하고 있어요."

나는 부사장을 보며 고개를 끄덕였다. 그도 내 생각과 같은 듯했다. 이 팀 전체는 일전에 극한의 오너십 과정의 강의를 들은 적이 있었다. 그런데도 프로젝트 매니저는 불평이나 하고 변명만 늘어놓았다. 그러나 부사장은 그렇지 않았다.

"타워 2동 관리가 제대로 되지 않는 게 누구 책임이라고 생각하지?" 부사장이 물었다.

그 즉시 프로젝트 매니저는 부사장 말이 무엇을 시사하는지 알아차리고는 표정을 일그러뜨리며 고개를 저었다.

"어떻게 제 잘못이라고 할 수 있나요?" 그가 의아해했다. "그 관리자가 타워 2동을 맡고 있잖아요. 제가 아니고요."

"음, 그러면 자네 월급이 얼마나 되지?" 부사장이 노골적으로–너무 갔다 싶을 정도로–물어보았다. 프로젝트 매니저가 답하지 않자 부사장이 한발 물러섰다.

"내 말은, 그러니까 자네는 프로젝트 매니저야. 타워 2동은 이 프로젝트의 한 부분이고. 타워 2동 관리자가 일을 제대로 못 하면 누가 그를 바로잡아야 하겠나?"

"제가 바로잡아 보겠습니다." 그가 나섰다. "그렇지만 말씀드린 대로 그 자는 제대로 알아듣지 못할 거예요. 준비는 다 마쳤습니다."

"아니. 자네가 준비하라는 게 아니라 법적인 조치를 마련해야 한다고." 부사장이 말했다.

"무슨 말씀인지 모르겠습니다." 그가 물었다.

"음, 상황을 한번 보시죠." 내가 그에게 제안했다. "매니저님은 이미 관리자와 면담을 하셨다고 했습니다. 그런데 효과가 없었어요. 그럼 이제 조금 더 직접적인 방법으로 관리자를 대해야겠죠. 관리자가 어디에서 실패를 했는지, 문제를 개선하려면 무엇을 해야 하는지 정확하게 전달하세요. 이번에 면담할 때는 다음부터 면담 기록을 남기겠다고 경고해야 합니다. 그런데도 고쳐지지 않으면 *정말로* 서면화해야죠. 관리자가 개선되지 않으면 회사는 어떤 조치를 취할 준비를 해야 합니다. 그러니까 그와 끝을 맺어야 한다는 말입니다. 그리고 모든 수치를 보면 알 수 있듯이 그는 결코 나아지지 않을 겁니다. 그러니 법적 대응 없이 그를 해고할 수 있는 상황을 준비해야 합니다."

"그가 나아지면 어떻게 하죠?" 프로젝트 매니저가 내 말에 걱정을 내비쳤다.

"나아지면 잘된 겁니다. 문제가 해결된 거니까요. 계속 앞으로 나가면 됩니다. 다른 요인이 없어요. 하지만 그가 나아지지 않는다면 준비하셔야 합니다."

"그의 문제점에 대한 서면 보고서를 작성하면 그의 태도가 더 나빠지지 않을까요?" 프로젝트 매니저가 물었다.

"그럴 수도 있죠. 그렇지만 지금 이 상황을 생각해 보세요." 내가 반박했다. "매니저님과 저는 일찍부터 문제에 대해 논의를 했습니다. 매니저님은 면담을 점차적으로 확대했고요. 친근한 대화로 시작했죠. 그러나 그 사람은 변하지 않았어요. 게다가 매니저님은 그에게 개선을 위해 어떤 도움이 필요한지도 물으셨죠. 그런데도 변하지 않았어요. 매니저님이 충분한 기회를 주었는데도 지금까지 전혀 개선되지 않았어요.

매니저님은 분명 그에게 과한 부담을 주지 않으려고 애썼고 부정적인 모습을 보이지 않으려고 노력했어요." 내가 계속했다. "간단히 말하자면 효과가 없었죠. 이제는 그의 잘못된 행동을 기록으로 남겨 서면으로 보고하겠다고 말할 단계입니다. 관리자가 스스로를 바꿀 수 있는 마지막 카드인 셈이죠. 그런데도 아무 변화가 없으면 면담을 더 할 게 아니라 그 이상의 일을 해야 합니다. 그에 관한 보고서를 작성하셔야 할 겁니다. 물론 이게 그를 도울 가능성도 있긴 해요. 자신의 행동이 얼마나 심각했는지, 지금 상황이 얼마나 심각한지 깨달을 수도 있을 테니까요. 저는 매니저님이 그의 결점을 분명하게 알려 주고 개선할 수 있도록 돕겠다고 말해야 한다고 생각합니다. 그러면서 관리자의 행동도 같이 변한다면 아주 좋죠. 그러나 변화가 없으면 그에 맞는 조치를 취할 준비를 해야 합니다. 공식 면담 기록이 서면으로 있으면 더 쉽게 끝을 맺을 수 있을 겁니다. 덧붙이자면 어떻게든 그를 도와주고 코칭하고 멘토링하면서 업무 수행 능력이 부족하다는 걸 분명히 알려 준 매니저님의 행동이 그를 개선하게 만들 수도 있고 근본적으로 이득이 될 수도 있어요."

나는 해고가 이토록 어려운 이유 중 하나는 저성과자를 이끌어 가기 위해 진심으로 모든 노력을 다하지 않았다는 리더의 인식 때문이라고 덧붙였다. 리더는 최선을 다하지 않으면, 즉 리더로서 훈련과 멘토링, 리드 등을 제대로 하지 않으면 죄책감에 빠진다. 당연히 그게 맞는 것이다.

"리더로서 할 수 있는 모든 일을 한다면, 관리자의 결점에 대한 피드백을 직접 전달하고 코칭과 멘토링을 해 주면서 스스로 변할 기회를 충분히 주었다면, 실력이 부족한 직원을 내보내는 일은 단순히 옳은 일이 아니라 유일하게 해야 할 일입니다. 더는 팀을 실망시킬 수 없을 테니까요. 이해하셨나요?"

"이해했습니다. 그런데 또 다른 해결되지 않은 문제가 있어요." 프로젝트 매니저가 말했다.

"어떤 문제인가?" 부사장이 끼어들었다.

"그의 대체자를 찾는 문제요. 복잡한 일이에요. 제가 말했듯이 온갖 문제가 다 발생하거든요." 프로젝트 매니저가 답했다. "관리자를 해고한 뒤에 제가 그 일을 정확하게 이해하는 사람을 데리고 올 수 있을까요?"

"누가 매니저님께 후임을 꼭 데리고 와야 한다고 했나요?" 내가 물었다. "지금 있는 직원 중에 한 사람을 그 자리에 올리면 안 됩니까?"

"올린다고요?" 프로젝트 매니저가 의아해했다.

"그렇게 하셔야죠. 매니저님은 이곳 전체를 맡고 계시잖아요. 사실은 두 군데를 맡고 계시죠. 그 직원들 가운데 관리자를 시킬 만한 사람이 없나요? 관리자 자리를 맡아서 팀을 이끌 사람이 없다고 생각하세요?"

"아마도요." 그가 열의를 잃은 채 대답했다.

그렇게 프로젝트 매니저는 트레일러로 돌아갔고, 부사장과 나는 그 작업장의 관리자들과 팀원들에 관해 이야기를 더 나누었다. 전반적으로 숙련된 작업자들이 두 개의 타워를 굳건하게 이끌어 가고 있었다. 사실 팀원들 대부분이 타워 두 동 사이를 왔다 갔다 하며 여러모로 살피며 일하고 있었다.

"두 타워는 기본적으로 동등합니다." 부사장이 내게 말했다.

"그렇군요. 그런데 한 동은 아주 잘하고 다른 한 동은 그렇지 않다는 게 놀랍지 않으신가요?" 나는 약간 비꼬듯 말했다. 여기에서 무슨 일이 벌어지는지 부사장과 나는 이제 정확히 알게 되었다.

"나쁜 팀은 없다, 나쁜 리더만 있을 뿐." 부사장이 《네이비씰 승리의 기술》에서 리더의 잘못으로 인해 팀이 언제 어떤 식으로 실패하게 되는지 설명하는 챕터를 인용했다. "타워 2동 관리자는 일을 제대로 진행시키지 않고 있어요. 그리고 프로젝트 매니저는 그 문제에 아무런 조치를 취하지 않을 거고요."

"솔직히 그건 잘못된 리더십입니다. 그렇지 않은가요?" 내가 물었다.

"그렇긴 합니다만……." 부사장이 내 말의 진의를 정확히 이해하며 말끝을 흐렸다. 그가 흠칫하더니 알겠다는 듯한 눈빛을 보냈다. 나는 그저 고개만 끄덕였다.

"나한테 달렸군요." 부사장이 말했다.

"리더이시니까요." 내가 답했다.

그가 자리에서 일어나 한동안 공사장 쪽을 바라봤다. 그러더니 고개를 돌리고 이렇게 말했다. "알겠습니다."

"무엇을 아셨습니까?"

"알겠어요. 당신이 조금 전 프로젝트 매니저에게 한 말이 나에게 한 말일 수도 있다는 거 말입니다. 타워 2동의 관리자가 일을 하지 않고 있는데 프로젝트 매니저 역시 두 손을 놓고 있어요. 그건 사실 내 잘못입니다……. 내가 나서서 고쳐야 합니다."

"그게 바로 극한의 오너십입니다."

부사장은 잠시 아무 말도 하지 않았다. 그러더니 이내 입을 열었다. "좋아요. 알겠습니다. 그런데 여기에 문제가 있어요. 타워 2동의 관리자는 좋은 사람이에요. 그는 전에 우리와 다른 작업을 한 적이 있는데 꽤 잘했습니다. 그리고 프로젝트 매니저 역시 잘 해낼 수 있는 사람이지요. 타워 1동을 보면 알 수 있죠. 내가 나서서 그쪽 작업자들을 좀 살펴봐야겠군요."

"그럼요. 그런데 프로젝트 매니저는 해낼 수 있었는데도 하지 않았어요." 내가 말했다. "부사장님은 프로젝트가 뒤처졌는데도 정말 1동 작업자들만 살피실 건가요? 그냥 실패하게 두실 건가요? 이건 리더십의 이분법 중 하나입니다. 리더는 저성과자들의 실력이 향상될 때까지 코칭하고 멘토링하며 신경을 써 주는 시기와, 그들이 팀에게 피해를 주어서 해고해야 할 시기 사이에서 균형을 이루어야 하지요. 물론 부사장님이 그들에게 코칭과 멘토링으로 도움을 주려고 하면 그들과의 관계가 더욱 단단해질 겁니다. 신뢰를 형성하게 될 것이고요. 하지만 리더가 한 직원에게만 너무 많은 시간을 할애하면 그건 다른 직원을 등한시한다는 의미가 될 수 있습니다. 그리고 팀원이 업무를 효율적으로 수행하지 못하면 업무 전반에 영향을 미칠 거고요. 제 생각엔 부사장님이 지금 그런 상황에 처한 듯합니다. 프로젝트 매니저가 관리자와 일을 처리하도록 두고 있지만 그건 제대로 된 조치가 아닙니다. 업무 전체를 고통스럽게 하는 겁니다. 부사장님이 직접 들어가서 바로잡아야 합니다."

"그렇게 해야겠네요." 부사장이 동의했다. "꼭 그렇게 할 겁니다."

그는 프로젝트 매니저와 단둘이 있을 시간을 내 달라고 부탁했다. 나는 공사장으로 가서 작업자들 몇몇과 이야기를 나누었고, 리더의 리더십이 작업자들과 어떤 식으로 상호 작용이 되어야 하는지 더 자세히 배웠다. 한 시간 후 부사장이 지금 트레일러에 있다며 프로젝트 매니저와의 대화를 들려주고 싶다는 문자를 보냈고, 나는 트레일러로 향했다.

"생각보다 쉽더군요." 부사장이 말했다.

"잘됐군요. 뭐라고 말씀하셨습니까?"

"먼저 내가 매니저를 아낀다는 말을 했고 매니저에게 능력 있는 사람이라고 했어요. 그런 다음에는 그가 지금 실패하고 있다고 했죠. 나도 실패하고 있다는 뜻이라는 말도 덧붙였고요. 뭔가 잘못되고 있으면 그 상황에 대해 오너십을 가지고 바로잡으려 했어야 한다는 설명도 했어요."

"그랬더니 뭐라고 하던가요?" 나는 프로젝트 매니저가 한발 물러서 방어적으로 나오면서 자기에게 맡겨 달라고 요청했을 거라고 예상했다.

"놀랍게도 크게 개의치 않아 하더군요."

"정말입니까?" 내가 놀라서 물었다.

"어려운 결정을 하는 데 있어서 도움이 좀 필요해 보였어요." 부사장이 말했다. "매니저도 그걸 아는 것 같더군요. 그래서 매니저에게 타워 2동의 관리자와 면담을 하고 빈틈없이 기록하라고 전했습니다. 면담 기록이 매니저의 가장 큰 걱정거리였어요. 그는 타워 2동 작업자 중 누구도 관리자 자리에 올릴 수가 없다고 생각해요. 그래서 타워 1동 작업자들을 살펴보라고 제안했습니다. 타워 1동과 2동 작업자들은 동일한 업무 정보를 갖고 있어요. 게다가 타워 1동 작업자들은 지난 6개월간 좋은 리더 아래에 있었다는 이점도 가졌죠. 그들은 무슨 일을 해야 할지 알고 있고 제대로 된 임무 수행 방법을 이미 경험했습니다. 매니저도 그 제안에 반색했어요. 즉시 관리자 역할을 소화할 만한 몇몇 작업자 이름을 대더군요. 이런 식으로 처리하면 꽤 잘 해결될 것 같아요."

"좋습니다. 그래도 대화가 잘 이루어졌네요. 자, 이제 어려운 일이 남았습니다. 실행에 옮기는 것이죠. 프로젝트 매니저는 관리자와 어려운 면담을 해야 합니다. 껄끄러운 대화죠. 그 대화가 잘 진행되지 않으면 매니저는 관리자의 손을 놓아야 할 겁니다. 코칭해 주고 도와주려 했던 사람을 해고하는 건 냉정한 일이죠. 그러나 안타깝게도 리더라면 이 이분법을 잘 다뤄야 합니다." 내가 부사장에게 말했다.

몇 주간 나는 작업장에 가지 않았지만 정기적으로 부사장으로부터 새로운 소식을 들었다. 부사장과 프로젝트 매니저는 그 계획을 실행했다. 프로젝트 매니저는 타워 2동 관리자의 문제 행동에 관한 서면 보고를 올렸고, 부사장과 함께 이야기를 나누며 타워 1동 작업자들 중에 타워 2동 관리자로 승진시킬 만한 후보자를 찾는 작업을 했다. 3주 뒤 세 번의 면담 기록 기간이 지나고 난 후에도 타워 2동의 관리자는 개선을 보이지 않았다. 결국 프로젝트 매니저는 그를 내보내고 말았다. 그 자리에 새로운 관리자를 앉히고 그에 걸맞은 새로운 리더십을 지니도록 강력히 추진했다. 타워 1동의 관리자는 새로 들어온 타워 2동 관리자와 관계를 돈독히 하고자 2동 관리자가 자리를 잡고 1동을 수월하게 따라잡을 수 있도록 인력과 사원을 지원해 주며 열심히 노력했다. 이는 '엄호 이동하라'는 교전 수칙의 훌륭한 사례이다. 타워 1동이 2동보다 앞서서 작업을 마무리 지었지만 프로젝트 매니저는 실력이 부족한 관리자를 계속 코칭하는 것과, 그를 내보내고 좋은 리더십을 갖춘 새로운 대체자를 찾는 시기를 결정하면서 적절한 균형을 이루었고 덕분에 타워 2동의 수행 능력은 급진적으로 개선되었다.

PART 2.

임무에서의 균형

브루저 기동대 소속 찰리 소대와 델타 소대의 연합 대원들이 아래쪽 길에 있는 네이비씰 동료들과 이라크 병사들, 레드 커래히 기동대(미군 101 공수사단 506 낙하산 보병연대 1대대 소속)의 육군 병사들을 위해 옥상에서 엄호 사격을 하고 있다. 라마디의 빽빽한 건물과 비좁은 도로로 이루어진 이 도심은 전투를 하기 어려운 지형이었다. 이라크 파견 전에 도심 환경에서 광범위한 훈련에 도전적으로 임한 것은 브루저 기동대의 성공에 주요한 역할을 했다. 또한 라마디에서 얻은 교훈은 훈련을 통해 미래의 네이비씰 대원들에게도 전해졌다.

(사진 제공: 토드 피트맨)

Chapter 5.

힘들지만 영리하게 훈련하라

레이프 바빈

2009년, 험난한 지역

"빅 월트가 전사했다." 소대 내 무전망에서 들리는 소리였다. 소대의 모든 대원들은 자신이 지니고 있는 헤드셋과 라디오로 그 소식을 듣고 있었다. 폭탄이 터져 고막이 찢어질 듯한 굉음이 일고 사방에서 총알이 날아들었다. 길고 긴 총격전의 소용돌이 속에서 전우를 잃었다는 소식은 다른 소대원들을 충격에 빠뜨렸다. 그들은 험난한 도시의 한가운데 지독하게 포악한 지역에서 적의 총격에 꼼짝없이 갇혀 있었다. 험비 무리 중 한 대가 타격을 받아 움직이지도 못한 채 도로 위에 속절없이 서 있었다. 그리고 대원들이 존경하는 소대장 '빅 월트'가 방금 전사했다. 대원들은 핵심 지휘관이었던 그의 단호한 지시를 믿고 따랐으며 그는 치열한 총격전에서도 그들을 결집시켰었다. 이제 그들은 누구에게 의지해야 하는가?

지휘 체계에 따르면 선임 하사가 그다음 지휘권자였다. 그는 자신이 나서서 이끌어야 한다는 걸 알고 있었다. 그러나 선임 하사는 어리둥절해서 어쩔 줄 몰라 하는 표정을 내비쳤다. 분열된 여러 가지 요소들을 다시 제자리로 돌려놓고 남은 대원들을 격려해야 하는 선임 하사가 자신감을 보이지 않고 있었다. 다른 사격수들이 포악하게 날아드는 총격 세례에 몸을 피하며 있는 힘을 다해 화력 공격을 재개했다. 그들은 선임 하사의 지시를 기다렸다. 다음 행동은 무엇일까? 병력 통합? 공격? 후퇴? 그러나 다음 지시는 내려오지 않았다.

"모두들 어디에 있는가?!" 적의 탄환이 선임 하사의 얼굴 바로 옆 벽을 때렸을 때 그가 무전기에 대고 소리쳤다. 답이 없었다. 대원들이 답을 할 수 있었을까? 대원들은 어느 도시의 마을 전체에 골고루 퍼져 있는 건물들에 뿔뿔이 흩어진 상태였기에 눈앞에 놓인 급한 임무에만 몰두하고 있었다. 화력 공격을 재개하고 사상자를 처리하고 끔찍한 현재 상황을 파악하느라 정신이 없었다. 대원들 대부분은 시끄러운 소음 때문에 헤드셋으로 들려오는 선임 하사의 말을 듣지 못했다. 게다가 별 특징 없는 그 마을에서 무전기로 정확한 위치를 묘사하는 건 어려운 일이었다. "벽 위에 있다"나 "집 뒤편에 있다" 또는 "어떤 블록의 절반쯤 내려간 마을에 있다" 같은 대답으로는 정확한 위치와 다음 작전 행동을 명확하게 제공할 수 없었다. 오히려 무전망을 복잡하게 만들어서 중요한 명령이 전달되지 못하게 할 뿐이었다.

선임 하사와 아주 가까운 공간에 있는 대원은 손에 꼽히는 정도였다. 나머지 대원들이 어디에 있는지는 선임 하사도 몰랐다. 적의 화력이 온 사방에서 쏟아지는 중이었다. 사격수 몇 명만이 창가와 문간에서 대응 사격을 벌이는 중이었다. 그들은 그곳에 갇혔기 때문에 도로 사이사이의 건물과 콘크리트 벽 뒤로 흩어져 숨어 있는 나머지 소대원들을 찾아낼 수 없었다. 사실 대원들은 몇 킬로미터도 떨어지지 않은 곳에 위치해 있었지만 위치가 파악되지 않았기 때문에 훨씬 멀리 떨어져 있는 것처럼 느껴졌다.

쿵! 쿵! 쿵!

건물 바로 앞길에서 폭탄이 터졌다. 기관총 사격이 벽에서 메아리쳤다. 선임 하사는 난처함을 감추지 못했다. 그를 포함한 대원들은 쪼그리고 앉아 누군가, 아니 누구라도 앞으로 나서서 명령을 내리길 기다렸다.

"지금 뭐 하시는 겁니까?" 한 대원이 외쳤다. 다른 대원도 소리쳤다. "당장 여기서 나가야 합니다!"

아수라장이 따로 없었다. 반군이 도시의 한 지역을 둘러싸며 빠르게 모여들어 네이비씰 대원들의 위치에 가까워졌다. 상황이 더욱 악화되었다. 적이 네이비씰 대원들을 포위하는 작전 행동을 하는데도 소대원들 중 움직이는 사람이 없었다. 그 누구도 명령을 내리지 않았다. 오너십을 가지고 현 상황을 해결하며 방안을 모색하려는 사람이 아무도 없었다. 선임 하사가 공연히 자기 주변의 대원들 인원수를 세느라 미친 듯이 뛰어다니는 동안 다른 대원들은 그저 기다리기만 했다.

그러는 사이 또 다른 대원이 적의 총에 맞았다. 그리고 또 다른 대원도.

전사했다.

그들은 이미 빅 월트를 잃은 상황이었다. 기존 지휘관의 리더십이 없어지자 그들은 한없이 무능해졌고 끔찍한 상황에서 빠져나오지 못했다. 시간이 흐를수록 사상자는 더 늘어갔다. 그런데도 선임 하사는 명령을 내리지 않았다. 그 밖의 다른 대원들도 마찬가지였다.

전투 시 긴급 의료 상황에 대해 잘 훈련받은 의무병이 가장 가까이에 있는 사고 지역으로 투입되었으나 이미 사상자가 너무 많아서 동시 처리가 불가능했다. 하는 수 없이 생존 가능성이 있는 동료들만 추려 냈다.

사상자 수는 서서히 증가했고 혼란은 더욱 가중되었다. 더군다나 소대원들의 불만이 끓어오르기 시작했다. 그러는 사이 적은 사방에서 점점 더 가까이 모여들고 있었다.

"누군가는 명령을 내려 주셔야 합니다!" 어느 젊은 대원이 불만을 터뜨렸다.

누군가는 명령을 내려 달라.

가만히 보고 있자니 정말 눈물겨웠다. 객관적인 관찰자였던 내 눈에는 상황이 어떻게 돌아가야 하는지 정확히 보였다. 소대원 중 누군가, 아니 누구라도 앞장서서 이끌어야 했다. 중심 위치로 병력을 모으고 인원수를 확실히 파악한 다음 모두를 한 방향으로 움직이게 해야 했다. 총알이 휘몰이치는 상황 속에서 훈련 시나리오에 몰두하고 있는 대원들에게는 적합한 탈출구를 찾기가 훨씬 더 어려웠다. 아무런 작전 행동 없이 그 자리에 그대로 있는 것은 최악의 행동이었다.

다행히 이번 훈련 시나리오에서의 반군은 진짜가 아니었다. 그들은 반군 역할을 맡은 네이비씰 교관들과 민간인 자원 봉사자들이었다. 사방을 날아다니던 탄환은 페인트볼*용 총알이었다. 총에 맞는다 해도 치명적인 부상을 입지 않았다. 그리고 훈련에 사용된 폭탄은 진짜 RPG-7 로켓포가 아니었지만, 수류탄 모의 실험 장치는 펑 하며 엄청난 굉음을 냈다. 물

* 페인트볼: 서로에게 페인트가 든 탄환을 쏘는 게임이다. -옮긴이

론 피부를 찢고 뼈를 관통하는 위험한 파편을 만들어 내지는 않았다. 그 '험난한 지역'은 콘크리트 블록으로 둘러싸인 마을이고, 벽과 도로, 창문이 달린 여러 층의 건물과 계단, 출입구를 만들어서 네이비씰 소대가 이라크나 다른 곳에서 직면하게 될 도시 환경과 비슷하게 구현해 놓은 곳이었다. 우리는 이곳을 MOUT* 마을이라고 불렀다. 이는 훈련을 위한 장소로, 전투하기 가장 복잡하고 까다로운 시가지 전투의 어려움과 혼란을 담아냈으며 현실적인 훈련 시나리오로 짜여졌다. 실제 전투가 아니고 전투의 치열함을 알려 주기 위한 준비 과정이지만 그곳에서 배우는 교훈은 진짜였다. 이 대혼란 속에서 소대 관리 방법과 앞으로 나아가야 할 방향을 배우면 실제 전투지에서 목숨을 지킬 수 있을 것이고 임무를 성공시킬 가능성 역시 훨씬 높아지게 된다.

전투지 파견을 준비하기 위한 네이비씰의 훈련 과정은 그 난이도와 우수한 성과 모두 전설적으로 알려져 있다. 7개월간 이어지는 BUD/S(수중폭파 훈련)는 훈련 초반의 심사 과정으로, 전투지에 출동할 네이비씰 대원으로서 반드시 필요한 자질을 지니지 않은 훈련병은 제외되도록 설계됐으며 전투지 파견 준비를 위한 훈련과는 다르다. 네이비씰 대원들이 기동대 단위로 준비하는 훈련은 유닛 레벨 트레이닝(소부대 단위 훈련)이라고 불리는데, 이는 대원들이 전투에서 성공하기 위한 굳건한 책임감을 갖고 매우 도전적인 임무를 수행하는 훈련이다. 네이비씰 소대와 기동대는 하나의 팀으로 협력해 여러 전투를 이겨 내면서 다양한 전투 환경에서 임무를 이뤄 내기 위한 훈련을 받는다. 조코는 실제 전투지에서 한 팀의 모든 지

* MOUT: Military Operations, Urban Terrain의 약자로 도시의 군사 작전 훈련을 받는 곳이다. -옮긴이

휘 단계별 리더십이 가장 중요하다는 사실을 경험한 뒤 리더십 개발에 특별히 초점을 맞추었다. 훈련의 목표는 팀 내 모든 지휘 단계의 리더들을, 즉 네이비씰 제4팀의 화력 지원팀 리더, 제8팀의 분대장, 제16팀의 소대장과 분대장 그리고 기동대장을 엄격하게 테스트하는 것이었다. 그 훈련은 조코가 기존 트라뎃(TRADET)을 통솔할 때보다 더 낫지도 더 까다롭지도 않았다. 훈련 시나리오는 전투지에 대혼란과 아수라장을 조성한 뒤 리더들이 자신과 하급 지도자들에게 옳은 의사 결정을 내리도록 하는, 다시 말해 지휘관들에게 상당한 압박을 가하도록 고안되었다. 리더들은 그런 상황에서 신중해질 수밖에 없었다. 전투지의 모든 리더는 신중하거나 신중해져야 했다. 훈련에 겸손한 자세로 임하는 것이 목숨을 잃을 수도 있는 전투지에서 겸손한 자세를 갖는 것보다 쉽다는 걸 우리는 알고 있었다. 모든 요소들이 얼마나 손쉽게 통제를 벗어나는지, 적이 얼마나 빨리 우위를 차지해 우리를 조종하는지, 의사소통 체계가 어떻게 한순간에 무너지는지, 아군 간 교전이 얼마나 쉽게 벌어지는지 그리고 총격전의 혼란 속에서 인원수 파악을 잊은 채 대원들을 전투지에 남겨 두고 오는 일이 얼마나 자주 벌어지는지를 리더들이 파악하게 하는 것은 매우 중요했다. 만약 리더들이 이런 것들을 훈련 중에 배우고 이해한다면, 실제 전투에서 이와 같은 일이 벌어지는 걸 방지할 준비를 마친 셈이었다. 훈련 파견대 트라뎃에서 조코의 신조는 '힘든 훈련은 언제나 트레이너와 리더들의 엄숙한 의무이다'였다.

2년 동안 나는 BUD/S(수중 폭파 훈련)를 수료한 모든 신입 장교들을 위한 기초 리더십 훈련 프로그램을 운영했고, 곧 네이비씰 장교가 되어 분대장을 맡을 대원들에게 같은 가르침을 전했다. 그러고 난 뒤 작전 장교로 있었던 네이비씰 팀으로 다시 돌아갔다. 그곳에서 주요한 역할을 수행하는 것 이외의 핵심 업무는-여느 리더들과 마찬가지로-대원들을 훈련시키고 멘토링하고 팀의 작전 리더들에게 교훈을 전달하는 것이었다. 그들은 곧 전 세계의 전투 지역으로 파견될 기동대 및 소대의 지휘관이 될 대원들이었다.

우리 팀이 파견 준비를 위한 유닛 레벨 트레이닝(소부대 단위 훈련)을 몇 달간 지속하는 중에 나는 훈련장을 방문했고, 조코 옆에 서서 우리 기동대와 소대 지도부들이 야외 기동 훈련(FTX)을 받는 모습을 관찰했다. 몇 주 동안 이어진 훈련의 후반부였고 본격적으로 임무 제시와 계획, 실행이 결합된 시나리오였는데 대개 헬리콥터와 탱크, 장갑차 같은 장비가 지원되었으며 대원들은 반군 역할을 맡은 사람들을 상대했다. 야외 기동 훈련은 도전적이었고, 모의 전시 상황에서 리더십을 시험해 보기 위해 고안되었다. 조코와 나는 네이비씰의 리더급 대원들을 평가하면서 그들이 전투지에서 더 나은 리더의 자질을 갖출 수 있도록 피드백과 지침을 주고 멘토링도 해 주었다.

조코와 나는 MOUT 훈련장으로 가서 야외 기동 훈련 중 시가지 전투 훈련을 받고 있는 우리 기동대 소속 두 개의 소대 중 한 소대를 관찰했다. 마지막 이틀 동안 그들의 훈련을 지켜보았다. 기동대 지도부 중에서도 우수한 리더십을 지닌 사람은 의심의 여지없이 소대장 빅 월트였다. 그는 매우 노련했으며 타고난 리더였다. 압박이 얼마나 심하든 상관없이 위축되지 않았고 확고한 모습을 보여 주었다. 모든 훈련 시나리오에서 그는 앞으로 나아갔으며 잘 대처했다. 그의 소대는 대체로 그의 지도력을 바탕으로 이루어졌던 이전의 훈련 시나리오들에서 뛰어난 성과를 보였다. 나머지 소대원들은 물론이고 심지어 같은 기동대의 다른 소대원들까지도 빅 월트에게 굉장히 의지했고 그가 결정을 내리기를 기다렸다. 그런 효율적인 리더는 대단한 성과를 가져다주기는 하지만 팀의 수행 능력이 오로지 한 리더에게만 의존하고 있어 오히려 심각한 약점이 될 수도 있었다. 리더가 부상을 당하거나 사망하는 경우 또는 곧장 나타나서 명령을 내리지 않는 경우에는 나머지 대원들이 두 손 놓고 앉아 앞으로 나아가지 않기 때문에 팀의 수행 능력이 악화될 수밖에 없었다.

조코는 이 문제를 다룰 유일한 방법을 알고 있었다. "빅 월트가 너무 독보적이군." 그가 말했다. "빅 월트를 훈련에서 빠지게 하고 다른 대원들이 어떻게 지휘권을 쥐는지 볼 필요가 있겠어."

"동의합니다." 내가 말했다. "저도 같은 생각을 하고 있었습니다."

늘 그랬듯 조코와 나는 같은 곳을 보고 있었다. 그가 훈련 교관에게 다음 야외 기동 훈련에서 빅 월트를 빠지게 하라고, 다시 말해 그를 모의 훈련 중 사망하게 하라고 지시했다.

다음 야외 기동 훈련의 시나리오는 네이비씰 소대가 콘크리트 블록으로 구성된 MOUT 마을로 들어가 테러리스트 수장 역할을 맡은 연기자를 생포하거나 사살하는 임무였다. 우리는 그들이 작전 계획을 세우고 명령을 내린 다음 팀에게 임무를 보고하는 모습을 관찰했다. 마침내 작전이 시작되었다. 조코와 나는 지도부를 그림자처럼 따라다니며 자세히 지켜보았다.

시가지 전투를 현실감 있게 모방하기 위해 트라뎃의 교관들이 도로에서 타이어를 불에 태우고 가상 수류탄 장치를 터뜨렸다. 자욱한 연기와 폭발음이 긴장감을 높였다. 반군일 수도 있고 아닐 수도 있는, 무기를 지니지 않은 민간인이자 반군 역할을 맡은 연기자들이 대원들을 방해했다. 그들은 소대의 작전을 지연시키기 위해 정찰 중인 대원들에게 다가갔다. 그러자 훈련 교관이 연기자들에게 공격 지시를 내렸다. 곧 반군 연기자들이 페인트볼과 시뮤니션(Simunition)*을 소대 쪽으로 발사하기 시작했다. 혼란이 가중되는데도 불구하고 빅 월트는 모든 걸 통제했다. 그는 바위처럼 견고했다.

이제는 나머지 대원들이 빅 월트에게 절대적으로 의존하는 것을 멈추고 스스로 명령을 내릴 때였다. 리더십을 배우려면 안전한 지역을 벗어나 심한 압박이 느껴지는 힘든 상황에서 팀을 이끄는 도전에 맞서야 했다. 우리가 입버릇처럼 말하듯이 말이다. *안전한 지역에서는 성장할 수 없다.*

빅 월트에게는 안됐지만 그가 죽어야 할 때가 다가왔다. 소대가 느끼는 전투지의 압박과 강도가 점점 높아지자 빅 월트가 도로로 나와 팀을 지휘했다. 훈련 교관이 그에게 달려가서 말했다. "소대장은 전사했다."

빅 월트는 믿을 수 없다는 표정을 지었다. 그는 달가워하지 않았다. 몇 마디 욕설을 내뱉고는 마지못해 바닥에 주저앉았다. 하지만 그는 자신을 주체하지 못했다. 끊임없이 주변에 사수들을 모아 지휘하려 했다.

"사망이다. 이번 시나리오에서 빠진다. 말을 해선 안 된다." 훈련 교관이 단호하게 주장했다.

빅 월트는 하는 수 없이 그의 말을 따랐다. 대원 둘이 그를 들어 올려 험비 뒤편에 실었다. 험비는 교관들이 손을 써놨기에 움직이지 않았고 작

---

* 시뮤니션(Simunition): 해를 입히지 않는 탄약으로, 실제와 유사한 훈련을 위해 사용된다. 실제 무기 시스템의 변형된 통을 통해 발사되며 페인트 탄환으로 구성되어 있다.

동 불가능이라는 표시와 함께 길가에 고립되어 있었다. 소대원 둘은 몸을 숨기기 위해 근처의 건물로 이동했다.

그때가 소대의 무전기에서 "빅 월트가 전사했다"라는 무전이 왔을 때였다.

믿었던 소대장이 시야에서 사라지자 나머지 대원들은 무너졌다. 그 누구도 앞으로 나서지 않았고 그 누구도 대원들을 단결시키거나 명령을 내리지 않았다. 선임 하사는 자신이 지휘권을 잡아야 한다는 걸 알았지만 아무런 대처도 하지 않았다. 그러는 사이 반군 역할을 맡은 연기자들은 계속해서 작전 행동을 펼치며 네이비씰 대원 여럿을 겨냥하고 총을 쐈다. 대원들은 가상 사상자가 되었다.

십여 분이 지난 뒤 조코와 나는 물론이고 다른 훈련 조교들도 분명히 알게 되었다. 빅 월트가 없으니 소대원들이 훈련 자체가 불가능할 정도로 상황에 매우 압도되어 있다는 것을. 그래서 도전적이고 힘든 훈련이 중요한 것이다. 얼마나 어려운지는 문제가 되지 않는다. 실제 전투는 두말할 것도 없이 너 어려울 테니까. 훈련에서 실제 전투의 험난한 상황을 시뮬레이션하면서 의사 결정자에게 실제 전투와 같은 압박을 가하는 것은 쉽지 않은 일이다. 한편 우리는 훈련에서 균형을 이루는 것 역시 실제와 마찬가지로 매우 중요하다는 걸 깨달았다.

만일 훈련이 너무 쉬워서 참가자들이 능력을 최대한 발휘하지 못한다면, 그들의 실력은 향상되지 않을 것이다. 하지만 참가자들이 더 이상 손을 쓸 수 없을 정도로 훈련이 팀을 압박하면, 특히 리더를 불편하게 하면, 참가자들의 사기가 파괴되고 성장이 억압받고 패배주의적 태도가 주입될 수 있다. 그래서 너무 심한 압박은 금물이다.

이에 따라 우리는 빅 월트를 시나리오에 재투입해야 한다고 생각했다. 조코와 나는 논의를 한 뒤 다시 한번 서로에게 동의했다. 빅 월트는 부활해야 했다.

"빅 월트." 조코가 시끄러운 총격 소리와 폭발음 너머로 소리쳤다. "자네 부활하게."

"네?" 빅 월트가 험비 뒤편에서 외쳤다. 그는 그곳에 앉아 있었다. 그는 자기 팀이 꼼짝없이 갇혀 있는데 아무런 도움도 줄 수 없다는 사실에 화가 난 것 같았다.

"부활하라고." 조코가 반복했다. "다시 시나리오로 들어가."

잿더미에서 불사조가 튀어나오듯 빅 월트가 벌떡 일어나 험비 뒤에서 나왔다. 그는 총구로 하늘 위를 가리키며 간단명료하게 명령을 내렸다.

"모두 이 건물로 집결!" 그가 인근의 콘크리트 건물을 가리키며 외쳤다. "당장 내 위치로 돌아온다!"

아까 선임 하사는 무전기를 사용하려 했지만 그는 사용하지 않았다. 간단하게 구두 명령을 내려서 목소리가 닿는 곳에 위치한 대원들이 그의 명령을 듣고 곧장 이해하도록 했다.

몇 초 뒤 소대가 움직이기 시작했다. 빅 월트가 보이지 않는 대원들도 그의 목소리는 들을 수 있었고, 이내 그 방향으로 이동했다. 그들은 다른 대원들에게 구두로 명령을 전달했다. 몇 초가 지나기도 전에 소대 전체가 한 건물로 집결했다. 우선 안전이 확보된 건물에서 빅 월트는 안전장치 재정비를 명령하고 인원수 확인차 대원들이 서둘러 번호를 외치게 했다. 금세 번호가 돌았고 모든 대원이 한곳에 있음이 확인되었다. 그 뒤 빅 월트가 건물에서 나간다는 명령을 내리자 모두 함께 작동 가능한 험비에 올라탔다. 그렇게 그들은 아무런 피해를 입지 않은 채 도시를 벗어나 모의 기지로 돌아갔다. 빅 월트의 리더십과 명확한 지시로 이 모든 일이 가능했다. 그것도 수월하게 말이다.

일단 기지로 돌아오고 나면 훈련의 가장 중요한 부분을 해야 할 차례였다. 작전 수행 보고가 기다리고 있었다. 소대와 기동대의 지도부들은 앞으로 나와서 무엇이 적절했고 잘못됐는지, 어떻게 더 잘할 수 있는지를 분석했다. 네이비씰 훈련 교관들이 날카로운 비평을 늘어놓았다. 조코는 리더들에게 전달 사항을 전했고 나도 나의 생각을 전했다.

우리가 배워야 할 교훈은 언제나 존재했다. 최고의 기동대와 소대는 극한의 오너십에 관한 교훈을 포용하며 문제를 인식하고 해결 방안을 찾아냈다. 그들은 지속적으로 성장했다. 반면 최악의 팀은 비평을 받아들이지 않고 훈련이 얼마나 힘들었는지에 대한 불평만 늘어놓았다.

야외 기동 훈련 시나리오에서 얻은 가장 큰 교훈은 선임 하사에 관한 것이었다. 그는 꼼짝 못 하고 주저앉아 불가능한 상황이라 판단하고 팀이 움직일 수 없게 만들었다. 그러나 빅 월트는 즉각 구두 명령을 내려서 팀을 이동하도록 이끌었다. 선임 하사는 이제 그런 상황에서 자신이 무엇을 해야 하는지 깨달았다. 실패는 종종 최고의 선생님이 된다. 그는 이 경험을 통해 확실하게 배웠고 앞으로 더 잘하기로 결심했다. 우리는 이런 교훈을 분명히 알려 주기 위해 빅 월트를 다시 부활시켰다. 다시 살아난 빅 월트는 모범을 보였고, 아주 끔찍한 상황에서도 좋은 리더십이 무엇을 성취하는지 분명하게 증명했다. 이 교훈은 소대의 선임 하사와 다른 하급 지도자들에게도 잊히지 않을 것이다.

라마디의 전투지에서 배운 모든 교훈 중 가장 가치 있는 교훈은 이것이었다. -*리더십은 전쟁터에서 매우 중요한 요소이다.* 리더십, 즉 모든 지휘 단계의 리더십은 팀을 성공으로 이끄느냐 실패로 이끄느냐가 달린 아주 중대한 요인이다. 나는 이것을 지독히도 끔찍한 현실에서 여러 번 목격했다. 리더가 앞으로 나서서 책임을 질 때, 팀에 초점을 맞추고 함께 움직일 때, 그 결과는 굉장했다. 훈련 시나리오는 앞으로 나아가 명령을 내리는 딱 한 사람의 존재와 부재가 승리와 실패의 차이를 어떤 식으로 보여 주는지 다시 한번 증명했다. 우리가 빅 월트를 '사망' 상태로 두고 계속 시나리오에 투입하지 않았다면, 그 기동대는 반군 역할을 맡은 연기자들에 의해 완전히 무너졌을 것이다. 그들은 전쟁터로 나가 리더십의 중요성을 겪어 보지 못했을 수도 있다. 너무 상황이 나빠졌을 당시에는 자신들을 구할 길이 아예 없다고 생각했을 수도 있다. 그러나 그건 잘못된 것이었다. 훈련 시나리오가 어렵게 구성되기를 바랐던 만큼 대원들 또한 제대로 교육을 받아야 했다. 이번 훈련을 통해 네이비씰 기동대와 소대원들이 확고한 리더의 결정적인 명령이 혼란스러운 상황에서 어떻게 빛을 발했으며 이것이 얼마나 큰 차이를 만들었는지를 개별적으로 목격했다는 점이 중요했다. 많은 하급 지도자들은 그 경험으로 리더를 본받아 팀을 이끌 것이다. 훈련의 핵심은 이러한 근본적인 진리를 입증하고, 단계별 지도자들이 장애를 극복하기 위해 책임지고 임무를 수행하며 확실한 행동을 보이고, 올바른 지휘권 분산 문화를 구축하는 것이다. 이를 이루기 위해서는 어렵고 도전적인 훈련이 필수다. 힘들고 까다로워야 한다. 우리는 그런 훈련으로 팀원들을 안전한 지역에서 멀리 떨어진 곳으로 밀어냈고, 방어적인 자세로 반군에게 압도당하는 게 어떤 것인지 몸소 체험하게 했다. 그러나 팀을 너무 압박하는, 배움이 이뤄지지 않을 정도로 과하게 도전적인 훈련이어서는 안 되었다.

훈련생이 도전 정신을 가질 수 없을 만큼 너무 쉬운 훈련과 훈련 중 무너질 정도로 너무 힘든 훈련 사이에서 균형을 이루는 것 역시 이분법이었다. 훈련 교관과 리더는 매 훈련이 진행되는 동안 그 이분법의 균형을 이루기 위해 노력해야 했다. 간혹 우리는 어느 한 방향으로 아주 멀리 벗어날 때까지 이분법의 불균형을 인식하지 못한 적도 있었다.

브루저 기동대가 라마디로 파견되기 전 워크업 훈련을 받는 동안 나는 MOUT 마을에서 진행된 야외 기동 훈련을 하며 이를 몸소 체험했다. 어느 날 교관들이 우리에게 자살 특공 임무를 시켰다. 콘크리트 블록으로 세운 건물과 도로로 이루어진 MOUT 마을 한가운데로 낡은 UH -1 휴이 헬리콥터를 끌어다 놨다. *《블랙 호크 다운》** 시나리오였다. 우리의 임무는 적진에 떨어진 휴이 헬리콥터의 기체에서 사병들을 '구출'하는 것이었다. 트라뎃 교관들이 25인치 두께의 강판을 헬기 한쪽에 고정시켰다. 이 시나리오에서 네이비씰 소내는 삭농 전력이 매우 강력한 전기톱을 사용해 강판을 자르고 잔해가 널린 휴이 헬리콥터의 조종실로 접근해 객실 칸으로 가야 했다. 힘든 임무가 될 거란 걸 알았지만 찰리 소대는 최선을 다해 신속하고 효과적으로 임무를 완수하기로 다짐했다.

우리는 험비를 타고 야간 작전을 시작했다. 험비는 세 블록을 더 가서 멈추었고 구출 작전을 수행할 주요 대원들이 하차했다. 어둠에 싸인 도로를 신속하고 빠르게 정찰했다. 추락한 헬리콥터에 도착할 때까지 주변은

---

* 블랙 호크 다운(Black Hawk Down): 마크 보든이 집필한 책으로(할리우드 영화 역시 이 책을 원작으로 했다), 1993년 10월 미국 특수 부대와 소말리아 민병대 간의 모가디슈 전투 이야기를 담고 있다.

쥐 죽은 듯 조용했다. 헬리콥터의 기체가 MOUT 마을의 메인 교차로에 처량하게 쓰러져 있었다.

네이비씰 화력 지원팀은 위치로 이동해 방위선을 설치했고, 그사이 침투 대원이 전기톱을 작동시켜 엔진의 회전 속도를 올리기 시작했다. 전기톱이 끼익 끼익 대는 시끄러운 소리와 함께 불꽃을 일으키며 강판의 가장자리를 잘랐다.

순식간에 혼란이 일었다. 반군 역할을 맡은 연기자들이 사방에서 페인트볼 탄환을 공격적으로 쏟아붓기 시작했다. 안전지대에 있던 네이비씰 화력 지원팀이 대응 사격을 했지만 별 소용이 없었다. 우리는 도로 한가운데에 고립된 채 강판에 톱질을 하는 중이었고 적은 더 높은 지대인 2층 창문과 옥상에서 우리를 포위하고 있었다. 임무 수행 포기 말고는 할 수 있는 일이 없었다. 그러나 브루저 기동대의 기본 사고방식 안에서 그것은 선택 사항이 될 수 없었다. 결국 헬리콥터 내부 진입을 결정하고 주어진 시나리오의 임무대로 병사 둘을 구출하기로 했다. 우리는 아무런 엄호도 없이 사방에서 총알이 날아드는 길 한복판에 포위되어 있었다. 주변은 온통 피바다였다. 조교들이 가짜 수류탄을 툭 던졌다. 수류탄이 펑 하는 굉음을 내고 번쩍이는 섬광을 내뿜으며 폭발했다.

나는 주위를 돌아다니며 터무니없는 맹공격 속에 노출된 대원들을 살폈다. 전기톱으로 작업 중인 침투 대원이 최악의 상황에 놓여 있었다. 그에게 가까이 다가가 그의 행동을 지켜보았다.

"지금 어떤가?" 내가 시끄러운 총격 소리 너머로 소리쳤다.

"거의 다 됐습니다." 페인트볼 탄환이 빠른 속도로 달려들어 그의 장비에 충격을 가하자 그가 이를 악물며 대답했다. 침투 대원의 휴대용 탄띠가 아래로 후드득 떨어졌고 목과 팔, 다리에 심하게 부푼 자국이 생겼다. 적이 그의 뒤쪽을 겨누는데도 양손에 무거운 전기톱이 들려 있었기 때문에 대응 사격조차 할 수 없었다. 그러나 그는 '아주 멋진 프로그맨'처럼 그 자리에 서서 온몸으로 페인트볼 탄환을 받아 내고 있었다. 나는 그의 옆에 무릎을 꿇고 앉아 그를 대신해 대응 사격을 하며 적의 맹공격을 진압하려 애썼다. 그러나 아무 소용이 없었다. 수십 개의 페인트볼 탄환이 내게 달려들어 손과 팔, 다리, 목덜미를 무자비하게 때렸다. 잠시 뒤 눈을 보호하기 위해 착용한 안면 보호구와 고글에 페인트볼의 끈적끈적한 페인트가 덕지덕지 달라붙었고, 그 때문에 앞이 잘 보이지 않았다. 트라뎃 교관들은 우리가 그들 쪽으로 사격하지 않게 하기 위해 적외선 야광 스틱인 첼라이트를 착용하여 자신들의 위치를 알렸다. 그들은 훈련 중인 모의 전투지에 출입이 불가했고, 그곳에 없는 척해야 했다. 정확히 알아볼 순 없었지만 그들이 얼마 떨어지지 않은 곳에 있다는 걸 나는 인지했다. 교관들이 상황을 통제한다는 걸 알게 된 뒤 나는 그들 쪽으로 페인트볼을 몇 발 발사했다. 그러자 교관들이 급히 달려가서 엄호를 시작했다. 마침 내 침투 대원이 강판을 두 동강 냈고, 우리는 조종사 역할을 맡은 연기자들을 구조했다. 그러고 나서 몸을 움츠려 퉁퉁 부푼 상처를 부여잡고 훈련의 처참함에 씁쓸하게 웃으며 서둘러 그곳을 벗어났다.

MOUT 마을에서 진행했던 야외 기동 훈련의 모든 도전적인 시나리오 중에서 그 훈련 시나리오가 가장 터무니없었고 교육적인 측면도 형편없었다. 그 훈련은 우리가 도전 정신을 갖게 할 만큼 어려운 훈련을 뛰어넘어 마지막까지 이를 악물고 버티게 만든 엉망진창 대규모 모임 그 이상도 이하도 아니었다. 소대로 복귀한 뒤 군복과 장비에 묻은 페인트볼 자국을 세어 보았다. 최소 서른일곱 발이었다. 아마 내가 보지 못한 자국이 더 있었을 것이다. 안면 보호구와 고글에 맞은 탄환 십여 발은 세지도 않았다. 그게 진짜 총알이었다면 나는 이미 몇 번이고 목숨을 잃었을 것이다. 머리부터 발끝까지 형형색색의 페인트를 뒤집어쓴 나를 보더니 조코가 고개를 저으며 웃었다.

"대원들이 그래도 뭐를 좀 배웠을 것 같은데." 그가 미소를 띠었다.

"네, 맞습니다. 이번 훈련에서 '최고의 교훈'을 얻었습니다."

훈련에서 반군 역할을 맡은 연기자들은 우리를 과하게 압박했고, 우리에겐 헤쳐 나갈 수 있는 길이 보이지 않았다. 휴이 헬리콥터의 강판을 절단하는 작업은 트라뎃 교관들이 예상했던 것보다 훨씬 더 오래 걸렸다. 적의 압박이 거세지는 와중에 우리는 강판을 절단해야 했고 강판 절단 작업이 마무리될 때까지 한 발짝도 움직일 수 없었다. 그 사실을 교관들이 인지했을 때 적의 공격을 후퇴시켰다면 훈련은 한층 순조로워졌을 거고 교육적인 측면도 더 괜찮았을 것이다. 그 훈련 시나리오에서 배운 가장 큰 교훈은, 적의 억압을 받는 상황에서 전 구역의 모든 건물을 확보하고 우리 대원들을 높은 곳에 배치시켜 전술적인 우위를 차지하게 하려면 우리 소대에 더욱 강력한 힘이 필요하다는 것이었다. 또 다른 교훈은 내가 임무 철회를 마다하지 말았어야 했다는 것이다. 훈련 중 팀 전체를 무의미하게 희생시키느니 차라리 대원들에게 뒤로 물러나 임무에서 잠시 벗어나라고 단호하게 명령을 내린 다음 팀을 재구성하고 다시 공격을 가했어야 했다.

지금까지 우리는 브루저 기동대원으로서 어려운 훈련을 마음속 깊숙이 받아들여 왔다. 어려운 도전 정신을 요하는, 육체적인 노고가 대단한 시나리오도 열의를 다해 해냈다. 물론 한계도 있었다. 하지만 훈련은 어렵되, 팀이 무너지고 주요 목적인 배움이 약화될 정도로 어려워서는 안 되었다. 이는 신중하게 균형을 이루어야 하는 훈련의 이분법이었다.

좋은 리더는 훈련을 구성할 때 현실 세계의 전쟁터처럼 가장 힘들고 현실적인 도전들을 포함해야 한다. 물론 힘든 훈련을 하고 싶어 하지 않는 네이비씰 대원들도 더러 있었다. 그들은 안전지대를 벗어나 도전적이고 주도적으로 행동해야 하는 것에 끊임없이 불만을 표출했다. 그들은 훈련이 비현실적이며 지나치게 기본에 바탕을 두고 있다면서 그들이 언급하는 소위 '진보된 전술'을 연습하고 싶다고 했다. 사실 이 말은 "나는 힘들게 훈련하고 싶지 않습니다. 나는 도전적으로 임하고 싶지 않습니다"의 완곡한 표현이었다. 몇몇 대원들의 이와 같은 태도도 놀라웠지만 숙련된 지도부급 대원들이 그런 모습을 보이는 건 특히 더 충격적이었다.

"이번 훈련은 정말 어이가 없었습니다." 부소대장이 조코의 지휘 아래의 트라뎃이 구성한 도전적인 훈련에 대해 불평했다. "제가 여러 번 파견을 나가 봤는데 실제로 그 정도로 나쁜 상황이 발생한 적은 한 번도 없었습니다."

누군가 최악의 시나리오를 실제로 겪어 보지 않았다고 해서 그런 일이 현실에서 일어나지 않을 거라는 보장은 없다. 그런 경험이 없다는 것은 현실의 거친 전쟁터를 대비하지 않아도 된다는 의미가 아니다. 오히려 그 반대다. 팀은 최악의 시나리오를 준비해야 한다. 대원 여럿이 전사하거나 전투 차량이 IED(급조 폭파 장치)에 의해 폭파되거나 또는 '덜 위험한' 임무가 끔찍하게 안 좋은 방향으로 흘러가는 일이 동시에 벌어질 수도 있으니.

네이비씰 소대나 기동대 내에서 이런 불평을 하는 대원들이 가장 중점적으로 반발하는 사항은 적의 역할을 맡은 연기자들과 트라뎃 교관들, 그 외 자원 봉사자들이 너무 잘한다는 것이었다. 그들은 해외에서 맞닥뜨리게 될 어느 적들보다 능숙했고 월등한 군 장비를 갖추고 있었다. 이것은 장점이었고, 대원들은 이를 통해 실전에 더 잘 대비하여 팀이 도전 정신을 갖출 수 있도록 해야 했다. 게다가 라마디에서 우리와 교전을 할 반군들은 실력이 상당히 출중했다. 그들은 다년간 세계적인 전투를 치르며 여러 가지 기술을 배우고 혁신하며 받아들였다. 우리는 절대 그들을 하찮게 여겨서도 안 되었고 그 자리에 안주해서도 안 되었다. 그랬다가는 그들이 우리의 자리를 짓밟고 말살시킬 수도 있을 테니까.

훈련이 왜 이렇게 어려운가에 관한 또 다른 공통 비판은 교관들이 대원들을 속인다는 것이었다.

"연기자들은 우리의 계획을 알고 있었습니다." 대원들 몇몇이 연기자들에 대한 불만을 터뜨렸다. "그들이 그렇게 규칙을 어기는데도 우리는 규칙을 따라야 하잖아요."

조코가 논리적으로 반박했다. "너희들이 해외에서 만날 반군들 역시 규칙을 따르지 않는다. 그들은 우리 같은 교전 수칙이 없다. 매복하고 있는 곳으로 너희들을 꾀어내거나 자신의 공격을 숨기기 위해 동료 간의 배반 행위도 서슴지 않는다. 또한 여자와 아이들을 인간 방패로 사용하며 아무렇지 않게 자살 폭탄 테러리스트를 쓴다. 우리 군을 더 죽이기 위해 동료에게 총격을 가할 수 있는 맞은편에 매복을 하기도 한다. 그들은 그런 걸 신경 쓰지 않는다. 그러나 우리는 신경을 쓴다. 우리는 그들과 달리 규칙을 지킨다. 그렇기 때문에 훈련 교관들과 연기자들이 규칙을 어겼다면, 그건 아주 잘한 일이다. 그게 바로 실제 훈련이다. 불평만 늘어놓지 말고 받아들여라. 이겨 낼 방법을 찾아야 한다."

힘든 훈련은 언제나 트레이너와 리더의 엄숙한 의무이다.

이 문구는 조코와 트라뎃 교관들의 신조였다. 훈련의 수준을 높게 유지해 훗날 네이비씰 대원들이 멀리 떨어진 전쟁터의 척박한 환경에서 잘 싸우고 생존할 수 있도록 준비를 시키는 것이 그들의 의무였다.

어떤 리더는 어떻게든 자신의 팀원을 행복하게 만들기 위해 형편없는 성과를 모른 척 넘어가고 절차를 무시하는 걸 눈 감아 주었다. 그들은 팀을 힘들게 훈련시켜야 한다는 생각과 규율 이행, 표준 운영 절차 준수, 장애물 극복 등에 대한 자신의 주장을 밀고 나가지 않았다. 또 어떤 리더는 팀원들에게 실제보다 더 잘하고 있다고 말하면서 무조건적인 지지로 사기를 높이곤 했다. 어쩌면 그 네이비씰 리더는 불평불만을 하는 팀원을 찾고 있었는지도 모른다. 또한 훈련 중에 팀을 안전지대 밖으로 절대 밀어내지 않는 리더들도 있었다. 그들은 기준을 높이려 하지도 않았고 팀이 뛰어난 성과를 내도록 이끌지도 않았으며 결국 이렇다 할 성과도 내지 못하는 비효율적인 팀이 되어 버렸는데도 대원들에게 직접적이고 솔직한 비판을 하지 않았다. 그 팀은 실제와 같은 엄격한 도전 과제를 실행하는 도중에 실패하고 말았다.

보통 최고의 리더는 경험을 통해 무엇을 해야 하고 무엇을 하지 말아야 하는지 배우며 팀과 임무의 장기적인 성공을 위해 노력했다. 그들은 성과를 내지 못하는 임무를 수정하고자 팀원들과 열띠게 토론했다. 또한 기준을 높게 잡아 놓고 팀이 최악의 시나리오에 확실히 대비할 수 있도록 준비시켰다. 팀원들이 능력을 십분 발휘하고 지속적으로 배우며 성장하도록 지지하는 리더는 팀원들이 예전에는 불편하게 느꼈던 상황도 가볍게 느끼도록 만들었다. 전방에 배치된 리더들과 덜 숙련된 대원들에게 더 중요한 역할을 맡기고 그들이 각자의 업무에 책임감을 느끼게 하면서 지휘권을 적절하게 분산시켰고, 모든 단계의 리더들이 앞으로 나아가 함께 팀을 이끌고 꾸려 나가도록 했다. 팀이 이런 식으로 돌아가면 그 팀은 훨씬 더 효율적으로 구성되고 기존의 임무를 더 잘 수행할 수 있다. 팀이 성공해서 다른 팀들보다 월등히 뛰어날 때 팀원 개개인이 장기적으로 성공할 수 있는 큰 기회가 비로소 열린다.

훈련의 전술적 목표는 언제나 팀 내 모든 단계의 리더들이 세울 수 있어야 한다. 그러기 위해서는 힘든 훈련이 필수이다. 그러나 훈련이 과하게 어려우면, 결국 팀이 깨지고 배움과 성장 역시 최소화된다. 그래서 균형이 이루어져야 한다. 힘들게 훈련하라, 그러나 영리하게 훈련해야 한다.

기본 원칙

힘든 훈련은 어느 팀에게나 성과를 내는 데 중요한 역할을 한다. 네이비씰 소대와 기동대가 전투 지역에 파견되는 경우에는 더욱 그러하다. 우리 네이비씰에는 '전투하는 법을 훈련받고, 훈련받은 대로 전투한다'라는 말이 있다. 최고의 훈련 프로그램은 팀을 안전지대에서 벗어나게 하고 훈련 중에 벌어진 실수를 통해 다양한 교훈을 배워 나갈 수 있도록 사기를 북돋운다. 팀은 그런 훈련을 통해 실제 전투에서 같은 실수 또는 그와 비슷한 실수를 예방할 수 있다.

미 육군 대령이었던 데이비드 해크워스는 책 《뒤로 돌아: 미군 전사의 방랑기》*에서 그의 멘토이자 미 육군 대령이었던 글로버 존스의 말을 인용했다. "훈련이 어려울수록 더 많은 대원들이 자부심을 가질 것이다." 어느 네이비씰 대원이 "BUD/S(수중 폭파 훈련) 중 가장 어려운 훈련은 무엇이었습니까?"라고 묻는다면, 그 대원은 아마 대답으로 훈련 식별 번호를 듣게 될 것이다. 이처럼 모두 자신이 받은 훈련이 가장 힘들었다고 말하고 싶어 한다. 간혹 어떤 팀들은 훈련 중에도 안전지대에 머물고 싶어 하는데, 리더들은 그런 걸 허용하면 안 된다.

훈련은 어려워야 한다. 현실에서 일어날 여러 가지 일들을 시뮬레이션하는 동시에 결정권자가 올바른 결정을 내리도록 압박을 가하는 훈련이 되어야 한다. *안전지대에서는 결코 성장하지 못한다.* 팀이 훈련을 통해 수월한 활동만 하거나 팀의 한계를 극복하려 하지 않으면, 특히 리더가 한계를 넘어서려고 하지 않으면, 더 큰 도전을 이뤄 낼 능력이 향상되지 않는다. 훈련은 팀원들이 직면하게 될 현실 상황에서 적절히 능력을 발휘할 수 있도록, 그리고 팀을 더 단단히 만들기 위해 고안된다. 사실 훈련 과정에서 팀의 사기를 떨어뜨리고 무너지게 만들어서 결국 아무것도 배우지 못할 정도로 그들을 억압하는 건 그렇게 어렵지 않다. 모든 면에서 마찬가지로 리더들은 훈련에서 균형을 이루어야 하고 '현실적, 기초적, 반복적'이라는 세 가지 중요한 요소에 집중해야 한다.

먼저, 훈련은 현실적이어야 한다. 모든 훈련 시나리오는 실제 상황에서 마주할 수 있는, 그러한 잠재적 가능성을 갖춘 것에 기반을 두어야 한다. 또한 훈련을 통해 배운 것들은 팀의 임무에 즉시 적용될 수 있어야 한다.

* 《뒤로 돌아 : 미군 전사의 방랑기》: 미 육군 대령 출신 데이비드 해크워스와 줄리 셔먼이 1989년에 출간한 책이다.

전쟁터의 혼란과 불확실성 때문에 경험이 적은 대원들은 실제 전투에서 굉장한 압박을 받을 가능성이 크다. 그래서 훈련을 최대한 혼란스럽게 만들어 그들이 적응할 수 있도록 도와야 한다. 훈련을 받으면서 팀은, 특히 지도부는 눈앞의 상황을 헤쳐 나갈 방법을 쉽게 알아낼 수 없는 곤란한 여건을 마주해야 한다. 비즈니스에서도 마찬가지다. 현재 상황이 뚜렷하지 않고 그림이 100퍼센트 정확하게 그려지지 않을 때는 역할극 훈련을 즉시 구성해서 문제가 있는 고객을 다루거나 급박한 결정을 해야 하는 연습을 하는 것이 좋다. 극심한 스트레스와 압박 아래에서도 만일의 사태를 대비한 리허설이 진행되어야 하며 기본 운영 절차 준수도 계속 이어져야 한다.

두 번째로, 훈련은 기초에 초점을 맞추어야 한다. 각 부대는 상황에 따라 전략을 조정하고 혁신해야 할 때도 있지만 그럼에도 몇 가지 기본 전술은 바뀌지 않는다. 이는 군사 전술에서 진리인 것처럼 다양한 사업 분야 또는 삶의 영역에서도 절대 변하지 않는 사실이다. 종종 사람들은 기본을 뛰어넘어 흔히들 말하는 '진보된 전술'을 배우고자 한다. 하지만 진보된 전술은 기본을 잘하지 못하면 아무 소용이 없다. 그렇기 때문에 리더는 기본에 초점을 맞춘 훈련 프로그램을 개발해야 한다.

마지막으로, 훈련은 반복적이어야 한다. 팀에 들어온 첫날이나 그 뒤 몇 주 동안만 이어지는 훈련으로는 충분하지 않다. 또한 팀원 개개인은 결국 반복을 통해 실력이 향상되므로 모두에게 지속되어야 한다. 팀원들 하나하나를 위해, 특히 리더를 위해 꾸준히 이어지는 훈련 계획은 매우 중요하다.

리더는 훈련에 극한의 오너십을 지녀야 한다. 다른 사람이 훈련 프로그램을 만들거나 훈련을 더욱 현실적이고 효과적으로 구성할 때까지 기다리는 것보다는 리더가 스스로 주도권을 잡는 편이 더 효율적이다. 최고의 훈련 프로그램은 윗선이 아니라 아래쪽 직원들부터 시작된다. 전방에 배치된 지도부가 실제 작전에 가장 근접해서 참된 교훈을 배울 수 있기 때문이다. 가장 뛰어난 팀원을 내세워 훈련 프로그램을 이끌게 하고, 훈련에서 배운 교훈을 나머지 팀원들에게 전달하도록 해야 한다.

'훈련할 예산이 없다'는 변명은 타당하지 않다. 역할극 훈련 시나리오 구성에는 어떤 비용도 들지 않는다. 일선 지도부를 역할극 훈련 시나리오에 참가시켜 미처 대비하지 못한 상황 속에서 어려운 결정을 내리는 경험을 쌓도록 하고 이를 통해 실력이 향상되도록 도와야 한다.

'훈련할 시간이 없다'는 변명 또한 적절하지 않다. 리더는 중요한 활동을 위한 시간을 일부러라도 만들어 내야 한다. 좋은 훈련은 어느 팀에게나 성공의 필수 요소이다. 꾸준히 이어지는 훈련을 일정에 포함시키면 팀의 성과가 올라갈 것이며 이는 가장 효과적인 방법이다.

다시 말하자면, 훌륭한 훈련의 핵심은 균형이다. 어려운 훈련은 필수이다. 그러나 시간을 효율적으로 사용하면서 최적의 학습을 가능하게 하기 위해서는 영리하게 훈련해야 한다.

실전 비즈니스

"저는 실무 리더들이 임무를 수행해 낼 거라고 믿지 않습니다." 선임 프로젝트 매니저가 말했다. "저희가 지휘권을 분산해야 한다고 말씀하셨잖습니까? 그런데 하급 지도부들이 제대로 해낼 거라는 믿음이 없어요."

"훈련은 지도부를 개선시키고 신뢰를 구축하는 방법입니다." 내가 대답했다. "훈련 프로그램을 한번 살펴보죠."

"사실 그런 건 따로 없습니다." 선임 프로젝트 매니저가 털어놓았다.

"음, 그게 문제인 것 같군요. 이참에 훈련 프로그램을 구성하시는 게 어떨까요?"

나는 이 회사의 연례 리더십 사외 행사에서 리더십의 기본 방침을 강연했었고, 우리가 극한의 오너십에 대해 썼던 교전 수칙은 팀에 엄청난 반향을 일으켰다. 그 회사는 나를 다시 불러 고위 지도부를 위한 리더십 개발 프로그램을 구성해 달라고 했다. 고위 지도부에는 경영진의 비전을 실행했던 부서장과 선임 프로젝트 매니저 등 간부 바로 아래 단계의 리더들이 포함되어 있었다.

이 회사의 리더들은 실력이 탄탄했다. 몇몇은 경력이 굉장했고 일부는 팀에 새로 들어온 리더들이었다. 그들이 성공하자 회사는 급속도로 성장했고 사업도 확장했다. 그러나 인력의 분산, 특히 경험이 많은 리더십의 분산으로 인해 수많은 프로젝트가 동시다발적으로 생겨나면서 결국 문제가 발생했다.

회사가 승리를 향한 열망을 품은 채 공격적인 자세로 앞으로 나아가는 동안, 회사의 고위 지도부 중 일부는 급격한 성장 속도가 경험이 부족한 하급 지도부를 제대로 된 관리 없이 주요한 경영진급 자리에 욱여넣고 있다는 사실을 인식했다. 고위 지도부는 예산 범위 내에서 일정에 맞춰 임무를 효율적으로 실행하는 실무팀의 능력과 회사가 제공하는 서비스의 질에 위험이 존재한다는 걸 깨달았다.

수개월간 고위 지도부와 함께 강의를 진행하면서 지속적으로 들었던 말이 있었다. "우리는 이 프로젝트를 운영할 현장 경험이 많은 리더가 충분치 않습니다. 우리는 준비되지 않은 비숙련 리더들에게 너무 많은 걸 쏟아붓고 있어요."

진지한 우려였다. 회사의 고위 경영진의 관심을 끌어낸다 해도 그들이 완전하게 이해하지 못할 위험성이 있었다.

나는 고위 지도부와 미팅을 하며 문제점을 정면으로 다루었다. "말씀하신 부분도 일리가 있습니다." 내가 말했다. "숙련되지 않은 하급 지도부를 대비시키는 유일한 방법은 훈련입니다. 훈련을 통해 그들이 곤란한 상황 속에서 문제를 해결하게 하면서 실전에 대비하게 해야 합니다."

몇몇은 회의적인 반응을 보였다.

"어떻게 훈련이 실제 상황을 재현할 수 있습니까?" 어떤 리더가 물었다.

다른 리더들이 그 질문에 동의하며 고개를 끄덕였다.

나는 훈련이 실제 상황을 완벽하게 대체할 순 없다고 설명했다. 당연히 실제 상황의 경험보다 더 좋은 건 없다. 하지만 현실적이고 기초적이며 반복적인 것에 주안점을 두고 도전 의식을 불러일으키는 훈련 프로그램은 하급 지도부의 수행 능력을 굉장히 끌어올릴 거라며 강조했다. 또한 경험이 적은 하급 지도부는 임무 수행 중 팀을 제대로 관리하지 못해서 실패할 가능성이 있는데, 훈련을 통해 이런 위험을 크게 줄일 수 있을 것이라고도 덧붙였다.

나는 라마디 전투와 그곳에서 배운 교훈들을 광범위하게 이야기해 주었다. 고위 지도부가 리더십의 기본 원칙이 어떻게 생겨난 것인지 완전하게 이해할 수 있도록 모든 전후 사정을 밝혔다.

"제가 2006년 라마디에 파견되기 전에 네이비씰 소대장이라는 지위를 갖고 실제 전투에 투입된 적이 얼마나 될까요?" 그들에게 물었다.

몇몇이 어깨를 으쓱했다. 아무도 대답이 없었다. 그들은 잘 알지도 못했을뿐더러 딱히 추측하고 싶어 하지도 않았다. 어쩌면 대답 자체를 원치 않았을지도 모른다. "없었습니다." 내가 말했다. "제 첫 파견이었어요. 소대장이었던 적이 없었습니다. 저는 50대의 탱크와 수천 명의 병사들, 해병대원들로 구성된 대규모 재래식 미군 부대를 지휘하기 전에 네이비씰 소대를 이끌어 본 적이 없었습니다. 실제 총격전을 해 본 적도 없었고요. 우리 소대원들 중 실제 전투 경험이 있는 사람은 단 한 명도 없었습니다.

그렇다면 저희의 기동대장인 조코 소령은 라마디에 파견되었을 때 실제 경험해 본 전투가 얼마나 될까요?" 말을 계속 이었다. "없습니다. 그런데 그는 대게릴라전 작전에서 전략적으로 뛰어난 통찰력을 보여 주었고, 브루저 기동대를 미국의 승리를 뒷받침하는 핵심 부대로 만들어 냈습니다. 델타 소대장 세스 스톤 역시 소대장으로 처음 파견되었는데, 그도 맨 처음 총격전에서 전투 리더로서의 비범한 능력을 직접 보여 주었습니다."

나는 세스와 델타 소대가 라마디 동부의 위험천만한 말랍 구역에서 치른 첫 번째 작전에 관한 이야기를 했다. 그 이야기는 조코를 통해 들은 것이었다. 세스는 용감하고 적극적인 척후병이자 기관총 사수이고 저격수인 J. P. 딘넬이 포함된 델타 소대를 이끌고 미군 101 공수사단 506 낙하산 보병연대 1대대 소속의 전설적인 '밴드 오브 브라더스'부대 병사들 그리고 이라크 병사들과 함께 정찰을 나갔다. 미 육군 부대의 소령이 이라크군의 고문 역할을 맡고 있었다. 506 낙하산 보병연대 1대대의 장병들은 벌써 몇 달째 불안정한 인근 지역에 주둔 중이었다. 하루가 멀다 하고 폭력적인 전투와 치열한 총격전을 치러야만 했다. 우리 브루저 기동대는 이제 막 도착한 상황이었다. 네이비씰 대원과 미군 병사, 이라크 병사의 연합 정찰대가 말랍 구역의 길거리로 이동한 지 얼마 지나지 않아 곧바로 '대혼란의 아수라장'이라 불리는 어마어마한 총격전이 시작되었다. 반군이 기관총과 RPG 로켓포로 그들을 공격했다. 미군과 이라크 정찰대는 그대로 주저앉아 오도 가도 못하는 상황이었다. 세스는 몸을 낮춰 광속으로 빗발치는 총알을 뚫고 이라크 병사들을 지휘하는 육군 소령에게 다가갔다.

"우리 대원 중 일부를 반군의 측면으로 보내겠습니다." 세스는 지도상에 작전을 계획한 곳을 손으로 짚으며 이리저리 날아드는 총알의 시끄러운 소음 너머로 차분하게 말했다. "저희가 저쪽 건물들 중 한 건물 옥상에 고지를 점령하겠습니다." 그가 건물이 밀집한 곳을 가리켰다.

"좋아." 소령이 말했다. "그렇게 하게."

세스가 출동한다는 신호를 보내자 J. P. 딘넬이 선두에 서서 Mk46 기관총을 휘두르고 나머지 대원들이 뒤따랐다. 그들은 적의 측면에 공격적으로 파고들어 건물로 진입해서 건물을 확보한 뒤 옥상을 점령했다. 그곳에서 적과 교전하며 여럿을 죽였다. 남은 적들은 전부 도망쳤다.

정찰대는 더 이상 주저앉아 있지 않고 공격을 이어 갔다. 시간이 흐른 뒤 그들은 안전한 기지로 돌아갔다.

작전이 끝난 후 조코가 보고를 듣던 중 소령이 세스에게 이렇게 말했다. "총격전 속에서도 침착하게 작전을 계획하고 적의 측면을 공격하는 모습이 인상적이었네. 분명 시가지 전투 경험이 굉장히 많을 것 같군. 총격전을 많이 해 봤거나."

"아닙니다." 세스가 대답했다. "사실 첫 총격전이었습니다."

나는 강의실의 고위 지도부에게 세스와 델타 소대가 첫 총격전에서 그렇게 잘 해낼 수 있었던 유일한 이유는 그들이 파견 전에 현실에 가까운 대단한 훈련을 받았기 때문이라고 설명했다. 그건 찰리 소대도 마찬가지였다.

"우리는 모두 믿을 수 없을 만큼 어려운 상황으로 우리 자신을 밀어 넣었습니다. 철저한 훈련 시나리오를 준비하는 데 보통 수개월이 걸립니다. 그 훈련이 우리의 목숨을 지켜 주지요. 훈련은 효율적인 임무 수행과 브루저 기동대의 성공에 필수적인 역할을 했습니다."

"우리 회사도 훈련 프로그램이 있으면 좋겠군요." 어느 리더가 동의했다. "경영진이 리더십 개발 프로그램을 구성하면 좋을 듯합니다."

"그렇게 하실 생각이십니까?" 내가 물었다. "경영진이 훈련 프로그램을 구성하기를 기다리실 건가요? 그게 극한의 오너십일까요? 자, 경영진은 이미 많은 일을 하고 있습니다. 더군다나 여기에 계시는 여러분은 이 문제와 밀접하게 연결되어 있죠. 여러분은 하급 지도부들에게 필요한 지식을 갖추고 있고, 어느 부분에서 경험이 부족한지 잘 알고 있습니다. 그러니 여러분이 훈련 프로그램을 개발해야 합니다."

나는 네이비씰 팀의 경우 고위 간부인 대장이나 대령이 리더십 프로그램을 운영하는 게 아니라 소대장이나 부소대장, 선임 하사들이 한다고 설명했다.

"훈련 프로그램을 개발하는 건 여러분에게 달렸습니다. 그런 다음에 상부에 지원과 승인 요청을 하면 됩니다.

경험이 많지 않은 하급 지도부를 어려운 훈련 시나리오에 투입시키세요. 그들과 역할극을 해 보세요. 곤란한 상황에서 그들이 결정을 내리도록 압박하세요. 그러고 나서 그 결정에 대한 분석과 보고를 들으세요."

나는 그들에게 훈련 파견대에서 조코가 늘 품었던 신조를 상기시켜 주었다. *힘든 훈련은 언제나 트레이너와 리더들의 엄숙한 의무이다.*

"그렇지만 영리하게 훈련하셔야 합니다. 시간과 자원을 최대한으로 활용하세요. 주요 리더들이 현실에 대비할 수 있도록 현실이 반영된 훈련을 구상하셔야 합니다. 제가 단언하자면, 좋은 훈련 프로그램에 투자하는 것 대비 돌아오는 결과물은 훨씬 대단할 겁니다."

리더십 개발 과정을 거치면서 나는 회사의 고위 지도부를 잘 알게 되었다. 그 그룹에는 뛰어난 리더들이 여럿 있었다. 그들 중 셋이 훈련 프로그램의 필요성이 절박하다는 걸 인지하며 이 문제에 오너십을 갖기 시작했다. 그들은 바쁜데도 불구하고 한 걸음 앞으로 나아가 효과적인 훈련 프로그램을 실행하고 개발하기 위한 도전에 착수했다.

나는 뒤이어 회사의 경영진을 찾아가 효율적인 훈련 프로그램이 직원들에게 매우 필요하다고 강조했다. 예상했던 대로 경영진은 후원을 아끼지 않았다. 그들은 수석 부장과 선임 프로젝트 매니저의 노력을 매우 반가워했다.

훈련 프로그램 구성에는 많은 시간과 노력이 필요했다. 마침내 몇 달의 준비 기간이 지났고 훈련 개시를 앞두고 있었다. 나는 초반 훈련 과정을 현장에서 지켜보지는 않았다. 그러나 그다음 주 훈련 프로그램 구성을 도운 수석 부장에게서 전화가 왔다.

"잘되고 있습니까?" 내가 물었다.

"더 잘됐으면 좋았을 것 같군요." 그가 말했다. "반발이 꽤 있었어요."

그가 탄탄한 훈련 프로그램을 만들기 위해 다방면으로 노력했다는 걸 알았기에 나는 흠칫 놀랐다.

"무슨 일인가요?"

"내용이 문제가 아니었어요." 수석 부장이 대답했다. "내용은 좋아요. 목표도 확실하고요. 전달 과정에 문제가 있었습니다. 초반 훈련 과정을 지도한 리더는 아무래도 이런 우리의 노력을 이끌어 갈 적임자가 아닌 듯합니다. 그 리더는 훈련 참가자들에게 너무 많은 정보를 주입시키고 끊임없이 질문을 합니다. 대부분은 따라가지 못했고요. 그 사람은 참가자들이 훈련을 제대로 이해하지 못하니까 소리를 질러 대더군요. 참가자들은 열심히 하는 그룹이었는데 아무도 훈련을 받으며 행복해하지 않았습니다. 피드백이 매우 부정적이에요."

"흠, 좋지 않은 소식이네요." 내가 대답했다. "회사가 효과적인 훈련 프로그램을 갖는 것이 얼마나 중요한지 아시잖아요. 우선 훈련은 누가 가르치냐가 무엇보다 중요합니다. 그래서 신중하게 적임자를 골라야 하죠.

기준 원칙을 고수하며 열심히 훈련시켜야 합니다. 그렇다고 너무 힘들게 훈련해서는 안 되고요. 애초에 훈련의 목적이 무너질 수 있으니까요. 회사의 임무를 더욱 효율적으로 수행하기 위해 팀을 준비시키고 교육시킨다는 훈련의 목적 말입니다.

그러니까 부장님께서 직접 관리 감독하셔야 합니다. 새로운 적임자를 찾아보세요. 저는 솔직히 부장님이 다음 훈련을 지도하셔야 한다고 생각합니다. 그리고 참가자들에게 이번 훈련은 다를 거라는 확신을 주세요. 훈련은 도전적이어야 하지만, 한편으로는 참가자들이 맞닥뜨릴 현실 세계를 대비시키고 팀을 한층 나아지게 하기 위한 수단일 뿐이어야 합니다. 그러니 열심히 훈련시키되, 영리하게 훈련시키셔야 합니다."

브루저 기동대의 저격수가 어느 건물에서 보안 작업을 하고 있다. 라마디 전투 지역은 대부분 도심이지만, 몇몇 작전들은 도심을 벗어난 외곽에서 진행되기도 했다. 그러나 기본 원칙은 같았다. '엄호 이동하라. 어깨에 멘 탄띠에 추가 탄약이 구비되었는지 확인하라.' 브루저 기동대원들은 보통 탄약을 최대한 많이 지니고 이동하는데, 그래도 부족할 때가 많았다.

(사진 제공: 네이비씰 대원 샘 페터슨)

Chapter 6.

공격적으로 그러나 무모하지는 마라

조코 윌링크

2006년, 라마디 북동부의 MC-1 지역 작전 '베트랍'

갑자기 기관총 탄환이 아름답지만 무시무시한 빨간 불줄기를 그리며 고요한 밤하늘을 갈랐다. 무슨 일인지 정확히 알 수는 없었으나 네이비씰 저격수로 구성된 감시팀이 어둠 속에서 총격전을 벌이고 있는 건 분명했다. 그게 내가 아는 전부였다. 우리 대원들이 반군에게 발각되어 총격을 받고 있을지도 모르는 일이었다. 게다가 적의 병력이 얼마나 되는지 제대로 파악도 못 하고 있었다. 감시 중인 저격수들이 나 또는 돌격대에게 어떤 지원을 요구하고 있는 건지도 알 길이 없었다. 그래서 일단 출동 준비를 했다. 무슨 상황인지 또렷하게 그려지지는 않았지만 명령을 내려야만 했다. 더욱이 나는 기본적으로 사고방식이 공격적인 사람이었기에 문제를 해결하고 임무를 수행하기 위한 액션을 취하지 않을 수가 없었다. 나는 우리가 해야 할 일을 잘 알았다. 행동 개시!

우리는 유별나게 폭력적인 반군의 근거지에서 군사 태세를 갖추고 폭발물 지대 통로 개척 작전을 시작할 준비를 마쳤다. 목표는 적의 근거지 내의 장터와 마을을 확보하는 것이었다. 그곳은 미군들에게 '매브 마켓(Mav Market)'이라고 알려진 곳으로, 작은 건물들과 노점상들이 줄지어 있는 곳이었다. 매브 마켓, 예전에 인근 지역의 전투 작전 중에 미군이 근접 공중 지원을 요청하자 미군 전폭기가 AGM-65 매버릭 미사일로 적진의 여러 곳을 타격한 적이 있었는데 거기에서 유래된 이름이었다.

우리는 작전 출동을 하려는 참이었다. 나는 지상군 지휘관이었고, 찰리 소대원의 돌격팀, 이라크 병사 십여 명과 함께 도심 밖 농촌 지역에 있는 미 육군 전투 기지로 향했다. 그 지역은 미군에게 'MC-1'으로 알려진 곳이었다. 그곳은 라마디 북부의 끝자락과 국경에 걸쳐 있었고, 유프라테스강이 서쪽에서 동쪽으로 가로지르며 흘러 자연스레 도시와 농촌 지역으로 나뉜 곳이었다. 강 너머로는 관개 농경지와 제방, 야자수, 운하가 펼쳐졌고 작은 집들도 드문드문 무리 지어 있었다. 우리가 상상했던 이라크의 모습과 무척 달랐다. 도심이나 사막의 모습이 전혀 아니었다. 마치 베트남 전쟁 영화 속의 풍경 같았다. 브루저 기동대와 다른 미군 병력은 그 지역에 '베트람'이라는 별명을 붙였다. 우리들은 전부 베트남 전쟁을 치렀던 네이비씰 대원들이 전하는 이야기를 들으며 자랐고, 할리우드 영화 속에 묘사된 그들의 모습을 보며 성장했기 때문에 그런 별명을 붙인 것이었다.

유프라테스강이 라마디의 도심과 베트람을 적절히 분리해 놓았지만, 도시의 폭력성은 외곽까지 침투해 흘러 들어갔다. 도로에는 장갑차를 단번에 제거할 정도로 큰 IED(급조 폭파 장치)들이 여기저기 설치되어 있었고, 주요 도로를 따라 폭파되는 경우가 잦았다. 개활지나 평야를 가로질러야 하는 연합 정찰대는 그 지역을 속속들이 아는 적의 박격포 팀에게 아주 취약했다. 미군 109 보병대 1대대가 그 지역을 담당했다. 그들은 숙련되고 전문적이며 용맹한 군인들로 구성된 부대였고 지금껏 뛰어난 전투를 치러왔다. 브루저 기동대가 도착했을 때 109 보병대 1대대는 그곳에서 벌써 일 년 가까이 지상 전투를 벌이고 있었다. 도로도 한정적이고 농촌의 지형 또한 워낙 광범위했기 때문에 한 부대가 지역 전체를 아우르는 것은 불가능했다. 그럼에도 보병 소대 하나가 꽤 널찍한 전투지를 맡아야만 하는 상황이었다. 얼마 안 되는 전투 병력으로 그렇게 큰 공간을 장악하기란 쉽지 않은 일이었다. 적들이 점령한 지역 깊숙이까지 침투하기가 무척 어려웠다.

레이프가 이끄는 찰리 소대의 분대장은 109 보병대 1대대의 군인들과 긴밀한 관계를 맺으며 그 지역을 정찰하는 육군 중대 및 소대 지도부와 협력했다. 그들은 함께 힘을 모아 적이 장악한 강가 지역을 뚫고 들어가기 위해 공격적인 작전 계획을 짰다. 분대장은 찰리 소대의 선임 하사, 저격수 크리스 카일과 함께 소대원들과 이라크 병사들을 이끌었다. 이라크 병사들은 접전지로 깊이 침투해 정찰대와 저격수 감시 임무를 함께 수행했는데, 그 과정에서 적의 세찬 공격이 빈번히 발생하곤 했다.

어느 작전에서 분대장이 네이비씰 대원들과 이라크 병사들을 두 그룹으로 나누었다. 한 그룹은 나무 뒤와 근처 건물에 숨어 있던 반군이 갑자기 기관총으로 공격을 퍼붓자 진흙투성이인 평야를 가로지르며 도보로 정찰했다. 그 정찰대는 적의 무자비한 화력에 바닥으로 납작 엎드려 몸을 보호했다. 그들이 총알 세례를 피하기 위해 얼굴을 파묻어 진흙을 빨아 먹는 동안 적의 박격포는 엄청난 충격을 가하며 주변에 쏟아져 내리고 있었다. 그런데 기적적으로 진흙땅이 정찰대를 살렸다. 적의 박격포가 진흙 깊숙이로 들어가는 바람에 진흙이 박격포의 폭파력과 날카로운 파편을 흡수했고 그저 커다란 구멍만 생길 뿐이었다. 운 좋게도 우리 대원들과 이라크 병사들이 있는 곳에는 구멍이 나지 않았다. 또 다른 그룹은 평야에 접한 제방에 무장한 채 자리를 잡고 있다가 신속하게 진압 사격을 시작하며 적의 공격을 격퇴했다. '엄호 이동하라'는 교전 수칙을 활용한 그들의 견고한 노력과 계획이 뻥 뚫린 평야에서 오도 가도 못하게 된 다른 정찰대를 사상자 없이 안전한 곳으로 이동시키는 데 큰 역할을 했다.

시간이 흐르면서 109 보병대 1대대 부대원들과 찰리 소대원들, 이라크 병사들의 공격적인 작전은 전 지역에 걸친 반군의 장악에 계속 도전했다. 그들은 함께 작전을 수행하며 땅을 더 확보해 109 보병대 1대대 부대가 베트람 한가운데에 전투 기지를 세울 수 있게 도왔다. 그 전투 기지는 병사들이 일을 하며 지낼 만한 사ㅗ마한 곳이었다. 작은 기지에서 109 보병대 1대대 부대원들과 네이비씰 대원들은 정찰을 지휘하고 그 지역 반군이 가진 작전에 관한 기밀 정보를 얻으며 여러 정황을 파악했다. 결국 그들은 반군 공격의 요충지로 보이는 소규모 거주지 여러 곳과 건물들을 찾아냈다. 그곳이 바로 매브 마켓이었다.

여러 기밀 정보에 따르면 그 지역은 반군의 작전 기지였다. 분대장은 우리 찰리 소대의 레이프와 대원들, 브루저 기동대의 나에게도 반군의 정보를 전하며 공격적인 작전을 지휘해 달라는 권고 사항을 덧붙였다. 우리는 그에 동의하고 마을 확보와 의심 반군 생포, 시장 수색, 무기 은닉처 파괴를 위해 돌격대 투입을 계획했다. 작전 계획의 사이클이 시작되었고, 상부의 승인이 났다. 며칠 후 우리는 라마디의 캠프에서 MC-1의 109 보병대 1대대 전투 기지로 출발했다.

돌격하기 전에 마을과 시장을 살피고자 저격 감시팀을 먼저 보냈다. 저격 감시팀은 네이비씰 저격수와 기관총 사수, 의무 대원, 무전 대원 그리고 지휘관으로 구성되었다. 그들의 업무는 작전을 진두지휘하고 은밀하게 침투해 목표 지역을 관찰하며 의심 가는 행동을 살피면서 돌격대가 작은 마을로 진입했을 때의 안전을 확보하는 것이었다. 적은 이 지역에 실용적이고 빠른 소식통을 갖고 있었기 때문에 저격 감시팀의 임무는 매우 중요했다. 그곳에서는 반군에게 호의적인 (또는 그들이 두려운) 주민들이 적의 거점으로 이어지는 도로와 좁은 길을 드나드는 사람들을 관찰하고 있었다. 우리 연합 병력이 그 길을 지나갈 때면 주민들이 적에게 신호를 보내거나 무전을 쳐서 우리가 진입했다는 걸 알렸다. 그 덕에 반군은 빠르게 움직였다. 달아나거나 피하거나 또는 무기를 숨겨 민간인인 척했고 병력을 집결시켜 IED와 기관총, 로켓포, 박격포로 공격을 가하곤 했다.

그래서 우리는 임무의 노출을 최소화하기 위해 저격 감시팀이 미 육군 표준 물류 호송차를 타고 전투 기지로 들어가게 해 어떤 의심도 받지 않도록 했고, 실제로 마을과 시장을 확보할 돌격대를 포함한 나머지 대원들은 라마디 캠프에 남아 출동 준비 상태로 대기시켰다.

어둠이 내려앉았을 때 감시팀이 전투 기지에서 벗어나 조용히 정찰을 돌았다. 그들은 물에 잠긴 평야를 슬그머니 건너고 부두 위로 운하를 지나 대추야자나무 숲을 통과해 목표 지점에 도달했다. 감시팀은 몇 분 동안 멀리서 관찰하다가 마을 변두리에 있는 건물들 중 빈 것처럼 보이는 건물 하나를 목표물로 결정했다. 선임 척후병이 조금 더 앞으로 밀고 들어가 거주자가 없음을 확인했고, 그 뒤에 나머지 감시팀을 불러 함께 앞으로 나아갔다. 감시팀은 SWAT처럼 다이내믹하게 그 건물로 진입하지 않고 건물 외벽을 타고 들어가는 도둑처럼 조용히 내부로 침투해 목표물을 확보했다. 건물 내부에 아무것도 없음을 확인하고 각자 자리를 잡았다. 저격수는 저격 위치에, 기관총 사수는 보안 위치에 경계 태세를 갖추었다. 무전 대원은 라마디 캠프 전술 작전 본부에 그들의 위치를 알렸다.

일단 감시팀이 자리를 잡으면 다음 단계가 시작되었다. 작전의 지상 병력 책임자로서 나는 레이프와 돌격대 역할을 할 나머지 찰리 소대원, 그리고 이라크 병사들과 동행했다. 이번 작전에 큰 영향을 미치고 있는 분대장은 돌격대 지휘관이었다. 우리는 라마디 캠프에서 전투 차량에 올라타 감시 작전이 진행 중인 MC-1의 전투 기지로 향했다. 서른 명으로 구성된 우리 돌격대의 반은 네이비씰 대원이고 나머지 반은 이라크 병사였다.

감시팀이 배치되었기 때문에 마을에서 어떤 움직임이나 행동이 보이면 돌격대에 바로 전달될 터였다. 나는 돌격대가 이 부근으로 진입하면 반군의 신속한 소식통이 이 내용을 반군에게 전달할 거라 예상했다. 험비로 이동하는 우리의 움직임은 특별할 것이 없었다. 우리는 돌격대 임무가 시작될 전투 기지에 도착했다. 안으로 들어가 전투 차량을 주차하고 (빠른 출동을 위해 험비는 주차장에 세워 두었다) 차량에서 하차했다. 서둘러 무전으로 감시팀 위치를 확인했다.

"찰리 투-식스. 여기는 조코, 오버." 내가 말했다.

"조코, 여기는 찰리 투-식스, 오버." 감시팀 지휘관이 응답했다.

나는 빠르게 상황을 보고했다. "돌격대는 전투 기지에 있다. 우리가 진입할 때 무슨 움직임이 있었나?"

"없었습니다." 그가 응답했다. "별거 없습니다. 주민들 몇몇이 이동하긴 했지만 평범했습니다. 약 20분 전부터 매우 조용합니다. 지금 진입해도 아무 문제 없습니다. 이 마을은 밤이 되면 다 자는 듯합니다."

"알겠다. 우리는 남은 일들을 먼저 해결한 다음 몇 시간 안에 계획대로 출동한다." 나는 그에게 미리 결정한 대로 늦은 시각에 돌격하겠다는 뜻을 내비쳤다.

전투 차량에서 나와 나머지 대원들에게 지시를 전했다. 돌격대는 차에서 내린 뒤 전투 기지 본부로 들어갔다. 그러고는 장비를 벗고 아무렇게나 누워 있었다. 레이프와 분대장 그리고 나는 할 일이 있어서 전투 기지 내의 109 보병대 1대대 부대원들이 만든 소규모 전략 작전 센터로 향했다. 흔히들 이 시대의 전술 작전 본부라고 하면 플라스마 디스플레이가 장착된 텔레비전이나 커피 메이커, 번지르르한 현대식 가구들이 있을 거라고 생각하지만 여기 전술 작전 본부는 그 반대쪽 범주에 속했다. 아무것도 없었다. 벽에 지도가 몇 장 붙어 있고, 라마디 캠프와 전투지에 나간 병사들과 통신하기 위한 무전 기지국이 설치된 선반과 여러 가지 이름과 계획이 적힌 화이트보드 그리고 기본적인 통신 절차를 위한 시스템뿐이었다. 그게 다였다.

우리 분대장은 그 지역과 핵심 지도부를 잘 알았고 육군 부대 지휘관과 전술 작전 본부의 병사들과도 반갑게 인사를 했다.

레이프와 나는 전투 기지에 있는 109 보병대 1대대 소대장에게 우리 소개를 했다. "반갑습니다." 내가 악수를 하며 말했다. "조코라고 합니다. 기동대장입니다. 여기는 레이프이고, 네이비씰 소대장입니다."

"만나서 반갑습니다." 109 보병대 1대대 소대장이 인사했다. 전투 기지에 있는 부대 부사관, 병사들과 마찬가지로 그 역시 전문적인 군인이었다. "도움을 주셔서 감사드립니다. 이 지역에서 우리에게 정말 좋은 영향을 많이 주셨습니다. 한 달 전에 저희끼리 이 지역을 차지하려고 했으면 아마 적에게 공격을 당했을 겁니다. 그런데 지금은 여기에 살고 있네요!"

"대단합니다. 정말 잘 해내셨습니다." 내가 말했다. "저 역시 도울 수 있어서 기쁩니다."

109 보병대 1대대 소대장은 지도상에 위험한 지역을 가리키며 그 지역 반군의 전술적 특이사항을 설명하고 우리의 화력 지원 계획에 관한 전반적인 개요를 서술하면서 함께 이야기를 나누었다. 레이프와 나는 해당 마을을 드나드는 루트에 관련된 주요 질문을 몇 가지 덧붙이고는 자리에 앉아 경청했다.

마을에 있는 우리 감시팀은 큰 변화 없이 계속 차량들을 통과시켰다. 해당 지역은 차분했고 딱히 눈에 띄는 활동이 없었다.

전두 기시 내부에서 우리는 부대의 무전망에서 나오는 내용을 듣는 중이었다. 109 보병대 1대대의 모든 중대와 소대의 채널이 모니터링되고 있었다. 이런 위험한 지역에서는 늘 일이 터지기 때문에 무전으로 적의 움직임을 공유하고, 지원팀과의 공동 작전 행동을 위해 서로 연락을 취하고, 부상당하거나 전사한 미군들에 관한 정보를 주고받으며 최신 정보를 얻었다. 무전 뒤에서 들리는 멀어지는 총격 소리와 아드레날린에 휩싸인 채 결정을 내리고 정보를 전달하며 지원을 요청하는 지상군들의 무전은 우리에게 익숙지 않은 경험이었다. 어떤 리더들은 안 좋은 상황에서도 침착을 유지했다. 또 다른 병사들의 목소리에는 두려움이 잔뜩 서려 있었다. 수백 건의 무전을 들으면서 나와 브루저 기동대 지도부는 팀을 효율적으로 이끌고 싶으면 무전을 할 때 무조건 차분해야 한다는 사실을 배웠다.

그때 평범한 무전 사이에서 109 보병대 1대대가 라마디의 전술 작전 본부로 이상한 무전을 보내는 소리가 들렸다. 또 다른 연합 병력이 교전 중인 듯했고, 들리는 바에 의하면 그들은 브루저 기동대의 작전 지역 근방에서 다른 작전을 수행 중인 듯했다. 연합 병력이 제대로 조직되지 않은 채 밖으로 나가는 것은 이례적인 일이었다. 그런데 뒤이어 들어온 무전이 혼란을 더욱 가중시켰다. 연합 병력이 무전으로 이런 보고를 했다. "민간인 복장을 입었을 가능성이 있다."

순식간에 이상한 느낌이 위험한 생각으로 바뀌었다. 보통 미군과 이라크군이 함께 적의 전투지에서 교전을 하는 상황에서는 전투 장비와 무기로 서로 한 팀이라는 걸 확실하게 드러내기 때문에 아군 간 교전이나 서로 총을 겨누는 일이 발생할 위험이 그렇게 높지 않았다. 그러나 연합 병력이 서로 인식 가능한 군복을 착용하지 않고서 작전을 수행하면, 그 지역의 미군들이 실수로 그들을 적으로 착각할 수도 있는데, 그건 정말 말도 안 되는 최악의 상황이었다. 이라크 병사들이 군복을 맞춰 입지 않고 간혹 민간인 옷을 입은 경우도 있다는 걸 감안하면, 적과 아군을 구분하는 건 이미 너무 어려운 일이었다. 반군들은 가끔 불법 무장 단체의 장비를 착용하거나 위아래가 맞지 않는 군복을 입기도 하고, 자기들 취향대로 발라클라바*에 트레이닝복을 입을 때도 있고, 카피예(아랍 남성의 두건)를 써서 얼굴을 덮을 때도 있었다. 첫 이라크 파병 때는, 우리 소대원들 전부

* 발라클라바: 머리, 목, 얼굴을 거의 다 덮는 방한모이다. -옮긴이

늘 검은색 발라클라바를 착용했었다. 우리의 신분을 보호함과 더불어 무엇보다 적에게 심리적 압박을 가하려고 한 행동이었다. 그러나 라마디에서는 브루저 기동대원 중 그 누구도 발라클라바 또는 얼굴을 가리는 것을 쓰지 않았다. 얼굴을 덮는다는 건 테러리스트라는 의미였기에 이런 환경에서는 아무도 테러리스트로 의심받고 싶어 하지 않았다. 그랬다가는 머리통에 미군의 총알이 박힐 수도 있었으니까.

여러 무전이 오가는 중에 감시팀으로부터 무전이 왔다. "움직임이 포착됐다." 감시팀의 무전 대원이 속삭였다.

레이프와 분대장, 나는 자리에서 일어나 더 잘 들으려고 무전기 가까이로 다가갔다.

"징병 연령의 남성 넷 또는 여섯이 전략적으로 움직인다." 무전 대원이 설명했다.

"PID는 어떤가?" 내가 물었다. 어려운 질문이었다. PID는 신원이 확실하냐는 의미였다. 나는 그 사람들이 우호적으로 보이는지 또는 적대적으로 보이는지 확인 가능 여부를 물었다.

"스탠 바이, 레디." 무전 대원이 말했다. 네이비씰 팀에서 '스탠 바이, 레디'는 어떤 목소리 톤으로 어떻게 쓰이냐에 따라 의미가 다양했다. '잠깐 기다리라'는 뜻일 수도 있고, '움직이지 말라'는 의미일 수도 있다. 또한 '더는 밀어붙이지 말라'는 뜻이거나 '모르겠으니 알아보겠다'는 말일 수도 있다. 게다가 '나쁜 일이 벌어질 수도 있으니 대비하라'는 뜻도 있다.

무전 대원의 목소리에는 '모르겠으니 알아보겠다'와 '나쁜 일이 벌어질 수도 있으니 대비하라'가 섞여 있었다.

레이프와 나는 서로를 바라보았다. 나는 레이프를 향해 고개를 끄덕였다. 그는 내가 무슨 생각을 하는지 알아챘다. 그러자 레이프도 분대장에게 고갯짓을 했다. 그들은 헬멧을 움켜잡고 서둘러 밖으로 나가서 대원들을 집결시킨 다음 장비 장착 후 차량에 탑승하라고 지시했다.

그러고 난 뒤 나는 감시팀 지휘관에게 그가 예상하지 못했을 무전을 보냈다. "적대적인 행동을 확실하게 확인하기 전까지는 교전을 시작하지 않는다. 아군일 가능성이 있다."

"네?" 감시팀 지휘관이 의아해했다. 매우 이례적인 일이었다.

"우리와 합동하지 않은 아군 병력일 수도 있다. 그리고 그들이 민간인 복장을 입고 있을 가능성이 있다." 내가 그에게 말했다.

"정말입니까?" 감시팀 지휘관의 좌절감이 그의 무전 신호보다 더 선명하게 느껴졌다.

"정말이다. 지시를 전달하라." 내가 진지하게 말했다.

매우 안 좋은 상황이었다. 전투는 원래 혼란스럽다. 전투지에서 발생하는 모든 역학 관계를 파악하고 이해하는 것은 불가능하다. 예전부터 이런 상황을 두고 '전운이 감돈다*'라고 한다. 물론 전쟁 중에는 포연이 실제 존재한다. 다른 보고와 다른 의견, 다른 인식, 정보를 수신하고 처리하는 데 소요되는 시간상의 차이, 날씨의 상태, 어둠, 지형, 적의 속임수와 교묘함, 우리 쪽 병력의 움직임과 반응. 거기에 혼란과 불확실성까지 가중되어 전쟁 중에는 전운이 감도는 장면만 그려진다. 서부 해안 지대의 네이비씰 팀들을 훈련시킬 당시 나는 어떤 수업에서 전투지에서 가장 중요한 정보는 자신의 위치에 대한 인식이라는 걸 주기적으로 가르쳤다. 그

* 프로이센 왕국의 군인이자 군사 사상가인 카를 폰 클라우제비츠가 저서 《전쟁론》에 '전쟁은 불확실의 영역이다'라고 쓴 것에서 유래된 말이다.
참고: 클라우제비츠는 실제로 '전운'이라는 말을 사용한 적이 없다.

정보 말고 다른 것은 중요하지 않다고 전했다. 두 번째로 중요한 정보는 아군의 위치다. 이것이 뒷받침되어야만 적의 위치가 어디든 상관이 없는 것이다. 자기 팀이 어디에 있는지도 모르고 우호적인 부대가 어디에 있는지도 모르면 적과의 교전은 불가능하다.

비록 감시팀은 모든 게 부정확한 상황에서 자신들의 위치와 돌격대 및 109 보병대 1대대의 위치를 정확하게 알고 있었지만, 주변 아군 병력의 유무는 확신하지 못했다. 심지어 명확하게 구분할 수도 없는 상황이었다. 사태가 심각했다.

긴장되는 시간이 흐르고 있었다. 돌격대는 전투 차량에 올라타서 지시를 기다리는 중이었다. 그런데 그때 아무런 사전 경보도 없이 감시팀이 있는 지역에서 총격 소리가 터져 나왔다. 예광탄이 하늘을 가르며 터졌다.

무슨 일이 벌어진 건지 알 수가 없었다. 누가 누구를 쏜 건지 확신할 수 없었다. 감시팀의 무전 대원에게 사태 파악 요청을 했다. 대답이 없었다.

감시팀이 반군과 교전 중인 걸까? 반군들과 지역 주민 간의 총격전일 수도 있을까? 감시팀이 공격을 받아 피해를 입은 걸까? 민간인 복장의 연합 병력이 나타난 걸까? 아군 간 교전이 발생한 걸까? 도무지 알 수가 없었다. 유일하게 아는 것은 임무 계획 중에 실시한 리허설뿐이었다. 만일 감시팀이 피해를 입으면, 돌격대가 즉각 투입되어야 했다. 즉, 우리가 당장 전투 차량을 이끌고 그 지역으로 출동해야 한다는 의미였다. (보통 전투 차량은 몇백 미터 떨어진 곳에 정차하고 돌격대만 걸어서 안으로 진입한다.) 그런 다음 주변을 봉쇄해 마을로 이어지는 메인 도로의 안전을 확보해야 했다. 또한 마을 안에 반군이 있는 상황에서 우리가 그들에게 시간을 너무 많이 주면, 반군이 방어 태세를 정비하고 싸울 준비를 마치거나 도망칠 가능성도 있었다. 두 가지 모두 돌격대에게 좋지 않았다. 그래서 상황의 불확실성에도 불구하고 나는 기본자세를 이어 가기로 했다. 공격을 하기로 결심했다.

전투 차량으로 뛰어가서 네이비씰 대원들과 차량에 올라타 출동 준비를 했다. 지휘 차량으로 뛰어들어 무전기에 마이크를 꽂았다. "작전 실행, 작전 실행한다. 마을 내의 메인 도로 더스터가로 출동한다. 그 후 도로를 봉쇄한다."

선임 조종 대원이 무전기에 명령했다. "출동."

차량 기어를 바꾸고 빠르게 길 아래로 내려가 마을 쪽으로, 총격 소리 쪽으로, 불안한 곳으로 향했다.

돌격대가 출발했을 때도 총격전은 계속되고 있었지만 우리 차량이 접근하자 서서히 줄어들었다. 불확실성이 다분한 상황이었으나 익히 잘 알고 있는 것들도 존재했다. 돌격대는 감시팀의 위치를 알았고, 레이프와 분대장이 모두에게 정보를 전달했다. 이 지역에 아군이 있을 가능성이 존재한다는 말도 전했다. 이 때문에 모두들 사격에 굉장히 예민하고 신중해질 수밖에 없었다.

몇 분이 지난 뒤 돌격대가 마을 한가운데에 있는 도로에 도착했고, 그곳에 정차해서 안전을 확보했다. 감시팀은 사격을 멈추었지만 다행히도 자신들의 위치를 정확히 표시해 놓았기 때문에 우리는 그들이 어디에 있는지 쉽게 알 수 있었다.

"감시팀, 상황이 어떤가?" 내가 무전으로 물었다.

"강가에 무장한 징병 연령의 남성들을 PID 했습니다. 공격 공작 중이었습니다. 교전을 시작했습니다." 감시팀 지휘관이 응답했다.

"다른 적의 움직임은?"

"없습니다."

"알겠다. 공격 시작." 나는 우리의 기본자세인 공격적 태도를 유지하며 지시했다. 그러자 돌격대가 차량에서 내려 마을에 저지선을 설치하고 체계적으로 건물을 하나씩 확보하기 시작했다. 그런 다음 매브 마켓의 가판대도 하나씩 장악했다. 적은 우리의 침투를 확실히 알게 되었지만 대응할 시간이 없었다. 돌격대는 마을과 시장을 샅샅이 뒤지며 반군으로 의심되는 자들을 잡아 구금했다. 그자들은 잠을 자던 중 잡혀서 여전히 비몽사몽했다. 또한 적의 무기 은닉처도 발견되었다. 작전 중에 혼란과 불확실성이 발목을 붙잡긴 했지만, 우리의 결단력과 공격적인 행동이 결국 작전을 승리로 이끌었다.

우리는 네이비씰 대원들이 공격적인 정신력으로 작전에 임하기를 기대했다. 그들이 앞으로 나아가며 깨닫고 빠르게 작전을 세우고 가능성을 보고 문제 해결과 장애물 극복 및 임무 달성을 적극적으로 수행하면서 그것을 기회로 삼기를 바랐다.

그러나 공격적인 자세를 갖는 것에는 이분법이 존재한다. 공격적인 것이 늘 정답은 아니다. 공격적인 자세는 위험 대비 보상을 상세하게 분석한 논리에 따라 균형을 찾은 상태에서만 이루어져야 한다.

라마디에서 브루저 기동대는 미군 제1기갑사단의 레디 퍼스트 여단 전투 팀의 육군, 해병대, 해군, 공군으로 이루어진 5,600명의 미군을 지원함에 따라 '장악, 정리, 유지, 건설' 작전을 이행하고 반군으로부터 라마디를 되찾아오는 영예를 안았다. 우리는 육군 및 해병대 지도부와 그들이 지휘한 소대 병사들, 중대 병사들, 대대 병사들과 예외적이고 뛰어난 업무 관계를 형성했다. 우리의 관계는 서로 간의 믿음과 존중을 기반으로 다져졌다. 미군 레디 퍼스트 여단 지휘관은 육군 대령이었으며, 비범한 리더였다. 진취적이고 똑똑하며 전술적인 시야가 놀라울 정도로 대단했다. 그는 진정한 프로였고, 내가 존경을 표할 수 있는 가장 훌륭한 리더 중 한 사람이었다. 여단장이 우리 기동대에게 지원 요청을 했을 때마다 브루저 기동대는 그에 응했다. 이 도시에서 가장 위험하고 불안정한 인근 지역에 미군 전투 기지를 설치하기 위해 지상 부대의 주요 전투 작전인 장악, 정리, 유지, 건설을 이행하는 데 우리 네이비씰 대원과 이라크 병사들을 파견한다는 것이 너무나 자랑스러웠다.

파병 몇 달 후, 라마디 캠프에서 레디 퍼스트 여단 작전 회의에 참석했는데 여단장이 내게 'C-Lake'라고 불리는 도시의 북부 지역에서 적의 박격포 팀 위협을 제거하는 임무에 네이비씰이 도움을 줄 수 있는지 물었다.

C-Lake는 그 지역의 주요 특징에서 유래된 이름인데, 유프라테스강에서 분리되어 생긴 우각호가 C 모양이어서 붙여진 것이었다. C-Lake 옆에는 강을 따라 약 16킬로미터 정도 길이의 너른 평야가 펼쳐져 있고, 그 위에 집들이 조금씩 무리 지어 군데군데 흩어져 있고, 사이사이로 좁다란 오솔길이 나 있는 시골이었다.

그러나 반군이 미군에게 박격포 공격을 개시하는 데 활용되었던 지역이기도 했다. 반군들은 매일같이 라마디 캠프와 그 인근 기지에 주둔하는 미군들에게 박격포를 발사했다. 자주는 아니지만 박격포가 라마디 캠프의 샤크베이스를 친 적도 있었다. 미국의 레이더 기술이 박격포의 탄도를 추적해 발사가 시작된 지점을 알아냈다. 라마디 캠프를 타격한 박격포는 대부분 C-Lake 지역에서 발사한 것이었다. 안타깝게도 적은 우리가 박격포의 발사 지점을 찾아냈다는 걸 눈치챘고, 결국 전술을 수정했다. 그 이후에는 박격포가 특정 지점에서 날아들지 않고 지역 전체를 빙빙 돌며 발사되었다. 더군다나 반군은 박격포를 포격할 때 찰나의 순간에 한 번 또는 두세 번만 빠르게 발사한 다음 박격포 통을 챙기고 사라져 버렸다. 대응하기 어려운 전술이었고, 그들 입장에서는 나름 효율적이었다.

박격포 공격 외에도 반군들은 C-Lake 전역을 돌아다니며 대형 IED를 도로에 설치했다. 그 지역에는 도로가 제한적이어서 미군 호송대가 반군을 겨냥할 수 있는 루트가 얼마 되지 않았다. 도로 주변이 탁 트인 평야 지형이었기 때문에 적들은 멀리에서도 미군의 험비를 볼 수 있었고, 무선 조종으로 수백 미터 떨어진 길가에 설치된 폭탄을 폭파시키기도 했다. 최근 몇 주간 C-Lake에 설치된 IED로 인해 미군의 험비 여러 대가 파괴되고 육군 병사들이 선사했다. 우리는 치명적인 희생을 감내해야 했다.

브루저 기동대는 라마디의 다른 지역에서 반군의 IED 설치 병사*와 박격포 팀을 성공적으로 제거한 적이 있었기 때문에 이론적으로는 C-Lake에 가서 지원 임무 수행이 가능할 것 같았다. 여단장이 우리 기동대가 도움을 줄 수 있는지 물었을 때, 나는 일단 그 임무에 최고의 지원이 될 수 있는 방법을 찾아보겠다고 답했다. 레디 퍼스트 여단에게 닥친 어려운 상황에 지원을 가서 반군의 위협을 제거하고 더 많은 미군들이 가족들에게

* IED 설치 병사: 미군에서 쓰는 용어로, 매우 위험한 급조 폭파 장치 또는 도로변 폭탄을 설치하는 반군 병사를 뜻한다.

돌아갈 수 있도록 돕고 싶었다. 또한 반군들을 죽여서 IED 폭파로 목숨을 잃은 우리 전우들의 희생에 대한 대가를 치르게 하고 싶었다. 자기들의 공격에 책임을 지게 하고 싶었다. 나는 레이프와 찰리 소대에게 레디 퍼스트 여단의 지원 요청 소식을 전했고, 우리는 한참 대화를 나누었다. 찰리 소대장인 레이프와 부소대장 토니, 나머지 대원들은 늘 적의 파멸을 갈망했다. 그들은 정보를 분석하고 그 지역의 지도를 살피며 C-Lake 주변에서 작전을 수행했던 병사들과 이야기를 나누기 시작했다. 그리고 찰리 소대 및 브루저 기동대 정보팀과 함께 임무 완수를 위한 가장 최선의 행동 방침을 검토했다.

며칠이 지난 후 찰리 소대는 도심의 다른 지역에서 작전을 하기 위해 출동했다. 본대로 복귀한 뒤 그들은 C-Lake 작전을 계획하고자 다시 모였다. 그렇게 며칠 동안 그들은 신중하고 세심한 분석을 했고, 레이프가 분석 결과에 대한 이야기를 하려고 내 사무실로 왔다.

"기동대장님, 잘 모르겠습니다." 레이프가 다소 낙담한 기색을 드러냈다.

"뭐를 모르겠는가?" 내가 물었다.

"C-Lake 작전은 힘든 작전입니다. 이게 타당한 건지 확신이 서지 않습니다."

"좋아. 내가 한번 살펴보지."

레이프와 나는 벽에 걸린 C-Lake의 상세 지도 쪽으로 걸어갔다. 가장 먼저, 지도 위에 박격포 공격이 발사된 지점을 전부 표시했다. 반군은 같은 위치에서 두 번 공격하지 않았다. 공격 위치에 관한 확실한 패턴도 없었다. 또 박격포가 발사되었던 곳에는 어떠한 지형적 특성도 없었다. 어떨 때는 도로에서 발사되었고, 어떤 때는 들판에서, 어떤 때는 집이나 건물 부근에서, 또는 탁 트인 곳에서 발사되었고, 나뭇잎으로 위장을 하거나 아예 위장을 하지 않은 채 공격을 하기도 했다. 우리 저격팀을 적절한 위치에 배치해 적의 박격포 팀을 관찰하고 그들과 교전을 하게끔 해야 했지만 어떤 패턴도 보이지 않았다.

그다음, 레이프가 IED 폭파 위치를 가리켰다. 해당 지역은 유프라테스강과 접해 있고 운하가 교차되는 곳이었기 때문에 차량으로 가기에는 제한이 있었다. 우리가 그 지역으로 드나들 수 있는 길은 메인 도로 하나뿐이었다. 넓게 탁 트인 그 지형에는 우리 저격팀이 장기적으로 메인 도로를 감시하면서 IED 설치 병사를 지켜볼 만한 적절한 위치가 없었다. 그들을 감시하려면 우리가 직접 우리의 위치를 노출시켜 적의 공격이 발사되도록 하는 수밖에 없었다. 그렇게 적의 공격이 시작되면 우리는 도움이 필요할 테고, 그러면 미군 전투 차량은 우리를 돕기 위해 IED 폭파 확률이 매우 높은 메인 도로로 들어와야만 했다. 지원을 오는 미 육군을 심각한 위험으로 끌어들이는 일이 될 터였다. 사실 긴급 대응 부대가 우리 쪽으로 아예 오지 못할 가능성도 있었다. 물론 전투 차량에 탑승 중인 우리 네이비씰 대원들과 이라크 병사들도 IED 때문에 그 지역을 드나들다가 위험한 상황에 빠질 수도 있었다.

"핵심은 이것입니다." 레이프가 결론지었다. "C-Lake에서의 박격포 제압 작전과 IED 제거 작전은 성공 가능성이 매우 낮습니다. 그런데 작전을 수행하는 네이비씰 대원들과 이라크 병사, 우리를 지원해 줄 미 육군 병사들이 받는 위협은 극도로 높습니다."

레이프와 토니, 찰리 소대의 나머지 지도부는 그 임무에 관한 과제를 확실히 수행해 냈다. 라마디에서 지낸 몇 달 동안 증명했듯 나는 그들이 위험을 회피하는 게 아니라는 것을 분명히 파악하고 있었다. 그들은 용감한 미 육군과 해병대 장병들을 치명적인 적의 공격으로부터 보호하기 위해 최대한 많은 반군들을 먼지 속으로 처넣기를 누구보다 간절히 바랐다. 그러나 적의 공격이 어디에서 올지 예측할 방법이 전혀 없었다. 그들의 분석이 충분히 이해가 갔다. 즉, 우리가 아무 곳에나 또는 임의적인 위치에 감시팀을 배치해야 한다는 의미였다. 건초 더미에서 바늘 찾기나 다름없었다. 만에 하나 몇 안 되는 괜찮은 매복지를 우리가 알아낸다고 할지라도 적은 어렵지 않게 우리를 찾아낼 것이었다. 게다가 기나긴 메인 도로를 감시할 능력이 없으면 IED 설치를 완전하게 막을 수도 없었다.

"여단장님의 지원 요청에 응하고 싶지만 굉장히 불리한 상황입니다. 저는 불가능한 작전이라고 생각합니다. 이 작전 수행에 따른 위험은 감수해야 할 가치가 없습니다." 레이프가 말했다.

그의 말이 맞았다. 그 작전을 수행하고 싶지만, 적과 싸우고 C-Lake에서 적의 박격포 팀과 IED 팀을 죽이고 싶지만, 말이 되지 않는 작전이었다.

"그래, 자네 말이 맞아." 나는 동의했다. "성과를 낼 가능성이 현저히 낮은 지원 업무이고 우리에게도 위험성이 너무 높다. 내가 여단장님과 이야기 나눠 보겠네."

나는 여단장에게 존경심과 경외심을 지니고 있었다. 그와 그의 병사들은 우리를 대단히 신뢰하였고, 위험한 상황에서도 우리 저격팀이 우위에 배치되어 육군과 해병대를 지속적으로 엄호했던 일에 감사의 뜻을 전했다. 또한 여단장이 우리의 능력을 그만큼 좋게 평가하고 있었기 때문에 우리에게 C-Lake의 박격포와 IED 제거 작업 같은 어려운 임무 수행을 부탁했다는 걸 깨달았다. 그날 밤 나는 기지로 가서 여단장에게 상황 설명을 했다. 그는 우리의 입장을 완전히 이해했고 문제 해결을 위해 대체될 만한 전략을 함께 의논했다. 지속적으로 공중 엄호를 하거나 연합군을 조성하여 해당 지역에 주둔시키는 등의 대안들이 나왔다. 검문소나 전투기지를 세워 그 지역을 통제하는 방안도 있었다. 여단장은 공격적인 기본자세를 갖는 것도 중요하지만 그에 비해 보상이 제한적이고 위험이 과도한 경우에는 각별히 주의하고 세심하게 고민하여 균형을 이루어야 한다는 걸 잘 알고 있었다. 나처럼 말이다.

기본 원칙

문제점은 스스로 해결되지 않는다.–리더는 공격적인 자세로 문제를 해결하고 그 해결책을 이행해야 한다. 해결책이 나타나길 기다리는 매우 수동적인 행동이 문제를 더 키워 손을 쓸 수 없는 상황에 이르게 하는 경우도 많다.

적은 뒤로 물러나지 않는다.–리더는 공격적인 자세로 적을 저지해야 한다.

성공은 알아서 굴러 들어오지 않는다.–리더는 발 벗고 움직여 성공을 일궈 내야 한다.

팀의 변화와 새로운 방법론은 저절로 구현되지 않는다.–리더는 공격적으로 그것들을 구현해 내야 한다.

공격적인 사고방식은 어느 리더에게나 기본자세여야만 한다. 즉, 최고의 리더와 최고의 팀은 움직이기를 기다리지 않는다. 그 대신 전략적인 비전(또는 리더의 의도)을 이해하며 장애물을 뛰어넘고 목전의 기회를 활용하기 위해 대단히 공격적으로 임무를 수행한다.

기본자세가 공격적인 리더는 무엇을 해야 할지 지시해 주기를 수동적으로 기다리기보다는 전략적인 임무를 더 발전시키기 위한 방법을 적극적으로 모색한다. 그들은 상급 지도자의 의도와 지휘권을 써야 하는 상황을 잘 이해하고 실행에 옮긴다. 기본급 등급 너머의 결정, 즉 권한 밖의 결정을 할 때, 공격적인 리더는 상부 지휘 계통의 권고를 늘 유념하고 따르면서 문제를 해결하기 위한 핵심 업무를 이행하고 전략적으로 승리를 거머쥔다. 우리는 네이비씰 소대와 기동대 내 모든 단계의 리더들과, 소소한 임무와 자기 자신을 책임지고 있는 전방 배치 대원들이 이런 사고방식을 갖길 기대했다. 이는 어느 리더, 어느 팀, 어느 조직에게나 중요하다. 이와 같은 사고방식은 전쟁터에서는 물론이고 비즈니스의 성공에도 중대한 역할을 한다.

'공격적인'은 앞서서 주도한다는 뜻이다. 리더가 화를 내고 성질을 부리면서 팀원들에게 공격적으로 행동한다는 의미가 아니다. 리더는 언제나 팀의 부하 직원, 동료, 지휘 계통의 리더, 고객, 외부 업체 관리 직원을 전문적으로 다루어야 한다. 다른 이에게 화를 내며 말하는 것은 효율적이지 않다. 성질을 내는 것은 약점을 드러내는 것과 같다. 전쟁터와 비즈니스, 생활 속에서 승리하는 공격성은 사람을 향하는 게 아니라 문제 해결과 목표 달성, 임무 완수를 향해야만 한다.

신중히 생각하고 분석하며 위험성을 따져 보고 완화하면서 공격성에 균형을 이루는 것은 반드시 필요하다. 공격적인 사고방식의 이분법 사이에서 리더는 가끔씩 속도를 늦추며 상황을 더 정확히 이해하고 그에 맞게 반응해야 한다. 적의 총격에 즉각 반응하는 것보다는 한 걸음 물러나 어떻게 발전시켜야 할지 살펴보고 신중히 결정한다. 단순한 사격 정찰인가? 진짜 공격을 위해 우리의 주의를 분산시키려는 적의 속임수인가? 대규모 반군이 매복 중인, 꽉 막힌 지역으로 우리를 꾀어내려는 건 아닌가? 이런 신중한 고민이 적의 진짜 의도를 드러나게 할 수도 있다. 신중하게 고민하지 않으면 팀을 재앙으로 몰아넣어 더 큰 임무를 위험에 빠뜨릴 수도 있다. 숙련된 사람이 주의를 주며 진중하게 조언을 하는데도 귓등으로 듣거나 만일의 사태에 대한 계획을 세우지 않는 것은 어리석은 짓이다. 아주 형편없는 리더십이다.

무모함의 주된 요인은 군사학자들이 오랫동안 언급해 온 '승리의 병폐'에서 비롯된다. 전쟁터에서 몇 번 성공을 경험하면서 팀의 자체 전술 기량을 과대평가하는 동시에 적이나 경쟁자의 능력을 과소평가하는 과정에서 생성된다. 비단 전투 작전 지휘관만의 문제가 아니라 비즈니스 부문과 민간 부문 전체에 걸쳐 있는 리더와 팀원들도 유념해야 할 부분이다.

리더는 팀이 성공을 이루어 낸 현재에 안주하지 않으려면 승리의 병폐와 늘 맞서야 한다. 어떤 행동이든 위험성은 임무 성공의 잠재적인 보상과 비교되어야 하고 신중히 평가되어야 한다.

리더는 공격적인 자세를 갖춰야 하지만, 그렇다고 본능에 따라 무조건 마구 달려가선 안 된다. 늘 신중해야 한다. 공격성과 신중함의 이분법은 반드시 균형을 이루어야 한다. 리더는 언제나 공격적이되, 무모하지 않아야 한다.

실전 비즈니스

"18개월에서 24개월 뒤에 찾아올 성장에 대비하기 위해 지금 팀을 구성하려 합니다." CEO가 대단한 열정을 보이며 말했다. 그녀는 규모가 작은 회사의 소유주였고 급격하게 사업 확장을 하려 했다. CEO는 이전 소유주로부터 그 회사를 인수했고, 이전 소유주는 지난 5년간 자동 주행 속도 유지 장치 관련 사업을 하다가 은퇴했다.

회사를 인수한 뒤 새 CEO는 공격적으로 사업에 뛰어들어 거래 계약도 많이 따냈다. 그녀는 열심히 일했고 팀원도 열심히 이끌었다. 그 후 몇 년 안에 회사는 대단히 크게 성장했다. 그녀는 회사의 성장에 힘입어 자신과 팀원들에게 걸맞은 리더십 훈련 필요하다는 것을 깨달으며 리더십 훈련을 제공하는 에셜론 프런트에 의뢰했다. 일단 듣기에는 그 회사와 CEO가 올바른 궤도에 있는 듯했다.

그러나 CEO의 앞길에는 거친 장애물이 있었다. 그녀는 개인 자본의 대부분을 회사를 매입하는 데 썼고 이전 소유주는 회사에 현금 유동성을 거의 남겨 두지 않은 채 매도했다. 그래서 그녀의 개인 재정과 회사의 부실한 대차 대조표 사이에는 운용 자본이 많지 않았다.

또한 전형적인 사업 문제도 있었다. 대부분의 판매 시나리오와 마찬가지로 맞춤형 제조 사업은 세일즈 리드(sales lead)를 많이 발굴하고 그 뒤에 다양한 후속 작업을 처리해야 했다. 그러나 그중 실제 판매로 전환되는 비율은 극히 적었다. 후속 작업에는 디자인, 테스트, 승인, 제조 등이 포함됐다. 제조가 이루어지는 아시아로 오가는 운송 지연도 후속 작업에 해당되었다. 다시 말해, 거래가 체결된 시점과 고객이 최종 지불한 시점 사이의 시간이 굉장히 길고 자본 집약적이었다.

CEO가 나에게 회사의 계획을 줄줄 말했다. "저희가 지금 앞으로 나아가는 과정이 눈에 훤히 보여요. 발굴된 리드가 점점 많아지고 입소문이 나면서 계약이 체결되는 비율이 갈수록 높아지고 있죠. 내년이면 매출이 폭발적으로 오를 거예요. 그래서 저는 팀이 더 철저히 대비했으면 좋겠어요. 기본자세는 공격적으로. 맞죠?" 그녀는 내가 며칠 전 설명했던 전투 리더십의 원칙을 언급했다.

"맞습니다. 기본자세는 공격적으로!"

늘 그랬듯 그런 그녀의 태도가 마음에 들었다. 그날 오후 그녀가 회사의 향후 계획을 더 자세하게 설명했다. 현시점과 같은 일자리와 새로 만들어 낸 일자리, 그리고 회사를 어떻게 조직할 건지에 대한 설명이었다. 인상적이었다. 회사는 앞으로 어디로 발돋움을 할 건지에 대한 명확한 비전과 규모가 훨씬 큰 몇몇 경쟁 업체들과 동등한 결과를 이끌어 내고 많은 주문량을 감당할 수 있는 대단한 능력을 가졌다.

덩치가 커진 팀을 수용하기 위해 그녀는 회사를 새로운 곳으로 옮기거나 현재 위치에 인접한 장소에라도 공간을 추가하여 규모를 확장시키고자 했다. CEO는 내심 외관이 더 괜찮은 새로운 장소로 회사를 옮기고 싶어 했다. 현재 회사는 수년간 사업이 악화되었던 시기를 겪으며 생기를 잃을 대로 잃었고, 건물도 잘 관리된 듯한 인상을 주지 않았다. CEO는 첫인상의 가치를 잘 알았기에 회사 이전 계획을 세우는 중이었다.

"새로 옮길 곳은 훨씬 더 성장할 만한 잠재력이 있는 곳이에요." 그녀가 설명했다. "조만간 우리에게 필요할 곳이죠!"

그녀의 적극적이고 공격적인 사고방식은 내 귀에 음악처럼 들렸다. 나는 그녀의 역동적이고 열정적인 태도를 확인하고 주저 없이 한배에 올라탔다.

"대단하군요." 나는 CEO의 자세에 기분이 좋아졌다. "준비 작업과 기반 시설을 확실하게 해 두고 적절한 인력을 자리에 배치하면 내년에는 온 세상을 인수하실 것 같습니다."

그때 CEO와 나는 열정과 투지로 똘똘 뭉쳐 주립 농구 챔피언십에서 방금 우승을 차지한 아이들처럼 서로 하이 파이브를 하며 신나 했다.

그런 분위기 속에서 미팅을 마무리 지으니 정말 기분이 좋았다. 나는 다음 주에 있을 미팅을 고대하며 건물 밖으로 나왔다.

집으로 가는 비행기를 타기 위해 공항으로 가는 길, 마음을 진정하며 정신을 다잡고 흥분에서 빠져나왔다. 그제야 내가 그 회사를 너무 감정적으로 대했다는 사실을 깨달았다. 좋은 느낌이긴 했지만 심하게 감정에 치우쳤었다. CEO의 열정과 공격적인 사고방식에 사로잡혀 있었다. CEO의 장기적인 이익과 회사의 이익을 위해 나 자신을 점검해야 했다.

밤에 집으로 돌아온 뒤, 그녀에게 환대해 주어 고맙다는 메일을 보냈다. 그녀의 태도에 대해서도 함께 칭찬해 주었지만, 그 생각은 점점 옅어져 갔다. 그녀에게 큰 결정을 내리기에 앞서 감정에 치우치지 않고 회사의 재정을 진지하게 분석해야 하며, 운영 자본과 잠재 성장에 대해 보수적인 시야를 가져야 하고, 가까운 시일 또는 장기적으로 회사의 간접비가 얼마나 증가할지 예측해야 한다는 말을 예전에 한 적이 있다는 걸 알렸다. 그러면서 다음 주 미팅에서 팀원들과 함께 수치를 보고 의논을 해야 하니 시간에 맞춰 팀원들을 모아 달라고 부탁했다.

다음 주에 CEO를 다시 만났을 때도 그녀는 여전히 열정적이었다. 굉장히 보기 좋았다. 그렇지만 나는 계속해서 감정을 다스려야 했다. 그녀의 열정과 공격적인 사고방식에 사로잡히지 말아야 했다. 그녀가 과하게 공격적인 게 아니라는 것을, 무모하지 않다는 것을 확실히 증명해야 했다.

"제 생각에 저희는 계속 앞으로 잘 나아가는 것 같아요." CEO가 나를 사무실로 안내했다. 사무실에는 CFO(재무 담당 최고 책임자)와 인사부장이 기다리고 있었다.

"좋습니다. 수치를 같이 한번 보시죠." 내가 말했다.

CFO가 회사의 재정 전망이 정리된 슬라이드 몇 장을 보여 주었다. 맨 아래 줄까지 다 보았는데 빡빡했다. 너무 빡빡해서 편안함이 느껴지지 않았다. 그렇지만 불가능해 보이진 않았다.

그런데 예상 판매량 차트에 적힌 '직진'이라는 글자가 눈에 들어왔다.

"여기에 직진이라고 적어 놓으셨네요. 회사의 도전적 목표인가요?" 내가 CEO에게 물었다.

그녀가 말을 살짝 더듬더니 단호하게 말했다. "음, 일종의 그런 거죠. 어쨌든 영업 인력을 확충하면 그 지점에 도달할 수 있을 거예요."

"그러니까 아직 고용하지도 않고 테스트도 해 보지 않고 훈련도 시키지 않은, 제대로 증명되지 않은 영업 인력을 말씀하시는 건가요?" 걱정이 커져 갔다.

"음, 아직은 확실히…… 그렇지만……." 그녀가 말끝을 흐렸다.

"영업 인력에 관련해서는 뭐 하나 쉬운 게 없죠. 고용을 하기도, 훈련을 시키기도, 확실히 증명해 내기도 쉽지 않습니다. 그래서 새로운 영업 사원은 어느 산업에서나 예측하기 어려운 법이죠. 만일 대표님이 영업 인력 증가에 기반을 두고 도전적인(직진) 목표를 달성할 계획을 세운다면, 큰 문제가 발생할 겁니다."

"그 목표에 도달하기까지 조금 오래 걸린다면 더 기다리면 되겠죠." CEO가 한발 물러섰다. "그럴 여유가 없는 건 아니니까요."

"확실합니까?" 내가 물었다. "예산안을 다시 보여 주시겠어요?" 이번엔

CFO에게 물었다.

그가 화면에 예산안 슬라이드를 띄웠다. 조금 전보다 더 자세히 들여다보았다.

"회사의 도전적 목표가 간접비를 거의 커버하지 못하는군요. 간접비가 올라갈수록 상황은 더욱 안 좋아질 겁니다." 내가 말했다.

"하지만 내년에 크게 성장하려면 미리 자리를 잡아야 해요." CEO가 무의식적으로 공격적인 면모를 보이며 나의 마음을 끌었다. 그러나 나 자신을 점검해야 했다. 그리고 CEO도 점검해야 했다.

"알고 있습니다." 내가 답했다. "하지만 보세요. 6개월 안에 저 도전적 목표를 달성하지 못하면 무너질 겁니다. 대표님은 가만히 앉아서 납입금이 들어오기만을 기다려야 하기 때문에 운용 자본을 계속 태우게 됩니다. 지금 당장 밖으로 나가서 투자자들에게 돈을 빌릴 수도 있겠지만 그건 단기적인 희생에 불과합니다. 멈추지 않고 계속 돈을 쓰게 될 테니까요. 외부 자금 없이 이런 추세가 계속되면 일 년 안에 회사가 뒤집혀요. 18개월 후에는 질 나쁜 투자자나 강제 매수자에게 재정적 취약함이 노출되어 휘둘릴 수도 있고, 심하면 파산 상태에 빠질 수도 있어요."

"그렇지만 저는 목표를 이미 세워 놨는데 준비가 안 되어 있으면 어쩌죠?" CEO가 물었다. "저는 늘 공격적인 자세를 지녀야 한다고 생각했거든요."

"흠…… 대표님은 당연히 상황에 맞는 준비를 하셔야 하고, 공격적인 자세 역시 지녀야 하겠죠. 하지만 공격적인 자세는 앞뒤 가리지 않고 나가라는 의미가 아닙니다. 반드시 제거되어야 하고 제거할 수 있는 재앙과 같은 위험을 무릅쓰라는 말이 아니에요. 또한 비현실적인 직진 목표에 의존하라는 뜻도 아닙니다. 대표님은 회사의 위험을 완화하고 장기적인 성공을 보장하면서 공격적으로 임해야 합니다. 오너십을 갖고 완전한 관리 감독을 유지하며 공격적인 자세를 취해야 해요. 만일의 사태에 대비한 계획과 예산을 세우고 난 다음에 앞으로 나아가야 합니다. 이런 식의 공격적인 태도가 필요해요. 그렇지 않으면 대표님이 스스로 자신과 임무, 팀 그리고 회사를 위험한 상황으로 내몰게 될 겁니다."

CEO가 고개를 끄덕이며 내 말의 속뜻을 이해하기 시작했다.

내가 말을 이었다. "자, 제가 지난번에 회사의 지도부에게 리더의 기본자세는 공격적이어야 한다는 설명을 했을 때, 팀원들에게 공격적으로 대하라는 의미가 아니라는 것을 알고 계셨나요? 리더가 팀원들에게 소리 지르는 것은 팀을 이끄는 공격적인 태도가 절대 아니라는 것은요? 물론 팀원들에게 단호해야 할 때도 있지만 어느 정도 균형을 이루어야 합니다. 공격적인 자세는 좋은 자세입니다. 한편으로는 팀을 통제할 수도 있죠. 지금과 비슷한 상황입니다. 이와 같은 상황에서 공격적인 자세를 취하면서 간접비를 증가시키는 것은 회사에 전혀 도움이 되지 않을 겁니다. 대표님을 위험에 노출시키고 취약하게 만들 뿐이에요. 그러니 회사가 달성 가능한 마지막 지점을 다시 측정하고 살펴보면서 균형 잡힌 방법으로 재설정해 보세요. 그런 다음 계획을 새로 세우고, 그 계획을 따로 분리시켜 위험을 관리하고 측정할 수 있게 하세요. 그리고 대표님이 예상한 방향으로 흘러가지 않을 경우를 대비해 비상 전략을 따로 만들어 놓으세요."

CEO가 고개를 끄덕이고 미소 지었다. "저는 제가 아주 약간만 공격적인 줄 알았어요. 이제 알겠어요. 이해했어요. 더 적은 위험과 더 많은 통제력을 가지고서 일을 해낼 방법이 분명히 있군요."

그런 방법으로 우리는 업무에 착수했다. 기반 시설을 서서히 증대시키고 영업팀 성장뿐만 아니라 실제 거래를 성사시키며 스스로를 증명하는 것에 더욱 노력을 기울이는 계획을 수립했다. 사무실 이전은 실행하지 않기로 했으며 사무실 확장 역시 현재 공간에 자리가 정말 부족할 때까지 미루기로 했다. 또한 다른 부분의 비용도 절감했다. 제품을 보관해 왔던 창고의 크기를 줄이고 경리 부장 셋 중 한 명을 내보내기로 했다. 창고는 적재된 제품에 비해 크기가 너무 컸으며 아직 사업이 많이 구축된 것이 아니었기 때문에 경리 부장이 셋이나 필요하지 않았다. 그녀가 내게 바뀐 계획을 브리핑했을 때 나는 미소를 지었다.

"아주 좋습니다." 내가 말했다.

"저도 마찬가지예요. 불투명한 미래를 준비하는 데 무조건 공격적인 자세로 임하는 것 대신 더 나은 방향으로 나아가기 위한 노력을 하게 되었어요. 저는 공격적으로 비용을 절감했고 손익 계산서를 재점검했어요."

"그거 아세요?" 그녀가 내게 물었다.

"뭐를요?"

"그런데도 마음이 편안해요." 그녀는 자신의 공격적인 사고방식으로 회사를 올바른 방향으로 이끌게 됐다는 것에 행복해했다. 그녀의 공격성은 감정적이지 않은 명확한 사고와 합리적인 위험 완화 사이에서 균형을 찾아갔다.

브루저 기동대 소속 델타 소대의 선임 사병이자 주서격수이며 선임 척후병 역할을 맡고 있는 J.P. 딘넬. 그가 가장 위험한 위치인 최전방에서 전면의 위협을 감지하며 정찰대를 목표 건물로 이끌고 있다. 델타 소대는 파견 중 정찰을 나갈 때마다 적의 공격을 굉장히 많이 받았다. 사진 속 J.P. 딘넬이 라마디 동부에서 감시 임무를 마친 뒤 델타 소대와 이라크 사병들을 이끌고 용감하게 작전을 펼치고 있다. 지속적인 적의 공격과 뜨거운 이라크의 더위에 녹초가 되었는데도 J.P. 딘넬은 기강을 잃지 않았다. 눈으로 위협을 탐지하며 무기를 대기시켰다.

(사진 제공 : 사무엘 피터슨)

Chapter 7.

규율을 잘 잡아라, 너무 엄격하지는 마라

조코 윌링크

2003년, 이라크 바그다드 중심

대체 왜 다들 험비에서 담배를 피우는 거지? 나는 의아했다. 앞에 있는 험비를 흘긋 바라봤더니 누군가 차량 밖으로 담뱃재를 탁탁 튀기는 것 같았다. 작고 빨간 담뱃재가 떨어져 험비 옆면과 주변 길거리에서 작은 불꽃을 일으켰다. 불꽃이 또 일고 또다시 일어났다. 몇 초 뒤 눈앞에 현실이 들이닥쳤다. 험비 옆면을 때리던 불꽃은 담뱃재가 아니었다. 탄환이었다.

총에 맞은 건 그때가 처음이었다. 심지어 총알인지도 몰랐다. 우리 네이비씰 소대는 바그다드 중심부에서 험비 여러 대에 올라 포악하기로 악명이 높은 지역으로 이동 중이었다. 이라크 전쟁 초반, 우리 험비는 무장되어 있지 않았다. 차량에 문도 없고 철판도 매우 얇아서 탄환이 뚫고 들어올 수 있을 정도였다. 당시 험비는 시가지 전투를 위한 것이 아니었고 소형 무기를 쓰는 적에게 위협적으로 보이게 하기 위함이었다.

안타깝게도 우리는 적의 화력이 어디서 오는지 알아내지 못했기 때문에 대응 사격을 할 수 없었다. 1분, 2분 뒤 우리는 목적지에 도착했다. 바그다드 중심 북부에 위치한 소규모 기지였다. 호송 차량이 기지 안에 멈추자 헤드셋으로 무전이 왔다. 대원 중 하나가 총격을 입었다는 무전이었다. 의무병이 무전으로 부상당한 대원이 어느 차량에 탑승했는지 물었다. 부상당한 대원이 4번 차량에 있다는 회신이 들렸다. 나는 차량에서 내려 현재의 전술적인 상황을 육안으로 빠르게 확인했다. 모든 차량이 기지 안으로 이어진 도로에 줄 맞춰 있고, 도로는 우리의 오른쪽에 위치한 티그리스강을 따라 올곧게 뻗어 있었다. 기지 내의 주요 건물로 갔더니 그 앞에 헤스코(HESCO) 방호벽이 건물을 지키고 있었다. 헤스코 방호벽은 모래와 자갈을 채운 후 천으로 덮어 놓은 거대한 철제 박스들이 줄지어 세워진 것이었다. 헤스코 방호벽은 주요 건물 맞은편 티그리스강변의 제방을 따라 쭉 늘어서 있었지만 그 건물 너머로 연결된 도로 끝까지 이어지진 않았다. 티그리스강의 폭이 꽤 넓었기 때문에 적이 반대편 제방에서 소형 무기로 공격을 해봤자 별 영향력이 없을 것 같았다. 크게 우려할 필요가 없어 보였다.

나는 현재 상황에 안심하고, 부상당한 대원의 상태를 살피기 위해 4번 차량으로 돌아갔다. 내 휘하의 대원이 부상을 당한 건 처음이었다. 그전에는 나도 총을 맞은 적이 없었고 우리 소대원이 총에 맞은 적도 없었다. 하지만 두렵지 않았다. 의무병이 신속하게 투입되어 다친 대원을 치료할 테니까. 또한 제28전투지원병원(CSH)이 10분도 안 걸리는 곳에 있다는 것과 비상 계획에서 보고한 것처럼 응급일 경우 더 빨리 도착할 수 있다는 사실에 나는 안심했다.

다행히 응급 상황은 아니었다. 부상이 심하지 않았다. 중상이 아니어서 천만다행이었다. 탄환 하나가 대원의 머리를 파고들었지만 두개골을 뚫지는 않았다. 갑자기 총알의 힘이 크게 감소해 두개골을 뚫고 나가지 못하고 머리 내부의 가장자리로 빠져나간 것 같았다. 총알이 그의 피부와 두개골 사이에서 머리 둘레를 따라 움직이고 있었다. 의무병이 총알이 관통한 상처를 확인하며 총알을 따라갔다. 말 그대로 상처가 난 궤적을 따라 처음 총알이 들어간 구멍에 도착할 때까지 총알을 밀었다. 상처를 쥐어짰더니 총알이 튀어나왔다. 별문제 없었다.

상황을 해결한 뒤 의무병이 나에게 부상당한 대원을 전투지원병원으로 보내야 한다고 말하던 그 순간 무전에서 어떤 보고가 들렸다.

"포격이 시작됐습니다!" 우리 소대의 무전망에서 누군가 소리쳤다.

나는 험비 뒤쪽에서 무릎을 꿇었다. 다른 대원들도 똑같이 했다.

무슨 일인지 정확히 파악하기 위해 주변을 둘러보았다. 충격 소리가 서너 번 들린 것 같았다. 그러나 확실하지는 않았다.

그때부터 혼란이 시작되었다. 대원들이 특별한 이유 없이 이 지점에서 저 지점으로 이동하며 다른 방향을 살피는 모습이 보였다. 온 사방을 향해 무기와 레이저를 겨누며 험비의 앞, 뒤, 측면에 몸을 숨기고 있었다. 모두들 무언가를 하려 했지만 어떤 행동을 취해야 하는지 확실히 모르는 것 같았다. 그건 당연히 나의 잘못이었다. 나는 리더였다. 내가 지시를 내려야 했다. 그런데 어떤 지시를 내려야 할지 확신이 서지 않았다. 결국 나는 이전 소대장에게 배운 가르침을 활용하기로 했다. 의심스러우면 물어보라. 부끄러울 것 없다. 특히 자기 독선 때문에 질문을 하지 않고 버티다가 잘못된 결정을 내렸을 때의 수치심을 부끄러워하지 말아라.

"어느 쪽이야?" 내가 소리쳤다.

"강 건너편입니다!" 누군가 큰 소리로 대답했다. 이제 내가 할 일이 생겼다. 다행이었다. 하지만 한 사람만 대답을 한 것은 네이비씰의 일반적인 의사소통 방식이 아니었다. 네이비씰 팀에서는 구두 지시가 내려오면 전 대원이 그 지시를 반복해서 모두가 확실히 알아듣도록 한다. "강 건너편입니다"는 네이비씰 구두 지시의 표준 또는 정보 전달에 사용되는 기본 형식이 아니었기 때문에 누구도 반복하지 않았다. 다시 말해 적의 공격이 어느 쪽에서 오는 건지 대원들 전부가 아는 게 아니라는 뜻이었다. 결국 우리는 한동안 혼란 속에 빠져 있었고 적절한 조치 역시 부족했다. 몇몇 대원이 험비에서 하차해 주변에 자리를 잡았다. 운전병과 포병을 포함한 나머지 대원은 차량 안에 남아 있었다.

서둘러 혼란을 바로잡아야 했다. 우리는 헤스코 방호벽 너머에 주차를 했다. 대부분의 험비와 대원들이 강 쪽에, 적의 포격이 발사되는 곳에 노출되었다. 나는 선두 차량과 대원들 모두를 헤스코 방호벽 뒤로 데리고 가야 했다. 어서 서둘러야 했다. 찰나의 순간 마음속으로 계획을 세웠다. 그보다 더 중요한 것은 모두가 들을 수 있게 이 계획을 무전으로 소통하는 것이었다. 현재 상황을 장황하게 설명하는 건 대원들이 받아들이기에 너무 복잡했다. 어떻게 하면 좋을까, 도무지 알 수가 없었다.

그런데 그때 현재 상황이 이전 훈련에서 보았던 시나리오와 같다는 사실이 번뜩 떠올랐다. 그 훈련 시나리오는 도보 정찰 동안 진행된 적이 있었는데, 수행 능력은 지금과 완전히 달랐지만 활용되는 절차는 같았다. 네이비씰 대원이라면 누구나 알고 있었다. 그래서 나는 도보 정찰할 때의 구두 지시 표준 운영 절차에 맞춰 똑같은 지시를 내리기로 결정했다.

험비의 이동 방향을 기준으로 적의 총격이 오른쪽에서 발생하고 있었다. 나는 지시를 내렸다.

"오른쪽이다!" 내가 소리쳤다. 이건 모두가 익히 듣고 반복하던 표준 지시였기에 다들 따라 말했다. 이제 적의 공격이 어디서 오는지 모두 알게 되었다.

그다음 이렇게 외쳤다. "일렬로!" 대원들의 총이 적을 향하게 하기 위함이었다. 또다시 표준 지시였고, 모두 강 건너편 쪽으로 행동을 취하면서 지시를 반복했다. 눈 깜짝할 새에 모든 네이비씰 대원들이 강 건너편의 위협에 무기를 겨누고 태세를 갖추었다.

마지막으로 소리쳤다. "오른쪽으로 이동한다!" 소대가 적의 공격 방향인 오른쪽으로 움직이기 시작했다. 헤스코 방호벽 뒤로 이동할 계획이었다.

"오른쪽으로 이동한다!" 대원들이 반복했다. 그 즉시 전투 차량과 대원들이 헤스코 방호벽 뒤로 다시 이동했다. 1분이 지나기도 전에 모두 헤스코 뒤로 몸을 숨겼고 이제 적은 우리의 모습을 볼 수 없었다.

얼마 지나지 않아 날아드는 탄환의 빈도가 줄어들고 무력해졌다. 사상자도 더는 발생하지 않았다. 험비들도 총에 맞지 않았다. 큰 교전은 아니었다. 내가 그 교전을 기억하는 단 한 가지 이유는 내가 직접 겪은 적의 첫 공격이었기 때문이었다. 그리고 매우 중요한 교훈도 배웠다. 규율이 잘 잡힌 표준 작전 절차의 힘이었다. 나는 늘 그 중요성을 들어왔다. 특히 베트남전에 참전했던 네이비씰 대원들한테 많이 들었다. 그날 나는 그 힘을 직접 경험했다.

하지만 규율이 지나칠 때도 있었다. 규율 잡힌 표준 작전 절차가 얼마나 중요한지 이제 완전히 이해하긴 했지만 한편으로는 그 절차에 과하게 통제된 규율과 엄격함이 부여될 수도 있다는 걸 분명하게 인지하지 못하고 있었다.

그 후 브루저 기동대의 지휘관이 된 나는 규율이 과하면 안 된다는 교훈을 몸소 배운 적이 있었다. 남부 캘리포니아 임페리얼 밸리의 바위투성이 사막 지형에서 첫 번째 주요 훈련을 받을 때였다. 지상전 훈련이었다. 지상전에서 우리는 사격과 이동, 팀과의 의사소통, 적의 파멸을 위한 접근, 엄호하고 이동하는 법, 적의 공격 극복을 위한 유기적인 화력 활용 방법 등을 배웠다. 지상전은 모든 네이비씰 기술을 기반으로 하는 기초 훈련이었다. 하지만 이 기초 훈련은 가장 고되었다. 기나긴 거친 사막에서 무거운 짐을 짊어지고 도보로 정찰해야 했다. 즉각조치훈련(IAD) 중 네이비씰 대원들은 적의 공격에 대항해 그간 굉장히 많이 연습해 온 작전 행동을 펼쳐야 했다. 대원들 개개인은 역동적으로 조직된 작전 행동 안에서 각자의 역할을 수행하며 오르기와 내리기, 전력 질주, 기어가기, 구르기, 점프하기, 다이빙을 계속 반복했다.

그 훈련은 육체적으로 매우 힘들다. 그와 더불어 소대 및 기동대의 지휘관은 수도 없이 많은 결정까지 해야 한다. 그들은 훈련 장소 가까이에 접근하여 적의 화력 위치, 즉 훈련에서 적 역할을 맡은 연기자들이 실탄이나 공포탄을 쏘는 위치를 알아내고, 적의 위치로 침투할 건지 또는 철수할 건지 빠르게 분석하고 파악해야 한다. 이를테면 '대원들이 적을 이길 수 있는가? 또는 적과의 접촉을 끝내고 그 지역을 벗어나야 하는가?'를 결정지어야 한다. 그 결정 뒤에 대원들이 실행할 작전 행동을 토대로 전술적 지시를 내린다. 미식축구에서 쿼터백이 경기 중에 모이라고 부르는 것과 마찬가지로 말이다. 그러나 그것은 미식 축구장에 옹기종기 모이는 것과는 다르다. 그곳은 생명이 걸린 전쟁터였고, 실탄이 날아다니는 전투지 훈련장에는 어느 곳에나 위험이 도사리고 있다.

지시가 내려오면 팀은 명령을 전달하고 작전 행동을 수행한다. 작전 행동은 상당히 기계적으로 진행된다. 반드시 그래야만 한다. 실탄 사격 훈련 중에는 진짜 총알이 여기저기로 돌아다니고, 대원이 지정된 지역 밖으로 이동하면 아군의 총격에 의해 목숨을 잃을 수도 있다. 이런 위험 때문에 핵심 교관들은 표준 절차를 면밀히 검토하며 엄격하게 시행되도록 한다. 절차를 따르지 않을 경우 안전 수칙 위반 서류와 함께 질책을 받는다. 안전 수칙 위반이 두세 번이 넘으면, 트라이던트 검토 위원회로 넘겨져 네이비씰 대원의 자격을 잃을 수도 있다.

지상전 훈련의 즉각조치훈련 첫날은 아주 기본적인 훈련만 한다. 소대와 분대의 작전 행동은 단순하고 분명하게 규정되었으며, 탁 트인 평평한 지형에서 미리 계획된 이동 작전을 수행한다. 초기 반복 과정은 무기 없이 진행되기 때문에 대원들은 서로 간의 의사소통을 쉽고 정확하게 이해해야 한다. 작전 행동은 기본적인 것들이며 지도부는 지형을 고려하지 않고 단순하게 훈련장 주변을 이동하도록 한다. 매우 쉽고 간단해서 네이비씰 대원들이 표준 작전 절차를 정확히 이해할 수 있다. 이 절차에는 대원들 각각의 이동 방식과 그 이동 방식이 전체적인 작전의 틀에 얼마나 적합한지에 관한 내용을 포함한다. 사격이 없는 잔잔한 즉각조치훈련이 완벽하게 마무리되면 곧장 실탄 작전 훈련이 시작된다. 여기에서부터 대원들의 도전 의식이 한층 더 고취된다. 대원들은 실제 기관총과 소총 사격 소리 너머로 상관의 구두 명령을 듣고 다른 소대원들에게 전달해야 한다. 그들은 평평한 지형에서의 작전 행동이 얼마나 수월했는지를 금세 깨닫는다.

훈련 교관이 소대원들을 평지에서 실제 사막 지형으로 이동시키면 모든 것이 변한다. 언덕과 협곡, 암석, 마른 강바닥, 관목과 수풀 사이는 물론이고 비가 거의 오지 않는 일반적인 사막으로 이동시킬 수도 있다. 이제 소대 지도부는 현실을 잘 헤아리고 팀을 이끌어야 한다. 지형을 제대로 읽고 파악하여 활용하면 실제 전쟁터에서 빛을 발하게 될, 무엇과도 견줄 수 없는 이점을 얻게 된다. 높은 지대의 능선 부근은 최고의 사격 위치이며 바위는 몸을 숨길 곳은 마련해 준다. 또한 협곡이나 움푹 파인 곳은 소대가 적의 공격으로부터 탈출할 수 있는 비상구 역할을 해 주어서 적대적인 총격으로부터 자신들을 보호할 수 있게 한다. 지형의 특성이 정확히 파악되고 계획이 고안되면, 지도부는 언어와 시각적 신호로 팀원들에게 계획을 전달해야 한다. 그러나 언어와 시각적 신호는 소음과 먼지, 지형의 특성 때문에 구별하기가 어렵다는 맹점이 있다.

브루저 기동대 소속 델타 소대는 즉각조치훈련 초반에 문제를 겪었다. 적의 모의 공격을 접하는 작전 훈련이 시작되자 소대 전체가 교착 상태에 빠졌다. 누구도 지시를 내리지 않았다. 그들은 앞으로 나아가거나 적의 공격을 피해 후퇴하지 않고 한 위치에만 계속 머무르며 탄약만 쏟아부었다. 잘못된 행동이었다. 일반 규칙에 따르면 그것은 적이 나를 조종하거나 내가 적을 조종하는 것이었다. 전쟁터에서의 침체는 결국 자신을 죽음으로 내몰 터였다. 적의 모의 공격에 대한 델타 소대의 반응은 상당히 침체되어 있었다.

기동대의 지휘관으로서 나는 소대의 수행 능력에 책임을 져야 했다. 문제를 인식한 후 델타 소대의 즉각조치훈련에서 소대장 세스 스톤을 관찰했다. 세스는 상대적으로 경험이 많지 않은 대원이었다. 레이프와 마찬가지로 그는 해군 특수전 초급 훈련(BUD/S, 수중 폭파 훈련)을 받기 전에 해군 수상 함대의 선박을 순방한 게 다였다. 레이프와 함께 네이비씰 대원을 위한 기초 훈련 프로그램만 수료한 셈이었다. 두 사람은 텍사스 출신이고, 미국 해군 사관 학교를 나왔으며, 가수 조니 캐시와 메탈리카의 팬이고, 매우 열심히 일하는 대원이며, 아주 친한 친구 사이였다. 그들이 내가 이끄는 기동대 소속의 소대를 맡고 있다는 건 행운이었다.

하지만 둘 다 경험이 많지 않다는 건 여전한 사실이었다. 그들은 불과 2년 전에 해군 특수전 초급 훈련을 수료했고 그 후에 브루저 기동대 소속 소대장으로 임명되었다. 또한 사전 파견 훈련인 워크업을 한 번밖에 완료하지 않았으며 파병 경험도 이라크가 처음이었다. 이라크 파병 당시 그들은 작전 중인 전투지에 직접 뛰어들지 않고 전술 작전 본부에 머물며 무전으로 전투지에 임무 지원을 하는 작업을 수행했다. 두 사람은 경험이 많지 않았기 때문에 그들에게 전문적인 전술가 역할을 기대할 순 없었다.

세스가 도움을 요청했다. 그래서 나는 즉각조치훈련 중인 그를 그림자처럼 따라다니기 시작했다. 그를 따라다니는 건 쉬었다. 생각보다 수월했다. 세스는 어떠한 예외도 없이 표준 작전 절차를 따르고 있었다. 그가 했던, 그가 하는 모든 움직임이 그랬다. 선 채로 이동할 차례면 다음 지정된 위치까지 서서 이동했다. 엎드려서 대응 사격을 할 차례면 엎드린 자세로 대응 사격을 했다. 로봇처럼. 그는 어떤 일탈이나 사색 없이 표준 작전 절차를 정확하게 따랐고 그것이 그의 훈련을 엉망으로 만들었다.

리더는 다음에 어떤 일이 벌어질지 살피고 관찰하는 것을 업무의 일부분에 포함시켜야 한다. 그런 관찰을 통해 리더는 주변과 지형을 파악할 수 있고, 적의 위치를 알아내면서 자기 대원들의 위치도 주시할 수 있다. 이 모든 걸 관찰하고 있어야만 리더는 다음 지시를 내릴 수 있다.

세스를 살펴본 결과 표준 작전 절차를 너무 세세하게 따른 것이 문제였다. 리더가 절차대로 움직여 어느 곳에 자리를 잡았지만 그 자리가 현재 상황을 실제로 볼 만한 최적의 장소가 아닐 가능성이 있다. 그리고 그 자리가 움푹 파인 곳이나 관목, 바위 뒤여서 리더의 시야를 막아 나머지 대원들이 보이지 않는 위치일 수도 있다. 그런 장소에서의 리더의 화력은 팀원들에게 방향을 제시하고 이끄는 결정적인 엄호 사격이 아니라 쓸모없는 사격이 될 수도 있다. 이런 것들은 반드시 문제를 일으킨다.

표준 작전 절차는 반드시 따라야만 하는 엄격한 규칙이 아니고 일반적인 지침일 뿐이라는 것을 세스는 깨닫지 못했다. 세스의 마음속에서 표준 작전 절차는 굉장히 엄격했다. 표준 절차는 안전을 보장하는 만큼 견고하긴 해도 한편으로는 굉장히 유연하다는 사실을 세스는 깨닫지 못했다.

물론 절차 중 일부는 전혀 유연하지 않았다. 예를 들어, 한 개인이 사수의 사정거리 옆으로 이동하거나 다른 팀 사수의 사정 범위 안에 들어와서는 안 된다는 항목이 그랬다. 잘못하면 그들의 탄환에 총격을 입을 수도 있기 때문이다. 하지만 사정거리의 뒤편으로는 움직여도 괜찮았다. 특히 지휘관은 자유롭게 이동할 수 있었다. 리더는 팀원의 위치를 관찰하고 지시를 전달하기 위해 사정거리 뒤편의 오른쪽, 왼쪽으로 움직일 수 있었다. 또한 사정거리의 뒤편 멀리로 이동해 탈출구를 미리 봐 놓을 수 있고, 자리에서 일어나 주변을 돌아다니며 지형의 특성이나 이점을 파악해 둘

수 있었다. 무엇보다 더 중요한 것은, 리더는 *이런 행동을 해도 될 뿐만 아니라 반드시 해야 한다는 것*이었다. 리더가 최고의 결정을 내리기 위해 주변을 돌아다니며 관찰하고 분석하지 않는다면, 리더 자신도 팀도 주저앉게 되고 결국 실패하게 될 터였다.

다음 즉각조치훈련에서 나는 세스의 옆에 머물며 어디로 이동해야 하는지 알려 주었다. 우리는 적이 갑자기 나타나 교전하게 될 수도 있는 지역으로 정찰 대형을 유지한 채 향했다. 나는 그의 사정 범위 맞은편 가까이에 붙어서 걸으며 의무 수행에 최대한 방해가 되지 않도록 했다. 델타 소대는 양쪽에 지저분한 둑과 바위들이 즐비한 협곡을 따라 정찰을 했다. 그건 훈련일 뿐이었다. 하지만 땀이 줄줄 흐르는 사막의 더위 아래에서 굉장히 위험한 실탄 훈련과 모든 이동에 관한 훈련 교관의 비평, 보이지 않는 곳에서 불쑥 튀어나오는 적에 대한 불안감, 옳은 지시를 내려야 한다는 압박이 긴장감을 극도로 고조시켰다.

마침내 우리 앞에 적이 튀어나왔고, 그들이 쏘아 대는 무기의 발포 소리가 탕탕탕 울려 퍼졌다. 세스는 바닥에 납작 엎드려 델타 소대의 선임 척후병인 J.P. 딘넬의 행동에 맞춰 교전을 시작했다. J.P.는 세스의 바로 앞에 있었다. J.P.는 뛰어난 젊은 네이비씰 대원이었고, 기본적으로 공격적인 정신을 가진 강력한 사나이였다. J.P.는 뭔가 특별했다. 스물둘밖에 안 되었는데도 타고난 리더 자질을 가졌으며 언제나 앞으로 나서서 지휘할 준비가 되어 있었다. 라마디에서 실제 전투를 치를 때도 그는 계속 그런 식으로 행동할 것 같았다. 정말 그럴 것이었다. 또한 그는 비범할 정도로 용맹했는데 그런 그의 모습은 전투 중 아주 또렷하게 드러났다. 라마디 동부의 말랍 구역에서 극심한 총격전을 치르던 어느 날, 그는 부상당한 미 해병대의 2등 중사를 구하기 위해 잔혹한 총격 속으로 망설임 없이 뛰어들었다. 자기 자신을 주저 없이 위험에 빠뜨린 것이었다. 그 일로 J.P.는 은성 훈장을 받았다. 그런 J.P.가 이 훈련 시나리오에서 적의 공격을 진압하고자 마침내 기관총을 꺼내 들었다. 나머지 소대원들은 정찰대 사이를 좌우로 왔다 갔다 하며 저마다의 사정 범위를 찾아갔다.

"앞쪽이다!" 세스가 정찰대 앞에 있는 적의 위치를 모두에게 소리쳐 알렸다. 대원들은 한 명씩 한 명씩 나머지 소대원들에게 지시를 전달했고, 그 지시는 전방의 대원에게까지 다다랐다.

나는 세스를 바라봤다. 그는 대원들이 협곡에 있다는 걸 알았다. 협곡 옆의 바위들 때문에 전방의 화력과 작전 능력이 제한적이었다. 세스가 지시를 내렸다.

"퇴각한다!" 그가 외쳤다. 그 상황에서 할 수 있는 유일한 지시였다. 대원들은 상부의 지시를 예상하고 있다가 아래쪽 대원들에게 빠르게 전달했다.

"퇴각한다!"

그 지시로 델타 소대는 세밀하게 짜인 '엄호 이동' 훈련을 시작했다. 몇몇 대원들이 진압용 사격을 강하게 쏘자 다른 대원들이 자리에서 일어나서 뒤로 물러났고 점점 적의 위치에서 멀어졌다. 모든 게 잘 진행되고 있었다. 세스가 움직일 차례가 될 때까지는.

세스는 대원들 모두가 지나갔던 협곡을 따라 내려갔고 마침내 표준 작전 절차에 나온 대로 기술적인 전술을 해야 하는 위치에 도달했다. 그곳에 도착하자 그가 협곡 측면을 향해 무릎을 꿇었다. 나는 그가 바위와 흙으로 덮인 측면을 바라보는 모습을 눈앞에서 지켜보았다.

"무엇을 보고 있는 건가?" 내가 물었다.

"아무것도 보고 있지 않습니다." 그가 고개를 저었다.

"보이는 게 없는데 자네 소대를 어디로 이끌어야 하는지 어떻게 알 수 있지?" 내가 날카롭게 물었다. 세스는 한동안 잠자코 있었다.

"모르겠습니다."

"자, 그럼 이동해."

그는 혼란스러워했다.

"이동하라고요?" 세스가 물었다. 표준 작전 절차에는 그가 위쪽에 자리를 잡아야 한다고 나왔고, 그는 마음속으로 그 지시를 따르고 있었다. 그는 규칙을 어길 능력이 없었다. 하지만 그 규칙들 때문에 어찌할 바를 모르고 협곡의 측면만 바라보고 있을 뿐이었다. 앞으로 헤쳐 나갈 길을 보지 못하면 더 이상 팀을 이끌 수 없었다. 그래서 나는 그에게 절차를 무시하라고 지시했다.

"그래, 이동해." 내가 말했다.

"표준 작전 절차는 어떻게 합니까?" 세스가 물었다.

세스는 자신의 움직임이 작전 행동의 흐름에 지장을 줄까 봐 걱정했다. 표준 작전 절차를 거스르면 절대 안 된다고 생각했다. 더군다나 리더는 더 유연하게 행동할 수 있다는 걸 모르고 있었다. 나는 그에게 재빨리 설명해 주었다.

"마지막 대원이 자네의 시야에 확보되는 한은 주변을 살피면서 앞으로 닥칠 끔찍한 일을 예측하고 이동 경로를 파악해야 해. 자네는 리더야! 비상용 탈출구를 찾아야 한다고."

소대장으로서 세스의 임무 중 하나는 탈출구를 찾아내는 거였다. 적의 총격에서 벗어나 대원들의 움직임을 숨길 곳을 찾아야 했다.

"알겠습니다." 세스가 대답했다. 그러고는 협곡 아래로 10미터 정도 더 내려갔다. 다른 대원이 뒤따라가서 계획대로 간격을 좁혔다. 리더가 주변을 살피며 지형을 분석하는 것은 네이비씰 고유의 작전 행동 중 하나였다. 만일 리더가 기준 위치에서 벗어나면 누군가는 그 간격을 메워야 했다.

그러나 세스는 여전히 탈출구를 찾지 못했고, 심지어 그의 이전 위치에 마지막으로 도착한 대원의 시야에서도 벗어난 상태였다.

"아직 아무것도 보이지 않습니다. 너무 멀리 온 것 같습니다." 세스가 말했다.

"괜찮아. 뒷사람이 올 때까지 기다렸다가 그 대원에게 간격을 메우라고 말한 다음 계속 가면 된다."

세스가 고개를 끄덕이며 미소 지었다. 그제야 그는 정해진 절차를 그대로 따르는 것은 리딩이 아니라는 걸 받아들이기 시작했다. 리딩이란 팀을 제대로 이끌고 지원하기 위한 최적의 방법을 생각하고 이행하는 것이었다.

"저쪽으로 내려간다!" 세스가 뒤따라 협곡을 내려오고 있는 다음 대원에게 위치를 가리키며 소리쳤다. "탈출구를 찾는 중이다!"

대원이 준비 태세를 갖추었다. 세스는 조금 더 아래쪽으로 돌진하며 탈출구를 찾아다녔다. 그러나 여전히 아무것도 보이지 않았다.

"저쪽 간격을 메운다!" 그가 네이비씰 대원이 배치되어야 할 위치를 가리키며 바로 뒤에서 협곡을 따라 내려오는 대원에게 외쳤다. 그런 다음 다시 뒤로 돌아 이동하면서 그들을 협곡 밖으로 벗어나게 해 줄 탈출구를 찾아다녔다.

마침내 탈출구를 찾았다. 협곡이 오른쪽으로 꺾여 또 다른 협곡으로 분리되어 있었는데, 그 방향으로 가면 현재 정찰 중인 길에서 완전히 벗어날 수 있었다. 그들과 적 사이의 거리를 확장시키고 적의 화력으로부터 몸을 보호할 만한 괜찮은 탈출구가 될 것 같았다.

세스가 탈출구의 가장자리 부근에 자리를 잡았다. 다음 대원이 협곡을 따라 내려오자 그가 외쳤다. "이쪽으로 탈출한다! 이쪽으로 탈출한다!" 오른쪽으로 꺾이는 협곡을 가리켰다. 뒤따라오던 대원과 나머지 대원들이 줄줄이 새로 찾은 협곡으로 내려갔고 그렇게 적의 공격에서 멀어졌다. 그들은 그 방향으로 100미터가량 계속 내려갔다.

세스가 나를 바라보았다. 그는 아무 말도 하지 않았지만, 표정이 큰 목소리로 정확하게 이렇게 말하고 있었다. '모르겠습니다.' 그는 다음 행동을 몰랐다.

"자네는 적을 완전히 차단했다고 생각하나?" 나는 그가 적을 여전히 위협적으로 생각하는지 물었다. 대원들은 이제 사격 없이 이동 중이었다. 그 말은 적이 더는 보이지 않으니 위협적으로 생각하지 않아도 된다는 의미였다.

"물론입니다." 그가 답했다.

"좋아. 그럼 이제 무엇을 해야 하겠는가?"

세스는 내 말의 의미를 정확히 알았다.

"인원수 확인입니다."

"그렇지. 그다음엔?"

"저희와 적 사이의 거리를 더 확장해야 합니다." 그가 자신 있게 말했다.

"그래, 그러면 이제 끝이야."

"알겠습니다." 세스는 더 강한 자신감을 갖춘 리더로서의 자신의 모습을 받아들이기 시작했다.

세스는 정찰대와 함께 조금 더 앞으로 나아갔고, 이제 더는 표준 작전 절차에 매여 있지 않았다. 얼마 지나지 않아 소대 전체를 수용할 만한 크기의 움푹 파인 곳을 발견했다. 그는 그곳의 가운데로 들어가 손가락으로 둘레를 그리며 차례로 들어오는 대원들에게 원형 수신호를 보냈다. 그들은 세스의 수신호를 보고 곧바로 각자 지정된 위치를 찾아갔다. 1분이 채 지나기도 전에 모든 델타 소대의 대원이 총을 들고 사방으로 흩어져 사격 자세를 취했다. 분대장 둘이 세스에게 엄지를 들어 올렸다. 분대별로 인원 파악이 끝났다는 의미였다. 소대원들은 전부 자기 위치를 잡고 이동할 준비를 마쳤다. 세스가 자리에서 일어나 J.P.에게 다가간 뒤 적에게서 멀리 떨어져 정찰을 나가라는 신호를 보냈다.

즉각조치훈련 중 하나의 훈련 시나리오에서 세스의 지휘 능력은 급격하게 성장했고, 그 결과 델타 소대는 뛰어난 성과를 보여 주었다. 세스는 이제 표준 작전 절차가 고정적이고 융통성 없으며 변동의 여지가 없는 수칙이 아니라는 것을 정확히 파악했다. 표준 작전 절차는 일반 이론과 융통성 사이에서 균형을 이루어야 하는 지침이었다. 이런 이분법의 균형을 이루는 것은 모두에게, 특히 리더에게 각별히 요구되는 부분이었다.

J.P. 딘넬은 세스의 수신호를 본 뒤 자리에서 일어나 정찰을 나가 주변의 위협을 살폈다. 세스는 그의 바로 뒤를 따르며 정찰대를 지휘했다. 나머지 대원들도 자리에서 일어나 세스를 따랐다. 그들은 라마디에 가서도 몇 번이고 그런 식으로 정찰을 해야 할 것이었다.

기본 원칙

'규율은 자유와 같다'는 말은 개인과 팀을 발전시키는 강력한 도구이다. 지나친 규율은 리더와 팀원의 자유로운 사고를 억누른다. 규율이 잡힌 표준 운영 절차와 반복 가능한 프로세스, 일관된 방법론은 어느 조직에서나 유용하다. 한편 팀의 활동에 더 강한 규율이 잡혔을수록 팀은 기존 계획을 조금씩 조정하는 자유를 더 많이 누려야 할 것이다.

팀은 업무를 마주할 때 처음부터 공들여 계획을 수립하는 대신 표준 운영 절차를 따라 대부분의 계획을 세운다. 네이비씰 대원은 모든 활동을 할 때마다 표준 작전 절차를 따라야 했다. 줄을 설 때나 차량에 탑승할 때, 차량 정찰과 도보 정찰 시의 대형을 정할 때는 물론이고 건물 확보에 사용되는 전술, 포로를 처리하는 방법, 부상당한 대원을 다루는 방법 등 다양한 목록이 끝도 없이 이어졌다. 그러나 이런 표준 작전 절차는 전쟁터에서 우리를 억압하지 않았다. 오히려 자유를 가져다주었다. 규율이 제대로 잡힌 표준 작전 절차는 우리가 벗어나야 할 기준이기도 했고, 절차를 기반으로 한 행동을 신속하게 이행할 수 있는 자유를 주기도 했다.

그러나 여기에는 균형이 이루어져야 한다. 어느 조직이든, 군대든, 민간 분야든 표준 운영 절차를 너무 많이 정해 놓는 리더들이 있다. 그들은 엄격한 프로세스를 고안해 내서 하급 지도부의 자발적인 의지와 생각하는 능력을 억제한다. 이는 오히려 팀의 성과를 해치고 임무 실행에 어려움을 초래하며 조직의 단계별 지도부의 효율적인 리더십을 꺾어 버린다.

규율이 잘 잡힌 표준 운영 절차는 어떠한 문제든 기본적인 이론을 적용시킬 수 있어야 하고 필요에 의해 벗어날 수 있어야 하고 변형된 해결책을 생각해 낼 자유를 균형 있게 갖추어야 한다. 실제 상황의 현실성을 바탕으로 프로세스를 조정하면서 새로운 아이디어를 적용하는 균형을 이루어야 한다. 규율이 너무 엄격하면, 팀원은 상황을 조정하지도 못하고 수용하지도 못하며 결국 자신들의 귀중한 자산인 두뇌를 제대로 활용할 기회를 잃는다. 팀원들은 자신의 명석한 두뇌를 활용하지 못하기 때문에 기존의 표준 운영 절차로는 처리할 수 없는 독특한 문제점에 대한 해결 방안이나 고객 맞춤형 해결 방안을 신속하게 개발하지 못한다.

극도로 심한 규율과 너무 많은 프로세스 그리고 과도한 표준 절차는 하급 지도부의 진취력을 완전히 억제한다. 리더는 한 단계 올라서서 필요한 변화를 만들어 내는 게 아니라 엄격한 절차의 틀에 갇혀 아무 생각 없이 따르기만 할 것이다. 그 절차가 분명 실패로 이어지고 있는데도 말이다.

그래서 리더가 표준 절차의 엄격한 규율과 조정 가능한 자유 사이에서 균형을 잡는 것이 매우 중요하다. 지휘관의 대단히 주요한 계획과 목표에 달성하기 위해서는 하급 지도부와 팀원들이 그에 적극적으로 맞춰갈 수 있도록 표준 절차를 기준으로 어느 정도는 조정할 자유가 필요하다. 전쟁터이든 비즈니스 업계든 인생이든 간에 리더는 규율을 지키되 너무 엄격하게 해서는 안 된다.

실전 비즈니스

영업 본부장은 무시할 수 없는 존재였다. 그녀는 공격적이고 똑똑하며 경험이 많았다. 끊임없이 승진하면서 사업의 안팎을 전부 알았다. 회사의 제품은 흠잡을 데가 없었고 많은 고객들에게 실질적인 혜택을 주고 있었다.

그러나 그 천당 아래에도 문제는 있었다. 벌써 4개월째 판매량이 감소하는 중이었다. CEO는 도움이 필요하다는 판단하에 에셜론 프런트에 연락해 조언을 얻고 싶다고 했다. 그 회사에 도착하자마자 마주한 영업 본부장은 매우 인상적이었다. 그러나 그녀의 좌절 또한 어렴풋이 느껴졌다.

"어떤 문제가 있습니까?" 내가 그녀에게 물었다.

"별일 아니에요!" 영업 본부장이 대답했다. "심각한 일도 아니고요!" 웃고 있었지만 농담을 하는 것 같진 않았다.

"그렇군요." 내가 다시 물었다. "무슨 일이 일어나고 있다고 생각하십니까?" 그녀가 잠시 생각하더니 입을 열었다.

"제 얘기 좀 들어 보세요. 100퍼센트 확신하는 건 아니지만 지난해는 좀 끔찍하긴 했어요. 그런데 뭐가 잘못된 건지 도통 알 수가 없어요. 지역 매니저들은 전부 센터 직원들을 열심히 일하게 했어요. 훈련도 잘 시켰고 인력 충원도 많이 했어요. 일선 영업 사원들은 다들 잘 나가고 있었죠."

"흠, 좋은 일이군요."

"좋았죠." 그녀가 말을 이었다. "그러다가 11월에 타격을 입었어요. 원래 좀 힘든 달이긴 해요. 12월까지요. 우리 제품은 실용적인 것들이에요. 가정의 안전과 보안, 효율성과 관련된 제품이거든요. 산타에게 받고 싶은 선물은 아니죠."

"그렇군요."

"그래도 저희는 그 기간에도 판매량을 유지하고 이익을 남기고 싶었어요. 그래서 팀의 책임자로서 매우 공격적인 자세로 임했어요. 늘 말씀하셨듯이 기본자세는 공격적이어야 한다는 기조를 따랐죠." 본부장이 말했다.

내가 자주 이야기하던 기본적인 개념을 그녀가 잘 이해하는 것 같아서 나는 미소를 지어 보였다.

"멋지군요." 내가 본부장에게 말했다. "정확히 어떻게 공격적으로 임하셨습니까?"

"전반적으로요. 영업 사원들의 훈련을 더 강화시켰고 판매 상담에 대한 모니터링도 강화했어요. 또 마진을 높이기 위해 제품의 가격 산정을 더 엄격하게 했어요. 그리고 영업 사원의 판매 상담 발신 전화 횟수를 매일같이 추적하기 시작했고요."

"그런데 효과가 없었습니까?"

"저희가 원하는 만큼의 효과는 없었어요. 음, 솔직히 말씀드리면 이번 11월은 작년 11월만큼 나쁘진 않았어요. 원하는 만큼은 아니었지만요."

"그래서 어떻게 하셨나요?" 내가 물었다.

"두 배로 늘렸어요." 본부장이 말했다.

"두 배로 늘렸다고요? 뭐를 말입니까?"

"전부요. 저희 회사의 판매 상담 매뉴얼 및 스크립트를 개선하고 그에 맞춰 더 열심히 훈련하도록 했어요. 영업 사원들이 스크립트를 완벽하게 외우도록 했죠. 다행히 영업 사원들은 전부 잘 해냈어요. 그러고는 모든 계약에서 마진을 확실하게 극대화시키기 위해 가격 산정에 더 열을 올렸어요. 또 영업 사원들이 채워야 하는 판매 상담 전화 횟수도 더 늘렸고요. 영업 인력 전체에 규율을 강화했답니다." 그녀가 설명했다.

"그리고요?" 내가 물었다.

"그게 전부예요." 그녀가 답했다.

"전부라고요?" 나는 당황스러웠다.

"네, 전부예요. 사실 작년 12월은 재작년 12월보다 매출이 안 좋았어요. 그리고 1월에는 더 심각해졌고요. 2월과 3월에도 계속 매출이 줄었고 4월 매출은 최근 3년 중 최악이었어요. 참고로 3년 전에 저희 회사 규모는 지금의 절반이었어요.

끔찍하죠. 그런데 시장 상황이 나쁜 건 또 아니에요. 저희 경쟁사는 사정이 나름 괜찮거든요. 반면 저희 회사의 시장 점유율은 낮아지고 있어요. 저희 제품이 경쟁사 제품보다 진짜 더 좋은데도 말이죠. 도무지 말이 안 되는 상황이에요."

"그렇겠군요. 한번 자세히 살펴봐야겠습니다." 내가 말했다.

솔직히 나는 회사의 문제점을 찾아내지 못할까 봐 내심 걱정이 되었다.

다음 주, 영업팀을 이끄는 지역 매니저 일곱 명과 이야기를 나누었다. 그들은 센터 두 곳으로 나뉘어 있고, 각 센터에 다섯 명에서 열다섯 명으로 이루어진 영업팀들이 있었다. 영업 사원들은 콜센터에서 전화로 판매를 했고, 인터넷과 지면 광고, 메일에 기재된 내용을 안내했다. 그들은 대개 젊은 편이었고 의욕이 넘쳤다. 그들 중 일부는 지난 몇 년에 걸쳐 판매 수수료로 억대 연봉을 받아 왔다. 특정 지역의 영업 사원이라 지역 매니저라고 불리는 직원들도 나름 괜찮았다. 한 명을 제외한 모든 지역 매니저가 콜센터의 높은 자리로 승진했다. 그 한 명은 높은 연봉을 좇아 다른 부서로 옮겼는데, 이전에 그는 콜센터에서 고객 관련 업무를 대표하던 사람이었다. 그래서 그들은 각자의 경험과 영업 본부장의 교육 덕분에 사업을 전반적으로 잘 알고 있었다.

나는 콜센터에 대해 더 알아보기 위해 깊이 파 보기로 했다. 사실 관계를 파악하고자 한 콜센터에서 지역 매니저 넷과 함께 미팅을 잡았다.

"지금 회사에 무슨 일이 일어나고 있다고 생각하십니까?" 나는 있는 그

대로 물었다.

“글쎄요.” 지역 매니저 중 한 명이 답했다.

“글쎄라고요?”

“잘 모르겠네요.” 다른 매니저가 말했다.

“정말 다른 의견은 더 없습니까?” 내가 자포자기한 듯한 목소리로 물었다.

매니저들은 잠시 아무 말 없이 앉아 있었다. 마침내 한 매니저가 입을 열었다.

“저희도 생각이 많았죠. 저희는 할 수 있는 모든 영업 활동을 하고 있습니다.” 그가 말을 이었다. “영업 사원이 제품을 제대로 소개하거나 고객의 이의 제기를 잘 대처하지 못한다고 생각해서 스크립트에 관한 논의를 많이 했던 것 같아요. 스크립트 관련 개선 사항을 결론짓고, 그걸 방패로 삼았죠. 지금은 다들 매뉴얼 및 스크립트를 정확히 이해했고 그에 벗어난 행동을 하지 않습니다. 그런데 영업 사원들이 고객에게 가격을 너무 쉽게 깎아 주더군요. 굳이 해 줄 필요 없는 할인을 해 주더라고요. 결국 마진이 떨어졌죠. 그 때문에 스크립트를 더욱 강화시켰어요. 이제 영업 사원이 가격을 책정할 수 있는 재량이 확 줄었죠. 게다가 판매를 위한 상담 전화 발신 횟수도 의무적으로 늘렸습니다. 영업 사원들은 그에 맞춰 잘 해내고 있어요. 예전보다 30퍼센트 정도 더 상담 전화를 합니다. 그것도 매일요. 그들이 모든 일에 무척 열심히 하는데도 우리는 계속 힘을 잃어 가고 있습니다.”

“전부 다 그렇습니까?” 내가 물었다. “모든 영업 사원이 지쳐 가고 있나요?”

"네, 전부 그래요." 또 다른 매니저가 맞장구쳤다. "저희는 극한의 오너십을 지니고 일을 합니다. 책 읽었거든요. 제 생각에는 저희 제품에 새로운 기능이 필요한 것 같아요……. 기술적인 관점에서 좀 더 발전시켜야 할 필요가 있습니다."

"그런데 영업 본부장님은 회사의 제품이 경쟁사와 견주어도 더 낫다고 하시던데요." 내가 반박했다.

"맞아요. 그렇지만 새로운 부분이 없어요. 뭔가 새로운 것이 필요해요. 분명히 말씀드리지만, 우리 영업 사원들은 지금 하는 일보다 더 많은 일을 할 수는 없어요. 그들은 지금 밑바닥의 로봇처럼 일하고 있거든요."

나는 고개를 끄덕였다. 뭔가 앞뒤가 맞지 않았다. 그게 무엇인지 도무지 알 수가 없었다. "좋습니다. 제가 한번 연구해 보죠……."

다음 날 나는 최전방에서 판매 상담을 하는 영업 사원들과 시간을 보냈다. 그들의 상담 전화를 들으며 몇 가지 질문을 했다. 영업 사원은 전부 놀라울 정도로 전문적이고 능숙했다. 그들은 스크립트에 적힌 그대로 고객과 통화를 했다. 다들 같은 말을 하는데도 그렇다는 것을 인식하지 못할 정도로 매우 자연스러웠다. 처음에는 인상 깊었다. 정말 인상적이었다. 영업 사원들 전부 아카데미 연기상을 받아도 될 것 같았다.

하지만 그들이 얻은 것은 아카데미 연기상뿐이었다. 나는 영업 사원 하나하나가 고객에게 거절당하고 거래를 성사시키지 못하는 상담 내용을 듣고 있었다. 제품 소개 멘트는 좋았으나 거래로 끌어내는 데는 역부족이었다. 영업 사원은 일단 예비 고객의 관심만이라도 끌어내면, 대부분 스크립트에 적힌 대로 적절한 응답을 했다. 그런데도 고객의 이의 제기 부분에서 빠져나오지 못했다. 게다가 겨우 고객의 이의 제기를 잘 해결한 영업 사원들은 거래 성사 직전에 고객과 가격을 책정하는 과정에서 굉장히 힘든 시간을 보내야 했다. 그날 오전 내내 딱 세 건의 거래만 성사되었다.

드디어 정오가 되었고, 나는 영업 사원 몇 명과 점심을 같이 하기로 했다. 우리는 햄버거 가게로 가 음식을 주문하고 자리에 앉아 기다렸다.

"자, 무슨 일이 있는 겁니까?" 내가 대화를 시작했다. "여러분 전부 전문적으로 일을 하는데도 매출이 떨어졌어요. 무슨 이유 때문일까요?"

"저도 알고 싶어요!" 젊은 영업 사원이 말했다. "정말 미칠 지경입니다. 판매를 시작하지 않으면 여기서 계속 일하지 못할 수도 있다고요."

"저도 같은 상황입니다." 다른 사원이 동조했다. "뭔가 바꾸지 않으면 전 해내지 못할 겁니다."

다들 고개를 젓고 있었다.

"6개월 전 작업과 지금의 작업에 다른 부분이 있습니까?" 내가 물었다.

"저희 작업에는 달라진 게 없는 것 같아요. 이제 막 더 좋아지고 있거든요." 조나단이라는 영업 사원이 열정을 담아 말했다. "저희는 나아지고 있어요. 스크립트와 가격 책정을 더 강화했고, 고객들의 이의 제기를 극복하는 방법도 개선했어요. 저희는 그에 맞춰 따르고 있죠. 영업 로봇처럼 일해요. 그런데도 몇몇 부분이 뒤처지고 있어요."

로봇이라…… 영업팀이 '로봇'을 언급한 게 두 번째였다. 대체 무엇이 문제인지 여전히 오리무중이었다.

"모든 게 그렇게 완벽하다면 대체 여러분은 어느 부분에서 잘못하고 있는 걸까요?"

한동안 아무 말이 없었다. 마침내 선임 영업 사원 비제이가 이야기를 꺼냈다.

"저희가 잘못하는 부분이 바로 그것입니다."

"무엇입니까?"

"모든 걸 완벽하게 하는 것 말입니다. 로봇처럼요."

쿵. 머리를 한 대 맞은 것 같았다. 바로 그거였다. 비제이 말이 맞았다.

"너무 완벽해서요? 무슨 뜻이에요?" 다른 영업 사원이 물었다.

나는 내가 생각하는 내용을 비제이가 말하는지 보기 위해 잠자코 그의 말을 경청했다.

"그러니까 우리가 너무 완벽하게 일을 한다는 뜻이야. 우리는 스크립트를 읽고 있어. 질문에 정해진 답을 하고, 고객의 이의 제기를 특정한 방식으로만 해결하지. 그리고 특정한 가격 책정 방식을 고수하고 있어. 자, 내가 한번 물어볼게. 전화 상담 막바지에 고객을 웃게 한 거, 다들 언제가 마지막이야?" 비제이가 동료들에게 물었다.

전부 멍한 표정만 지을 뿐이었다. 그들의 침묵이 명확한 답을 주었다. 오랫동안 예비 고객을 웃게 만들지 않고 있었다.

"그러면 여러분은 예비 고객과 어떤 관계를 맺나요?" 내가 물었다.

"정확히 말하자면 없습니다." 비제이가 답했다.

"완벽을 추구하는 과정에서 여러분이 전부 너무 완벽해진 건 아닐까요? 전부 로봇이 된 건가요?" 내가 말했다.

"로봇이 하는 상담 전화가 오면 보통 어떻게 하나요? 다들 알고 있듯이 이렇게 하죠. 딸각. 전화 끊으세요, 라고요." 비제이가 말했다.

그의 말이 맞았다. 판매량을 증가시키기 위해서는 회사의 지도부 생각대로 하는 게 맞다. 지도부는 공격적인 기본자세를 갖추고 규율 잡힌 표준 운영 절차를 이행했다. 그러나 한쪽으로 너무 치우치다가 최전방에서 절차를 조정해야 하는 영업 사원들의 자유를 앗아 갔다. 예비 고객의 반응을 살피고 적절한 관계를 맺어 가는 대신 매번 같은 스크립트를 반복적으로 읽고 있었다. 영업 사원들이 능숙하게 읽는 스크립트는 듣기에는 설득력이 있을지 몰라도 예비 고객과 진정한 대화를 할 수 없다는 사실을 지도부는 전혀 염두에 두지 않았다.

문제는 그뿐만이 아니었다. 깊이 파헤쳐 보니 다른 문제가 나왔다. 가격 책정 구조에 유연성이 없어졌기 때문에 일선의 영업 사원들은 잠재력이 있는 거래를 성사시킬 수 없었다. 거래 성사를 위해서는 약간의 밀고 당기기가 필요했다. 그런데 그들은 특별 할인 또는 그밖에 어떤 식으로도 가격을 조정할 힘이 없었고, 그 때문에 회사의 제품에 관심 보이는 고객을 그냥 내버려 둬야 하는 경우가 왕왕 발생했다.

하루당 판매 상담 전화 횟수가 늘어나고 엄격해짐에 따라 영업 사원들은 마지막 순간에 쉽게 포기하고 말았다. 만일 상담 중 거래가 성사될 거라는 조짐이 보이지 않으면, 바로 다음 상담으로 넘어가려 했다. 그래야 하루당 최소 판매 상담 전화 횟수를 달성할 수 있을 거고, 징계를 받지 않을 테니 말이다. 이는 그들이 일을 더 잘하고 있다고 주장한 것과 반대되는 모습이었다. 예비 고객에게 제품을 상세하게 설명하고 고객과의 관계를 형성할 수 있는 시간을 보내며 거래 성사의 가능성을 증대시키는 것이야말로 일을 더 잘하는 것이었다.

나는 이와 같은 피드백과 정보를 들고 영업 본부장을 찾아가 문제점과 해결 방안에 대해 이야기했다.

“규율이 너무 심하다니요?!” 본부장이 활짝 미소를 지으며 의아해했다.

"당신이 그런 말을 할 거라고는 전혀 생각지도 못했어요!"

"이런 말을 자주 하지는 않습니다." 나는 규율의 중요성에 대해 반복적으로 강조하고 다녔기 때문에 본부장의 그런 반응 정도는 이해할 수 있었다. "보통은 규율이 잡히지 않은 부분이 문제거든요. 그런데 이 회사는 그 균형이 반대 방향으로 가 있어요. 최전방 병사들한테 전쟁터에서 어떤 일을 만들어 내고 조종할 자유가 없습니다. 지상전을 치르는 중에 상황을 조정하고 바꿀 수 없다는 말이죠. 상담 전화에서도 마찬가지입니다. 영업 사원들은 예비 고객들과 어떠한 관계도 맺지 않고 있어요. 그저 로봇처럼 대답만 할 뿐이에요. 가격을 할인해 줄 힘도 없고요. 게다가 엄격하게 정해진 하루 할당 상담 전화 횟수가 그들을 억압하기 때문에 상담을 할 때 더욱 업무적인 부분만 이야기하게 됩니다. 사실은 그래선 안 되죠. 본부장님은 영업을 아주 잘 아시는 분입니다. 업무 시간 내내 100퍼센트 스크립트에만 의존해야 한다면 어떻겠습니까?" 내가 물었다.

그녀는 현실성을 따져 보며 한동안 잠자코 있었다.

"거래를 성사시키기 매우 어렵겠네요." 그녀가 인정했다. "진작에 알아챘어야 했어요. 영업 사원은 다 달라요. 고객도 전부 다르고 상담 전화도 다르죠. 전화상으로 관계를 맺는 능력이 가장 중요해요. 그런데 제가 그 능력을 빼앗았네요. 제 잘못이에요. 인정할게요."

내가 미소 지었다. "네, 맞습니다. 그게 바로 극한의 오너십입니다. 그러나 본부장님이 인정한다고 해서 리더의 오너십이 가동되는 것은 아니에요. 이제부터 문제의 해결책을 찾는 데 오너십을 지니셔야 합니다."

"네, 그럴 거예요."

며칠이 지난 뒤 우리는 새로운 계획과 훈련 프로그램을 만들었다. 스크립트만 읽는 것이 아니라 예비 고객과 사람 대 사람으로 관계를 맺는 훈련 프로그램이었다. 게다가 회사는 측정 기준 또한 바꾸었다. 전화 상담 횟수를 추적하지 않고, 예비 고객과 의미 있는 대화를 나누는 데 쓴 전화 통화 시간을 더 중요하게 다루기로 했다. 이런 판매 상담 전화는 영업 사원의 능률을 틀림없이 높여 줄 터였다. 마지막으로 가격 책정 구조를 느슨하게 해서 영업 사원에게 자유를 주고, 관심을 보이는 고객을 잡아 거래를 성사시킬 수 있도록 했다.

영업 본부장은 아주 신속하게 계획을 이행했고 회사의 실적은 가파르게 개선되었다. 마침내 규율과 자유 사이의 균형이 이루어졌고 그제야 모든 것이 착착 진행되었다.

2003년 바그다드 남부, 네이비씰 팀의 세븐 에코 소대가 정찰 차량에 탑승해 있다. 신속하고 공격적인 자세로 적의 공격을 저지했다. 대부분은 말이다…….

(사진 제공: 조코 윌링크)

Chapter 8.

의무감을 느끼게 하되, 두 손을 맞잡지는 말아라

조코 윌링크

2003년, 이라크 바그다드

다다다 다다다 다다!

우리가 애정을 담아 '마 듀스'라고 부르는 M2 캘리버 50 기관총이 도심을 맹렬히 가르고 있었다. 그런데 화력이 그게 다가 아니었다. 호송 차량 험비는 현재 위치한 고속도로 근처의 건물에서 적의 소형 무기로 공격을 받았다. 2003년 가을 우리는 바그다드였고, 이라크 전쟁이 발발한 지 얼마 되지 않은 시점이었다. 험비는 비장갑 상태였다. 차 문은 헝겊으로 싸였고, 대원들이 무기의 조준경을 통해 적의 위협을 쉽게 감지할 수 있도록 차량 좌석은 바깥쪽으로 돌려져 있었다. 좌석이 밖을 향하고 있어서 적의 총알로부터 피해를 입지 않으려 방탄판을 착용하고 있는 우리의 모습이 적의 방향에 고스란히 드러났다. 캘리버 50 마 듀스는 탱크의 회전

포탑에 위치해 있었다. 네이비씰 대원이 각 험비 지붕의 원형 구멍 밖으로 머리와 가슴팍만 내민 채 마 듀스 뒤에 위치했다. 모든 험비의 뒤쪽 벤치 시트에는 침투 대원이 회전식 스윙암에 중기관총을 장착하고 앉아 있어서 이동 중에도 정확하게 사격할 수 있었다.

총격이 시작되자마자 무전에서 지시가 내려왔다.

"오른쪽이다!"

모든 대원에게 적의 공격이 오른쪽에 있다고 알리는 무전이었다. 그 즉시 다들 무기를 준비하고 맹렬하게 대응 사격을 퍼붓기 시작했다. 십여 개의 기관총이 M4 소총과 함께 화염을 내뿜었다. 우리는 누가 됐든 우리와 교전을 시작한 걸 땅을 치고 후회하게 만들 정도로 압도적인 화력 공세를 펼쳤다.

호송차를 세우거나 속도를 줄이고 공격을 퍼붓지는 않았다. 사격을 막 시작했을 때 무전에서 다급한 지시가 내려졌다.

"출발하라, 출발하라!" 적의 매복 지역에서 빨리 벗어나야 한다는 지시였다. 우리는 그렇게 했고, 얼마 지나지 않아 매복 지역을 확보했다. 무전에서 사격을 중지하라는 지시가 내려왔다.

"사격 중지!"

우리는 바그다드 국제공항의 변두리에 있는 기지로 돌아갔다. 복귀한 후 다음 임무를 준비하기 위해 험비에 연료를 주입한 다음 작전 보고를 하러 소대 구역으로 갔다.

보고는 중요하지 않았다. 왜 중요하지 않았을까? 우리는 그 이후 적의 또 다른 매복 공격을 뚫고 나왔고, 다시 한번 그들을 격파했다. 그런데도 아무도 부상을 입지 않았다. 이라크 전쟁 초반에 우리와 맞선 반란군은 3

년 뒤 라마디 전투에서 만난 반란군처럼 조직적이고 전투 경험이 많으며 자금 지원이 두둑하지 않았다. 그 당시의 적은 사담 후세인 정권 시절 주변에서 문제를 일으키던 범죄자나 폭력배로 구성됐다. 그들은 우리에게 큰 문젯거리가 아니었다. 우리는 모두 훈련을 잘 받은 상태였고 공격적이었다. 게다가 적보다 확실히 우위를 점하며 임무를 수행하고 있었다. 작전 대부분은 '직접 타격'이라 불리는 임무들이었고, 목적은 미군과 이라크 보안군, 이라크의 새로운 임시 정부에 대한 공격을 계획 또는 실행할 것으로 의심되는 악당들을 체포하거나 살해하는 것이었다.

우리는 정보를 수집하고 다양한 정보의 출처에 의견을 내면서 테러리스트들에 대한 가장 중요한 정보, 즉 그들의 위치를 정확히 파악하고자 노력했다. 일단 그들의 위치가 파악되면 돌격 계획을 세웠다.

돌격 임무는 꽤 수월했다. 미리 지정한 위치에 전투 차량을 세우고 목적지까지 도보로 정찰을 했다. 목적지에 도착하면 다양한 방법을 활용해 외벽으로 둘러싸인 구역으로 진입했다. 벽을 넘어갈 때도 있고 출입구로 침투할 때도 있고 동시에 두 가지 작전을 다 실행하기도 했다. 몇 분 이내에 목표 건물 전체를 우리의 통제 아래에 두고 가능한 모든 위협을 제압했다.

물론 모든 임무의 계획은 구체적인 목표물에 따라 조금씩 달랐다. 작전 수행을 위해 우리의 계획과 전술, 기술, 절차를 조정하긴 했지만 그 와중에도 전투 리더십의 기본적인 원칙은 늘 확고하게 고수했다. 전투 리더십의 기본 원칙은 '엄호 이동하라, 단순하게 생각하라, 우선순위를 정하고 이행하라, 지휘권을 분산하라'였다.

'엄호 이동하라'는 우리가 목표물에 안전하게 오고 갈 수 있게 했다. 기본적이지만 필수인 이 전술을 모든 활동에 활용했고, 우리가 개발한 모든 계획에도 늘 존재했다. 또한 계획은 항상 '단순하게' 구성하였다. 가끔 더 복합적이고 복잡한 전술을 활용하고 싶은 유혹도 있었지만, 언제나 가장 수월한 행동 방침을 선택해서 모든 대원이 계획 실행 방법을 정확히 숙지하도록 했다. 계획을 세우는 단계에서는 '우선순위를 정하고 이행하라'를 활용하여 팀이 임무의 가장 중요한 부분에 모든 노력을 기울이도록 했고, 거기에 우리의 자원을 집중시켰다. 마지막으로 '지휘권을 분산하라'를 바탕으로 계획을 완성시켰다. 하급 지도부가 작전 지원 부분을 개발해 놓으면 그 윗선에서 하나의 종합적인 계획으로 통합했다.

이런 전투의 기본 원칙 외에도 우리는 가능한 적보다 우위를 차지하기 위해 은밀하고 기습적이며 폭력적인 작전 행동을 펼쳤다. 적과 공정한 싸움을 하려는 생각 따위는 전혀 없었다. 적을 밟고 올라서서 최대한 유리한 이점을 차지하고 온 힘을 다해 임무를 실행하는 것이 우리의 업무였다.

우리의 전술과 계획은 대개 적을 흔들어 혼란스럽게 만들고 지능적으로 방어할 수 없게끔 했다. 소대원들은 전부 전투 경험이 없었기 때문에 작전의 계획과 실행에 관해 배운 것들을 연습할 기회가 주어졌다는 것에 만족했다. 중요한 임무를 수행하는 것도 좋았지만, 무엇보다 그 임무를 통해 오랜 기간 연습하고 훈련받을 수 있기 때문이었다.

정말 굉장했다. 실제 전투가 없었던 기나긴 '목마른 세월'이 지난 후에 마주한 실제 작전이라 더욱 대단하게 느껴졌다. 우리만의 온전한 전술을 개발해서 수행 능력을 효율적으로 향상했기에 더 대단했다. 우리의 무기와 전술, 매우 우수한 훈련이 적을 지배했다는 사실이 정말 멋졌다. 마치

록스타가 된 기분이었다. 몇 번의 총격전을 치르는 동안에도 적들은 우리와 맞설 수조차 없었다. 그때까지 대원 딱 한 명만 부상을 입었다. 가벼운 부상이었다. 누구도 우리를 막을 수 없었다.

정말 기분이 좋았다.

임무가 많아질수록 우리는 더 자신감을 얻었다. 갈수록 더 강하게 밀어붙였고 더 빠르게 임무를 완수했으며 점점 더 한계에 도전했다.

그런데 어느 순간부터 대원들이 빨리 이동하기 위해 장비를 덜 챙기기 시작했다. 적의 지속적인 공격이 감소함에 따라 대원들은 탄창에 탄약을 점점 덜 채웠고, 적의 저항이 급격히 사라지자 손에 수류탄을 덜 쥐었다. 임무의 속도가 빨라지면서 물도 적게 들고 다녔다. 원래는 57L짜리 커다란 물통을 차량 옆에 달고 이동하며 대원들이 물을 충분히 공급받을 수 있도록 했다. 장비를 덜 챙기는 행동은 몸이 가벼워지면 더 신속하게 움직일 수 있다는 믿음에서 비롯된 것이었다. 그 덕에 우리는 문과 창문을 드나들며 목표 건물에서 도망쳐 나온 적들을 더 효과적으로 쫓을 수 있었다. 대원들은 임무를 수행하는 데 더욱 효율적으로 임하고 싶어 했다. 나 역시 마찬가지였다.

그러나 얼마 지나지 않아 자만이 서서히 얼굴을 드러내기 시작했다. 적이 우리를 건드리지도 못할 거라는 생각이 점점 머릿속을 지배했다.

어느 날 임무에 나서기 전에 나는 우리 대원 한 명과 이야기를 나누었다.

"자, 저놈들 잡으러 가자!" 내가 그의 등을 찰싹 때리며 농담했다. 그런데 보통 상체 앞과 뒤에 착용하는 단단한 방탄용 보호판이 느껴지지 않았다. 부드러운 웹 기어*만 만져졌다. 확인차 웹 기어를 움켜쥐어 보았다. 웹 기어 안쪽에도 방탄용 등판을 착용하지 않았다.

"등판은 어딨지?" 내가 그에게 물었다.

"뺐습니다."

"뺐다고?" 믿을 수가 없었다.

"네, 뺐습니다." 그가 무덤덤하게 답했다. "너무 무거워서요. 등판이 없으면 훨씬 빨리 움직일 수 있습니다."

충격적이었다. 방탄용 판은 하나당 3kg이 나가기 때문에 무겁기는 했지만, 총알이 몸으로 파고들어 목숨을 잃지 않도록 하는 필수품이었다!

"그럼 총에 맞으면 어쩔 건데?" 그에게 물었다.

"그럴 일은 없을 겁니다." 그가 교만하게 말했다. "적은 뒤에서 저를 쏘지 않습니다. 저희들 중 여럿이 등판을 착용하지 않았습니다." 그가 당연한 거 아니냐는 듯 어깨를 으쓱했다.

"여러 명이?"

"네. 다들 빨리 이동하고 싶어 합니다."

대원들 일부가 방탄용 보호판을 착용하지 않고 있었다. 목숨을 지켜 주는 필수 장비를…….

'어리석다.' 속으로 생각했다. '다들 너무나 어리석어!'

문득 내 실수라는 생각이 들었다. 나는 대원들이 전투지에 나갈 때마다 올바르게 장비를 착용하도록 책임지고 지도해야 했다. 우리가 장비 검사를 하는 이유는 대원들이 의무감을 갖게 하기 위해서였다. 그러나 작전

* 웹 기어: 소형 장비를 수납할 수 있는 작은 주머니들로 이루어진 것으로, 작전 출동 시 군인들이 몸에 착용한다. -옮긴이

속도가 너무 빨랐기 때문에 모든 대원의 장비를 점검할 시간이 매번 부족했다. 물론 나와 부소대장, 분대장의 장비는 규칙적으로 점검했다. 임무를 부여받고 15분에서 20분 내에 곧바로 출동해야 할 때도 간혹 있었기에 대원들의 장비를 하나하나 점검할 방법이 없었다. 모두가 장비를 올바르게 착용하도록 하기 위해서는 단순한 의무감보다 더 나은 방안이 있어야 했다. 등으로 날아드는 탄환을 막아 줄 방탄용 등판을 포함한 장비를 대원들이 확실하게 착용하게 할 방안이 간절했다. 나는 답을 알고 있었다. 이 문제의 해결책은 단순히 의무감을 느끼게 하는 게 아니었다. 보통 팀 내에서 발생하는 모든 문제의 답은 이 해결책으로 귀결된다. 그건 바로, 리더십이다. 내가 나설 타이밍이었다.

몇 분 뒤 우리는 전투 차량으로 올라타기 전, 다음 미션 준비를 위한 점호 확인차 자석 보드 앞으로 모였다. 분대장이 점호 확인을 마치고 난 후 나는 출동 전 마지막 지시를 했다.

"목표물에서 신속하게 빠져나와야 한다는 것을 잊지 말도록. 해당 지역은 위험한 지역이다. 철수할 때 인근 지역의 적에게 우리를 공격할 준비 시간을 주어선 안 된다."

"그리고 마지막으로," 나는 목소리에 힘을 주었다. "방탄용 등판을 착용하지 않은 사람은 착용한다. 지금 당장. 한 사람도 빠짐없이. 알겠나? 5분 뒤 승차한다. 출발."

대여섯 명의 대원들이 등판을 가지러 텐트로 허둥지둥 달려갔다. 대여섯이라니, 한편으로는 너무 많다는 생각이 들었다. 몇 분이 지나고 우리는 험비에 올라타 작전지로 향했다. 모든 게 순조로웠다. 목표 건물에 침투해 나쁜 자들을 체포하고 필요한 정보를 수집한 뒤 기지로 복귀했다.

작전 보고를 하는 동안 나는 등판 미착용에 관한 문제를 다루었다. 대원들에게 스스로 장비를 지속적으로 점검하는 것에 대한 의무감을 강요하지도 않았고, 소리치거나 윽박지르지도 않았다. 의무감이 답이 아니라는 걸 알았기 때문이었다. 우리 모두에게는 작전이 시작되기 전 미리 장비 착용을 점검할 시간이 부족했다. 그래서 나는 방탄용 보호판을 착용하는 게 왜 중요한지 대원들에게 설명했다.

"너희들 중 일부가 등판을 착용하지 않았던 걸 알고 있다." 내가 대원들을 둘러보았다. 몇몇이 고개를 끄덕였다.

"어리석은 생각이다. 아주 어리석어. 왜 등판을 착용하지 않았나?" 한 대원에게 물었다.

"몸을 가볍게 하고 싶었습니다. 몸이 가벼워질수록 빨리 움직일 수 있어서요."

"알았다. 그러면 자네는 총알보다 빠른가?" 숨죽여 킥킥대는 웃음소리가 들렸다.

"총알보다 빨리 달리려고 하지는 않았습니다." 자신감 넘치는 젊은 대원이 말했다. "솔직히 말씀드리면 저는 도망치지 않습니다. 그래서 적이 제 등을 볼 일이 없습니다." 이번에도 몇몇 대원이 고개를 끄덕이며 미소 지었다. 당당하고 용감한 발언이었다. 그러나 그의 발언은 대담함과 자신감, 용맹함의 선을 넘어 건방짐과 교만함을 향하고 있었다.

나는 젊은 대원이 그런 결과에 도달한 이유와 같은 생각을 가지는 대원이 더 있다는 사실을 충분히 받아들였다. 우리는 적을 상대로 승리하고 있었다. 그것도 쉽게 승리를 쟁취하는 중이었다. 적의 총에 맞은 적도 손에 꼽힐 정도였고 심한 부상을 입지도 않았다. 우리는 그들보다 훨씬 우세했고, 스스로를 감히 건드릴 수 없는 존재라고 느꼈다.

"좋다. 적에게서 달아나지 않을 거라니 다행이군. 여기에 있는 누구도 그러지 않겠지." 내가 대원들을 향해 말했다. 나는 진심으로 그렇게 믿었다. 우리 소대는 견고했다.

"뭐 하나 물어보겠다. 다들 적의 위치를 항상 파악하고 있나? 적이 늘 너희들 앞에 있을 거라고 생각해? 우리가 뒤에서 적의 매복에 당하거나 측면 공격에 노출되어 생각지도 못한 방향에서 총격을 받을 수도 있다고 생각하지 않나?"

회의실 전체가 조용해졌다. 그런 일들은 언제든 일어날 수 있었다.

"잘 들어. 우리가 적을 쳐부수고 있어서 나 역시 좋다. 우리는 계속 그들을 부수겠지. 하지만 교만해지거나 현실에 안주하면 안 된다. 적은 절대 우리를 제압할 수 없을 거다. 그러나 다음 임무에서는 상황이 반전될 수도 있어. 방탄용 등판 미착용은 몸을 가볍게 하고 신속하게 움직이게 하지만, 움직임이 빠르다고 해서 등을 파고들어 목숨을 앗아갈 총알을 막을 순 없다. 그리고 이건 한 사람만의 문제가 아니야. 한 명만 개인적으로 위험에 처한 문제가 아니라고. 너희들 중 하나가 총상을 입으면 다른 대원들이 부상자를 옮겨야 한다. 그것이 심각한 총격전에서 우리 소대의 이동 속도를 얼마나 늦추는지 생각해 봐야 한다. 몸을 가볍게 해서 빠르게 움직이려고만 하지 말고.

그런 일이 발생한다는 건 그 이상을 의미한다. 우리 중 누구라도 죽으면 그건 적의 승리다. 그밖에 더 중요한 건 미국에, 해군에, 팀에 그리고 너희들 가족에게 상실을 가져다준다는 사실이야. 우리는 죽지 않기 위해 가능한 모든 걸 해야 한다. 방탄용 장비를 전부 착용하는 것도 이에 포함된다. 알겠나?"

다들 입을 다물고 있었다. 나는 명확하게 주장했다.

파견 복무가 계속되는 동안에도 우리는 모든 대원의 장비를 점검할 시간이 여전히 없었다. 그러나 대원들이 지녀야 할 최소한의 장비를 이해시키는 것에 중점을 두었다. 대원들 역시 어떤 장비가 작전상 *왜* 더 중요하고 중요하지 않은지 이해했다. 생명을 지키는 장비가 왜 필수적인지, 그것이 자신에게뿐만 아니라 임무에 어떠한 영향을 미치는지 제대로 파악한 뒤 그들은 올바른 장비를 지니고서 출동했고, 그 장비를 활용할 준비도 확실히 마쳤다.

내가 의무감만 심어 주었다면 그런 일은 일어나지 않았을 거다. 특정 장비가 그들에, 임무에 그리고 팀에 *왜* 중요한지 정확히 이해시켰기에 가능한 일이었다. 이제 그들은 *그들 자신을 책임져야 했다.* 대원들은 이유를 정확히 이해하면 그 부분에 권한을 가지게 된다. 그 권한으로 자기 자신과 동료를 주의 깊게 살피며 감시하기 시작한다. 이런 과정이 반복되면서 팀원들의 노력이 한데 모아진다.

그렇다고 내가 장비를 점검한 적이 없었다는 건 아니다. 이것 역시 이분법이다. 팀원들이 이유를 이해했으니 리더는 팀원들이 서로를 감시하길 바라면서도, 거기에서 그치지 않고 확실하게 실행에 옮겨 점검을 계속하도록 의무감을 심어 주어야 한다. 그래서 나는 부소대장, 분대장과 함께 가능하다면 규칙적으로 장비를 점검했다. 그러나 그것은 의무감을 위한 주된 수단이 아니었다. 우리는 대원들의 두 손을 붙잡고 의무감을 느끼게 할 필요가 없었다. 그들은 이미 *자신을 책임지고 있었다.* 이 방법이 훨씬 더 효율적이었다.

일단 소대가 기본 원칙에 따른 임무 수행의 중요성을 깨닫고, 필수 장비 목록을 어기는 것이 임무 전체에 어떤 영향을 미치는지 파악하면 장비 점검에만 의존하지 않아도 되었다. 각 팀원은 다른 팀원을 견제하기 위해 같은 팀 동료에게 은근한 압박을 가했다. 팀 내 동료 간의 압박은 그 어떤 상부의 명령보다도 훨씬 강력한 힘을 발휘한다.

동료의 압박이 섞인 의무감을 대원들이 서로 이해하며 균형을 이루면, 이는 팀에 최상의 결과를 가져다준다. 그 후 남은 파견 기간 동안 방탄용 보호판을 착용하지 않는 대원을 단 한 번도 보지 못했다는 것이 그 증거였다.

기본 원칙

의무감은 리더가 활용해야 할 중요한 수단이다. 그러나 주된 수단이 되어서는 안 되고 다른 리더십 수단들, 이를테면 팀원들에게 정확한 이유 이해시키기, 하급 지도부에 권한 주기, 리더의 직접적인 감시가 없어도 팀원들이 알아서 옳은 행동을 할 거라고 믿기 같은 것들과 조화를 이루고 균형을 맞춰야 한다.

안타깝게도 리더들은 팀원에게 의무감만 심어 주면 모든 게 해결될 거라고 생각하는 경우가 많다. 물론 아예 틀린 말은 아니다. 만일 팀원이 반드시 업무를 다 마치게 하고 싶으면 업무의 진행 상황을 반복적으로 점검하면 된다. 그런 식의 철저한 감독은 업무의 완성도를 100퍼센트에 달하게 한다. 이게 바로 리더가 문제 해결에 의무감을 활용하고 싶어 하는 이유이다. 가장 분명하고 간단한 방법이다. 리더가 팀원에게 업무를 실행하라고 지시하고 팀원이 업무를 수행하는 모습을 지켜보면, 업무가 완성된 후 점검하는 과정에서는 오류가 발생할 가능성이 거의 없다.

그러나 리더에게는 특정 팀원의 업무 진행 과정을 감독하는 것 외에 다른 일을 할 여유가 없어진다. 게다가 여러 직원들의 수많은 업무를 감독해야 한다면, 어느 순간 물리적으로 모든 걸 점검할 수 없는 상태에 이르게 된다. 뿐만 아니라 팀 내의 직원들에게만 관심을 쏟느라 지휘 계통의 위쪽과 바깥쪽을 바라볼 수 없다. 즉, 본인의 전략적 의사 결정에 영향을 미치고 관계를 구축하는 선임 지도부 쪽과 향후 운영을 예상하고 발전을 도모하는 전략적 임무 쪽에 신경을 쓸 겨를이 없어진다. 리더가 팀원을 즉각적으로 감독을 해 주지 않으면, 물론 그 팀원이 특정 업무를 계속해서 잘 수행할 수도 있지만, 그렇지 못할 가능성 역시 다분하다.

그래서 리더는 의무감을 리더십의 주요 수단으로 활용하지 말고 여러 가지 수단 중 하나로 써야 한다. 팀원들에게 의무감을 주기보다는 *그들을 이끌어야 한다는 말이다.*

일단 팀이 *이유*를 확실히 아는지 확인해야 한다. 팀원들이 자신의 업무에 오너십을 장착하고 필요에 따라 조정할 수 있는 능력을 지니도록 해야 하고, 그들의 업무가 전반적인 성공에 어떤 도움을 주는지 정확히 숙지하도록 해야 한다. 또한 그들의 특정 업무가 팀에게 얼마나 중요한지, 그리고 실패하면 어떤 결과에 도달하는지 제대로 알려 주어야 한다.

그렇다고 의무감을 절대 이용하지 말라는 뜻은 아니다. 《네이비씰 승리의 기술》의 챕터 2. '나쁜 팀은 없다, 나쁜 리더만 있을 뿐'에서 우리는 '기본 원칙 면에서 보자면, 리더는 말로 전파만 할 것이 아니라 포용해야 한다'고 적었다. 리더가 중요한 부분에서 자신의 주장을 고수하고 기본 원칙을 유지하는 것은 반드시 필요하다. 가끔씩은 의무감을 꼭 이용해야 할 때가 있는데, 이것은 의무감에 내재된 또 다른 이분법이라고 할 수 있다. 팀원이 업무 수행의 이유와 영향력을 이해하면서 오너십을 지녀야 한다는 걸 인지하고 있음에도 불구하고 기본 원칙에 부합하지 않는 행동을 할 때, 리더는 주장을 굽히지 말아야 한다. 그런 상황에서는 그 팀원에게 의무감을 심어 주어야 한다. 리더는 그를 다시 궤도에 올려놓기 위해 그의 업무를 세세하게 관리하며 파고들어야 한다. 하지만 그 자리에 계속 머물러선 안 된다. 결국 마지막에는 팀원들이 내재적 추진력을 바탕으로 업무를 수행할 자유를 주어야 한다. 팀원들이 의무감을 가지고 있어서가 아니라, 리더의 마이크로 매니징 때문이 아니라, 자신의 업무를 더 잘 이해하기 때문에 자발적으로 행동하도록 해야 한다.

바로 이 부분에서 리더는 균형을 이루어야 한다. 필요에 따라 팀원의 의무감을 활용하되, 유일한 수단으로 삼아선 안 된다. 의무감에 과하게 의존하면 리더는 시간과 집중력을 잃고, 하급 직원은 리더의 신뢰를 잃어 자신의 성장 및 발전을 이루는 데 방해를 받게 된다.

리더는 팀원들을 교육해 그들이 상부의 직접적인 감독 없이도 기본 원칙을 지키는 힘을 갖게 하고, 의무감을 지닌 채 균형을 이룰 수 있도록 이끌어야 한다. 높은 성과를 내는 팀들은 이처럼 균형 잡힌 의무감을 지닌다. 그건 그들의 전형적인 특징이다.

실전 비즈니스

"그들은 우리가 하라는 걸 분명히 하지 않을 겁니다!" 업무 팀장이 내게 말했다. "그냥 신경도 쓰지 않는 것 같아요!"

그 회사는 약 3개월 전에 새로운 소프트웨어 프로그램을 사용하여 회사

제품의 반응을 추적하기 시작했는데, 이 프로그램은 고객이 설치해서 활용하는 것이었다. 규모가 중간보다는 큰 편에 가까운 사업이었다. 기술자들이 프로그램의 플랫폼 항목에 어떤 장비가 설치되었는지, 테스트는 완료되었는지, 문제점은 해결했는지, 시스템 부족 현상이 있는지를 입력했다. 오랜 고민 끝에 잘 만들어진 시스템이었다. 또한 고객 관리 프로그램과도 호환되기 때문에 영업 사원이 프로그램 갱신이나 업그레이드를 위해 고객 정보가 필요할 경우 정보를 제공받을 수 있었다.

"현장 기술자들이 정확히 어떤 걸 하지 않을 거라는 말씀이시죠?" 내가 물었다.

"그들은 그 시스템을 활용하지 않을 겁니다. 정보도 입력하지 않을 거고요. 현장에서 고객에게 프로그램 설치 또는 고장 수리 같은 문제만 처리해 주고 할 일 다 하면 그냥 그걸로 끝이에요. 그게 다라고요. 플랫폼 항목에 최소한의 정보를 입력하긴 하지만 세부 정보는 입력하지 않아요."

"기술자들이 어떤 세부 정보를 입력해야 하죠?" 내가 물었다.

"중요한 세부 정보죠. 그 기술자들을 위한 게 아니라 후임 기술자들을 위한 거예요." 업무 팀장이 말했다. "만에 하나 일이 잘못돼서 다른 기술자가 문제를 해결해야 하는 경우 후임 기술자가 이전 기술자의 업무 내용을 모르면 이 시스템의 세부 정보를 통해 시간과 노력을 아낄 수 있어요. 뿐만 아니라 세부 정보는 우리 영업 사원들에게도 엄청난 도움이 되죠. 영업 사원이 새로운 서비스를 전달하거나 기존 서비스의 갱신을 알리기 위해 고객에게 전화를 했을 때, 그 고객에게 지금까지 어떤 일이 있었는지에 관한 정보가 아예 없으면 외면당할 테니까요. 마치 우리 회사가 고객을 전혀 신경 쓰지 않는 것처럼 보이게 만들죠. 고객을 신경 쓰지 않는 회사라는 이미지가 이미 박힌 사람에게 물건 한번 팔아 보세요. 그게 되겠어요?"

"어떤 부분이 문제인지 알겠네요." 내가 수긍했다. "그래서 어떻게 하셨습니까? 기술자들이 해야 할 일을 하도록 해 보셨나요?"

"전체적으로 업무 점검을 대폭 늘렸어요. 기술자들 먼저 시작했어요. 그리고 플랫폼 항목에 세부 사항을 입력해야 한다고 이야기했죠. 그런데도 효과가 미미하더군요. 그다음에는 팀 리더에게 갔어요. 우리가 소프트웨어의 모든 항목에 접근할 수 있게 해 달라고 요구했어요. 입력한 항목의 개수를 기반으로 해서 보너스를 지급할 생각이었거든요."

"어떻게 됐습니까?" 내가 물었다.

"돈은 돈대로 들고 아무것도 하지 못했어요." 업무 팀장이 답했다. "기술자들은 시키는 대로 했어요. 모든 항목을 채웠지요. 그런데 무성의하게 한 단어나 두 단어만 써 놓았어요. 그게 다였어요."

"아이고." 내가 한탄했다.

"네, '아이고'죠." 업무 팀장이 동의했다. "그다음에는 지역 매니저들을 찾아갔어요. 그들에게 의무감을 주면 조금이라도 변화가 생길 거라는 생각으로요. 매니저들에게 각 해당 지역의 기술자들이 프로그램의 모든 항목을 입력하지 않으면 보너스를 10퍼센트 줄이겠다고 했어요. 한 2주 정도 지난 후에 약간 개선되긴 했는데 시간이 지나니 다시 제자리로 가더라고요. 기술자들이 항목 대부분에 한 단어도 입력하지 않았던 그때로요."

"흠, 문제가 있네요." 내가 말했다.

"네, 문제가 있습니다. 더군다나 이 새로운 소프트웨어를 설계하고 구축하고 실행시키는 데 예산을 상당히 많이 썼거든요."

"그렇겠군요. 제가 팀 리더와 지역 매니저, 일선의 기술자들과 이야기를 좀 나누어 보고 무엇이 문제인지 알아보겠습니다."

며칠이 지난 뒤 나는 미팅을 계획해서 모든 계급의 사람들과 돌아가면서 이야기를 나누었다. 먼저 지역 매니저부터 시작했다. 얼마 지나지 않아 그들에게 어떤 문제가 있는지 파악했다. 그들은 팀 리더와 기술자들이 플랫폼의 모든 항목을 채우는 것에 의무감을 가지도록 애쓰고 있었다. 특히 보너스가 10퍼센트 감액될 위험이 있었기에 더욱 매진했다. 그러나 기술자들이 모든 항목을 채우려면 추가 업무를 해야 한다는 걸 지역 매니저들은 금세 알아챘다. 또한 기술자들은 플랫폼의 항목을 채우느라 고객 서비스 및 설치 관련 상담 전화를 전보다 많이 처리할 수 없었다. 설치 관련 업무를 제대로 처리하지 못하면서 영업 손실이 뒤따랐다. 이는 소프트웨어 업무 불이행으로 인한 보너스 10퍼센트 감액보다 더 큰 금액이었다. 그 사실을 알게 된 뒤 지역 매니저들은 일선 기술자들에게 더는 의무감을 갖게 하지 않았다.

팀 리더들의 이야기는 또 달랐다. 그들은 늘 바빴다. 각자 자기 팀의 스케줄을 맡아 관리했고 일도 아주 많았다. 예약, 취소, 노쇼 고객, 시간이 너무 많이 소요되는 작업 등을 도맡아 했으며 다른 업무 때문에 방해받는 일도 많았다. 결근한 기술자의 빈자리를 채우는 일도 부지기수였다. 그 외에도 팀 리더들은 기술 전문가였기 때문에 시스템 수리 중인 일선 기술자들의 문의 전화를 상당히 많이 처리하는 등 더 복잡한 문제를 해결해야 했다. 게다가 고객 불만 사항을 가장 먼저 접하기까지 했다. 제품이나 기술자에 관한 모든 문제는 우선 팀 리더에게 직접 보고되기 때문이었다.

더군다나 그런 전화들은 섬세하고 기술적으로 다루어져야 했다. 이 모든 일을 처리하는 팀 리더들에게는 다른 업무를 할 시간이 없었다. 기술자 한 사람 한 사람의 스크린을 보며 고객과의 전화 통화 후 데이터를 제대로 입력했는지 확인할 시간이 절대적으로 없었다. 그들은 상부의 조치가 필요하다는 것을 이해했지만, 그 조치를 이행할 시간 역시 도무지 나질 않았다.

마지막으로 나는 현장으로 가서 일부 기술자들과 이야기를 나누었다. 그들에게는 중대한 문제들이 있었다. 일단 시스템에 정보를 입력하는 업무는 고위 간부들이 아는 것보다 시간이 더 오래 걸렸다. 현장에서는 지역마다 그리고 고객들마다 휴대전화 수신 전파 정도가 각양각색이었다. 신호가 약한 지역에서는 한 페이지가 로딩되는 데만 1분에서 2분이 소요되었고 로딩해야 할 페이지가 총 8장이었기 때문에 시간 낭비가 무척 심했다. 더욱이 페이지마다 고객의 이름과 주소, 계좌번호를 다시 입력해야 했다. 한 번에 두 개 이상의 항목을 복사할 수 없기 때문에 복사하기와 붙여넣기 기능은 해결책이 될 수 없었다. 그래서 화면을 왔다 갔다 해야 했고, 이 과정도 시간을 많이 잡아먹었다. 또한 일반적인 질문들이 객관식으로 나와 있지 않았기에 기술자가 모든 답을 직접 적어야 했다. 이것 역시 시간 낭비였다. 무엇보다 중요한 건, 일선의 기술자들 중 데이터가 그들 *자신에게* 어떤 도움을 주는지 정확하게 이해한 사람이 한 명도 없다는 것이었다.

내가 업무 팀장에게 이 모든 내용을 보고 하자 그는 꽤 충격을 받았다.

"알겠습니다." 업무 팀장이 잠긴 목소리로 말했다. "의무감을 가지게 하는 게 별 효과가 없었군요. 이제 어떻게 해야 합니까?"

"이제 팀장님이 이끄셔야죠."

그는 한동안 잠자코 앉아서 내 말을 충분히 이해하려 노력했다.

마침내 그가 침묵을 깼다. "하, 저는 어떻게 해야 할지 모르겠습니다. 어떻게 이끌어야 하죠?"

매우 긍정적인 신호였다. 그는 도움이 필요하다는 것을 인정할 만큼 겸손한 리더였다. 도움을 요청할 줄 알 정도로 굉장히 겸손했다.

"좋습니다. 상황이 나쁘지는 않아요. 다행히도 올바른 일을 하고 싶어 하는 좋은 직원들이 많습니다. 우선 소프트웨어를 더 개선할 방법에 대한 정보를 요청해야 합니다. 프로그램을 단순화할 방안이 몇 가지 있는데요, 일단 문항을 선다형으로 바꾸는 것이 한 예가 될 수 있습니다. 첫 페이지의 고객 정보가 다음 페이지에도 이어지면 훨씬 도움이 될 테고요. 지금은 기술자들이 페이지마다 같은 정보를 입력해야 한다더군요. 페이지 수를 더 줄이는 것도 한 가지 방법일 겁니다. 단순하게 바꿔야 합니다. 그 자료들을 출력할 일이 좀처럼 없을 텐데 대체 왜 종이 형식과 호환되어야 하는 거죠? 한 페이지에 문항을 더 넣어서 기술자들이 한 페이지씩 로딩할 필요가 없게 해야 합니다. 페이지 로딩이 시간을 많이 잡아먹더군요. 이 내용들은 기술자 네다섯 명 하고만 이야기를 나눌 때 초반에 나왔던 몇 가지 제안일 뿐입니다. 그 소프트웨어를 사용하는 기술자들에게 더 광범위하게 질문을 하면, 그들의 직접적인 피드백을 바탕으로 프로그램을 간소화할 아이디어들이 분명 더 많이 나올 겁니다."

"그렇겠군요." 업무 팀장이 답했다. "저는 여태껏 피드백을 충분히 받고 있다고 생각했습니다."

"초반에는 그랬을 겁니다. 하지만 이와 같은 문제가 일단 발생하면 팀장님은 이를 개선하기 위해 지속적으로 피드백을 받아야 해요. 원래 그렇습니다."

"알겠습니다. 또 다른 문제가 있나요?" 업무 팀장이 물었다.

"당연히 있습니다. 일선의 기술자들과 이야기를 나눠 본 후 제가 발견한 가장 큰 문제는 기술자들이 왜 그 업무를 해야 하는지 전혀 이해하지 못한다는 거였습니다. 게다가 그 업무가 *그들에게* 어떤 영향을 미치는지도 몰랐고요. 사실은 가장 중요한 부분인데 말이죠."

"그 업무가 그들에게 어떤 영향을 미치는지를요?" 그가 의아해했다.

"네. 현재로서는 전혀 모르고 있어요."

"그렇지만 기술자들은 그 데이터들이 고객을 유지시키며 구매 유도를 이끌어 낸다는 걸 알고 있어요. 이는 명백하게 회사의 이익을 증대시키고요. 그것 말고 또 뭐가 있겠습니까?"

"좋습니다. 그럼 팀장님이 말씀하신 부분을 다시 살펴보죠." 내가 말했다. "자, 회사가 돈을 더 번다면, 이익 창출을 더 극대화한다면, 일선 기술자들이 그 부분에 특별한 관심을 보일 거라고 생각하십니까?"

"당연히 그렇죠! 그러길 바라고요. 월급과 연관되어 있으니까요!" 업무 팀장이 목소리를 높였다.

"희망 사항과 행동은 다른 곳으로 가게 마련입니다." 나는 말을 이었다. "기술자들의 관점에서 볼 때 그들은 여기 고용되어 있는 한 계속 월급을 받겠죠. 회사가 수익을 내든 내지 않든 말입니다. 즉, 회사의 수익은 그들에게 큰 영향을 미치지 않습니다."

"그래도 회사의 이익은 직원이라면 당연히 신경 써야 하는 부분이잖습니까." 업무 팀장이 주장했다.

"물론 그래야 하죠." 내가 동의했다. "완벽한 세상에서는 모든 직원이 회사의 수익에 대단히 많은 관심을 쏟을 겁니다. 하지만 우리가 사는 세상 사람들은 다른 부분들에 더 신경을 씁니다. 남편과 아내, 아이들, 축구 경기, 고지서와 자동차, 대출, 금요일 밤의 경기와 고장 난 히터, 대입 시험을 앞둔 자식과 같은 것들 말입니다. 신경 쓸 일이 한두 가지가 아니죠. 좋든 싫든 간에 회사의 수익은 직원들이 관심을 쏟는 리스트에서 상위권을 차지하지는 않아요."

"그래서 이제 뭐를 어떻게 해야 합니까?" 업무 팀장이 물었다. "관심도 없는데 직원들이 대체 왜 더 많은 노력을 해야 하죠?"

"일단은 업무의 *이유*를 이해해야 합니다. 그 이유는 직원들과 회사의 수익이 그들에게 미치는 영향을 하나로 묶을 수 있는 실과 같은 것이어야 합니다."

"어떻게 하면 됩니까? 어떻게 그들이 회사의 수익을 신경 쓰게 만들어야 합니까?"

"다방면으로 충분히 생각해 보셔야 합니다. 만일 팀장님이 원하는 데이터를 모두 얻을 수 있다면, 팀장님은 현장 기술자들과 영업 매니저들 모두를 더 잘 아우를 겁니다. 그렇죠?"

"당연하죠. 가장 중요한 부분이죠." 업무 팀장이 동의했다.

"일단 기술자들과 영업 매니저들을 한데 아우르면 일도 더 잘할 거고요, 그렇죠?"

"그럼요."

"좋습니다. 이제부터 제 말을 잘 들어 주세요. 데이터를 확보하면 기술자들은 더 빠르고 나은 고객 서비스를 제공할 수 있고, 영업 매니저들은 더 많은 고객에게 더 많은 상품을 팔 수 있을 겁니다. 개선된 서비스를 제공하고 매출을 늘리면 회사가 성장하죠. 회사가 성장하면 돈을 더 벌 테고요–"

"제 말이 그 말입니다! 그런데 그게 어떻게 도움이 된다는 겁니까?" 업무 팀장이 끼어들었다.

"잘 들어 보세요. 회사가 돈을 더 벌면 광고와 기반 시설에 투자를 할 수 있어요. 광고와 기반 시설에 투자를 하면 더 많은 고객을 확보할 수 있고 고객 지원을 더 많이 하게 될 겁니다. 즉, 회사가 더 나은 성과를 낼수록 고객은 점점 늘어가요. 고객 증가는 기술자들의 업무량 증가로 이어지고, 그들은 추가 근무를 하고 추가 수당을 받겠죠. 일단 회사가 수익을 극대화하면 기술자가 더 필요합니다. 기술자가 많이 필요할수록 회사는 더 많은 비용을 지출해야 합니다. 이는 결국 기술자들에게, 특히 숙련된 기술자에게 급여를 더 준다는 의미입니다. 마지막으로 회사가 더 많은 기술자와 고객을 가지면 팀 리더도 더 많이 필요하고 지역 담당 매니저도 더 고용해야 합니다. 이런 식으로 회사의 모든 기술자들이 함께 발전할 수 있는 길이 열리는 겁니다. 따라서 회사의 수익은 소유주의 주머니에만 돈을 꽂아 주는 것이 아니라 기술자들에게 직접적인 영향을 미친다는 거죠. 이건 중요한 부분입니다. 물론 현장 기술자들은 소유주의 주머니에만 돈이 꽂히는 것에 크게 신경 쓰지 않을 수도 있지만요. 아무튼 이를 통해 기술자들은 월급이 오르고 커리어를 향상시킬 기회를 가지게 됩니다. 바로 이것이 회사의 지도부와 현장 기술자들을 연결시켜 회사를 평등하게 만들고 하나로 묶는 실인 셈이죠. 이게 리더십입니다."

업무 팀장이 고개를 끄덕였다. 마침내 그의 머릿속에 불이 탁 켜졌다.

모든 게 선명해졌다.

그 뒤 이틀 동안 나는 업무의 *이유*를 간단하고 명확하게 설명할 프레젠테이션 준비를 도왔다. 그리고 직원들의 업무를 점검하여 일이 잘 진행되는지 가끔씩 확인해야 한다는 것에 대한 이야기를 나누었다. 어느 정도의 의무감은 직원들에게 여전히 존재해야 했다. 직원들이 업무의 이유를 이해하면서 일정 권한을 가지게 되면 대부분 알아서 의무감을 지닌다. 그들에게 미치는 직접적인 영향과 이익을 완전하게 파악하는 순간 계속해서 서로를 책임지려고 할 것이다.

며칠 후 업무 팀장은 오전에 이뤄진 전화 회의에서 그 계획을 브리핑했다. 그리고 소프트웨어 시스템 개선을 위해 기술적인 지식이 있는 지역 매니저들 중 한 사람에게 시스템에 대한 피드백을 관리하는 업무를 맡겼다. 무엇보다 중요한 것은 그 지역 매니저가 데이터를 최대한 수집함으로써 회사의 구성원들에게 어떤 혜택이 주어지는지, 즉 모든 직원의 삶이 어떻게 개선되는지 확실하게 인식시키는 것이었다.

일선의 직원들은 그제야 모든 걸 이해했고, 다시 일을 하러 갔다.

PART 3.
자신 안에서의 균형

적을 생포 및 사살하기 위한 직접 타격을 위해 야간 작전을 마치고 돌아온 브루저 기동대 소속 찰리 소대와 델타 소대가 라마디 캠프 내의 '찰리 의무 시설'에서 부상을 치료 중인 네이비씰 대원을 방문하고 있다. 그 대원은 주요 외과 의료 시설로 이송하기 위해 응급 의료 수송 헬기를 기다리는 중이다. 찰리 소대장 레이프 바빈이 이 책의 챕터 1에서 젊고 용맹하며 특출난 군인이자 친구였던 네이비씰 전사 마크 리를 소개한 바 있다. 마크 리는 찰리 소대의 돌격 대원이자 기관총 사수였다.

(사진 제공: 저자)

Chapter 9.

이끄는 자 그리고 따르는 자

레이프 바빈

2006년, 라마디 중남부

불길한 침묵이 느리게 움직이는 운하의 물살을 뒤덮었다. 육안으로 보기에 밤은 무척 어두웠다. 길가의 폭탄이나 파편으로 인해 산산조각 나지 않은 건 가로등 불빛뿐이었다. 드문드문 선 가로등 불빛이 거리에서 어렴풋이 빛을 내고 있었다. 우리는 야간 투시경의 초록색 렌즈를 통해 양쪽 강둑에 늘어선 갈대를 보고 있었다. 강기슭 너머로 야자나무 숲과 빌딩, 도시 스프롤 현상*이 보였다. 무기에서 빛을 내는 레이저가 좁은 수로 양쪽을 훑으며 매복해 있는 반군을 수색 중이었다.

우리 보트 네 대가 위치를 들키지 않기 위해 소음과 빛을 최소한으로 내며 대형을 맞춰 천천히 움직였다. 미 해병대의 해상 작전용 소형보트

* 도시 스프롤 현상: 도시의 급격한 팽창으로 인해 교외 지역이 무질서하게 개발되는 현상을 뜻한다. -옮긴이

(SURC)와 보트를 조종하는 병사, 강력한 기관총을 든 병사들이 우리 브루저 기동대원과 이라크 병사 그리고 SALT6(미 해병대 항공함포 연락 5중대 소속 지상화력 지원 연락팀)를 함께 이동시키고 있었다. SALT6의 지휘관인 데이브 버크 소령은 우리 조의 최고 리더였다. 그는 뛰어난 리더이자 해병대 전투기 조종사였고, 이라크와 아프가니스탄에서 전투기 출격을 했었다. 또한 탑건(TOPGUN)의 교관으로서 어느 곳이든 선택만 하면 갈 수 있었지만 전방 항공 관제사로 자원해 지상 작전을 맡았다. 그는 이라크에서도 어느 지역이든 선택할 수 있었는데 그중 라마디를 골랐다. 우리는 데이브와 그의 해병대 병사들이 함께 추가적인 화력 지원을 해 주어서 매우 기뻤다. 데이브와 그의 병사들은 아주 뛰어난 팀이었다. 데이브가 네이비씰의 찰리 소대 담당 장교인 나보다 계급이 높았지만 지상군 지휘관은 내가 맡았다. 나는 라마디의 가장 폭력적인 지역의 도보 정찰을 비롯하여 강가의 육지에서 발생하는 모든 요소들을 책임지고 있었다. 그곳은 적의 공격이 시작되어도 몇 시간 안에 우리를 도와주러 올 우호 세력이 없었다. 우리는 상당히 많은 반군을 처리한다는 목표에 도달하기 위해 등에 질 수 있는 만큼의 무기만 지니고 다녔다. 그로 인한 위험을 완화하고자 많은 병력을 투입했다. 지금까지 내가 지휘했던 병력 중 가장 규모가 큰 병력이었고, 병사가 50명 가까이 되었다. 그 수적 강세가 우리를 지탱해 줄 것이었다. 데이브가 전투기와 연락을 취해 전투기가 위에서 우리를 지켜 주게 할 때까지 말이다.

우리는 보트를 타고 이동해 IED(급조 폭파 장치)로부터 공격받을 위험을 완화했다. IED는 길가에 설치된 폭탄으로 반군이 주로 사용했다. 그러나 폭이 45미터 정도밖에 안 되는 좁은 운하에서 보트를 타는 우리의 모습은 적에게 완전히 노출되어 있었다. 그곳에는 우리를 향해 날아들 반군의 급작스러운 화력 공격을 피해 숨을 공간도 없었고 도망칠 방법도 없었다. 이점이라고는 어둠 속에 있다는 것과 기습 공격뿐이었다. 일단 지금은 주변이 쥐 죽은 듯 조용했고 쭉 이어진 강둑에 어떤 움직임도 보이지 않았다. 그러나 긴장은 극에 달해 있었다. 갈대 너머 운하 양쪽으로 알카에다의 손아귀에 놓인 도시가 보였다. 그곳은 몇 달째 미군 또는 연합 병력이 거의 보이지 않았던 지역으로 사방이 전쟁으로 폐허가 되어 아무것도 남아 있지 않았다. 우리는 그곳으로 향하고 있었다. 이라크의 알카에다에 충성하며 잔혹한 살인을 일삼는 반군이 통제하고 있는 그 도시로.

우리는 그 지역의 첫 지상군이 될 터였다. 임무는 거대한 탱크와 전투 차량을 타고 세계에서 가장 위험한 도로로 들어서는 미군 밴딧 기동대(제1기갑사단 1 여단 37 기갑연대 1대대 소속)를 엄호하는 것이었다. 통계적으로 그 도로는 이라크의 다른 도로나 어느 지역보다도 IED 공격이 더 많이 일어난 곳이었다. 우리는 주요 활동 병력에 앞서서 출동하는 소규모 그룹을 이끌었다. 주요 활동 병력은 적진에 작은 미군 전투 기지를 설립하기 위한 선봉대로서 미 육군과 해병대 병사 백여 명과 50대 정도의 탱크, 수십 대의 거대한 전투 차량으로 이루어졌다. 어스름한 새벽 우리가 보트에서 내리고 몇 시간 후면 폭발물 제거팀의 장갑차가 도로를 따라 천천히 조심스럽게 나아가면서 M1A2 에이브럼스 탱크와 M2 브래들리 전투 차량이 지나갈 길에 있는 폭탄을 제거하는 작업을 벌일 것이었다. 데이브의 업무는 중요했다. 그와 해병대 병사 열두 명은(해군 소속 의무병 포함) 우리가 적의 공격을 받는 경우를 대비해 탱크가 도착할 때까지의 몇 시간 동안 하늘에 있는 전투기를 통제하면서 우리와 동행했다. 그것이 유일한 지원이었다.

사전에 계획한 작전 투입 지점에 도착할 즈음 보트 두 대가 강가 쪽으로 조용히 가고 있었고, 나머지 두 대는 캘리버 50 기관총과 M240 중기관총, GAU-17 미니건*으로 우리를 엄호하는 중이었다. 우리는 SURC(해상 작전용 소형보트)의 뱃머리에서 내려 무거운 장비를 짊어지고 최대한 조용히 진흙으로, 질척한 강둑으로 올라섰다. 대원들은 저마다 헬멧과 방탄복, 무기, 무전기 그리고 물과 음식, 탄약, 추가 배터리가 든 가방을 짊어지고 있었다. 이라크에서 가장 위험한 도시의 최고로 잔혹한 지형에서 48시간 동안 '추적'을 하려면 꼭 필요한 장비들이었다. 만일 공중 지원이 없었다면, 우리는 전투 경험도 많고 단단히 무장한 수백만 반군의 급습에 알아서 대항해야 할 터였다. 반군들은 그 지역을 장악해서 테러와 위협, 살인과 같은 잔인한 방식으로 민간인들을 통치하고 있었다.

우리는 그들이 그 지역을 벗어났다는 걸 알고 있었다. 살펴보고 또 살펴보며 주위의 소리에 귀 기울였다. 보트에서 내린 다음 나머지 대원들이 뒤이어 보트에서 하선할 수 있도록 갈대를 통과해 경사면으로 올라가서 대추야자나무 숲으로 몸을 숨겼다. 찰리 소대의 선임 척후병 크리스 카일이 대원들을 이끌었다. 나는 그를 바짝 따라갔다. 우리는 잠깐 멈춰서 무릎을 꿇고 주변의 소리에 집중했다. 그리고 무기를 준비하며 그 지역을 수색했다. 아무것도 없었다.

크리스와 내가 적의 소리에 귀 기울이던 그때 소대의 무전망에서 무슨 소리가 들렸다. 우리는 소대 내부 무전망으로 서로 의사소통을 하곤 했는

---

* M134 GAU-17 미니건: 7.62*51mm NATO를 사용하는 전기 작동식 중기관총이다. 분당 4,000발을 발사하며 6개의 총열을 갖고 있다.

데, 그 당시 무전기에서 목소리는 들리지 않고 마치 어느 대원이 무거운 가방과 전투 장비를 짊어지고 느릿느릿 움직이는 듯한 가쁜 숨소리와 군장비들 서로 스치는 바스락 소리가 들렸다. '핫 마이크'였다. 우발적으로 무전기의 토글스위치가 켜져서 소리가 나는 것이었다. 휴대전화의 통화 버튼이 눌린 것과 같은 상황이었다. 하지만 전투지에서 핫 마이크는 단순히 성가신 일 그 이상이었다. 핫 마이크는 팀 내의 중요한 의사소통 전달을 방해했고, 귀에서 끊임없이 들리는 그 무전 소음은 적의 움직임을 제대로 탐지할 수 없게 만들었다.

"핫 마이크다." 나는 우발적인 무전을 대원들에게 전하고자 내 무전기의 볼륨을 크게 하고 최대한 숨죽여 말했다. "장비를 점검하라."

답이 없었다. 핫 마이크는 계속 이어졌다. 골칫거리였다. 슬슬 울화가 치밀었다. 그러나 달리 조치할 방법이 없었다.

나는 인원수 파악이 끝났다는 신호가 오기를 기다렸다. 그 신호는 모든 대원이 성공적으로 보트에서 하선했다는 의미였다. 마침 신호가 왔고, 대원들에게 정찰을 시작하라는 수신호를 보냈다. 선임 척후병 크리스가 앞으로 나섰다. 그는 정찰대를 이끌고 대추야자나무 숲을 지나 작은 건물들을 돌아서 우리의 이동 방향과 직각을 이루는 도로의 가장자리로 갔다. 거기는 나무나 몸을 숨길 만한 곳이 없는 개방된 곳이었고 우리는 길을 건너야만 했다. 길을 건너면 도심이었다. 도로는 지저분했고 골목길마다 쓰레기가 즐비했다. 라마디 중남부의 건물과 집들이 벽으로 둘러싸여 있었다. 그곳이 적진이었다. 우리는 그곳을 다시 되찾아야 했다.

탁 트인 그곳에서 건물들이 있는 반대편으로 건너가려면 폭이 약 27미터나 되는 도로를 건너야 했다. 그런 것을 우리는 '위험한 횡단'이라고 불렸다. 개방된 도로를 가로지르며 돌진하면 그동안 적에게 완전히 노출되어 공격에 취약해질 수 있기 때문에 정찰대를 엄호할 무기가 필요했다. 일단 작전 대원들을 위치에 배치시켜 무기로 정찰대를 엄호하도록 했다. 크리스와 나는 서로 고개를 끄덕이며 최대한 빠르게 그러나 최대한 조용하게 길을 건넜다. 반대편에 도착한 다음 뒤따라 길을 건널 대원들을 엄호하기 위해 태세를 갖추었다. 일부 대원이 우리 쪽으로 도착하자마자 크리스와 나는 앞으로 이동했다. 갑자기 크리스가 손을 들어 올려 정찰을 멈추라는 수신호를 보냈다. 나는 그에게 다가갔다.

"무슨 일인가?" 가능한 소음을 내지 않으려고 속삭이며 물었다.

"배터리가 다 나갔습니다." 그가 조용히 대답했다. 어둠 속에서 사격을 가능하게 하는 소총에 달린 레이저가 작동하지 않았다. 장비에서 아주 중요한 부분이었다. 레이저가 없으면 크리스는 제대로 사격을 할 수 없었다. 사격은 선임 척후병의 핵심 역할이었다.

나머지 정찰대가 아직 뒤에 남겨져 있었다. 50여 명의 장병들이 적에게 들키기 전에 서둘러 개방된 곳을 벗어나 길을 건너려 하고 있었다.

"여기서 멈출 순 없어." 내가 말했다. "우리 뒤에 있는 모두가 길바닥에 노출되어 있다고. 목표 건물까지 300미터밖에 안 남았어. 일단 계속 전진하고 도착해서 배터리를 교체하자."

크리스는 심각한 약점을 지닌 채 임무를 수행해야 했다. 몹시 안타까운 일이었다. 그러나 나는 지휘관으로서 팀 전체를 생각해야만 했다.

크리스는 마지못해 정찰을 재개했다. 우리는 포장된 길을 따라 이동했고 좁은 길 양쪽에는 250미터 정도 높이의 벽이 세워져 있었다. 위험한 횡단을 하는 와중에 핫 마이크의 장본인이 장비를 조정했는지 더는 소음이 들리지 않았다. 그러나 그때 나는 눈치채지 못했다. 지금 우리가 적진 깊숙이에 들어가 사방의 위협을 수색하고 있다는 것을. 언제든 공격이 시작될 수 있다는 것을.

먼지가 자욱한 포장된 도로를 따라가다 보니 중간쯤에 얕은 웅덩이에 채워진 하수가 근처의 개울로 배수되고 있었다. 왼편에는 벽 쪽으로 쓰레기 더미가 마구 쌓여 있었다. 그 쓰레기 더미들은 IED를 숨겨 놓기 좋은 장소였다. IED는 반군 무기 중 가장 실질적인 폭탄으로 폭발력이 굉장하고 치명적이었다. 크리스는 안전하게 정찰하기 위해 도로의 오른쪽으로 급히 움직여 벽을 따라 이동했다. 그러자 정찰대도 전부 오른쪽으로 움직여 IED 폭발 위험을 감소시켰다.

그런데 갑자기 크리스가 얼어붙었다. 내 위치에서 4미터 앞에 있는 그가 어떤 확실한 위협을 향해 무기를 겨누었다. 그 위협은 모퉁이를 돌아 내 시야 너머에 있었지만 무언의 신호는 분명했다. 적이었다. 이런 게 바로 머피의 법칙이었다. 소총 레이저가 배터리 부족으로 작동하지 않는 상태에서 크리스가 할 수 있는 일은 내가 그의 신호를 눈치채고 적절한 조치를 취하기를 기다리는 것뿐이었다.

나는 최대한 조용히 움직이며 서둘러 크리스 쪽으로 이동했다. 그 즉시 무엇이 그를 얼어붙게 했는지 확인했다. 카피예를 얼굴에 두르고 무장한 반군이 AK-47 소총을 들고 사격 자세를 취하고 있었다. 적은 수월하게 재장전을 할 수 있도록 여분의 탄창을 옆에 끈으로 묶어 두었다. 그가 20미터 정도 떨어진 곳에서 우리 쪽으로 다가오는 중이었다. 지체할 시간이 없었다. 우리가 그보다 수적으로는 훨씬 우세했지만 그가 자동 소총을 발사하면, 단단히 무장한 저 반군 하나가 우리 팀 대부분을 죽일 수도 있었다. 특히 정찰 대형의 밀도가 높았기 때문에 더 많은 사상자가 나올 가능성이 다분했다. 반군이 우리 쪽으로 고개를 돌리더니 소총을 들어 올렸다.

탕! 탕! 탕!

서둘러 M4를 꺼냈다. 첫 발이 그의 머리를 맞췄고, 나머지 탄환은 그가 땅으로 쓰러짐과 동시에 발사되었다. 반군이 왔던 방향을 엄호하기 위해 모퉁이로 이동하자 크리스가 재빨리 그에게 달려가 더는 위협적인 존재가 아니라는 것을 확인했다. 반군 한 명이 나타났다는 것은 주변에 더 많은 반군이 있을 확률이 매우 높다는 뜻이었다.

"전방 위쪽에 기관총 사수가 필요하다." 내가 구두 지시를 내렸다. 기관총 사수 라이언 잡은 언제나 화력을 맹렬히 퍼붓는 열정적인 대원이었다. 라이언이 재빨리 전방으로 달려가 내 무기보다 훨씬 더 강력하고 효과적인 Mk48 기관총을 들고 나 대신 엄호 위치를 맡았다.

"이동하라." 내가 지시했다. 조금 전의 총성은 반드시 필요했던 것이었다. 그러나 장병들은 그 총성에 적잖이 놀란 눈치였다.

찰리 소대의 네이비씰 대원들은 몸을 가누지 못하는 반군을 지나 저 너머에 있는 목표 건물로 돌진했다. 그 건물은 미 육군의 계획대로 전투 기지가 될 곳이었고, 우리는 서둘러 건물 내부로 진입해 공간을 확보해야 했다. 네이비씰 대원들이 대문을 넘어가 건물 안쪽에서 출입문을 열었다. 나머지 대원들은 내부로 진입해 건물을 수색했다. 일단 보안 점검을 먼저 한 뒤 저격수들이 사격 위치를 잡았고, 기관총 사수들은 안전 장비를 재정비했다. 데이브 버크와 그의 해병대 병사들은 우리 팀과 함께 메인 건물의 옥상에 자리를 잡았다.

우리 저격수와 기관총 사수는 야간 투시 고글과 무기 조준 장치로 주의 깊게 어둠 속을 지켜보고 있었다. 몇 시간째 메인 도로부터 우리가 있는 곳까지 800미터 정도 되는 거리를 엄호할 IED 제거팀을 기다리는 중이었다. 마침내 그들이 도착했고, 주위는 여전히 어두웠다. 영화 〈매드 맥스〉처럼 하얀 불빛이 번쩍였다. 팔 힘이 대단한 거대한 장갑차 '버팔로'가 우리가 위치한 건물의 주변 도로를 파기 시작했다. 옥상의 측면에서 세 개의 층 아래를 유심히 바라보았더니 대형 원통형 포탄 발사체가 선명하게 보였다. 그것은 반군이 빼돌린 것으로 폭발물 제거팀이 먼지 더미에서 폭탄을 파낼 당시에는 강력하고 치명적인 IED가 되어 있었다.

나는 BUD/S(수중 폭파 훈련)에서 배운 문구를 생각해 냈다. '내 눈에 폭탄이 보이면, 폭탄도 나를 볼 수 있다.' 그 폭탄이 터지고 수많은 파편이 사방으로 날아들어 옥상에서 감시 중인 내 머리를 포함해 모든 것을 두 동강 낼 수도 있었다. *절대 안 될 일이었다.* 서둘러 옥상 벽 뒤로 몸을 숨겼다.

나는 지상군 지휘관이었기에 다음 작전은 내 손에 달려 있었다. 어느 쪽으로 이동해야 육군 부대가 도착했을 때 그들을 잘 지원할 수 있을지 결정해야 했다. 옥상에서 남쪽으로 300미터가량 떨어진 곳에 커다란 건물이 있었다. 당장 지도를 펼쳐 확인했다. 그리고 찰리 소대의 부소대장이자 핵심 지휘관인 토니와 그것에 대해 이야기를 나누었다.

"남쪽에 있는 건물을 한번 살펴보는 게 좋겠어." 나는 건물 쪽으로 손짓을 하고 나서 지도상의 해당 건물 번호를 가리켰다. "이 건물 옥상이 지대가 높으니까 우리한테 위치적으로도 좋을 거고 벽도 두꺼워서 총알을 피하기도 괜찮을 것 같아."

그런데 크리스 카일이 동의하지 않았다. 우리의 선임 척후병이자 저격수인 크리스는 대원들 중 실제 전투 경험이 가장 많았고 저격 감시팀 임무를 많이 수행했었다.

"저는 저 4층짜리 큰 건물이 좋아 보입니다." 그가 완전히 다른 방향인 동쪽으로 350미터 떨어진 곳에 있는 건물을 가리켰다. 우리는 지도에서 그 건물의 번호를 확인했다.

나는 회의적이었다. 동쪽보다는 남쪽에 위치한 건물이 육군 부대를 지원하고 적의 공격을 방해할 수 있는 최적의 장소라고 생각했다. 적과 아군의 위치 사이에 우리가 투입하기에 그리 나쁜 지점 같지는 않았다. 남쪽으로 몇백 미터 떨어진 곳에 있는 라마디의 외곽 마을에 또 다른 미 육군 전투 기지가 있었다. 하지만 크리스가 추천한 동쪽 건물로 가면, 저 멀리 라마디 동부의 불안정한 말랍 구역에 위치한 미군 전투 기지에 다다를 때까지 수많은 적진을 지나가야 했다. 크리스는 적의 공격 대부분이 그쪽에서 일어나고 있다고 생각했다.

IED 제거팀이 업무를 마치고 길을 열었을 때 밴딧 기동대의 탱크가 출발하기 시작했다. 불도그 팀(미군 제1기갑사단 1 여단 37 기갑연대 1대대 소속)의 메인 건 마이크 바네마와 그의 병사들이 작전의 주요 병력이었다. 중대장으로서 마이크가 가장 먼저 현장에 도착했다. 밴딧 기동대의 지휘관들은 조코와 함께 브래들리 뒤에 탑승해 있었다. 그들은 바로 뒤에 차를 세웠다.

우리는 육군 소대와 함께 현재 상황을 보고한 뒤 몇 시간 동안 장악하고 있었던 건물들을 메인 건 마이크와 그의 불도그 팀 병사들에게 넘겼다.

아직 다음 이동 장소를 결정하지 못한 상태였다. 내가 상급 지휘관이었기 때문에 나의 지시가 필요했다. 나는 크리스보다 지위가 높았다. 그러나 크리스는 내가 겪어 보지 못한 경험과 지식을 가졌다. 나는 저격수가 아니었다. 그리고 이전 파병에서 크리스처럼 팔루자 전투를 치르는 미 해병대 지원 업무를 하지 않았었다.

나는 리더 역할을 하면서 좋은 리더가 되기 위해, 그리고 우리 팀을 성공적으로 이끌기 위해서는 하급 대원의 뜻도 기꺼이 따를 줄 알아야 한다는 걸 깨달았다. '팀을 이끄는 것'은 나의 의도를 밀어붙이거나 내가 모든 답을 가지고 있다는 것을 증명하는 게 아니었다. 나머지 팀원들과 협력하고 우리가 가장 효율적으로 임무를 수행하는 방법을 찾아내는 것이었다. 나는 크리스의 판단에 따르기로 했다.

"좋아." 내가 말했다. "네 계획대로 해 보자. 동쪽 건물로 이동한다." 그가 미소 지었다.

동이 트기 직전, 어둠 아래에 숨어 있는 마지막 순간에 우리는 길 아래로 350미터 정도 정찰을 하며 크리스가 선택한 커다란 4층 건물로 진입했다. 건물 내부를 꼼꼼하게 확인한 뒤 저격수와 기관총 사수들을 자리에 배치시켰다.

크리스의 의견이 전적으로 옳은 결정이었음이 입증되었다. 그 이후 마흔여덟 시간 동안 우리는 생긴 지 얼마 안 된 미군 전투 기지와 미 육군 및 이라크 병사로 이루어진 연합 병력을 향한 적의 공격을 저지했다. 우리 네이비씰 저격수들은 반군 스물한 명을 사살하는 기록을 세웠고 사망했으리라 추정되는 반군의 수는 그보다 더 많았다. 알고 보니 적의 모든 활동은 사실상 동쪽에서 시작되고 있었다. 남쪽에서는 전무했다. 만에 하나 내가 지휘관이라는 이유로 크리스의 뜻을 묵살하고 내 마음대로 했다면 우리 팀은 절대 적의 공격을 효과적으로 막아내지 못했을 것이고 결국 우리 쪽 사람들의 목숨을, 즉 네이비씰 대원과 미 육군 장병들, 해병대 장병들의 목숨을 대가로 치렀을 것이다.

해군으로 지내는 동안 나는 나의 리더십을 증명해 보이려고 다른 사람들의 뜻을 따르지 않은 적이 더러 있었다. 그 행동은 팀 리더로서의 나의 역할을 강화시키기보다는 오히려 나의 리더십을 점차 약하게 만들었다. 그럴 때마다 나는 팀원들과 다시 신뢰를 쌓아 가며 만회해야 했다.

브루저 기동대의 새로운 소대장이 된 나는 네이비씰 팀 발표 직후 치렀던 초반 훈련 작전 중에 잘못된 생각을 한 적이 있었다. 라마디로 배치되기 전 워크업 훈련에서 우리는 해상에서 배로 승선해 급습하는 훈련을 받았다. 우리는 그 훈련을 '탐방, 승선, 수색, 점령' 작전이라고 불렀다.

해상에서 배로 승선하는 훈련 준비의 일환으로 몇 시간 동안 이어질 리허설을 계획했다. 표준 작전 절차를 조정하고 이동 경로와 전술, 샌디에이고 항구 부두에 위치한 군함과의 의사소통 방법을 연습했다. 그 훈련은 운항 중인 배에 승선해 확보하는 것으로 까다로운 업무를 대비하기에 매우 적절했다.

찰리 소대와 델타 소대의 대원들 몇몇이 훈련을 받기 위해 다른 곳으로 이동했다. 그 그룹은 브루저 기동대의 찰리 소대와 델타 소대원들로 이루어졌다. 내가 그룹의 사령관이었고 찰리 소대의 선임 대원들은 아무도 참석할 수 없었다. 그날 그 훈련에 참석한 고참 선임 대원은 델타 소대 소속이었다. 그는 부소대장이나 분대장은 아니었지만 파견 경험이 꽤 있었다. 거기에서는 그가 가장 경험이 많은 네이비씰 대원이었다. 당시 나는 파견 경험이 한 번밖에 없었다.

우리는 '엄호 이동하라'는 교전 수칙에 따라 주위를 경계하며 군함의 열린 갑판을 가로지르는 이동 훈련을 시작했다. 훈련은 순조롭게 진행되었다. 그런데 서로 전문 용어를 사용하며 의사소통을 하는 중에 혼란이 몇 번씩 발생했다. 종종 일치하지 않는 용어들이 사용되었다. 다들 합심해서 통일된 용어를 써야 할 필요가 있었다.

"이건 지난번 우리 소대의 표준 작전 절차다." 내가 말했다. "이 절차로 간다."

모든 대원을 소집하여 현 상황을 보고하는 자리에서 내가 공표했다.

델타 소대 소속의 부분대장이자 경험이 많은 대원이 반대했다.

"다른 방법을 찾아봐야 할 것 같습니다." 그가 자신에게 익숙한 다른 표준 작전 절차를 들이밀었다.

"이미 말을 뱉었다." 내가 말을 이었다. "바꾸면 혼란이 뒤따른다. 일단은 내 방식대로 한다."

"소대장님이 말씀하신 방식보다 다른 것이 나을 듯합니다. 제가 이전의 두 소대에서 겪은 방식이 나을 겁니다."

두 가지 방식의 장점과 단점을 따져 보는 건 나에게 중요하지 않았다. 중요한 것은 우리가 통일된 용어를 사용한다는 것이었다. 또한 이미 모든 대원에게 지시를 내렸기 때문에 그대로 밀고 나가는 게 가장 간단할 거라고 생각했다.

"지금은 일단 내 방식대로 한다. 나중에 팀으로 돌아가면 찰리 부소대장 토니와 델타 부소대장과 함께 이야기를 나눌 기회가 있을 거다."

"별로 안 좋은 습관을 계속 발전시키면 안 됩니다." 그 대원이 주장했다. "제 방식이 가장 효과적입니다."

인내심이 점점 한계에 다다랐다. 나의 의지를 시험한다는 생각이 들었다. 젊고 경험이 부족한 소대장이었던 나는 내가 지휘관이라는 것을, 내가 최고참이라는 것을 보여 주어야겠다고 마음먹었다.

"내 방식대로 한다." 내가 반박했다. "대화는 끝이다."

그렇게 부분대장과 나는 훈련 장소로 돌아갔다. 얼마 지나지 않아 훈련을 마치고 다시 소대로 돌아갔다. 훈련이 끝나자마자 내가 아까 상황을 제대로 처리하지 못했다는 생각이 문득 들었다. 지위나 계급을 사용하여 논쟁에서 이기는 건 가장 약한 리더십의 형태였다. 해군들은 그걸 '가위, 바위, 보' 게임에 빗대어 '가위, 바위, 계급'이라고 불렀다. 매번 계급이 이긴다는 의미였다. 그런 형태의 리더십을 가진 리더들은 내가 존경했던 사람들이 아니었다. 꿈꾸는 리더의 모습이 분명 아니었다. 소대로 돌아가는 길에 나는 아까의 처리 방식이 부끄러웠다.

소대로 돌아간 뒤 부분대장을 불러서 나의 행동에 대해 사과했다. 그의 방식을 따라야 했었다고 솔직하게 털어놓았다. 그는 다른 대원들 앞에서 언쟁을 하지 말았어야 했다며 사과했다. 우리는 대화를 잘 마무리 지었고, 나는 이런 일이 다시는 일어나지 않게 해야겠다고 다짐했다.

그 당시에는 내가 부분대장에게 양보하고 그의 뜻을 따르면 리더로서 내 모습이 약해 보일 거라 생각했다. 그러나 돌이켜 보니 그 반대였다. 경험이 더 많은 선임 대원의 의견을 따르는 건 나를 훨씬 더 강한 리더로 만드는 길이었다. 그리고 팀을 이끄는 것뿐만 아니라 팀원의 의견을 기꺼이 따를 줄도 아는 리더로서의 나의 모습도 보여 줄 수 있었을 것이다. 또한 내가 모든 답을 가진 게 아니기 때문에 더 나은 위치에 있는 누군가 팀이

나 임무의 특정한 측면을 이끌 수 있으며, 지휘관인 내가 그의 뒤에 설 수도 있다는 사실을 매우 잘 보여 주었을 것이다.

부분대장과 내가 논쟁했던 두 가지 방식의 차이점은 근소했고 전술적으로 중요하지도 않았다. 그러나 아랫사람의 뜻을 흔쾌히 따름으로 인해 나타나는 리더의 지혜를 증명할 기회를 놓친 것은 전략적인 손실이었다. 나는 그때의 실패를 통해 중요한 교훈을 배웠다. 그 교훈은 내가 더욱 앞으로 나아가도록 도왔고 찰리 소대와 브루저 기동대를 더 효율적으로 이끌고 성공하도록 했다.

모든 리더는 팀과 임무의 성공을 위해 어렵지만 책임지고 중요한 결정을 내려야 하고 항상 준비되어 있어야 한다. '책임자'라는 말에 내재된 '책임'이란 단어의 뜻처럼 말이다. 동시에 리더는 따를 줄도 알아야 한다. 훌륭한 리더가 되기 위해서는 다른 사람의 의견도 잘 들어야 한다. 물론 이는 어려운 이분법이다. 그 가운데에서 균형을 이루는 것이 이 이분법의 핵심이다.

기본 원칙

모든 리더는 당연히 팀을 이끌 줄 알아야 하지만 그만큼 중요한 건 따르는 능력이다. 리더는 팀에 이득이 되는 다른 의견과 전문가의 뜻에 흔쾌히 귀를 기울여야 한다. 또한 신입이든 경력직이든 상관없이 다른 이들의 주장을 듣고 따라야 한다. 만일 누군가 대단한 아이디어나 특별한 지식으로 특정 프로젝트를 이끌어서 팀을 최고의 위치에 올려놓는다면, 진정한 리더는 그 공이 누구에게 돌아가든 신경 쓰지 않고 해당 임무를 가장 효과적으로 완수했다는 사실에만 집중한다. 자신감 있는 리더는 하급 팀원들이 임무 성공에 공헌할 만한 진보적인 아이디어를 내놓으면 팀원들이 나서서 이끌도록 격려한다. 보통 팀이 성공하면 리더가 인정받는 경우가 대부분이다. 그 리더가 작전과 전술, 전략을 주도하는 사람이든 아니든 말이다. 하지만 훌륭한 리더는 그 찬사를 밀어내서 팀원들에게 돌아가도록 한다.

그와 동시에 훌륭한 리더는 선임 지도부의 뜻을 적절하게 따르는 사람이 되어야 한다. 《네이비씰 승리의 기술》에서 말한 바와 같이 어느 리더든 리더의 가장 중요한 업무는 자신의 상사를 지지하는 것이다. 특정 행동 방침에 대한 토론을 마친 뒤 상사가 어떤 결정을 내렸는데 그 결정에 동의할 수 없는 경우에도 리더는 그 계획이 *내 일인 것처럼* 실행해야 한다. 고위 지도부의 계획이 불법적이고 비도덕적이며 비윤리적인 경우에만 또는 팀의 전략적인 성공과 인생에 중대한 위험 요소가 되는 경우에만 상사의 지시에 이의를 제기한다. 이런 일은 드물게 발생되어야 한다. 이 이분법은 '챕터 11. 겸손하게, 그러나 수동적이지 않게'에서 상세히 다룰 것이다.

일반적인 상황에서 좋은 리더는 상부 지휘 계통을 따르고 지원한다. 책임 의식을 갖고 한 단계 올라서려는 열정을 품은 타고난 리더에게는 능력이 약간 못 미치고 덜 공격적이며 카리스마가 부족하고 활기차지 못한 하급 직원을 따르는 게 쉽지 않은 일일 것이다. 게다가 사장이나 상관의 합법적인 명령이 자신의 생각과 상충될 때도 리더는 아랫사람으로서 기꺼이 상부의 지휘 계통을 따르고 지지해야 한다. 그렇지 않으면 상부의 뜻에 반항하는 리더가 되고 그를 포함한 전체적인 지휘 계통의 권위가 약화된다. 상사의 지시를 따르지 않음으로 인해 상부 지휘 계통과 적대적인 관계가 형성되면, 하급 리더의 제안과 의견을 기꺼이 받아들이려는 상사의 의지에 부정적인 영향을 미칠 수 있으며 이는 팀을 해치게 한다. 하급 지도부의 의견 따르기에 실패한 리더는 자기 스스로와 팀에게도 실패하고 만다. 반대로 리더가 하급 지도부의 의견을 흔쾌히 따른다면, 팀이 효율적으로 운영되어 임무 성공률이 급진적으로 증가할 것이다. 이것이 바로 이 이분법에서 균형을 이루어야 하는 이유이다. 리더가 되어라. 그리고 따르는 자가 되어라.

실전 비즈니스

"당신의 도움이 필요합니다." 나와 전화 연결이 되자 짐이 말했다. "저는 지금 심각한 딜레마에 빠졌습니다."

짐은 어느 대기업의 제품 부서 영업팀 팀장이었다. 그는 매우 능력 있는 리더였다. 똑똑하며 임무 수행에 적극적이고 다른 사람이 해내지 못하는 부분을 성공적으로 이끌어 성과를 냈다. 많은 훌륭한 리더들처럼 그도 뛰어난 경쟁력을 지녔고 그의 팀은 같은 부서의 다른 팀들을 능가하는 것에 자부심을 느끼고 있었다.

짐은 《네이비씰 승리의 기술》을 읽은 후 자신의 리더십에도 향상할 부분이 있다는 걸 깨달았다. 그는 경영진 코칭에 대해 문의하고자 나에게 연락을 했다.

"안타깝게도 저희는 이제 개인 코칭을 하지 않습니다." 내가 말했다. "전에는 했었는데 에셜론 프런트에 개인 코칭에 대한 수요가 너무 많아서 지금은 장기 고객들에게만 경영진 코칭을 제공합니다. 리더십 개발 및 교정 프로그램의 한 부분에 포함되어 있어요."

짐은 낙담했다. 당시 나는 뉴욕에 살고 있었고, 짐은 뉴저지 근처에 살았다.

“그러면 최대한 당신께 방해가 되지 않도록 하겠습니다.” 짐이 말했다. “시간만 괜찮으시다면 제가 지금 당장이라도 뉴욕행 기차에 올라탈 수 있어요.”

“구체적으로 어떤 리더십 문제 때문에 고민이십니까?” 짐에게 물었다. “어느 분야의 리더십을 개선시키고 싶으신가요?”

“현재 제 상사와 관계가 좋지 않아요. 무엇 때문인지 모르겠습니다. 저는 언제나 확실하게 협업을 잘 해냈고, 제가 기억하기로는 이전 상사들과도 전부 사이가 좋았어요. 이전 상사들의 신뢰를 받는 직원이었죠. 그런데 지금은 상사의 미움을 사고 있어요. 어떻게 해야 좋을지 모르겠습니다.”

짐과 첫 대화를 나누자마자 나는 그에게 호감이 갔다. 그는 기본 사고방식이 공격적인 리더였고, 상사와의 문제에서 나의 예전 모습이 많이 보였다. 나 역시 같은 실수를 많이 저질렀다. 전략적으로 승리를 하고 이기기 위해 공격적으로 작전 행동을 할 때, 가끔씩 내 리더십 때문에 마찰을 일으켜 장기적으로 우리 팀을 힘들게 했고 전술적인 임무 수행을 방해하곤 했다. 그 당시 힘들게 배웠던 교훈이 짐과 그의 상사 사이의 신뢰를 재구축하는 데 도움이 될 거라는 생각이 들었다. 물론 짐이 내 말을 듣고 싶어 하지 않을 수도 있지만, 그보다는 배움에 대한 그의 열망이 더 대단해 보였기에 왠지 나의 권고를 잘 새겨듣고 실행할 것 같았다. 그래서 그를 위해 스케줄을 조정하기로 했다.

“좋습니다. 해 보죠. 다음 몇 주 동안 주기적으로 맨해튼에서 만나면 어떨까요?"

짐은 몹시 기뻐하며 만남이 이어지기를 간절히 바랐다. 우리는 시간과 장소를 조율했다.

장소는 분위기 좋은 뉴욕의 어느 사교 클럽이었다. 그곳은 길고도 많은 역사를 가졌으며, 클럽의 회원 중에는 월스트리트에서 이름깨나 날리거나 성공한 비즈니스 리더들이 포함되었다. 시골이나 다름없는 텍사스 남동부 지역에서 자란 나에게는 샌디에이고에서 살 때 입었던 청바지에 플란넬 셔츠나 티셔츠, 서프 반바지, 플립플롭이 훨씬 더 편안했다. 그러나 우리가 에셜론 프런트에서 늘 말했듯이 편안함 속에서는 성장할 수 없었다. 그래서 그 장소에 맞춰 정장과 넥타이를 갖춰 입고 짐을 만나러 갔다.

그의 첫인상은 전화 통화에서 느낀 것과 같았다. 짐은 자신이 이끄는 팀과 업무에 진정으로 관심을 기울이는 추진력 있는 리더였다. 진심으로 자신의 분야에서 최고가 되고 싶어 했고 동료와 상급 지도자들의 존경을 받고 싶어 했다. 그리고 리더십을 향상하기 위한 방법을 찾기 위해 다방면으로 노력하고 있었다. 초반에 가벼운 대화를 마친 다음 그와 나는 그의 고민거리인 리더십 문제로 바로 들어갔다.

"제 상사가 저와 제 팀에만 유독 가혹한 것 같아요. 편파적으로요. 제가 싫어서 그런 거겠죠." 짐이 털어놓았다. 그는 자신의 특별 성과를 현재 상사의 상사인 부서장에게 어떤 인정을 받았는지 설명했다.

"부서장이 저를 인정한 이후로 상사가 저를 멀리하는 것 같아요. 최근에 큰 언쟁이 있었거든요."

"어떤 언쟁이었습니까?"

"몇 주 전 제가 연간 성과를 리뷰하는 날 벌어진 일이에요." 짐이 대답했다. "우리 팀은 전체적으로 아주 잘했어요. 저는 평가를 잘 받을 거라고 기대했죠. 예전에도 그랬으니까요. 그런데 상사가 낮은 등급을 주더군요. 정말 어찌나 놀랐는지……. 물론 더 잘할 수 있는 부분도 당연히 있었겠죠. 아무리 그래도 등급이 예상보다 너무 낮았어요."

"그래서 어떻게 반응하셨나요?"

"상사에게 불만을 표출했어요. 모욕적이었거든요. 그리고 가장 중요한 건 그것 때문에 우리 팀원들 월급이 깎인다는 거였어요. 우리 회사는 보너스가 성과와 직결되어 있어요. 성과가 낮으면 월급이 줄고 팀원들 가족에게 그만큼 덜 돌아가죠. 저는 너무 화가 나서 상사에게 따졌어요. 언성이 꽤 높아졌죠. 상사가 저에게 화를 냈고, 저는 상사의 사무실을 박차고 나갔어요."

"흠, 좋지 않은 상황이었군요." 내가 말했다. "당신의 상사가 위협을 느꼈을 것 같네요."

"아마 그랬을 겁니다." 짐이 인정했다.

"그의 자존심이 상했겠군요. 훌륭하고 자신감 넘치는 리더는 하급 지도부가 아무리 강력한 업무 성과를 내고 상부의 칭찬을 받아도 시기하지 않고 언제나 환영합니다. 팀 전체에게도 좋은 일이고요. 하지만 나약한 리더는, 그러니까 자신감이 결여된 리더는 아래 직원의 강력한 수행 능력에 위협을 가하려 들죠. 지금이 딱 그런 경우예요.

저도 비슷한 경험을 한 적이 있어서 이 상황을 잘 이해할 수 있습니다. 제가 해군으로 지내는 동안 여러 차례에 걸쳐서 겪었던 상황들과 매우 흡사해요. 당시에 저는 이유를 알 수 없었어요."

아직 겪어 보지 못한 많은 이들이 의외라고 생각하겠지만, 해군과 다른 미군 부대에도 비즈니스 세계와 마찬가지로 나약한 리더들이 존재했다. 나는 그 일을 짐에게 설명했다. 사실 미 해군 사관 학교 시절부터 두 개의 해군 함대를 타고 네이비씰 대원으로 수년간 생활하면서 내가 진심으로 존경하고 경의를 표했던 리더는 생각보다 많지 않았다. 네이비씰처럼 높은 강도로 대원들을 가려내는 곳도 마찬가지다. 훌륭한 리더는 드물다. 대부분은 나쁜 리더다. 아마 예전에는 내가 생각하기에 약하거나 괜한 위험을 무릅쓰거나 그냥 소심해 보이는 리더들을 제치고 직접적으로 나선 적도 분명 있었을 거다. 돌이켜 보면 그 당시 나는 경험도 부족하고 젊었지만, 고집 센 리더이긴 했다. 심지어 사소한 일에도 나의 의견을 받아들이지 않는 상관을 들이받은 적도 더러 있었다. 그러고 나면 우리 팀의 하급 지도부인 동료들이 나를 말썽꾼 취급을 했고, 점점 나는 소외감을 느꼈다. 결코 내가 원했던 것이 아니었다. 그때 나는 상관 욕을 엄청 했다. 그러나 되돌아보면 나에게 생긴 문제들 대부분은 저절로 발생된 것들이었다. 상관을 존경하지 않았을 당시 나는 말과 행동에 일부러 그런 감정을 표출했다. 자신감이 결여된 상관에게 자존심을 굽히지 않고 오히려 고개를 빳빳하게 들었다. 그때는 그런 리더가 나와 대화를 나누다가 자신에게 전문성이 부족하다는 걸 조금이라도 인지하는 순간 그가 과민반응을 보일 수도 있다는 걸 깨닫지 못했다. 사람들은 종종 이렇게 단순히 성격이 맞지 않은, 완전히 다른 정신세계를 가진 두 사람이 대립하는 상황을 '성격 차이' 또는 '성격 충돌'이라고 말한다. 하지만 그건 핑계일 뿐이다. 나는 짐에게 그런 마찰이 점점 심해지는 것을 막는 방법, 반드시 막았어야만 했던 방법이 당시에 차고 넘쳤었다고 설명했다. 그것은 극한의 오너십을 지닌 사고방식의 또 다른 힘이었다. 문제는 다른 사람이 아니고 바로 나였다.

"그래서 앞으로 어떻게 할 생각이십니까?" 내가 물었다.

짐은 어떻게 해야 좋을지 몰랐다. 그는 상사의 평가를 받아들이지 못했고 부서장에게 재평가를 호소하고 싶어 했다.

"상사의 사무실로 찾아가서 오해를 풀면 좋겠어요." 짐이 말했다. "그런데 이미 불난 집에 기름을 붓는 격이라 분위기가 더 안 좋아질까 봐 걱정입니다."

"상사의 사무실로 가서 잘못된 평가라고 말하고 다시 검토해 달라고 하면 어떻게 될 것 같습니까?" 내가 물었다. "당신의 주장을 뒷받침할 정량화된 데이터를 제시한들 상사에게 당신의 뜻이 받아들여질까요?"

짐은 자신의 행동이 바람직한 결과로 이어지지 않을 거란 걸 알아챘다. 오히려 긴장감을 더욱 증폭시킬 뿐이었다. 지휘 계통의 가장 위쪽에서 짐의 상사에게 아무리 팀의 점수를 올리라고 강요해 봤자 장기적으로 봤을 때 짐과 그의 팀에게 닥칠 어려움만 더 심각해질 터였다. 평가를 번복하는 것은 너무 많은 대가를 치른 뒤에야 얻을 수 있는 승리일 것이다. 전술적인 승리는 전략적인 손실을 초래하는 법이니까.

"상사와 적대적인 관계를 유지하는 것이 당신과 당신의 팀에게 이득일까요?" 내가 물었다. "팀에게 어떤 이점이 있을까요? 당신에게는요?"

짐은 그런 관계가 누구에게도 좋은 영향을 미치지 않는다는 걸 받아들였다. 상사와 짐의 충돌은 그를 포함한 팀원 모두에게 손해를 입혔다.

"훌륭한 리더가 되기 위해서는 다른 사람의 의견을 잘 따를 줄도 알아야 합니다. 그런데 지금 당신은 잘 따르지 못하고 있어요."

짐이 놀란 눈으로 날 바라봤다. 내 대답을 예상하지 못한 듯했다. 그는 능력 있는 리더고 어느 것에도 실패한 적이 없었다. 내 대답이 그가 듣고 싶었던 말과 정반대라는 걸 나도 알았다. 하지만 그것은 사실이었고 그가 꼭 들어야만 하는 말이었다.

"남의 의견을 따르지 못하면 실패한 리더가 됩니다. 즉, 당신의 팀 역시 실패한다는 의미죠." 나는 계속 설명했다. "당신과 당신 팀이 더 발전할 부분이 없다고 말씀하셨죠? 그러면 현재 최고의 수행 능력을 보이고 있으니 앞으로 더 향상될 가능성이 없는 건가요?"

짐은 그와 그의 팀이 발전해야 할 부분이 당연히 있다고 인정했다. 그 사실을 인정한 뒤, 상사의 평가가 못마땅하기는 해도 완전 허위는 아니라는 것과 일부 비평도 받아들였다. 그와 팀이 소통 방법을 향상하고, 효율성을 높이고, 고객 및 타 부서와의 관계를 단단하게 구축할 방법은 아주 많았다. 그들은 타 부서와 관계를 돈독히 함으로써 상호 간의 효율적인 지원을 증대할 수 있었다.

"《네이비씰 승리의 기술》에 나왔듯 이것은 '간결하게 그러나 쉽지 않게'와 같은 맥락입니다. 그 책을 여러 번 읽고 기본 개념을 이해했더라도 모든 원칙을 자신의 인생에서 실행하기란 쉽지 않은 일이죠. 조코와 저 역시 다른 사람들처럼 여전히 고군분투하고 있습니다. 직접 책을 썼는데도 말이죠!

지금 당신에게 필요한 건 상사를 제대로 따르지 못했다는 것을 인정하는 겁니다. 오너십을 지니고서 상사에게 가세요. 비판적인 평가와 부정적인 고가를 받아들이셔야 합니다. 앞으로 더 개선할 수 있다는 걸 인정하세요. 그런 다음 고가가 낮은 각 분야를 발전시키기 위해 해야 할 주요 단계를 상사에게 자세히 설명해 보세요. 그냥 말하는 것만으로는 충분하지 않아요.

반드시 개선해야 할 각 분야에서 행동으로 증명해 보여야 합니다."

짐이 의심스러운 눈으로 날 바라보았다.

"제가 조코 소령에게 배운 가장 중요하면서도 어려운 교훈은 앞으로 함께 일해야 할 모든 상사와의 관계를 꾸준히 유지해야 한다는 겁니다. 상사가 좋건 나쁘건 상관없이요. 당신이 존경하는 뛰어난 리더든, 발전이 필요한 그저 그런 리더든, 팀원들의 존경을 전혀 받지 않는 형편없는 리더든, 당신은 모든 리더와 동일한 관계를 유지하려고 노력해야 합니다."

나는 모든 상사와 적절한 관계를 맺기 위해 필요한 세 가지 관점을 설명했다.

1) 그들은 당신을 믿는다.
2) 그들은 당신의 의견과 생각을 가치 있게 여긴다.
3) 그들은 당신이 임무를 수행하는 데 필요한 것들을 지원하고 실행할 수 있게 한다.

"상사가 좋든 나쁘든 그저 그렇든 이런 건 전부 중요하지 않아요. 당신은 상사와 돈독한 관계를 구축해야 합니다. 신뢰와 지지로 다져진 관계가 되어야 하지요. 그렇게만 하면 팀을 성공으로 이끄는 리더가 될 수 있을 겁니다. 다른 사람들은 보통 그렇게 하지 않습니다. 그렇기 때문에 당신이 동료들 또는 특출난 직원들을 훨씬 능가하는 거죠.

당신의 임무는 계속 앞으로 나아가고 있고, 그것이 상사와의 관계를 개선시킬 거예요. 남의 의견을 잘 따르는 사람이 되세요. 당신 상사와의 신뢰를 재점검하세요. 그러면 좋아질 겁니다."

M1A2 에이브럼스 탱크에 탑승 중인 '메인 건' 마이크 바제마와 용맹한 병사들이 라마디에서 도보 정찰 중인 미군 및 이라크군의 연합 병력을 지원하기 위해 작전을 펼치고 있다. 마이크는 '불도그 팀(미군 제1기갑사단 1 여단 37 기갑연대 1대대 소속 브라보 중대)'을 지휘했다. 불도그 팀과 그의 대대인 밴딧 기동대는 라마디 중남부의 가장 위험한 적진에서 '장악, 정리, 유지, 건설' 작전을 공격적으로 이끌었던 아주 뛰어난 부대였다. 그 주변에는 리마와 클라보 중대(미군 제2해병사단 8 연대 3대대 소속)를 포함하여 그들과 우호적인 부대가 많았기 때문에 면적이 얼마 되지 않는 소도시에서의 작전과 긴급 사태 대책은 매우 신중해야 했다. 이는 전투지에서 아군 간 교전을 피하기 위한 의무였고, '블루온블루', 즉 우호적인 병력 간의 총격과 같은 극단적인 위험을 줄이기 위함이었다.

(사진 제공: 마이크 바제마)

Chapter 10.

계획하라 너무 세세하게는 말고

레이프 바빈

2006년, 이라크 라마디의 파이어 크랙커 서클*

심장이 요동쳤다. 마치 심장이 가슴 밖으로 뛰쳐나와 펄떡대는 것 같았다. 숨을 쉴 수가 없었다. 우리는 전력 질주하여 도시 전체의 구획을 향해 최대한 빠르게 달렸다. 내가 할 수 있는 일이라고는 등에 붙은 참담하게 무거운 배낭을 짊어지고 한 발 한 발 앞으로 내딛는 것뿐이었다. 내 배낭은 군 장비와 군수품으로 바닥부터 맨 윗부분까지 가득 차 있었다. 여분의 수류탄과 소총의 추가 탄창, 예광탄, 배터리, M203 유탄 발사기를 위한 40mm 탄환, 음식 그리고 물이 들어 있었다. 라마디 도심에서 벌어지는 나의 첫 작전이었다. 폭력적이고 몹시 위험한, 적이 우글대는 지역이었다. 나는 상상 가능한 모든 만일의 사태에 대비했다. 3차 세계 대전에

* 파이어 크랙커 서클: IED(급조 폭파 장치)가 매우 많이 설치된 지역을 가리킨다. -옮긴이

나갈 준비도 되어 있었다. 그러나 정찰대 전체를 올바른 길로 이끌어야 하는데도 불구하고 나는 완전히 실패해서 급하게 도망치는 중이었다. 그게 내가 할 수 있는 전부였다.

원래 우리는 '파이어 크래커 서클'로 알려진 교차로 부근에 있는 라마디 중부의 위험한 지역으로 진입해 작전을 수행할 계획이었다. 미군 제2해병사단 8 연대 3대대 소속 리마 중대의 두 개 분대와 동행하기로 했다. 파이어 크래커 서클은 미국의 독립 기념일인 7월 4일을 기념하는 불꽃놀이에서 연상된 이름이 아니라 중무장한 장갑차를 폭파시켜 산산조각 낸 무시무시한 IED(급조 폭파 장치)에서 따온 이름이었다.

그때는 브루저 기동대가 라마디에 도착한 지 얼마 되지 않은 시점이었기 때문에 우리보다 몇 주 전에 파견되어 전투를 벌이던 해병대에게서 많은 걸 배웠다. 미군 제2해병사단 8 연대 3대대는 전문적이고 용맹한 전사들로 이루어진 특출난 부대였다. 리마 중대와 클로 중대 모두 수도 없이 많은 전투 작전을 치러 왔고, 당시에는 라마디 도심의 가장 포악한 지역의 안전을 확보하는 임무를 맡고 있었다. 그들은 용감하게 위험한 적진으로 정찰을 나갔으며 적의 공격이 발생하면 공격적으로 작전 활동을 펼쳤다. 잘 조직된 적의 대규모 공습이 빈번하게 발생해 그들의 전투 기지를 뚫고 들어오기도 하고, 동시다발적으로 기관총과 박격포, VBIED(차량 적재 급조 폭파 장치)를 퍼부어도 그들은 꿈쩍하지 않았다. 그 해병대 장병들은 두려움 따위 없이 자신들의 진지를 지키고 매번 공격을 물리쳤다. 우리는 라마디에서 미군 제2해병사단 8 연대 3대대와 함께 임무를 수행하게 되어서 자랑스러웠다. 그 부대는 그동안 미 해병대의 전설적인 작전이었던 벨로 숲과 과달카날, 이오 섬, 장진호 전투를 치른 부대처럼 해병대의 자랑스러운 유산에 포함되었다. 해병대 장병들은 라마디에서 밤에 '인구 조사 작전'을 수행했다. 작전 이름만 들어서는 민간인과 관련된 단순한 행정상의 조사처럼 들리지만 임무는 전혀 간단하지 않았다. 그들은 어둠 속으로 몸을 숨긴 채 도시의 가장 치열한 인근 지역으로 도보 정찰을 했다. 그리고 문을 두드리고 집으로 들어가 그 집에 사는 사람들과 이야기를 나눴다. 누가 그 집을 점령했었는지, 미군이 어떻게 그들을 도울 수 있는지, 그리고 알고 있는 적의 활동이 무엇인지를 물었다. 해가 뜨기 전 그들은 어느 특정 건물을 점령한 후 저격수를 감시 위치에 배치하고, 햇볕이 드는 시간 내내 그 위치에서 감시 업무를 하도록 지시했다. 다시 해가 지고 어두워지면 또 나타나 인구 조사를 이어 갔다.

라마디 도심에서 나의 첫 전투 임무는 해병대의 작전을 지원하는 것이었다. 찰리 소대의 두 분대와 이라크군은 첫날 밤, 다음 날 낮과 밤 내내, 즉 서른여섯 시간 동안 감시 임무를 수행할 계획이었다. 작전 계획을 세우고 출동하기 전, 해병대는 우리에게 적의 공격이 매우 심할 수 있으니 단단히 대비하라고 조언했다. 우리는 해병대가 그 지역에서 여태껏 맞닥뜨렸던 적의 공격들을 익히 들어 알고 있었다. 사격 정확도가 뛰어난 저격수를 포함한 반군 수십 명이 탄띠 송탄식 기관총과 RPG-7 로켓포를 동시에 사방으로 퍼부었다. 그런데도 해병대는 긴급 대응 부대에 장갑차 지원 요청을 하지 않았고, 심각한 사상자가 없는 한은 대원들을 전투 차량에서 내리게 하지도 않았다. 파이어 크래커 서클 부근에 포진된 고위험 IED 때문에 도로 위를 지나가는 것이 매우 위험했기에 꼭 필요한 경우가 아니라면 움직이지 않았다. 사실 전투 차량에 탑승한 병사나 하차한 병사 모두에게 굉장히 위험했다. 그 말은 우리 소대도 현재 소지하고 있는 무기로 그 지역을 점령 중인 수백 명의 반군을 지원 없이 알아서 격퇴해야 한다는 뜻이었다.

'스탠 바이, 레디를 더 잘 대비해야겠군.' 내가 생각했다.

나는 네이비씰 대원으로 지내던 초창기에 만일의 사태에 대비한 계획은 어느 임무에서든 성공의 주요 요소라는 걸 배웠다. 작전 단계마다 잘못될 수도 있는 상황을 생각해 두고 준비하면 어려운 일이 닥쳐도 극복할 수 있고 임무를 성공적으로 마무리할 수 있었다. 나는 라마디의 그 지역을 한 번도 겪은 적이 없었지만 무전망을 통해 적의 공격과 미군 사상자 수에 관한 내용을 자주 들었다. 교전 후의 보고서를 읽었고, 라마디 캠프 내 찰리 의무 시설로 이송되는 부상자와 전사자들도 많이 보았다. 그 지역이 아주 끔찍한 곳이란 걸 잘 알았다. 그래서 반군을 향한 복수심을 품은 채 만일의 사태에 대비한 계획을 철저하게 짜기 시작했다. 찰리 소대의 뛰어난 부소대장 토니 이프래티의 통찰력과 경험 덕분에 우리는 탄탄한 표준 작전 절차도 마련해 둔 상태였다. 그 절차에 따라 대원들은 작전 때마다 각자 짊어지고 이동해야 할 표준을 지켜야 했다. 주요 무기인 M4 소총용 탄창 일곱 개와 권총용 탄창 세 개, 개인 무전기 하나, 안테나, 배터리, 파편성 폭탄인 M67 수류탄 두 개, 전투지 지도 하나, 손전등 하나, 헤드램프 하나, 야간 투시 고글 한 쌍, 여분의 야간 투시 고글 하나, 각 장비의 추가 배터리, 케블러* 헬멧, 적의 소총 공격을 멈추는 데 사용될 세라믹 방탄 보호판과 파편으로부터 보호하기 위한 부드러운 케블러 방탄복, 그리고 약간의 물과 음식 등이었다.

표준 장비들만 해도 무거운데 이라크의 더위까지 합세해 그 찜통에서

* 케블러: 타이어나 다른 고무 제품의 강도를 높이는 데 쓰이는 인조 물질이다. -옮긴이

도보 정찰을 할 때면 너무나 힘들었다. 당시는 늦봄이었지만 최고 기온은 이미 섭씨 43도를 넘어선 상황이었다. 밤에도 30도를 웃돌았다.

늘 그렇듯 나는 표준 장비 기준 이외에도 추가 장비를 더 챙겼다. M4 소총 총열 아래에 M203 40mm 유탄 발사기를 장착했다. 짊어져야 할 장비에 40mm 고성능 폭탄 수류탄 여섯 개를 추가로 챙겼다. 거기에다가 기관총 사수들을 위해 7.62mm 탄환이 백 발씩 든 상자를 여분으로 넣고, 다른 미군 부대에게 신호를 보낼 때 쓸 예광탄 한 세트도 가지고 가야 했다.

이미 장비가 많이 무거웠지만 왠지 이번 작전에는 더 무겁게 가는 편이 나을 것 같았다. 배낭을 열고 필요한 장비가 더 있나 골똘히 생각했다. 발생 가능한 또 다른 만일의 경우가 머릿속을 훑고 지나갔다. 전부 최악의 시나리오였다.

만약 몇 시간 동안 계속 공격을 받고 있는데 탄약이 다 떨어지면 어떻게 해야 할까? 그러면 M4 소총에 달린 추가 탄창을 던지면 될 터였다. 그래서 40mm 고성능 폭탄 수류탄 열두 개를 추가했다.

미군 탱크나 전투기에게 적의 위치를 알려 주려면 어떻게 해야 할까? 그럴 땐 주황색 탄도를 그리며 날아가는 추가 예광탄을 쏘면 될 것이었다. 배낭 안에 연막탄 몇 개를 또 추가로 넣었다.

적의 공격에 쫓겨 오랜 시간 피해 다니다가 수류탄이 더 필요하면 어쩌지? 결국 파편성 폭탄용인 M67 수류탄을 배낭에 추가했다.

다른 대원도 필요하면 어쩌지? M67 수류탄을 두 개 더 넣었다.

무전기가 고장 나거나 추가 배터리까지 다 쓰면 어떻게 하지? 여분의 무전기를 배낭에 더 챙기고 배터리 두 개도 넣었다. 작전 중에는 필요하지 않겠지만 우리 소대의 누군가 사용할 수도 있었다.

그런 다음 물과 식량도 더 챙겨야겠다는 생각이 들었다. 서른여섯 시간 동안 임무를 수행할 예정이었으니까.

임무 수행 시간이 마흔여덟 시간이나 일흔두 시간으로 늘어나면 어쩌지? 물이 부족한 건 정말 싫었다. 특히 이라크의 더위 아래에서는 더더욱 끔찍했다. 보통 우리는 1.5L 페트병에 물을 채워 다녔다. 언젠가 작전을 치를 때 나 혼자만 해도 물이 다섯 병에서 일곱 병이나 필요했었다. 수행 시간이 길어질 경우를 대비해 열두 병을 챙겨야 했다. 그러면 물의 무게만 18kg이었다. 그리고 혹시 모르니 음식도 더 챙겼다.

만일의 사태에 대비해 모든 예방책을 강구했다. 그런데 캠프를 출발하기 전 지나치게 장비를 많이 챙겼다는 사실이 번뜩 떠올랐다. 배낭이 장비로 뒤죽박죽 가득 차서 간신히 지퍼를 잠갔다. 장비들을 다 욱여넣은 배낭을 등에 짊어진 다음 강 반대편에 있는 해병대 기지로 우리를 데려다 줄 전투 차량으로 이동했다. 터무니없이 무거웠다. 왠지 그 무게 때문에 문제가 생길 것 같은 느낌이 스멀스멀 올라왔다.

도보 정찰을 시작했을 때, 나는 해병대가 활용한 '전력 질주와 유지' 방법을 배웠다. '엄호 이동하라' 교전 수칙은 짧은 시간 동안만 사용했는데, 해병대 버전의 '엄호 이동하라' 수칙에는 사수 두 명이 필요했다. 다음 두 명이 블록 끝까지 전력 질주하는 동안 그들을 엄호해야 했기 때문이다. 그것은 반군 저격수의 공격 발생 시 위험을 완화할 방법이었다. 적은 움직이는 우리를 타격해야 했으니 쉽지 않은 일이었다. 그 과정은 정찰대 전체가 두 명씩 차례로 1킬로미터씩 전력 질주하며 시내와 블록을 통과하는 동안 반복됐다.

도보 정찰이 시작되자마자 나는 문제가 생긴 걸 알아챘다. 배낭의 참담한 무게가 나를 무너뜨리고 있었다. 호흡하는 데 가슴이 벅차오르고 옷은 땀으로 젖어 갔다. 눈을 보호하기 위해 착용하는 방탄 안경인 '아이 프로'에 습기가 가득 찼다. 결국 나는 안경을 벗어 버렸다.

네이비씰 대원으로서 우리는 힘든 체력 훈련과 컨디션을 높은 수준으로 유지하는 것에 자부심을 가졌다. 그러나 나는 나 자신을 철저하게 과대평가했다. 무거운 짐을 등에 짊어지고 이동하는 능력을 너무 높게 샀다. 해군 특수전 초급 훈련(BUD/S, 수중 폭파 훈련) 교관으로서 네이비씰 기본 훈련 과정에 참여했을 때, "바보가 되는 것보다는 강해지는 게 낫다"라는 말을 했었다. 무거운 짐은 어리석은 짓이었고, 나는 그 대가를 치르고 있었다. 찰리 소대와 브루저 기동대의 비공식 좌우명인 '빅 터프 프로그맨(Big Tough Frogman, 대단히 멋지고 강한 개구리맨)'의 약자 BTF를 가슴에 새겨야 할 순간이었다. 우리는 BTF를 명사로도 형용사로도 사용했다. 당시의 경우에는 동사로 쓰이기도 했다.

나는 사령관이었다. 찰리 소대와 이라크 병사로 연합된 병력의 전체 지휘관이었다. 그러나 등에 짊어진 짐 때문에 너무 피로했고, 결국 더 큰 팀과 임무에 대한 모든 상황 인식을 잃고 말았다. 집중할 수 있는 건 한 발을 다른 발 앞에 내려놓으며 뒤처지지 않으려 안간힘을 쓰는 것뿐이었다. 다음날 밤 마침내 작전이 마무리되었을 때, 나는 항상 겸손하고 신중해야 한다는 교훈을 배웠다.

고통은 아주 효과적인 선생님이 될 수 있다. 그리고 그 일은 절대 잊을 수 없는 교훈이 되었다. 모든 경우의 수를 다 따지며 계획을 세우려 하지 말라. 그것은 당신에게 너무 큰 부담을 지울 뿐이어서 빨리 움직일 수 없게 만든다. 물론 비상사태를 대비한 계획은 너무도 중요했다. 하지만 그렇게 멀리 가지 말았어야 했다. 아래와 같은 질문을 염두에 두고 만일의 사태에 대한 준비를 조절했어야 했다.

짐이 너무 많아서 정찰을 따라갈 수 없다면?

너무 피로한 나머지 나 자신에게만 집중하느라 팀을 제대로 이끌지 못한다면?

무거운 장비 때문에 빠르게 움직이지 못해서 쉽게 적의 표적이 된다면?

이런 고려 사항들은 만일의 사태에 대한 계획의 균형을 잡는 데 도움이 되었을 테고, 무리하게 계획을 세워서 상황을 더 악화시키지 않도록 하는 데도 큰 도움이 되었을 것이다.

무리한 계획을 세우지 말고 만일의 경우 하나하나에 다 대비할 필요 없다는 이 교훈은 리더에게뿐만 아니라 팀 전체에 적용된다. 나는 이 교훈을 사전 파견 훈련 당시 조코에게서 배웠다. 당시 우리는 특정한 적을 잡거나 살해하기 위해 급습 직접 타격을 펼쳐야 했기에 훈련 교관들이 우리에게 목표물 패키지를 할당했다. 나는 최대한 많은 네이비씰 대원들로 돌격대를 구성해 건물 안으로 쳐들어가 신속하게 장악하고 싶었다.

"돌격대원이 그렇게 많이 필요하진 않네." 조코가 우리의 계획안을 훑어보며 말했다. "건물 내부에 혼란만 가중시킬 뿐이지."

조코는 이라크에서의 급습 직접 타격 경험이 굉장히 많았다. 반면에 나는 전혀 없었다. 그래도 도무지 이해가 가지 않았다. 우리는 반군을 쫓고 있었다. 그자가 저항할 수도 있고 내부에 다른 적들이 있을 가능성도 무시할 수 없었다. 건물 안에도 사격수를 더 많이 배치하고 돌격대도 더 많은 대원들로 구성하면 좋지 않을까?

나는 브루저 기동대가 라마디로 파견된 이후에 여러 임무들을 실제로 경험하면서 마침내 조코의 말을 이해했다. 처음으로 급습 직접 타격을 하고 나서 조코의 말이 맞다는 걸 정확히 배웠다. 너무 많은 경우의 수를 두어 무리하게 계획을 짜고 목표 건물을 확보하기 위해 대규모 돌격대를 출동시키면, 내부에 대원이 많아져 혼란이 야기될 뿐이었다. 특히 이라크 병사들까지 우리와 함께 전투 작전을 치를 때는 그 정도가 더욱 심했다. 건물 내부에 대원이 적을수록 통제하기도 훨씬 수월하고 유연하며 효율적이었다. 건물 안에 병력이 더 필요한 경우에는 외부에서 보안을 서는 대원들을 투입하는 게 더 쉽고 관리하기도 편했다. 내부에 있던 대원을 외부로 지원 보내는 것은 더 어려운 일이었다. 통제력이 확 떨어지고 문제도 더 많이 발생했다. 그 사실을 알게 된 뒤로 우리는 목표 대상이었던 건물에서 더 나은 성과를 이뤄 냈고, 이는 눈여겨볼 만한 일이었다. 그제야 나는 발생할 수 있는 모든 문제점을 해결하기 위해 무리한 계획을 세우는 것이 어려움을 초래하고 우리 대원들을 큰 위험에 빠뜨리며 임무를 효율적으로 완수하기 위한 우리의 능력을 손상시킨다는 것을 정확히 이해했다.

이것은 계획 자체에 해당된다. 내가 네이비씰 팀의 작전 장교였을 때, 어떤 소대와 기동대가 임무의 아주 세세한 부분까지 계획하는 걸 본 적이 있었다. 그들은 누가 어디로 이동하고 각 대원은 정확히 목표 건물의 어느 지점에서 보안을 서야 하는지 정하는 중이었다. 그러나 임무는 계획한 대로 흘러가지 않았다. 예상한 대로 일이 전개되지 않자 대원들 사이에 혼란이 가중되었다. 결국 그 정도의 세부 사항까지 정하는 것은 시간 낭비였다. 그 일을 통해 그들은 계획의 유연성이 분 단위의 세부 사항을 능가한다는 교훈을 배웠다. 효율이 높은 팀은 계획을 유연하게 세우는 법이다.

그러나 이 이분법의 반대편을 보면, 철저한 계획 역시 중요한 요소이다. 만일의 사태에 대비하지 않는 것은 팀을 실패로 이끈다.

전투에 참가하면 심각한 부상을 당하거나 죽음에 이를 수 있지만, 그렇다고 해서 두려움에 사로잡혀 무력해져서는 안 된다. 군인은 전투 중에 사망할 수도 있다는 위험성을 받아들여야 한다. 하지만 어느 정도의 두려움은, 예를 들어 대규모 작전을 치르기 전 느끼는 불안감, 만일의 사태에 대한 지속적인 걱정, 누락된 장비는 없는지에 대한 의구심 같은 감정은 자기 과신을 막아 주고 현실에 안주하지 않도록 도와주는 긍정적인 역할을 하기도 한다. 리더는 최선을 다해 비상사태에 대비한 계획을 철저하게 세워 위험을 완화하고 통제할 수 있도록 깊이 고민해야 한다. 적절한 비상 계획이 마련되어 있지 않다는 것은 리더십의 실패라고 볼 수 있다.

2006년 라마디의 전투지에서 브루저 기동대는 대단한 위험을 마주한 적이 있었다. 우리는 자진해서 적진 깊숙이까지 침투했는데, 그곳은 다른 미군 병력들도 큰 위험이나 어려움 없이는 제대로 대응할 수 없는 지역이었다. 브루저 기동대가 라마디의 매우 위험한 게릴라 작전에 참가해 미군과 이라크 병사로 이루어진 연합 병력을 지원한다고 했을 때 다른 네이비씰 대원들과 특수 작전 부대는 우리를 비난했다. 그들은 우리 부대가 만일의 사태를 철저하게 준비하고 통제 가능한 위험을 완화시키는 데 많은 노력을 기울였다는 걸 이해하지 못했다. 또한 그들은 브루저 기동대가 적을 무찌른 전투 작전이 《네이비씰 승리의 기술》에 나왔던 작전들을 제외하고 얼마나 되는지 전혀 모르는 상태였다. 우리는 그간 다른 미군 부대로부터 전투에 참가하거나 지원을 해 달라는 요청을 많이 받아 왔다. 그런데 이번 전투 상황을 자세히 들여다보니 적절한 비상 계획이 제대로 짜여 있지 않았다. 그런 위험의 가치는 보상받을 만하지 않았다.

예전에 어떤 미군 특수 작전 부대가 찰리 소대와 이라크 병사의 지원을 요청한 적이 있었다. 그들은 전투 작전을 실행하는 데 필요한 승인을 받기 위해 파트너로서 이라크군 병력이 필요했다. 그 전투 작전의 임무는 반군이 장악하고 있는, 도심의 포악하고 위험한 지역으로 출동하는 것이었다. 특수 작전 부대는 라마디의 지상전이 거의 처음이었다. 그들은 2주 전에 도착해서 미군 병력이 작전을 펼쳤던 전투지와 적의 전술 및 능력을 한참 익히는 중이었다. 특수 부대의 지휘관은 의욕이 넘치고 공격적인 군인이었으며 적을 추적하거나 치열한 전투에 참가하는 데 열의를 보였다. 나는 이번 전투지에서 그가 충분히 좋은 기회를 얻을 수 있을 거라고 생각했다.

그 작전에 대한 특수 작전 부대의 계획은 대담했다. 과장하지 않고 말 그대로 비범했다. 벌건 대낮에 치명적인 IED가 빼곡하게 설치된 메인 도로를 통과한다는 계획이었다. 그들의 계획서를 죽 훑어보았지만 발생 가능한 비상사태에 대한 대비책은 마련되어 있지 않았다.

"그 도로 위에서 IED 때문에 전투 차량을 잃으면 어떻게 하실 겁니까?" 내가 지휘관에게 물었다.

"그럴 일 없을 겁니다." 지휘관은 그런 일이 발생할 경우 튼튼하게 무장된 장갑차와 유도 방향 전환 전자 장치(ECM)가 자신의 부대를 지켜 줄 거라고 주장했다.

브루저 기동대에서 우리는 모든 작전 때마다 목표 건물 안팎의 경로에 대한 비상 계획을 세워 두어야 한다고 배웠다. IED나 바리케이드가 진행을 방해할 수도 있고, 목표 건물에 도착했을 당시에는 지나갈 수 있었던 길이 돌연 변모할 가능성을 염두에 두어야 했다. 그래서 작전을 수행할 때마다 1차 경로뿐만 아니라 2차, 3차 경로까지 마련해야 한다고 배워 왔다. 만에 하나 1차 경로가 막히거나 지나갈 수 없게 되는 경우에는 빠르게 다음 대안으로 넘어갈 수 있었다. 언제나 비상사태를 신중하게 대비해 놓았기 때문이다.

"목표 건물에 도달하기 위한 대비책으로 2차 또는 3차 경로는 없습니까?" 특수 부대 지휘관에게 물었다.

"하나만 있으면 됩니다. 그게 목표물에 도달하는 최고의 방법입니다."

특수 작전 부대가 계획한, 도시를 통과하는 이 특정한 경로는 라마디에서 가장 위험한 도로 중 하나였다. 아니, 전 세계에서 가장 위험한 도로 중 상위권을 차지할 만큼 매우 위험했다. 몇 달간 그 지역을 담당했던 다른 미군 부대가 우리에게 딱 잘라 이렇게 말했었다. "폭파당하고 싶지 않으면 절대 이 도로를 타지 마시오." 그런데도 특수 작전 부대는 만일의 사태도 대비하지 않았고 대체 경로도 마련해 놓지 않았다. 나는 지휘관에게 대체 경로를 찾아보라고 조언했지만 내 의견은 그대로 묵살당했다.

만약 특수 부대의 전투 차량이 IED 공격을 받으면, 병사들이 죽거나 다치지 않을지는 몰라도 그 사고가 목표 건물 침투를 방해해서 임무 성공 가능성을 크게 떨어뜨릴 것이었다. 더군다나 우려 사항은 IED 폭파뿐이 아니었다. IED 폭파로 인해 전투 차량이 움직이지 못하면, 적이 소형 무기와 로켓포로 교전을 시작해 부대의 정찰을 무너뜨리고 병사들이 전투 차량과 차량에 탑승 중인 동료들을 두고 떠날 수 없게끔 꼼짝 못 하게 할 수도 있었다. 발생 가능성이 다분한 비상사태였다. 이에 대한 철저한 대비책이 있어야만 했다. 팀 전체가 이런 상황에는 무엇을 해야 하고 어떻게 지원 요청을 해야 하는지 정확히 알아야 했다. 그러나 특수 작전 부대의 지휘관은 장병들이 잘 해낼 거라고 확신하고 비상사태 대비책은 전혀 계획하지 않았다.

'내가 무언가를 놓치는 걸까?' 나는 생각했다. '내가 위험회피형 인간인가?'

그 임무 계획은 계속 진행되었고 나는 경험이 굉장히 많은 미 육군 중대장에게 조언을 구하고자 캠프 라마디를 가로질러 갔다. 그 중대장은 라마디에서 1년 이상 머무르며 지상전을 치르고 있었다. 그와 그의 병사들은 전투 경험이 많았다. 그들은 주방위군으로 원래는 주의 외곽에서 보초를 서는 예비군들이었다. 매달 주말에 한 번씩 그리고 매년 2주간 훈련을 받는 시간제 군인들이었으며 보통 때는 목수나 세일즈맨, 학교 선생님, 가게 매니저 또는 사업가로 일하는 사람들이었다. 그러나 15개월간 이라크의 가장 위험한 전투지에서 여러 지상전을 치르면서 용맹한 전사로 변했다. 우리는 그들의 경험을 신뢰했고 그들로부터 많은 지침을 받았다.

중대장 사무실의 문을 노크했다. 그가 나를 반기며 안으로 안내했다.

특수 작전 부대가 계획하고 있는 경로와 구체적인 목표 건물의 위치를 지도 위에 가리키며 그들이 제안한 계획을 중대장에게 상세하게 전하고 의견을 물었다.

그가 고개를 저으며 확고하게 말했다. "그 도로의 절반도 못 내려가서 IED의 공격을 받을 거네. 절대 목표물에 도달하지 못할 거야."

"저도 느낌이 좋지 않습니다." 그의 솔직한 피드백이 고마웠다.

"레이프," 그가 잔인할 정도로 솔직하게 털어놓았다. "우리 병사들이 전부 다치거나 죽길 바란다면 이 계획이야말로 딱 맞을 거네."

그랬다. 나의 의심은 확실했다. 나는 중대장이 비범한 리더라는 걸 잘 알았다. 그는 진취적이었고 많은 이들의 존경을 받았다. 위험을 회피할 사람도 위험을 회피했던 사람도 아니었다. 그와 그의 병사들은 용맹한 전사 그 자체였다. 그들은 매우 위험했던 몇몇 작전에서 우리를 도와주면서 자신들을 위험한 상황으로 내몰기도 했다. 그렇기 때문에 그가 한 말을 듣는 편이 더 나을 것 같았다.

나는 특수 작전 부대 지휘관과 이야기를 나누기 위해 캠프 라마디를 다시 가로질러 갔다. 지휘관의 사무실에 도착한 뒤 주방위군 중대장이 한 말을 전했다. 나는 계획을 변경하고 목표 지역에 도달해 갈 다른 경로를 찾아보라고 강력히 권고했다. 그러면서 IED 위협은 발생 가능성이 매우 높기 때문에 반드시 대비책을 세워야 한다고 강조했다. 그러나 지휘관은 동요하지 않았고 여전히 자신의 계획에 자신감을 드러냈다.

"주방위군 병사들은 위험을 회피하는 군인들입니다. 우리는 가공할 만한 화력과 중무장한 장갑차로 맞설 겁니다." 지휘관이 답했다.

특수 작전 부대는 네이비씰이나 다른 부대들과 마찬가지로 주방위군 부대보다 훨씬 더 고도의 훈련을 받고 더 좋은 장비를 갖췄으며 군 장비 예산도 더 많았다. 주방위군 부대는 고도의 훈련을 받지도 않고 장비가 부족한데도 거친 전쟁터에서 큰 성공을 이루고 있었다. 그들은 우리 브루저 기동대와 그 지역을 담당하는 다른 미군 부대의 극찬과 존경을 받았다. 그리고 그들에게는 고도의 훈련과 최신 장비보다 더욱더 가치 있는 것이 있었다. 그건 바로 15개월간 겪었던 라마디에서의 고된 전투 경험이었다. 그 경험 덕에 매일같이 이어진 반군과의 총격전부터 파괴적인 IED 공격에 이르기까지 여러 전투를 겪으며 자신들을 시험에 들게 했고 그들의 능력을 증명해 보였다. 그리고 지금도 여전히 겸손한 마음가짐으로 적과 그들의 능력을 유심히 살피고 있었다.

나는 특수 작전 부대 지휘관을 계속 설득하면서 비상사태가 발생할 것에 대비한 대체 계획을 세우거나 가치가 더 높은 목표물을 손에 넣을 기회를 더 기다려 보자고 했다. 그러나 그의 출동 작전을 막지는 못했다.

나는 우리 대원들과 이라크 병사를 그 작전에 참가시키지 않겠다고 전했다. 파트너로서의 이라크 병력 부족으로 그가 전투 작전 승인을 받지 못하길 내심 바랐으나 안타깝게도 그들은 작전 수행 승인을 받았다. 특수 작전 부대 지휘관은 여러 사람의 경고에도 불구하고 작전을 끌고 나갔다. 며칠 뒤 대낮에, 해가 중천에 도달하자마자 그들은 작전 개시를 했다.

특수 작전 부대는 목적을 절대 달성할 수 없었다.

그날 무슨 일이 있었는지 나중에 알게 되었다. 장갑차는 메인 도로를 얼마 내려가지도 못했다. 작전 개시 전, 그들은 선두 차량 아래에서 IED가 폭발할 경우 앞으로 나가면 안 된다는 조언을 들었다. 결국 중무장 전투 차량이 불길에 휩싸여 움직일 수 없게 되었고, 안에 탑승한 병사들이 부상을 입었다. 불길에 휩싸인 차량과 안에 갇힌 동료를 두고 떠날 수 없었던 병사들은 몇 시간 동안 이어진 적의 총성이 약해질 때까지 꼼짝 못하고 앉아서 지원을 기다렸다. 마침내 근처에 있던 재래식 육군 부대가 응답을 했고, 그들의 전투 차량을 견인해 주었다. 미군 병사들이 한 명도 죽지 않은 건 기적이었다. 물론 심각한 중상을 입은 병사들이 많기는 했지만. 어쨌든 그 작전은 정말 큰일 날 뻔한 사건이었고, 이를 통해 우리는 신중한 계획은 필수라는 큰 배움을 얻었다. 특수 작전 부대 지휘관이 주변의 조언을 경청하고 만일의 사태에 대해 충분히 생각했더라면, 절대 그 경로로 가지 않았을 것이다. 또한 심사숙고 끝에 병사들이 부상을 입거나 차량이 파괴되는 것을 방지했을 대체 경로를 찾아냈다면, 임무를 성공적으로 완수할 훨씬 더 나은 기회를 그의 병사들에게 줄 수 있었을 것이다.

기본 원칙

신중한 계획은 어느 임무에서나 필수적인 요소이다.《네이비씰 승리의 기술》'챕터 9. 최악의 상황을 생각하고 움직여야 실패하지 않는다'에서 우리는 임무 계획이란 '작전을 수행하기 위해 위험을 최소화하면서 임무 성공의 가능성을 극대화하고 비상사태를 대비하며, 어떤 것도 당연하게 여기지 않는 것'이라고 썼다. 전쟁에서의 위험이 명백한 만큼 비즈니스 세계에서의 위험 역시 상당하다. 직업, 경력, 자본, 전략적 계획과 장기적인 성공 등이 생계 수단과 직결되기 때문이다. 리더는 신중하게 비상 계획을 세워서 통제 가능한 것들의 위험을 관리해야 한다. 그러나 모든 위험을 통제할 수 있는 건 아니다.

계획하는 것에도 리더가 균형을 이루어야 하는 이분법이 존재한다. 리더는 만일의 사태를 전부 계획할 수 없다. 잠재적인 문제 하나하나에 해결책 또는 대책을 세워 놓으려고 하면 팀과 기획 과정에 압박을 줄 뿐만 아니라 리더가 결정해야 할 문제도 복잡해진다. 과도한 계획은 문제를 해결하고 예방하는 것을 넘어 쓸데없는 문제를 더욱더 생산해 내거나 훨씬 어렵게 재창조한다. 그래서 리더는 운영의 각 단계에서 가장 발생 가능성이 높은 만일의 사태에만 집중해야 한다. 단계별로 현실성 있는 비상사태 서너 가지와 최악의 경우를 선택하는 것이 바람직하다. 이런 식으로 팀이 임무 수행 준비를 마치면 임무 성공 가능성을 높일 수 있다.

리더가 계획을 구성할 때 한 방향으로만 너무 치우치지 않도록 이분법을 잘 조율하는 것이 매우 중요하다. 만일의 사태에 지나치게 대비하지 말아야 한다는 의미다. 그러나 반대로 리더가 발생 가능한 문제나 위협을 묵살하면, 팀은 더 큰 어려움에 빠지고 임무 수행을 하지 못해 실패할 가능성이 발생한다. 팀의 단계별 리더는 현실의 안주와 과도한 자신감을 늘 경계해야 한다. 전투지나 비즈니스에서의 연이은 승리와 성공만큼 교만함을 심어 주는 것은 없다. 전투지의 리더는 대단히 중요한 것이, 즉 대원들의 목숨이 자기 손에 달렸다는 사실을 망각하면 안 된다. 마찬가지로 비즈니스 리더도 직원들의 생계와 경력 그리고 회사에 투자한 사람들을 가볍게 여기며 무감각하게 행동해선 안 된다. 모든 위험은 그 자체의 위험성과 보상 사이에서 면밀히 저울질되고 평가되면서 균형을 이루어야 한다. 이런 과정을 통해 성공적인 결과에 도달할 수 있으며 이는 팀과 전략적인 임무에 긍정적인 영향을 미친다. 위험을 관리하면서 승리에 이르는 핵심은 비상사태에 대한 신중한 계획이다. 계획에 관한 두 가지의 극한 사이에서 이분법적 균형을 이루는 건 사실 어렵다. 모든 리더들은 성공을 위해 계획을 세워야 하지만, 한쪽으로 지나치면 안 된다는 점을 이해해야 한다. 이것은 무엇보다 중요한 부분이다.

실전 비즈니스

"저는 저희가 이번 비상사태를 충분히 검토하지 않았다고 생각합니다." COO(최고 운영 책임자)가 말했다. "제가 우려의 목소리를 내도 진지하게 받아들이지 않는 것 같더군요."

조코와 나는 COO의 사무실에 앉아 있었다. 우리는 회사의 고위급 관리자와 중간급 매니저들을 위한 리더십 개발 및 조정 프로그램을 진행하고자 그곳에 갔다. 회사는 최근 몇 년간 연이은 성공을 이뤄 냈는데, 상당 부분은 영리하고 공격적인 리더십 팀 덕분이었다. 그들은 동일 산업을 장악하는 경쟁사를 인수해 메이저 업체가 되려고 열심히 노력했으며 회사의 성공으로 인해 최근 확보한 추가 자본도 눈에 띄게 증가했다. 이제 회사는 사업 확장에 투자할 자원을 손에 쥐게 되었다.

그 승리에 힘입어 회사의 경영진과 부서장들은 자신감을 얻었다. 회사 내에 CEO만큼 자신감이 넘치는 사람은 없었다. CEO는 회사를 더 키우기로 결심했고, 그는 생각지도 못한 대단한 아이디어가 샘솟는 사람이었다. COO는 그 아이디어의 위험성에 대한 신중한 평가와 주의를 당부했다.

"어떤 위험이 가장 걱정되십니까?" 조코가 물었다.

"저희는 동시에 여러 방면으로 사업을 확장하려 합니다." COO가 답했다.

"자회사 하나를 출범하려면 비용도 많이 들고 위험 부담도 있어요." 그가 계속 말했다. "그래서 자회사 두 개를 한 번에 출범하려 합니다. 그리고 본사를 확장하고 관리 직원을 수십 명 뽑고 본사 건물의 3개 층을 장기 임대하기로 했어요. 그렇게 되면 사무실이 백 개가 넘고 장기적으로 비용도 상당히 많이 듭니다. 지금 당장은 이런 계획들이 괜찮아 보이지만 시장 경제가 후퇴하거나 제조 부분에 심각한 문제가 발생하면, 이 모든 것들이 위험해질 겁니다."

"흠, 정말 가능성이 있는 얘기군요." 내가 말했다. "그러니까 만일의 사태에 대비한 구체적인 계획이 필요하다는 말씀이신가요?"

"자, 보세요." COO가 입을 열었다. "저는 사업 확장을 위해서는 어느 정도의 위험을 감수해야 한다고 생각합니다. 기꺼이 받아들일 수 있고요. 그렇지만 그 위험성들을 어떻게 다스릴 건지에 대해 고민해 봐야 합니다. 저는 저희 회사가 스스로를 지나치게 믿는 건 아닌가 걱정이 됩니다."

"왜 대표님이 그 계획들을 동시에 추진한다고 생각하십니까?" 내가 물었다.

예전에 사업을 급격히 확장 중인 업체들을 만난 적이 있었다. 일부는 대단한 성공을 이루고자 새로운 계획을 공격적으로 밀고 나갔다. 또 어떤 업체들은 한 번에 온갖 위험들을 떠맡게 되면서 수익성이 턱없이 떨어졌고 막대한 자본을 잃었다. 그들은 결국 한 걸음 물러나 보다 신중한 성장 전략을 추구해야 했다.

"그런 모든 노력에는 굉장한 기회가 주어진다는 걸 저도 알고 있습니다." COO가 답했다. "회사가 성장하고 시장 점유율을 확대해야 한다는 것에 전적으로 동의합니다. 그러나 저희는 당신이 강조했던 비상사태에 대한 계획이 정말로 준비되어 있지 않아요. 바로 그게 문제입니다. 만일 시장 경제가 후퇴하거나 제품에 대규모 리콜이 들어오거나 자회사 중 하나가 무너지면, 그 손실은 엄청날 겁니다. 물론 대재앙이 되진 않겠죠. 하지만 자회사 두 개가 모두 동시에 실패하면 회사의 수익에 매우 큰 타격을 줄 거예요. 전부 다 무너질 수도 있죠."

CEO와 지도부가 만일의 사태에 대비해 신중하게 계획을 세우면 그런 일이 일어날 가능성을 줄이면서 앞으로 나아갈 수 있었다. 애초부터 자회사를 하나만 출범하는 데 집중했다가 성공한 후에 다음 자회사를 설립했다면 훨씬 더 안전했을 것이다.

"추가적인 행정 지원은 어떻게 생각하십니까?" 내가 물었다. "혹시 불필요하다고 생각하시는 부분이 있나요?"

"저는 추가적인 행정 지원은 필요하다고 생각합니다." COO가 답했다. "많은 부서장들이 계속해서 지원 요청을 하고 있어요. 이해합니다. 그러나 추가로 들어설 백 개 이상의 사무실을 수용하기 위해 넓은 공간에 장기적으로 비싼 임대료를 지불하는 건, 과하다고 생각합니다. 한 개 층만 넓혀도 될 것 같은데 굳이 세 개 층을 다 임대해야 할까요? 앞으로 1, 2년 뒤에 경제가 어떻게 될지 누가 압니까? 저희 회사는 좋았던 시기만 보고 있어요. 저희는 힘든 시간을 경험해도 될 만큼 오래된 회사가 아닙니다. 만에 하나 경제가 안 좋아져서 거래를 다 놓쳐 버리면 어떻게 합니까? 그렇게 되면 회사는 추가로 지불해야 하는 비용에 허덕이다가 직원들을 내보내야겠죠. 게다가 텅 빈 사무실의 장기 임대에 발이 묶여 주요 자본을 쓸데없이 태울 겁니다."

그의 우려는 상당히 합리적이었다. 그가 완전히 위험을 회피하는 건 아니었다. 하지만 일이 계획대로 진행되지 않을 수도 있다는 걸 알았고, 회사가 입을 수도 있는 위험의 수준과 그 위험을 완화하기 위한 조치가 부족하다는 점을 경고했다. 우발적인 상황에 대한 계획이 임무 성공에 중요한 이유가 바로 그거였다.

"전투지에서는," 내가 COO에게 말했다. "신중하게 평가된 위험과 만일의 사태에 대한 계획을 준비하는 것이 매우 중요합니다. 언젠가 우리도 여러 가지 위험을 분석하는 과정을 통해 통제 가능한 위험 요소가 많다는 걸 깨달았습니다. 비상사태 계획은 전투 작전 중 결과의 불확실성에 대비한 필수 조치를 취하는 데에도 도움을 줍니다. 이건 전무님과 팀에게도 다르지 않아요.

라마디에서 적이 점령한 지역, 위협이 극도로 높은 곳으로 들어갈 때마다 적의 공격 위험을 감소시키기 위한 조치를 취했어요. 도로변에 설치된 폭탄이나 IED가 보통 가장 큰 위협이었죠. 그래서 그런 지역으로 갈 때는 운전해서 가지 않았습니다. 도보 정찰을 했어요. 적의 공격 가능성이 큰 건물에 저격수를 감시 위치로 배치하고, 그 밖에도 서로 도와줄 수 있는 다양한 위치를 설정하고 마련했습니다. 비상사태에 대한 계획을 통해 위험을 관리하도록 하는 거지요. 위험성이 극도로 높은 환경에서도 말입니다."

조코가 덧붙였다. "전무님은 저희 네이비씰 팀, 그러니까 빅 터프 프로그맨(Big Tough Frogmen) 전부가 아무렇지 않게 총격 사이로 뛰어든다고 생각하실 수도 있습니다. 대부분의 상황에서 정확히 그렇게 하긴 합니다. 총격전 속에서도 용맹함을 보여 줘야 하고 목숨을 기꺼이 바쳐야 하죠. 그러나 바보가 될 수는 없습니다. 대원들을 위험에 빠뜨리거나 전략적 임무를 완수하지 못하게 막는 불필요한 위험을 감수하지는 않습니다. 리더로서 저희는 통제 가능한 위험을 영리하게 완화해야 합니다. 위험에 대한 세심한 평가를 하면서 가장 효과적인 방법으로 임무를 완수할 수 있고, 대원들에게 가해지는 위험을 최소화할 수 있습니다."

조코는 COO에게 훈련 이야기를 했다. 부디 신참 네이비씰 장교들이 진짜 목숨이 걸린 실제 전투지에서 훈련 때와 같은 교훈을 배우는 일이 없기를 바라며 신참 장교들이 신중한 자세를 가질 수 있도록 훈련시켰다.

"네이비씰 대원들은 훈련 중 '죽음의 집'이라 불리는 곳에서 복도를 지나 문을 열고 들어가 그 공간을 확보하는 연습을 합니다. 저와 레이프는 종종 페인트볼이나 시뮤니션(Simunition) 탄환이 들어간 총으로 연기자들과 훈련대 교관, 악당이나 반군 역할을 맡은 자원 봉사자들과 모의 총격전을 하는 훈련을 지휘합니다." 조코가 말했다.

조코는 네이비씰 팀을 지독히 끔찍한 상황으로 꾀어내도록 구성된 훈련 시나리오가 얼마나 많은지 설명했다. 여기에서 지휘관은 뒤로 물러나 위험을 분석해야 했다.

"어느 훈련 시나리오에서는," 조코가 계속했다. "네이비씰 훈련 교관들이 적의 기관총을 들고 긴 복도 전체를 장악해 사격 자세를 잡고 있기도 합니다. 악당 역할을 맡은 연기자들은 그 복도의 안전이 확보된 위치에서 네이비씰 대원들과 교전을 합니다. 그곳은 건물을 장악하려는 네이비씰 돌격대가 쉽게 타격을 할 수 없는 곳이지요. 지휘관은 사격수 두 명을 앞으로 보내서 복도를 따라 적의 화력 쪽으로 접근하게 합니다. 그 대원 둘은 엄청난 화력을 마주하게 되겠죠. 수많은 페인트볼이 빠른 속도로 그들의 몸으로 달려들 거고요. 교관은 대원들을 쓰러뜨리고 그들은 복도 바닥에 눕게 됩니다. 그와 동시에 교관에게서 '사망'이라는 말을 듣게 되죠. 그런 상황에서 보통 지휘관들은 다른 사격수 두 명을 또 앞으로 내보냅니다. 이미 단단하게 자리 잡은 적을 공격해 봤자 결과는 동일할 수밖에 없습니다. 대원 둘이 또 '사망'하겠죠. 그다음에도 지휘관은 또다시 사격수 둘을 보냅니다. 복도가 사망자로 뒤덮일 때까지 말입니다. 다행히 진짜로 죽은 건 아니지만요.

이제 제가 개입해야 할 타이밍이었습니다. 그리고 지휘관에게 물었어요. 대원들이 사망하는데도 계속 투입시키는 게 옳은 결정인 것 같으냐고요. 지휘관은 부정적으로 답했어요. 그래서 적의 포격에 공격적으로 돌격하는 것은 용감한 일이지만 한편으로는 어리석은 행동이라고 설명해 주었습니다. 병력 전체를 무너뜨리는 결과로 이어졌을 테니까요. 그보다 더 심각한 건 건물을 확보해 위협을 제거하는 임무를 완수하기는커녕 그 근처에도 가지 못했다는 사실이었습니다. 저는 지휘관에게 비상 계획을 세우라고 지시했어요. 문제를 해결할 다른 방법을 생각해 보라고 했죠. 사격수를 건물 밖으로 보내서 다른 방향에서 공격을 할 순 없는지, 문이나 출입구 등 후방에서 총격을 가할 다른 입구는 없는지 등등 말입니다.

그의 머릿속에서 전구가 번쩍이는 게 보였어요. 그제야 리더로서 성공하려면 이 일을 반드시 해내야 할 뿐만 아니라 충분히 할 수 있다는 걸 깨달은 거죠. 통제 가능한 위험을 완화하는 것은 리더의 의무입니다." 조코가 말했다.

"전에 그와 비슷한 종류의 어려운 훈련 시나리오를 접한 적이 있는데, 당시 저도 같은 문제로 굉장히 힘겨워했습니다." 내가 COO에게 이야기했다. "그 순간에는 무엇을 해야 하는지 도통 보이질 않았어요. 그런데 시간을 들여서라도 비상 계획을 신중하게 세우면 임무를 훨씬 수월하게 수행할 수 있다는 걸 깨닫고 나니 무엇을 해야 하는지 보이더군요. 출동하기 전에 훈련 시나리오와 비슷한 상황 발생 시에 어떻게 대응을 해야 할까 생각해 두면 비상사태를 마주했을 때 더 쉽게 결정을 내릴 수 있습니다. 출동 전에 비상 상황 발생 시 대처 방법을 팀 전체에게 브리핑했다면 더 좋았겠죠. 그랬다면 비상 상황 시에 즉각적인 지시가 떨어지지 않아도 잘 대처했을 거고 임무 수행 준비를 더 꼼꼼하게 했을 겁니다."

"무엇보다 중요한 건," 조코가 덧붙였다. "네이비씰 지휘관들이 발생 가능한 비상사태를, 예를 들어 건물 내부에서 적의 기관총이 포진된 상황을 맞닥뜨릴 경우를 충분히 생각하고 어떻게 헤쳐 나갈지에 대해 신중히 계획을 세운다면, 돌격대의 위험이 완화되는 동시에 임무를 완수할 수 있는 대체 방안이 만들어진다는 것입니다. 또한 대원들이 건물에 진입할 때 반군 역할을 맡은 연기자들이 예상하지 못한 방향으로 작전을 실행해서 상대의 허를 찌를 수도 있었겠죠. 실제로 그렇게 됐고, 네이비씰 소대는 적군을 약화시켜 임무를 완수할 수 있었습니다. 단 한 명도 목숨을 잃지 않았고요."

"전무님도 그렇게 하셔야 합니다." 내가 말했다. "모든 벤처 기업은 본질적으로 약간씩 위험 요소를 가집니다. 만일의 사태에 대한 행동 계획을 철저하게 파악하고 구성하는 것이 위험을 완화하는 데 도움을 줄 겁니다. 모든 것을 계획할 수는 없습니다. 너무 많은 계획을 짜느라 쩔쩔맬 필요도 없습니다. 그러나 통제 가능한 위험을 완화하기 위해서는 견고한 계획을 세우고 활용해야 합니다. 신중한 계획과 과도한 계획 사이에서 균형을 이루는 건 매우 중요해요. 일단 지금 당장은 계획을 구성하는 쪽으로 더 배우셔야 합니다. 그래야 우발적인 상황이 발생할 경우 적절하게 대응할 준비가 될 테니까요."

그렇게 조코와 나는 COO가 상부 지휘 계통을 이끌어 나가기를 독려하며 위험에 대한 명확한 평가와 비상사태 발생 시 위험 완화 계획을 포함해서 전체적인 계획을 짰다. COO는 CEO의 목표를 달성하고자 공격적으로 계획을 세웠다. 그러면서도 장기적으로 임무 성공 가능성을 최대한으로 높이기 위해 철저하고 신중하게 계획을 수립하며 한 걸음 더 앞으로 나아갔다.

'아모 테이블'은 찰리 소대 임무 계획실에 있는 탄약 창고를 의미하며, 브루저 기동대의 상황실 역할을 하기도 한다. 네이비씰은 첫날부터 대원들에게 우세한 화력과 작전의 폭력성이 총격전에서 승리를 가져다준다고 가르친다. 브루저 기동대 역시 이에 동의했다.

(사진 제공: 저자)

Chapter 11.

겸손하게, 그러나 수동적이지 않게

레이프 바빈

2006년, 라마디 중남부 미시간 루트

험비가 미군들 사이에서 '미시간 루트'라고 알려진 메인 도로를 달려 라마디 도심을 지나가고 있었다. 호송차에 탑승한 모두가 긴장한 상태였다. 환한 대낮이었다. 정신이 나간 것처럼 보이겠지만 적의 포악한 공격이 빈번하게 발생하는데도 민간 차량들이 도로 위를 달리고, 주민들은 길가를 따라 걸어 다녔다.

모든 구덩이에서 또는 길바닥에 널브러진 쓰레기에서 IED(급조 폭파 장치)가 화염이나 파편을 흩뿌릴 수도, 죽음에 이르게 할 수도 있었다. 잦은 폭파에 의해 생긴 구덩이와 길가를 따라 늘어선 새까맣게 탄 차량의 잔해들은 그곳의 암담한 흔적이었다. 적의 매복 또한 몹시 위험했다. RPG-7 로켓포와 탄띠 송탄식 기관총을 든 적군들이 근처 건물에 숨어서 언제라도 화력을 발사할 가능성이 있었다.

네이비씰의 포탑 사격수들이 무거운 기관총을 들고 위협을 끈질기게 탐지하고 있었다. 그들은 단단하게 무장한 험비 지붕 밖으로 가슴과 머리만 내밀었다. 각 포탑은 삼면이 강철판으로 덧대어졌지만 왼쪽 사격수는 여전히 적의 공격에 취약했다. 차량 내부에 있는 나머지 대원들이 눈을 날카롭게 부라리며 최선을 다해 잠재적인 공격을 찾았다. 우리는 먼지가 자욱하게 낀 험비의 두꺼운 방탄 전면 유리창 너머로 적의 공격을 감시했다. 그러나 포탑 사격수들과 우리 호송대를 보호하기 위한 최고의 방어 장치는 작전에 임하는 우리의 자세였다. 최강의 공격력과 조금도 방심하지 않고 사방을 겨누는 사격수들의 무기, 위협의 낌새만 보여도 곧바로 터질 우리의 격렬한 분노가 최고의 보호 장치였다. 목표는 잠재적인 공격자들을 주저하게 만들고, 그들에게 처참한 결과를 받아들일지에 대한 고민거리를 안겨 주고, 그로 인해 더 쉬운 목표물을 기다리게 만드는 것이었다. 무즈(무자헤딘)*는 자신들의 순교를 절실히 전파하고 싶어 하지만, 우리가 아는 순교는 결코 원하지 않았다. 미군에게 해를 입히기 전에 자신들이 대량 학살을 당할지도 모른다는 두려움이 무즈의 행동을 어느 정도는 억제하고 있었다.

지금까지의 정찰에서 우리가 취한 공격적인 자세는 약간의 운도 따랐지만 나름 성공적이었고, 눈에 띄는 위협도 나타나지 않았다. 호송대는 라마디의 국정 센터에 있는 해병대 전투 기지를 지나 도심을 가로지르고 있었다. 해병대의 전투 기지는 OP VA**라고 불렸으며, 폭력과 야만의 광

---

* 무즈(무자헤딘): 아랍어로 '성전(지하드)에서 싸우는 전사'를 의미한다. 이라크 반군들이 자신들을 칭하는 용어다. 미군은 '무즈'라고 줄여서 부른다.

** OP VA: 미 해병대의 전투 기지로, 이전에는 이라크의 보훈처였다.

대한 바다 한가운데서 희망과 안보를 위한 작은 보루의 역할을 하는 곳이었다. 미군 제2해병사단 8 연대 3대대 소속 킬로 중대와 리마 중대의 용맹한 해병대 장병들은 규모가 큰 반군이 잘 협동하여 빈번하게 저지르는 악랄한 공격을 견디는 중이었다. 전투 기지의 요새화된 감시 초소는 적의 위협으로부터 보호받기 위해 위장한 장막 아래에 숨겨져 있었다. 거기에는 무기를 소지한 젊은 해병대 병사들이 경계 태세를 유지하고 있었다. 우리는 해병대 장병들을 진심으로 아꼈다.

우리는 불도그 팀(미군 제1기갑사단 37 기갑연대 1대대 브라보 중대 소속) 병사들도 존경했고 그들과 형제 같은 유대감을 가졌으며 수많은 전투 작전을 함께 수행했다. 조금 전 우리 호송대는 불도그 팀의 기지인 팰컨 전투 기지를 막 떠났다. 그곳에 주둔하는 '메인 건' 마이크 바제마와 그의 병사들은 라마디 중남부 인근의 폭력적인 지역에서 반군과 치열한 교전을 치르고 있었고 브루저 기동대 소속 찰리 소대와 이라크 병사들이 24시간 전에 그 위험한 지역으로 지원을 갔다. 우리는 그곳에서 정찰을 하고 저격 감시 임무를 수행했다. 당시 '대혼란의 아수라장'이 벌어지는 상황이었다. 대혼란의 아수라장은 찰리 소대 내에서 심각한 총격전을 의미하는 표현이었다. 게다가 우리는 이라크의 잔혹하고 뜨거운 더위 아래에서 또 다른 전투 작전들을 마무리해야 했다. 그럼에도 그날은 적의 공격을 짓밟아 수많은 반군들을 격퇴하고 그들의 발을 묶어 꼼짝 못 하게 했다. 성과가 좋은 날이었다. 더군다나 우리는 어떤 피해도 입지 않았다. 중남부 지역의 전술적인 목표를 달성한 뒤 우리는 팰컨 전투 기지를 떠났지만, 사실 기지로 복귀할 때까지는 끝난 게 끝난 게 아니었다. 이라크에서 미군 사상자 수를 가장 많이 만들어낸 IED로 인한 차량 폭파가 기지를 벗어난 우리에게, 호송차를 타고 기지로 돌아가는 우리에게 가장 위험한 존재였기 때문이다.

험비가 계속 빠른 속도로 달리자 우리와 도로를 공유 중이었던 민간 차량들이 양옆으로 움직여 길을 터 주었다. 대부분 민간인을 태운 차량이었지만, 그들 중 하나가 치명적이고 극심한 폭발을 일으킬 자동차 폭탄일 가능성도 무시할 수 없었다. 험비 운전병이 핸들을 조종하면서 민간 차량들과 최대한 간격을 벌려 빠르게 지나갔다. 우리는 합바니야 운하를 가로지르는 다리를 건넜다. 합바니야 운하는 서부 라마디 지역인 타밈과 라마디 시내 사이를 흐르고 있었다. 조금만 더 가면 우리 기지였다.

다들 지치고 피곤하고 기진맥진했다. 이라크의 살인적인 더위는 많은 피해를 주었다. 24시간 이상 무거운 장비를 드느라 땀이 뻘뻘 났고, 그 바람에 탈수증이 와서 다들 얼굴이 푹 파였다. 어서 빨리 기지에 도착해서 편하게 쉬기를 간절히 바랐다. 에어컨과 샤워, 따뜻한 음식이 몹시 고팠다. 그리고 부상과 사망에 대한 걱정을 잠시라도 털어놓고 싶었다.

조금 뒤 미시간 루트를 벗어나 오그던 게이트로 향했다. 오그던 게이트는 주요 미군 기지인 캠프 라미디의 뒷문이었다.

"우회전, 우회전하라." 선임 조종 대원이 무전으로 지시를 내렸다. 전투 차량들이 게이트를 약 270미터 남기고 속도를 줄였다. 오그던 게이트까지 주의를 기울이며 나가는 것은 현명한 판단이었다. 기관총을 들고 우리를 엄호하는 군인들이 요새화된 보안 초소 안에 있었는데, 초소가 그물로 덮여 있어서 그들의 모습은 보이지 않았다. 그들은 반군 저격수의 화력이나 기관총 또는 박격포 공격을 규칙적으로 받으면서도 잘 견뎌 내고 있었다. 미시간 루트의 도로와 게이트 앞의 도로는 계속되는 미군 탱크와 장갑차의 출입으로 다 부서져 가루가 된 상태였다. 잔모래가 먼지구름을 뚫고 차량 내부로 들어왔다. '달의 먼지'라고 불리는 미세한 먼지 때문에 숨을 쉬기가 어려웠고 차량 안팎도 잘 보이지 않았다. 몇 미터 앞에 있는 호송 차량을 확인할 수가 없었다. 뒤에 있는 차량도 마찬가지였다.

호송대는 게이트 역할을 하는 M88 구조용 견인 탱크 앞에 멈추었다. 68톤짜리 M1A2 에이브럼스 전투 차량 또는 27톤짜리 브래들리 전투 차량이 고장 났을 때 그 차량들을 견인할 엄청나게 큰 차가 필요했는데, M88은 그런 용도로만 만들어진 탱크였다. M88은 그곳 오그던 게이트에서 대단히 파괴적인 적의 무기인 VBIED(차량 적재 급조 폭파 장치)의 잠재적 공격으로부터 앞길을 보호해 주는 역할을 하기도 했다. VBIED는 일반적으로 '자동차 폭탄'이라고도 불렸다. 우리는 메인 게이트에 있는 병사들과 연락을 취해 호출 신호와 전체 인원수를 알려 주었다. 확인이 끝나자 한 병사가 M88로 뛰어 들어가 엔진을 가동하고 덜덜덜 소리를 내며 거대한 탱크를 한쪽으로 몰았다. 험비가 우리의 집이나 다름없는 기지 안으로 들어갈 수 있게끔.

기지에 들어가고 나서야 포탑 사격수를 포함한 모두가 안심했다. 전선 밖의 매 순간이, 게이트를 지나 기지 안으로 들어갈 때까지의 일 분 일 초가 긴장의 연속이었다. 그러나 막상 안으로 들어오고 나니 우리가 먹고 자고 일하는 캠프 라마디의 샤크베이스*까지 가는 길은 그냥 일반 도로이며 단순하게 차량을 운행하는 것 그 이상 그 이하도 아니었다. 전투의 압박이 일시적으로 해소되었고, 무전에서는 가벼운 농담과 우스갯소리가 줄곧 오갔다. 우리는 차량 무덤을 지나 기지를 가로질러 갔다. 차량 무덤

* 2006년 8월 2일 마크 리가 작전 중에 전사한 이후 샤크베이스라는 이름을 캠프 마크 리로 바꾸었다.

은 IED의 공격을 받아 일그러지고 불에 탄 미군과 이라크군의 장갑차들이 견인돼 놓인 곳이었다. 전선 밖의 위험을 여실히 보여 주는 암울한 기억이었다. 극심하게 위험한 도심을 뚫고 정찰을 하고 작전을 치르는 중에도 우리가 이렇게 살아 있다는 것이 얼마나 감사하고 운 좋은 일인지 다시 한번 생각하게 하는 곳이었다.

캠프 라마디를 가로질러 쪽문으로 나가자 샤크베이스가 나타났다. 차량 속도를 서서히 줄이며 양철 지붕의 목조 건물 두 동과 식당, 찰리 소대의 임무 계획실 앞에 멈추었다.

"멈춘다. 전부 멈춘다." 무전에서 지시가 내려왔다.

임무 완료였다. 나는 험비의 묵직한 강철 문을 열고 하차했다. 장비가 깨끗하고 안전한지 확인한 후 헬멧과 함께 소대실 책상에 올려놓고 조코를 만나러 갔다.

그의 사무실은 메인 건물에 있었다. 그 건물에는 커다란 기둥이 세워져 있었는데, 예전에 미군이 이라크에 침투하기 전 사담 후세인 정권을 따르는 부류들이 지내던 곳이었다. 이제는 우리의 전술 작전 본부였다. 나는 주방을 지나 전술 작전 본부 쪽으로 걸어가며 브루저 기동대를 지원해 주는 참모에게 인사했다. 그는 정보 시스템 기술자이자 운용 전문가로서 우리가 위험에 처했을 때 부대와 의사소통하는 역할을 맡았다. 네이비씰 대원이 아닌 지원 인력은 우리 팀에서 아주 중요했다. 나는 그에게 인사를 하고 조코의 사무실로 들어갔다.

"정말 다행입니다. 역시 우리는 프로그맨입니다." 나는 작전을 끝내고 돌아올 때마다 늘 하는 말을 했다. "정말 아슬아슬했지만 어쨌든 전원 복귀했습니다."

나는 모든 대원과 장비들을 확인했으며 무사히 기지로 돌아왔다는 사실을 조코에게 알렸다.

"고생했네." 조코가 미소 지었다. "무사히 돌아온 걸 환영하네."

라마디에서 작전을 치르면 치를수록, 모든 작전마다 위험을 완화하기 위해 최대한 꼼꼼하고 신중하게 계획을 짰는데도 불구하고 끔찍한 부상과 죽음이 발생할 가능성이 늘 존재한다는 것과 그것이 매우 현실적이라는 점이 더욱더 뼈저리게 느껴졌다. 오직 신의 섭리 덕분에 작전 중 대원을 잃지 않을 수 있었다. 전능하신 신이 우리를 자주 돌봐주었고 매우 위험한 상황들에서 벗어나게 해 주었다. 마치 신도 우리 편이, 즉 네이비씰 대원이 된 것 같았다. 아니면 우리의 선대인 수중 폭파팀이 했던 말처럼 프로그맨이 된 것일 수도 있었다.

전투는 혹독한 선생이었다. 라마디 전투는 잔혹했다. 시가지 전투를 계속 치르며 대단한 도전과 위험을 마주했고, 끊임없이 신중해져야만 했다. 나는 찰리 소대장이었고 많은 전투 작전의 선임 지휘관으로서 지상전을 책임지는 경우가 많았다. 굉장한 성공을 이뤄 내고 약간 자만심에 빠졌을 때, 적이 전혀 예상치 못한 혁신적인 전술 또는 미처 대비하지 못한 방식을 사용하여 우리를 타격했다. 나는 재빨리 마음을 추스르고 신중을 기했다. 무엇보다 내가 더 잘할 수 있고 더 잘해야 한다고 생각한 모든 것들을 고민하면서 계속 신중함을 유지했다. 우리가 지원하는 다른 미군 병력과 더 신중하게 세부 조율을 했어야 했고, 내 사령관의 의도를 더 단순하고 분명하고 간결하게 정리했어야 했고, 하급 지도부에게 더 많은 범위의 지휘권을 주어야 했다. 전쟁터에는 '겸손해라. 그리고 더 겸손해져라'라는 말이 있었다.

조코는 컴퓨터 스크린 앞에 놓인 책상에 앉아 있었다. 그는 다른 종류의 전투에 열중하고 있었다. 그와 그의 기동대원들은 상급 본부의 다양한 요청을 처리하고 계속되는 질문에 답하며 지시에 따라 문서 작업을 산더미만큼 해냈다. 조코는 그 일 대부분을 도맡아 하며 나를 포함한 우리 찰리 소대뿐만 아니라 델타 소대가 작전 수행에 더 집중할 수 있도록 도왔다.

"기동전대가 우리더러 선임 하사 자리에 특별 배치할 대원을 보내 달라고 들볶고 있어." 조코가 내게 말했다.

반갑지 않은 소식이었다. 우리의 직속상관 본부인 기동전대는 우리 기지에서 팔루자 도심 방향으로 48킬로미터 정도 떨어진 곳에 있었다. 그리고 자기 부대의 빈자리를 채울 우리 소대의 숙련된 대원, 즉 선임 하사 중 직급이 낮은 하사를 보내 주길 바랐다.

"어떤 임무를 맡습니까?" 내가 물었다.

조코는 아주 민감한 기밀 임무이긴 하지만 여러 지휘 단계의 관심과 인지도가 상당하다고 설명했다.

"합동 연합 특수 작전 태스크 포스(CJSOTF)*의 임무 중 하나야." 조코가 말했다.

합동 연합 특수 작전 태스크 포스는 우리 기동전대의 상부 부대였고, 이라크의 모든 특수 작전을 책임지고 있었다. 윗선에서 우리 기동전대에게 막사의 한 자리를 채울 대원 하나를 보내라는 압박이 있었을 것 같았다. 그것도 중요한 일이긴 했지만, 상급 본부에서 우리 소대의 소중한 대

* 미군 용어에서 '합동'은 다국적을 의미하고, '연합'은 미군의 모든 부대를 포함한 다중서비스를 의미한다.

원을 채 가려는 의도가 눈에 보여서 걱정스럽기도 했다. 순간 나의 보호 본능에 발동이 걸렸다.

특정 상황에서 벗어나 눈앞에 놓인 팀의 임무 너머를 보는 것은 어느 리더에게나 어려운 일이다. 리더가 자신의 자원 또는 주요한 인력 공유에 저항하는 건 자연스러운 반사 반응이다. 궁극적으로 규모가 더 큰 팀과 전술적 임무에 이득이 된다고 할지라도 당장 자기 팀의 업무에 어려움이 뒤따르기 때문이다. 그러나 리더가 되는 데 있어서 중요한 점은 그것을 뛰어넘을 만큼 충분히 겸손해야 한다는 점이다. 나는 조코에게서 겸손함이 리더의 자질 중 가장 중요하다는 것을 배웠다. 브루저 기동대에는 그 어느 곳에도 교만과 자만이 생길 자리가 없었다. 조코가 말한 신중과 겸손의 중요성은 우리가 라마디에 도착한 이후로 몇 번이고 증명되었다.

나는 세계가 나와 우리 팀인 찰리 소대를 중심으로 돌지 않는다는 걸 깨달았다. 우리는 라마디와 안바르주 주변 지역에서 벌어지는 거대한 규모 작전의 일부분일 뿐이었다. 우리가 라마디에서 온 힘을 다해 싸우고 있는 미군 레디 퍼스트 여단 소속 수천 명의 육군 및 해병대 장병들을 지원한다는 게 자랑스러웠다.

겸손하다는 것은 또한 우리가 전부 알아내지 못했다는 걸 인정한다는 뜻이기도 했다. 우리는 모든 답을 알지 않았다. 그 말은 라마디에 오랫동안 주둔하고 있었던 다른 부대로부터 배워야 하며, 우리의 지휘 계통과 임무의 지원을 받기 위해선 그들과 협력해야 한다는 의미였다. 우리가 얼마나 많은 작전을 지휘했는지, 악당을 몇 명이나 처리했는지에 관련된 것이 아니었다. 우리가 지원하는 대규모 게릴라전의 진정한 성공의 척도는 장기적으로 도시의 안정과 보안 강화에 달려 있었다. 우리는 겸손한 자세로 윗선인 기동전대와 상급 본부를 이해해야 했다. 그들은 우리가 모를 수도 있는 전략적인 통찰력을 가졌다.

또 겸손하다는 것은 상부 부대의 전략 방향의 중요성을 파악한다는 의미였다. 그리고 우리와 협력하는 재래식 부대를 지원하기 위해 할 수 있는 모든 것을 한다는 뜻이기도 했다. 이는 우리가 훈련시키고 전투 조언도 해 주는 이라크군에게도 마찬가지고 상부 지휘 계통에도 마찬가지였다. 겸손하다는 건 고개를 숙이고 최선을 다하라는 지시대로 최대한의 능력을 보여 준다는 것을 뜻했다.

그러나 여기에도 이분법이 존재했다. 겸손은 수동적인 자세를 의미하는 게 아니었다. 정말 문제가 있을 때는 결코 뒤로 물러나면 안 되었다. 내가 상부 본부와 기동전대 참모의 전략적 진행 상황을 완전히 이해하지 못하거나 잘 보지 못한 만큼 그들 역시 전술 방향이나 요구 사항이 우리의 최전방 작전에 어떤 영향을 미치는지 제대로 파악하지 못하고 있었다. 그리고 그 정보를 윗선으로 끌어 올리는 것은 나의 문제였다. 겸손은 자신의 입장을 내세워야 하는 타이밍을 인지하는 것에 맞춰 균형을 이루어야 한다.

나는 이라크 병사들과 함께 임무를 수행하라는 지시를 받았을 때 이와 관련된 좋은 사례를 목격한 적이 있었다. 조코가 《네이비씰 승리의 기술》 챕터 3에 썼듯이 브루저 기동대가 라마디에 도착하자 합동 연합 특수 작전 태스크 포스는 우리와 다른 미군 특수 작전 부대에게 '이라크 보안군에 의해, 그들과 함께, 그들을 통해' 정신으로 작전을 수행하라고 지시했다. 그 말은 훈련이 제대로 되지 않은, 장비도 형편없는, 게다가 도저히 신뢰할 수 없는 이라크 병사들과 함께 작전에 나가라는 의미였다. 초반에는 반발이 굉장히 심했다. 그러나 시간이 조금 지난 뒤 우리는 왜 그런 지시가 내려졌는지 곰곰이 생각해 보았다. 결국 브루저 기동대는 그 지시의 이유를 완전하게 이해했고, 각 소대에 전달한 뒤 내재된 어려움과 위험에도 불구하고 임무를 받아들여 수행하기로 했다.

그러나 다른 네이비씰 부대를 포함한 미군 특수 작전 부대들은 대개 그렇게 하지 않았다. 그들은 '이라크 보안군에 의해, 그들과 함께, 그들을 통해' 정신으로 이라크군을 포용하지 않고 문자 그대로 미군의 작전에 '이라크군 한 명만' 투입했다. 정말로 이라크 병사를 딱 한 명만 작전에 참가시키는 경우도 더러 존재했다. 전투 작전 시에 많은 미군 부대가 스무 명에서 서른 명의 미군으로 구성된 돌격대에 이라크군 병사를 하나 또는 둘만 투입했다. 맨 뒷줄에 선 이라크 병사는 작전 임무 수행을 적극적으로 할 수 없었다.

그러한 사고방식을 제거하고 지휘관의 정신력을 강화하기 위해 합동 연합 특수 작전 태스크 포스는 모든 작전마다 미군 특수 대원과 이라크 병사(또는 이라크 경찰)의 특정 비율을 반드시 지키도록 강요했다. 미군 특수 작전 대원 한 명당 이라크군 병사 일곱 명이 투입되어야 했다. 라마디를 제외한 이라크의 대부분 지역에는 이라크 병사도 많고 위협 수준도 라마디보다 훨씬 낮기 때문에 충분히 합리적인 조치일 수 있었다. 그러나 라마디에서 브루저 기동대와 함께 일하는 이라크 병사의 수는 턱없이 부족했고, 그들에게는 과중한 업무가 될 터였다. 말 그대로 우리는 지상전을 치를 이라크 병사가 절대적으로 부족했다. 정해진 비율에 따라 하나의 작전에 투입해야 하는 이라크 병사의 수가 정해져 있었기에 네이비씰 대원 둘 또는 셋만 작전에 나갈 수 있었다. 이라크의 덜 위험한 지역에서는 미군 특수 부대 대원 셋이나 넷 그리고 이라크 병사 열둘 또는 열여섯으로만 구성되어도 전체적으로 큰 생명의 위협 없이 전투 작전을 치를 수 있었다. 그러나 라마디는 포악한 테러리스트의 근거지이자 지독한 이라크 반란군의 진원지였다. 우리에겐 그런 사치를 누릴 여유 따위 없었다. 전투 경험이 많고 완고하며 단단히 무장한 반군과 맞서는 총격전에 이라크 병사들은 크게 가치 있는 존재가 아니었다. 만에 하나 스무 명이나 서른 명으로 이루어진 반군 병력의 공격을 받으면, 이라크 병사 다수와 미군 특수 부대원 서너 명으로 구성된 팀은 완전히 압도되어 모두 죽고 말터였다. 이 끔찍한 결과는 그저 단순한 이론이 아니었다. 실제로 라마디에서 그 정도의 총격전을 제대로 대비하지 않은 미군 부대에게 그런 일이 벌어진 적도 있었다.

브루저 기동대장 조코는 '이라크 보안군에 의해, 그들과 함께, 그들을 통해'의 중요성을 이해하고 있었다. 사실 그는 다른 네이비씰 팀 및 특수 작전 부대와 반대 방향으로 팀을 이끌었다. 이미 모든 작전에 이라크 병사를 투입하라고 지시했다. 우리는 그의 말을 따랐다. 그러나 임무 수행 비율이 공표되었을 때 나는 조코와 이야기를 나누면서 찰리 소대에게 그 공표가 어떤 의미인지, 작전에 투입할 수 있는 이라크 병사가 얼마나 제한적인지, 이것이 네이비씰 대원들과 우리의 임무를 어떤 위험에 빠뜨릴지에 대해 설명했다.

조코는 자기 대원들의 안전과 임무를 위해 이의를 제기해야 할 때라는 걸 인지했다.

"저희는 그 지시를 따를 수 없습니다." 조코가 전화로 기동전대 사령관에게 말했다. "그 지시의 이유는 저도 잘 이해했습니다. 물론 모든 작전에 가능한 많은 이라크 병사들을 저희 대원들과 함께 투입시킬 수 있습니다. 그러나 그 비율을 따르면, 여기 라마디처럼 위험한 지역에서 벌어지는 작전을 지휘하고 임무를 수행하는 중에 저희 부대의 일부가 완전히 제압당할 가능성이 있습니다. 그럴 확률은 아주 높습니다. 자칫하면 저희 전부 전사할 수도 있습니다."

기동전대 사령관과 참모들은 조코의 말을 이해했다. 그들은 네이비씰 대원과 우리의 임무를 위험에 빠뜨리고 싶어 하지 않았다. 그리고 평소에 우리는 상부의 지시에 반발하는 경우가 매우 드물었고 워낙에 고위 지도부의 지시를 잘 따른다는 평판이 있었기 때문에 그간 상부 지휘 계통의 신뢰를 쌓아 온 상태였다. 그래서 우리가 합동 연합 특수 작전 태스크 포스에 현 상황을 설명했을 때, 그들은 브루저 기동대는 그 정해진 비율을 따르지 않아도 된다는 입장을 전했다.

이와 같은 방식으로, 찰리 소대장인 나는 하사들 중 경험이 많은 선임 하사를 다른 임무에 투입하는 조건을 확인했다. 새로운 업무의 중요성이 문제가 아니었다. 만약 찰리 소대가 파병 근무 기간 동안 핵심 지휘관인 그 선임 하사를 보내면 우리의 전투 능력에 심각한 손상이 갈 것이고 주요 리더십 경력 또한 없어질 것이었다.

나는 찰리 소대의 부소대장인 토니와 그 문제에 관해 이야기를 나누었다. 우리 소대에는 해당 계급의 대원이 두 명밖에 없었다. 하나는 선임 하사로서 소대 내에서 필수적인 리더십을 보였고, 다른 하나는 크리스 카일이었는데 선임 저격수이자 척후병이었다. 그의 경험과 기술은 저격 감시 임무를 성공하는 데 꼭 필요했다. 더군다나 우리 부대는 종종 작은 팀들로 나뉘어 숙련되지 않은 리더가 토니나 나의 감독 없이 팀을 이끌기도 했기 때문에 선임 하사 둘의 역할과 경험이 무엇보다 중요했다. 둘 중 어느 하나라도 빠지면 전투지에서의 성과가 악화될 뿐만 아니라 전술적인 효율에도 악영향을 미칠 터였다. 이미 극도로 위험한 환경에서 작전을 치르는 우리 소대를 상당히 위험에 처하게 할 게 분명했다.

그 지시를 따를 수 없다는 건 토니와 내게 그 무엇보다 명확했다. 상부에 내 뜻을 주장해야 할 타이밍이었다.

나는 브루저 기동대의 선임 고문과 이야기를 나누었다. 그는 우리 기동대 전체 병력의 실제 임무를 책임지고 있었다.

"저희는 그 지시를 따를 수 없습니다." 내가 말했다.

"찰리 소대는 그 지시를 따라야 하네." 그가 주장했다. "기동전대 사령관님의 지시다. 다른 선택권이 없어."

나는 찰리 소대에 가해지는 영향력을 애써 설명했지만, 그는 또다시 다른 선택지가 없다고 말했다. 그러나 말이 안 되는 지시라는 사실은 여전했다.

그래서 조코와 이야기를 나누었다. 나는 양심적으로 그 지시를 따를 수 없다고 단단히 결심했다. 내가 조코에게 제대로 증명하기만 하면 그는 찰리 소대와 나를 위해 힘닿는 데까지 도와줄 것이었다.

조코에게 내가 그 프로젝트의 중요성을 얼마나 이해하는지 설명했다. 나는 그 지시가 전략적으로 중요하며, 고위 지휘관들에게 상당히 뚜렷한 관점을 제공한다는 것을 잘 인지하고 있었다. 그러나 그 지시대로 하면 우리의 주요 전술인 '장악, 정리, 유지, 건설'을 지원하는 중대한 작전들을 축소해야 했다.

"저는 그 지시를 따를 수 없습니다. 우리 팀을 분명 실패로 이끌고 잠재적으로 끔찍한 결과에 이르게 할 것이기에 팀원들이 그 지시를 따르게 할 수 없습니다." 내가 단호하게 말했다.

라마디 전쟁이 한창 진행되는 중에 치열한 전투 작전에서 숙련된 대원이 빠지면 찰리 소대의 작전 능력은 치명타를 입을 수도 있었다. 전쟁터에서 훨씬 더 능률이 떨어질 것이고, 결국 엄청난 위험에 빠질 가능성이 있었다.

조코는 기동전대에 의견을 타진하고 나의 우려를 전달했다. 기동전대는 찰리 소대가 합동 연합 특수 작전 태스크 포스의 압박을 이기지 못하고 그 지시를 따르게 될 것이라고 주장했다. 윗선의 압박과 요구를 이해하지 못하는 건 아니었지만, 우리 팀에 큰 피해를 입힐 핵심 지휘관을 보내라는 지시는 도무지 따를 수 없었다. 해고될지언정 그런 일이 벌어지도록 두고 볼 수가 없었다.

결국 조코가 개입해 숙련된 대원을 손실하는 것의 의미와 그 이동 조치로 인해 찰리 소대에 전략적으로 부정적인 결과가 초래된다는 사실을 윗선에 설명했다. 마침내 임시 숙소를 채울 다른 대안이 만들어졌고 찰리 소대는 팀의 핵심 대원을 희생하지 않아도 되었다.

이처럼 리더는 수동적이어서는 안 된다. 언제 어디에서 이의를 제기할지 신중하게 따져 보고 우선적으로 처리해야 한다. 리더는 상부 지휘 계통의 지시를 따를 의무가 있고 그것을 잘 이행해야 한다(챕터 9. 이끄는 자 그리고 따르는 자 참고). 상사의 명령이나 업무에 역행하는 것은 매우 드문 예외적인 일이어야 한다. 그러나 그것이 절대 규칙은 아니다. 또한 반드시 필요한 상황이 아닌데도 상부의 지시에 반하는 행동은 현명하지 못하다. 지시에 도전하고 질문하는 것이 일상이 되면 하급 리더들은 상부와의 관계가 악화되고, 정말 문제가 생겼을 때 상부에 의견을 타진할 수 없게 된다.

브루저 기동대에서 우리는 겸손함으로 기동전대의 사령관 및 참모들과 강한 유대감을 형성했기 때문에 위의 두 가지 사례에서 원하는 바를 이룰 수 있었다. 그들이 서류 작업을 완료해 달라고 했을 때 우리는 잘 편집한 양질의 작업물을 제시간에 전달했다. 작전 및 훈련 중인 이라크 병사들의 사진을 찍어 달라고 요청했을 때도 잘 해냈고 누구보다 더 나은 결과물을 제공하고자 노력했다. 기동전대가 작전 출동 전에 모든 장비의 재고 목록을 일목요연하게 정리해 달라고 했을 때 추가 시간과 노력을 들여 완수했다. 당시 별로 중요해 보이지 않았던 기동전대의 요청들은 특별한 의미가 있었다. 그러나 매일같이 벌어지는 폭력적인 시가지 전투의 빠른 속도를 쫓아가면서 그런 요청들을 다루는 건 쉬운 일이 아니었다. 그런데도 브루저 기동대는 반발할 소지가 있는 사소한 문제들에 대해 불평하지 않았다. 그 대신 행정상의 요청에는 분명 무언가 중요한 이유가 있을 거라 이해하고 모두 이행했다. 무엇보다 우리는 사소해 보이는 문제들을 잘 처리하면 지휘 계통과의 관계를 더욱 단단히 할 수 있고 서로 신뢰가 쌓인다는 걸 알고 있었다. 그런 노력 덕분에 우리 임무에 전략적인 손상을 가하고 팀에 위험이 증대되는 상황이 눈앞에 닥쳤을 때 상부의 지시에 도전할 수 있었다.

겸손한 자세는 상부 지휘 계통과의 신뢰를 구축할 수 있는 열쇠였다. 라마디에 파병되어 있는 동안 우리와 긴밀히 임무를 수행했던 미 육군 및 해병대 부대와 끈끈한 유대 관계를 맺는 데도 중요한 역할을 했다. 그들은 우리의 생존과 임무 성공을 위해 믿고 의지했던 부대들이었다.

또한 캡틴 마이크 바제마와 그가 이끄는 불도그 팀의 육군 장병들과도 특별한 관계를 맺었다. 불도그 팀(미군 제1기갑사단 1 여단 37 기갑연대 1대대 소속 브라보 중대)의 중대장 메인 건 마이크는 팰컨 전투 기지에서 미군 200명과 이라크군 100명에 가까운 병력을 이끌었는데, 그곳은 라마디 중남부의 심장으로 적진 한가운데에 위치해 있었다. 그와 그의 장병들은 우리를 위해 끊임없이 목숨을 바쳤고, 우리도 그들을 위해 목숨을 내놓았다. 그것은 서로 간의 신뢰와 존중, 존경이 있었기에 가능한 일이었다. 그러나 처음부터 그런 관계는 아니었다.

라마디의 중남부에서 펼쳐질 레디 퍼스트 여단의 '장악, 정리, 유지, 건설' 작전을 수행하기 위한 미군의 주요 작전에 출동하기 전 작전 계획을 구성하던 시기에 나는 마이크를 처음 만났다. 대규모 작전이었다. 우리 네이비씰 대원들은 미군의 첫 지상 지원부대로서 해당 지역을 정찰할 계획이었다. 마이크의 탱크와 보병대의 주된 작업은 작전 중 우리를 따라오는 것이었다. 계획이 시작되었을 때 우리는 캠프 라마디에 위치한 그의 대대 본부인 밴딧 기동대의 근거지 밖으로 모였다. 나는 그에게 다가가 인사했다.

"대위님," 나는 마이크의 육군 계급을 사용하여 그를 불렀다. "저는 네이비씰 소대장 레이프 바빈 중위입니다. 대위님 팀과 함께 임무를 수행하게 되어 기쁩니다."

마이크가 신기한 듯 돌아봤다.

"네이비씰이 안바르주에서 뭘 하고 있는 거지?" 그가 물었다. "자네들

배 타고 페르시아만에 있어야 하는 거 아닌가?"

그가 한 방 먹였다. 농담이었지만 어쨌거나 한 방 먹인 건 사실이었다. 대화가 그렇게 이어질 거라고는 예상하지 못했다. 그래도 미소를 지어 보였다.

"그럴 수도 있지만," 내가 답했다. "저희는 대위님 부대 지원차 여기 안바르에 있는 겁니다."

마이크는 노련한 군인이었다. 일부러 무례하게 군 건 아니었다. 미 육군 중대의 탱크와 보병 병사들을 이끌며 많은 일을 경험한 사람이었다. 그는 네이비씰 소대의 능력에 익숙지 않았기 때문에 우리가 어떤 지원을 해 줄 수 있을지 확신하지 못했다.

게다가 보통 육군과 해병대 부대들은 특수 작전 병력(SOF)과 별로 좋지 않은 경험을 갖고 있었다. 네이비씰을 포함한 특수 작전 병력은 오만하고 자기중심적이라는 이미지가 있었다. 나중에 알게 되었는데, 마이크와 그의 병사들도 예전에 다른 특수 작전 병력과 껄끄러운 경험을 한 적이 있었다. 그들은 비전문적인 방식으로 마이크와 그의 병사들을 대했다. 마이크와 정보를 공유하지도 않고, 작전 계획 과정에 그와 그의 병사들을 포함시키지도 않았으며, 함께 업무를 수행하는 것을 문제 삼으면서 오만함의 극치를 보여 주었다. 마이크는 나와 네이비씰 브루저 기동대 소속의 찰리 소대도 그럴 것이라고 생각했던 것 같았다. 그러나 나는 어떻게든 정반대의 모습을 증명하고 그의 부대와 강한 유대 관계를 형성할 거라고 다짐했다.

다른 네이비씰과 특수 작전 병력과 다르게 우리는 면도도 말끔하게 하고 정해진 군복을 입고 머리도 짧게 유지했다. 조코는 일반 미군들에게 직업군인 같은 겉모습은 중요한 요소라는 걸 알고 있었다. 그래서 우리 대원들에게 복장 및 기타 규정을 지키라고 강요했다. 그것은 그들에게 우리의 첫인상을 좋게 심어 주는 데 큰 도움이 되었다. 하지만 더 중요한 것은 우리가 모든 육군과 해병대에게 그랬듯이 존경심을 갖고 마이크와 그의 병사들을 대했다는 사실이었다. 우리와 함께 일했던 불도그 팀과 다른 중대들은 모두 실력이 출중하고 대담했으며, 적의 파괴에 진심인 장병들이었다. 기갑 부대는 탱크를 조종하는 데 능숙했고 보병 부대는 정찰과 폭발물 제거 작전에 두려움을 느끼지 않았다. 그들과 긴밀한 관계를 형성하기 위해서는 오만한 바보처럼 굴어선 안 되었다. 네이비씰이라고 해서 그들보다 더 낫다는 생각으로 행동해서는 안 되었다. 그런 겸손함은 그들과의 관계를 공고히 하는 데 많은 도움이 되었다.

2주 뒤 레디 퍼스트 여단은 팰컨 전투 기지를 세우기 위해 인근의 위험한 지역에서 몇 번이고 작전을 펼쳤다. 마이크와 불도그 팀이 주요 작전 병력이었다. 우리는 또다시 지상의 주요 부대로서 길을 트고 마이크와 장병들이 진입했을 때 그들을 엄호하기 위해 우위에 자리를 잡았다.

팰컨 전투 기지 작전을 치르며 마이크는 우리가 누구인지, 임무 성공에 어떤 기여를 하는지 정확히 이해했다. 우리 네이비씰 대원들은 그와 그의 병사들이 주변을 정찰하고 전투 기지를 세우는 동안 위험을 무릅쓰고 가장 위험한 지역 안으로 밀고 들어가 높은 위치에 감시팀을 배치시키고 그들을 엄호했다.

그러나 그런 행동들은 메인 건 마이크와 그의 병사들과의 관계를 단단히 다질 수 있었던 요소들 중 가장 사소하고 보잘것없는 것들이었다. 우리는 팰컨 전투 기지 밖의 커다란 건물에서 저격 감시 위치에 자리를 잡고 있었다. 그 위치에서 이틀을 보내고 나니 우리에게 재보급이 필요했다. 다시 팰컨 기지로 돌아가 휴식을 취하고 재정비를 하면서 다음 작전을 준비했다. 우리 대원들과 이라크 병사들이 전투 기지 내 비교적 안전한 곳으로 진입하고 있을 때 불도그 팀이 길가를 따라 주차된 세미트레일러부터 팰컨 기지의 3층짜리 메인 건물의 옥상까지 모래주머니를 낑낑대며 끌어 올리고 있었다. 우리 대원들은 지칠 대로 지쳐서 헬멧과 군 장비를 벗고 자리에 앉아 이제 막 물과 전투 식량을 먹으려던 참이었다.

세미트레일러에는 모래주머니가 수천 개나 있었다. 육군 병사들이 힘들게 옮기고 있는데 가만히 앉아만 있는 건 옳은 행동이 아닌 듯했다. 그래서 마이크에게 도와줘도 되겠냐고 물었다.

"괜찮네." 마이크가 답했다. "자네들 이틀 동안 계속 감시 업무 한 거 알고 있어. 그리고 조금 있으면 다른 작전에 출동해야 할 테고. 다들 좀 쉬어야지. 모래주머니는 우리가 알아서 하겠네."

나는 우리 부소대장 토니 이프래티를 바라보았다. 그는 언제나 준비된 빅 터프 프로그맨이었다. 그 말은 극도로 위험한 일이나 체력적으로 매우 고된 일을 도맡는다는 의미였다. 토니가 나에게 고개를 끄덕였다. 무언의 신호였다. *그렇게 합시다.*

"아닙니다." 내가 마이크에게 답했다. "모래주머니 옮기는 거 도와드리겠습니다."

나는 나머지 찰리 소대원들과 우리와 함께 일하는 다른 네이비씰 대원들에게 장비를 벗고 모래주머니를 들라고 말했다. 여기저기서 앓는 소리가 나왔다. 다들 덥고 지쳐 있었다. 이제 막 쉬려던 참이었다. 몇몇 대원들은 자기들이 모래주머니 따위나 옮길 군번이 아니라고 여기는 듯했다.

어쨌거나 자기들은 '특별'한 '엘리트'이기 때문에 그런 잡일은 '재래식' 군인들에게 맡겨야 한다고 생각하는 것 같았다. 그건 잘못된 생각이었다.

육군 병사들은 존경과 존중을 받을 만한 뛰어난 전사였다. 예전에 그들은 적의 포악한 공격에서 찰리 소대와 이라크 병사들을 구조하기 위해 치열한 총격전에 탱크를 출동시켜서 우리를 지켜 주었다. 이런 상호 지원은 서로의 관계를 단단히 다지는 데 핵심 역할을 했고, 그로 인해 각 팀은 '엄호 이동하라'는 교전 수칙을 지킬 수 있었다. 또 생각해 보니 모래주머니로 보강하고 있는 그 옥상은 우리 기관총 사수들이 배치될 곳으로 작전 중 우리에게 직접적인 도움을 줄 터였다. 모래주머니는 우리가 이동하거나 출발할 때 그리고 인근의 적진 깊숙이에서 교전을 벌인 뒤 전투 기지로 돌아올 때 우리를 안전하게 지켜 주었다. 기관총 사수의 위치에 보안을 더 강화할수록 길을 따라 이동할 때 마이크와 그의 병사들이 더 수월하게 화력 공격을 할 수 있었다.

45분 동안 모래주머니를 끌고 계단을 오르내렸다. 꽤 힘든 노동이었지만 손이 많아지니 임무 완수까지 시간이 꽤 단축되었다. 우리는 불도그 팀이 옥상의 기관총 배치 공간을 더욱 보강할 수 있도록 도와주었다.

별일 아닌 것 같아 보이지만 이는 우리와 그들의 특별한 관계 형성에 확실히 도움이 되었다. 마이크와 불도그 팀 장병들은 우리가 그들 또는 육체노동 업무의 위에 있지 않다는 걸 확인했다. 그 일을 계기로 우리의 겸손함이 증명되었고 이미 끈끈했던 유대 관계는 더욱 단단해졌다.

더 나아가 불도그 팀 장병들은 엄청나게 위험한 상황에도 마다하지 않으며 다시 또다시 찰리 소대를 위해 화력 지원을 제공했다. 그들은 우리가 도움을 요청할 때마다 출동해서 우리를 구해 주었다. *한 번도 빼지 않*

고. 나는 이 육군 병사들과 그들의 용맹한 지휘관이자 '메인 건'이라 불리는 마이크를 정말 소중하게 생각했다. 절대 그들의 고마움을 잊지 않을 것이다.

또한 리더로서 겸손함의 중요성도 잊지 않아야 한다. 리더는 신중하고 겸손해야 한다. 다른 이들의 이야기에 귀 기울여야 하고 오만하거나 자만해서는 안 된다. 하지만 그러면서도 균형을 유지해야 한다. 상부에 질문하고 이의를 제기할 때를 알아야 하고, 올바른 일이 그에 합당한 이유로 수행되고 있는지 확인할 줄 알아야 한다.

기본 원칙

겸손은 리더가 갖춰야 할 가장 중요한 자질이다. 소대나 기동대의 지도부 자리에서 리더를 해고해야 하는 경우는 대부분 전술적으로 불안정하거나 신체적으로 불안정하거나 무능해서가 아니다. 대개는 겸손하지 않거나 신중하지 않기 때문이다. 겸손하지 못한 리더들은 보통 자신을 되돌아보지 않는다. 그리고 건설적인 비판을 받아들이거나 자신의 실수에 오너십을 가지지 않는다. 비즈니스 세계에서도 마찬가지다. 우리는 《네이비씰 승리의 기술》 챕터 4 전반에 걸쳐 이 주제를 다루었다. 겸손은 다른 팀, 지휘 계통의 위아래 모두, 뿐만 아니라 외부 지원 팀들과 단단한 관계를 형성하는 데 반드시 필요한 요소이다.

어떤 리더들은 그 반대 방향으로 너무 멀리 벗어나 지나치게 겸손하게 행동한다. 과한 겸손함은 팀에게도 악영향을 미친다. 리더는 수동적인 태도를 지니지 말아야 한다. 정말 중요한 문제가 생겼을 때 리더는 상부 지휘 계통에 뜻을 굽히지 말아야 하고 자신의 걱정을 상부에 말로 표현해 주어야 한다. 또한 상부의 지시가 팀을 위험에 처하게 하며 전략적 임무에 해를 입힌다는 사실을 팀의 이익을 위해 앞장서서 알려야 한다.

이 이분법에서 균형을 맞추기란 쉬운 일이 아니다. 그러나 모든 이분법과 마찬가지로–이를테면 '강하지만 고압적이지 않게'와 같은–대립되는 두 가지 요소를 인식하고 있는 것만으로 리더에게는 강력한 도구가 된다. 리더는 새로운 의견을 듣고, 전략적 통찰력을 흔쾌히 배우고, 새롭고 더 나은 전술과 전략을 구현할 수 있을 만큼 겸손해야 한다. 반대로 의도치 않은 결과가 발생해 팀에 해를 끼치고 임무에 부정적인 영향을 미칠 것 같으면 단호하게 맞설 준비 또한 해야 한다.

실전 비즈니스

"여러분은 기회조차 갖으려 하지 않았습니다." CEO가 화를 냈다. "아무도 새로운 소프트웨어 시스템을 완전히 시행하지 않았다고요. 다들 불평만 하면서 안 될 거라고 했지만, 솔직히 사용도 해 보지 않았지요. 우리 모두가 이 일에 동참해야 합니다."

회의실 안에 알아들을 수 없는 웅얼거림이 번졌다. 그러나 그 누구도 CEO의 비난에 대응하지 않았고 공개적으로 이의를 제기하지도 않았다. 내가 보기에 회사의 핵심 리더들은 분명 그 계획에 동의하지 않고 있었는데, 아무도 앞으로 나가 CEO의 의견에 맞서지 않고 있었다. 적어도 공식적인 자리에서는 그렇게 하지 않았다.

나는 성공한 테크놀로지 업체의 핵심 리더들과 어느 호텔의 콘퍼런스룸에 앉아 있었다. CEO와 회사의 고위 지도부들은 《네이비씰 승리의 기술》을 읽었고 깊은 감명을 받았다고 했다. CEO는 그 책을 회사의 리더십 교육에 도입하면서 팀 내에서 그 원칙들을 구현하고자 노력했다. 그러고는 핵심 리더들을 외부 공간에 모아 놓고 나에게 리더십 교육을 진행해 달라고 요청했다.

나는《네이비씰 승리의 기술》을 자세히 설명하기 위해 라마디 전투의 리더십과 우리가 배운 교훈을 소개했다. 한 시간 정도의 프레젠테이션이 끝난 후 그들이 그 원칙을 비즈니스에 직접 적용할 수 있도록 질문과 토론을 할 수 있는 시간을 가졌다.

"극한의 오너십에 대해 말하기에 앞서," 나는 조금 전 자세히 다뤘던 주제를 다시 꺼냈다. "먼저 여러분이 어느 지점에서 오너십을 장착하고 문제를 인식하고 해결하려 하는지 이야기를 나눠 보죠. 하지만 그보다 더 중요한 건 '그런 의지가 어느 지점에서 발생하지 않는가'에 대한 것입니다. 여러분은 어느 지점에서 더 강한 오너십을 지니게 됩니까? 그리고 어느 지점에서 자신이 풀어야 할 문제들을 다른 사람이 풀 때까지 기다리거나 혹은 비난만 하게 됩니까?"

CEO가 적극적으로 대답했다. 그는 바로 뛰어들었다.

"우리의 새로운 소프트웨어 시스템을 시행하는 데 여러분의 오너십이 부족했던 것 같아서 조금 실망스럽습니다." 그가 말했다. "몇 달째 이 문제에 관해 이야기를 나누고 있죠. 그런데 들리는 거라고는 수도 없이 많은 변명뿐입니다."

나는 CEO가 형편없고 비효율적이었던 새로운 시스템의 구현을 팀의 탓으로 돌리는 모습을 보고 그 역시 오너십이 부족하다는 사실에 주목했다. 진정한 극한의 오너십은 자신을 돌아보며 개선할 수 있는 방법을 찾는 것이었다. 이는 '단순하게, 그러나 쉽지 않게'와 일맥상통하는 부분이었다. 인간의 본성은 문제가 발생하면 남을 비난하고 그에 대한 좌절이 자신이 아닌 다른 사람들을 향하게 만든다. 그럼에도 CEO의 발언은 극한의 오너십이라고 할 수 없었다. 시간이 흐를수록 그런 식의 비난과 변명은 더 많이 생산될 뿐이었다.

그것은 많은 리더들에게서 보이는 공통의 문제점이었다. 이 훌륭한 리더는 《네이비씰 승리의 기술》을 여러 번 읽고 그 개념을 무척 마음에 들어했을지 모르지만, 아직도 오래된 습관에 붙잡혀서 허둥대고 있었다. 그래서는 절대로 문제를 해결할 수 없었다.

"여러분이 모두 새로운 소프트웨어를 활용하지 않는 무슨 특별한 이유가 있습니까?" 내가 물었다.

불편한 침묵이 이어졌다.

"여러분은 그 소프트웨어에 기회조차 주지 않고 있습니다." CEO가 불쑥 끼어들었다. "다들 불평만 늘어놓고 있어요. 아무도 사용해 보지 않았으면서 말입니다. 제 생각에는 변화에 대항하는 자세가 문제인 것 같습니다. 개선을 위해서는 변화해야 하는데도 말이죠."

CEO는 분명 고위 지도부들에게 실망했다. 회사의 성과를 향상하기 위한 그의 핵심 계획 방향을 지도부들이 지지하지 않고 있다는 걸 확실하게 느꼈다.

"우리는 이미 이 새로운 프로그램에 엄청난 투자를 했습니다." CEO가 말을 이었다. "제작하는 데 몇 년이 걸렸고요. 컨설턴트도 고용했고 다른 옵션들도 조사했어요. 결국 결정이 났으니 이제는 실행에 옮길 때입니다."

"다들 그에 대한 *이유*를 이해하고 있습니까?" 내가 고위 지도부에게 물었다. "회사가 왜 새로운 소프트웨어 시스템으로 변경하는지 정확히 알고 있습니까?"

몇몇 리더들이 고개를 끄덕였지만 절반 이상은 대답을 하지 않았다. 가만히 앉아서 어깨만 들썩이고 있었다. *이유*가 훨씬 더 자세히 설명되어야 할 타이밍이었다.

"*이유*에 대한 더 자세한 설명이 반드시 필요해 보이는군요." 내가 CEO를 향해 말했다.

"이미 여러 차례 설명했지만 또 하겠습니다." CEO가 말했다. "우리 회사가 성장하고 고객과 프로젝트의 수가 늘어나면서 경영과 지원, 추적 관리, 사후 관리를 훨씬 더 효율적으로 할 필요가 있게 되었습니다. 이전 소프트웨어 시스템은 규모가 큰 경쟁사가 활용하는 것보다 많이 뒤떨어져요. 그 경쟁사는 소프트웨어로 인해 영업 실적을 크게 올리고 있습니다. 우리가 시스템을 업그레이드하지 않으면 경쟁사에게 계속 뒤처질 것입니다. 다들 잘 이해하셨나요?"

CEO가 물었다. 회의실에 앉은 리더들이 고개를 끄덕였다. 그는 오너십을 입증할 필요가 있다는 걸 깨닫고 말을 이었다. "저는 여러분이 이유를 명확히 알고 있다고 생각했는데 전부 그런 건 아니었던 것 같군요."

CEO의 설명은 새로운 시스템에 대해 품고 있던 몇몇 리더들의 질문에 대한 답이 되었다. 그러나 손에 꼽히는 정도의 고위 리더들만 새로운 시스템의 필요성에 대한 이유를 이해했다.

"이제 *이유*를 알았습니다." 어느 부서장이 말했다. "더 나은 시스템을 찾는 것에 전적으로 동의합니다."

"그런데 새로운 프로그램이 대체 왜 활용되지 않는 걸까요? 뭐가 문제입니까?" 내가 물었다.

"여러분들이 사용해 오던 것이 더 편하기 때문인 것 같습니다." CEO가 끼어들었다. "변화는 언제나 어렵죠. 변화를 원하는 사람은 아무도 없어요."

"아닙니다. 저는 변화를 추구합니다." 부서장이 이의를 제기했다.

"우리가 변화해야 한다는 건 저도 잘 압니다. 그렇지만 사장님이 선택하신 소프트웨어 시스템이 그 답은 아니라고 생각할 뿐입니다. 그 시스템이 여러 가지 문제를 해결하긴 하지만 그보다 더 큰 문제가 발생합니다."

그게 시작이었다. 하지만 CEO는 스스로를 어찌하지 못하고 결국 토론에 무게를 실었다.

"저는 그렇지 않다고 생각-" CEO가 입을 열었다.

내가 그의 말을 잘랐다.

"잠시만요." 내가 끼어들었다. "좋은 피드백입니다. 제가 여기에 와 있는 이유가 바로 그것입니다. 여러분이 토론을 할 수 있도록 돕기 위해서요. 일단 부서장님의 말씀을 더 들어보죠."

CEO는 내 말을 이해하고 따랐다. 그리고 부서장에게 계속하라며 고갯짓을 했다.

"새로운 소프트웨어가 어떻게 여러분의 팀에 큰 문제를 불러오는지 설명해 주시겠습니까?" 내가 부서장에게 물었다.

부서장은 그가 맡은 수익성이 좋고 세간의 이목을 끄는 프로젝트에 새로운 프로그램이 어떠한 부정적인 영향을 미치는지 자세하게 설명하기 시작했다. 그는 불평을 하고 있는 게 아니었다. 새로운 시스템을 꼼꼼히 살펴보고 회사의 전략적 임무에 심각한 손상을 입힐 수도 있는 주요 결함을 찾아내고 있었다.

다른 부서장들이 고개를 끄덕였다. "저희 팀도 같은 식으로 느끼고 있습니다. 새로운 소프트웨어는 이론적으로는 훌륭한 듯 보이지만 실제 적용해 보면 굉장히 문제가 많습니다. 몇 주 전 새로운 시스템 활용을 위한 회의를 할 때 믿음직한 일선의 리더들 중 두 사람이 주요 결함들을 지적하더군요."

CEO가 얼굴에 우려를 내비쳤다. "그런 것이 바로 제가 듣고 싶었던 피드백입니다." 그가 말했다.

"저희도 말씀드리려고 했습니다." 부서장이 주장했다. "우리 중 몇 사람은 이의를 제기하려고 했어요."

"그렇게 하셨겠지요." 내가 답했다. "하지만 분명 지금처럼 효과적으로 주장을 내세우지 않으셨을 겁니다."

나는 그들의 문제가 겸손이 아니라고 설명했다. 그들은 분명히 겸손한 태도를 취했고 상사의 권위와 통찰력을 인식하고 있었다.

"아무도 앞으로 나서서 새로운 소프트웨어에 대한 전체적인 이의 제기를 알리지 않았습니다. 물론 초반에는 말했겠지만 대표님의 권위 때문에 뒤로 물러난 거죠." 내가 계속했다. "맞습니다. 저분은 대표님입니다. 당연히 지시를 따라야겠죠. 그렇다 하더라도 대표님이 진심으로 그 시스템 사용으로 인해 전부 실패하길 바란다고 생각하십니까?

당연히 아닐 겁니다. 이제는 상부의 지휘 계통이 이끌어야 할 때입니다. 《네이비씰 승리의 기술》 챕터 10에 나와 있는 것처럼 말이죠. 대부분은 읽으셨을 겁니다."

나는 회사의 고위 지도부에게 어느 지점에서 이의 제기를 해야 하는지,

어느 지점에서 신중하게 따져 보고 우선적으로 처리해야 하는지 설명했다. 물론 매번 그렇게 할 수는 없다. 그러면 정말 문제가 될 때 그들의 우려가 받아들여지지 않을 가능성이 있다. 하지만 전략적 임무나 팀의 궁극적인 목표가 위험에 처하는 순간이 다가오면, 그때는 리더가 나서서 이의 제기를 해야 한다. 그렇게 하지 않으면 리더로서 실패하고, 팀과 임무도 실패하는 것이라고 말해 주었다.

"이건 새로운 개념이 아닙니다." 내가 설명했다. "200년 전에 나폴레옹 보나파르트가 이 문제를 다루었습니다. 나폴레옹은 그의 저서 《나폴레옹의 전쟁 금언》에 이렇게 썼습니다.

> 문제가 있음을 알고도 그 계획을 이행하는 모든 사령관은 비난받아 마땅하다. 그는 불이행의 이유를 알리고 계획 변경을 주장하고 나서 마지막에 장교직에서 물러나야 한다. 그것이 그의 부대를 파멸로 이끄는 것보다 낫다.*

수동적인 자세를 취한다면, 이의 제기를 하지 않는다면, 여러분은 상부의 지휘 계통을 이끌지 못합니다. 상사는 여러분의 솔직한 피드백을 원하고 필요로 합니다. 설령 이미 알고 있다고 해도 말이죠." 내가 농담 삼아 말했다.

몇몇이 싱긋 웃었다. CEO 역시 미소를 지었다. 그는 자신이 그 상황에서 고압적이었다는 것을 깨달았다. 그는 팀에게 전략적인 해결책을 제공하고자 하는 열정을 보였지만 팀원들의 말을 완전하게 듣지도 않고, 질문

* 《나폴레옹의 전쟁 금언》은 1998년에 국내에 번역 출간되었다.

에 답하지도 않고, 그들의 타당한 우려를 자세히 살펴보지도 않았다.

"솔직하게 말씀드리면," CEO가 입을 열었다. "저는 여러분이 변화에 대한 저항 때문에 반발하는 거라고 생각했습니다. 새로운 시스템에 대한 우려 때문이 아니라요.

이제야 여러분의 의견에 귀 기울였어야 했다는 걸 깨달았습니다. 처음 이의 제기를 들었을 때 여러분의 말을 막는 게 아니었어요."

이것으로 CEO는 큰 교훈을 배웠고, 팀은 앞으로 나아갈 수 있는 가치 있는 가르침을 얻었다. 회사와 임무의 목적을 달성하기 위해 CEO는 핵심 지도부의 피드백을 찾아다니고 그들의 우려에 고심해야 한다. 또한 부서장이 다양한 의견과 이의 제기에 목소리를 내도록 북돋아주어야 한다. 그 회사의 CEO는 자신의 위치가 가진 힘을 충분히 인식하지 못하는 흔한 실수를 저질렀다. 말 그대로 그는 사장이었고 권력을 쥐고 있었다. 고위 지도부 대부분은 그와 정면으로 맞설 용기를 내지 못했다. CEO가 자신의 위력과, 현실적으로 팀원들이 자신에게 맞서는 것을 꺼린다는 점을 충분히 인식하는 것이 무엇보다 중요했다.

부서장 또는 다른 핵심 지도부는 자신들의 수동적인 자세가 팀을 실패로 이끌 수 있다는 사실에 주의를 기울여야 했다. 새로운 시스템이 회사의 전략적 목표에 부정적인 영향을 미친다는 것을 상부 지휘 계통에 상세하게 설명하지 않고, 분명하고 정확한 피드백 또한 제공하지 않았던 행동은 비난받아 마땅한 일이었다. CEO는 그들의 우려를 이해하고 난 뒤 그 의견에 동의했고, 일선의 지도부에게 새로운 소프트웨어 시스템에 대한 그들만의 해결책을 발전시키도록 권한을 부여했다.

델타 소대장 세스 스톤(가운데의 왼쪽)이 브루저 기동대와 미 해병대, 이라크군 병사들을 이끌고 라마디 동부의 말랍 구역을 정찰하고 있다. 다른 대원들이 주변에서 잠재적인 위협에 제재를 가하고 있는 동안 세스 스톤은 정신적으로 한 걸음 물러나 어디에서 다음 조치를 취해야 할지 살피고 있다.

(사진 제공: 미 해군 이등병 샘 페터슨)

Chapter 12.

집중하되 거리는 유지하자

레이프 바빈

2006년, 이라크 라마디 서부

탕탕! 탕탕! 탕탕!

틀림없는 AK-47 자동소총 발사 폭발음이 연기가 자욱한 작은 공간에서 울려 퍼지며 귀를 먹먹하게 했다. 총알이 콘크리트 벽과 바닥을 때리고 튕겨져 나갔다.

'저 문에서 총격이 시작되겠군. 이제 시작이야.' 내가 생각했다.

우레와 같은 폭발음을 내며 외부 문을 폭파시켜 주변 사람들을 깨우는 침입 작전은 몹시 폭력적이었고, 이제 더 이상 놀랄 일이 아니었다. 공중을 가득 메운 자욱한 먼지와 연기 때문에 건물 내부 진입에 문제가 생겼다. 앞이 보이지 않아 위협을 감지하기가 어려웠다. 내부로 들어가 보니 작은 현관이 나왔는데 문이 또 있었다. 잠겨 있는 그 문은 건물 내부의 메인 공간으로 이어졌다. 바닥에는 깨진 유리와 파편들이 널브러져 있고 찰리 소대와 이라크 병사는 '기차'처럼 길게 줄지어 섰다. 보통 사수들은 잠긴 문을 뚫고 침투할 때 초입에 기차처럼 줄지어 서는 준비 자세를 취했다.

우리가 수집한 정보에 따르면 그 집 내부에 미군과 이라크군에게 복합적이고 치명적인 공격을 계획하고 수행했던 한 반군이 살고 있었다. 그들의 최근 공격은 잘 구성된 조직적인 공격이었다. 반군들은 사방에서 기관총으로 이라크군 전투 기지를 타격했다. 그곳에는 미군 고문도 몇 명 있었다. 그런 다음 기지 내부에 소름 끼칠 정도로 정확하게 박격포를 발사했다. 초소를 지키는 이라크 사병들이 잔뜩 공포에 질려 몸을 숨기는 동안 다른 반군들은 폭발물, 즉 VBIED(차량 적재 급조 폭파 장치)를 가득 싣고 기지 안으로 쳐들어와 어마어마한 불덩이를 일으켜 수많은 목숨을 앗아가고 주변을 파괴시켰다. 용맹한 미 해병대 병사들과 군사 고문들 몇 명만 지상에서 반군에게 대응 사격을 했는데, 그들만 그 기지에서 유일하게 살아남았다. 비극적이게도 미 해병대와 육군 장병들이 사망했고 이라크 사병 여섯 명도 목숨을 잃었으며 부상자도 속출했다. 단단하게 무장된 전투 기지는 산산조각이 나고 말았다. 이를 통해 전략적으로 크게 손상된 이라크군의 사기는 죽음과 파괴보다 훨씬 더 심각했다. 그 공격 후 며칠 동안 수백 명의 이라크 사병들이, 거의 대대 전체가 뿔뿔이 흩어졌다. 그날 반군은 아주 철저하게 타격을 가했다. 이제 드디어 브루저 기동대가 그 공격의 우두머리를 사살 또는 생포할 기회를 잡았다. 우리의 목적은 임무 완수였다.

잠긴 문으로 들어가려고 기다리고 있을 때, 갑자기 자동소총의 총격 폭발음이 들렸고 모두 이목을 집중했다. 그 소리는 볼 것도 없이 AK-47에서 나오는 것이었다. 그 소총은 이라크 반군의 주요 무기였다.

"적들이 문을 통해 우리에게 사격을 가하고 있다." 고요 속에서 어느 대원이 큰 소리로 말했다. "스탠 바이, 레디."

그는 방금 내가 마음속으로 내린 결정을, 우리가 한마음으로 내렸을 결정을 신속하게 입 밖으로 꺼냈다. 철저히 준비해 놓은 비상사태 대비 계획이었다. 우리가 쫓는 테러범은 무장한 것 같았고, 그와 한통속이었던 자들처럼 그도 우리를 죽일 터였다. 기차의 맨 앞에 선 네이비씰 사격수가 꽉 닫힌 문을 향해 무기를 겨누고 어떤 위협이라도 불사할 준비를 하고 있었다. 그 뒤에 선 사격수는 장비 쪽으로 손을 뻗어 수류탄을 꺼냈다. 그 수류탄은 M67 파편성 폭탄으로 적의 위협을 중화시킬 목적으로 준비한 것이었다. 적이 우리에게 사격을 가했을 시 우리가 취해야 할 행동은 정해져 있었다.–*문제 상황을 해결하기 위해 공격적으로 임한다.* 지금 상황에서는 반군이 우리에게 총을 겨누고 있는 내부로 진입하는 것보다는 그렇게 하는 게 일반적인 조치였다.

그러나 네이비씰 대원이 장비 가방에서 수류탄을 꺼내 핀이 고정된 테이프를 풀고 있을 때 무언가 잘못된 듯한 느낌이 들었다. 일렬로 늘어선 기차에서 빠져나와 주변을 돌아봤다. 그곳에는 잠재적인 위협을 가할 무기들이 충분히 많이 있었다. 돌격대의 사령관으로, 집 내부로 침투해 주요 목표물을 생포하는 역할을 맡았다. 또 반군이 우리에게 총을 쏜다면 교전 수칙에 따라 정당하게 그를 죽여야 했다.

그러나 내 무기가 가리키고 있는 가장 중요한 그곳에는 위협이 없었다. 적의 위협을 상대하는 많은 사격수들이 그곳을 겨냥하고 있었기에, 나는 리더로서 총구를 돌려 천장을 향하게 했다. 무기가 위를 가리켰다. 앞에

총 자세를 취한 다음에는 아래를 내려다보지 않았다. 주위를 두리번거리며 현재의 모든 상황을 관찰했다. 그러자 시야가 확 넓어졌다. 지금 무슨 일이 벌어지고 있는지 제대로 보였고 마침내 상황 판단이 되었다.

그때 기차 대형에서 준디스* 중 한 명이 눈에 띄었다. 그는 어리둥절한 표정으로 자신의 무기 아래를 응시하고 있었다. AK-47 자동소총이었다. 탄환이 그의 발치의 콘크리트 바닥에 구멍을 뚫어놓은 자국이 보였다. 다른 네이비씰 대원의 바로 뒤에, 그의 발 몇 센티미터 앞에 구멍이 나 있었다. 그 순간 총알이 앞에 있는 문을 통해 날아드는 게 아니라 뒤쪽에서, 기차 대형으로 선 대원들 사이의 그 준디 쪽에서 왔다는 확신이 들었다. 그가 '잘못된 발사' 또는 '오발'이라고 불리는 행동을 저지른 것이었다. 어리석게도 조금 전 그는 방아쇠에 손가락을 올리고 있다가 불안감을 이기지 못하고 총을 쏘았다. 그 탄환은 다행히 몇 센티미터 앞에 있던 찰리 소대원 중 한 사람을 간신히 빗나갔다.

한편 다른 대원들은 문을 부수고 안쪽에 파편성 폭탄인 수류탄을 던지려던 참이었다. 그랬다면 그 안에 있는 사람은 치명적인 파편 조각에 목숨을 잃었을 터였다.

"수류탄 치워. 오발이다!" 나는 방 안에 있는 모두가 들을 수 있도록 크게 외쳤다.

"네?" 기차의 뒤쪽에 있던 대원이 믿지 못하겠다는 듯 말했다. "누구입니까?"

그는 재빨리 나와 내 옆에 있는 다른 대원들이 공포와 놀라움, 죄책감

---

* 준디스 또는 준디: 아랍어로 '군인'이라는 뜻이다. 이라크군은 자신들을 준디라 부르며, 이라크에 주둔하고 있는 미군 고문도 그렇게 부른다.

이 뒤섞인 얼굴을 하고 있는 준디를 노려보고 있는 모습을 확인했다.

기차의 앞부분에 선 사격수가 잠긴 문을 향해 총을 겨누고 있고, 다른 대원들은 파편성 폭탄인 수류탄을 조심스럽게 장비 주머니에 다시 넣었다. 침투 대원들이 재빨리 앞으로 나와 잠긴 문에 소형 폭탄을 설치했다. 모두가 안전거리를 확보했다.

쾅.

문이 열리고 첫 번째와 두 번째 대원이 안으로 들어갔다. 나머지 대원들과 이라크 병사들도 재빨리 뒤따라갔다.

다음 방에서, 문 바로 맞은편에서 우리는 징병 연령대의 남자인 가장과 그의 아내와 어린아이들을 마주했다. 그는 무장한 상태가 아니었고 저항하려 하지도 않았다. 우리가 잡은 무즈들처럼 그들은 공공장소에서는 지하드를 찬양했지만, 무기를 든 무서운 남자들이 야밤에 문을 부수고 침투하자 두려움에 여자와 아이들 뒤에 숨어 있었다. 우리는 그를 구금했고, 뒤이어 기차도 이동했다.

돌격대가 건물의 남은 부분까지 확보하고 있는데 무전망에서 조코의 목소리가 들렸다.

"레이프, 조코다." 그가 말했다. "총격 소리가 들렸다. 다들 무사한가?"

우리를 포함해 두 팀으로 나뉜 돌격대와 험비의 기동을 책임지고 있는 지상전 지휘관인 조코는 건물 밖에서 차량에 탑승해 있었다. 그는 AK-47 자동소총이 발사됐을 때 총격 소리를 들은 것이었다. 우리가 무장한 반군의 공격을 마주했을 거라 추측하고는 정보가 업데이트되기를 기다리던 중이었다. 그는 내가 몹시 분주할 테니 상황이 되면 자신에게 정보를 업데이트해 줄 거라 확신하고 있었다.

"기동대장님, 레이프입니다." 내가 답했다. "오발이었습니다. 이라크 사병입니다."

"알겠다." 조코가 간단하게 답했다. 다른 지휘관 같았으면 더 캐물었을 것이다. 그런 일이 왜 일어났는지, 누가 오발을 했는지, 사상자가 있는지, 목표물은 확보했는지 같은 질문들 말이다. 조코는 내가 상황을 통제하고 있다는 걸 믿었다. 그리고 도움이 필요하면 내가 직접 요청할 거란 것 또한 잘 알고 있었다.

돌격대가 건물 내부의 마지막 방들까지 확보하는 동안 이번 작전의 돌격대 부대장을 맡은 가장 믿음직한 대원이 뜻하지 않게 무기를 잘못 쏘았던 준디에게 다가갔다. 그는 하마터면 이라크 사병의 오발에 맞을 뻔했다. 당연히 기분이 좋을 리 없었다. 그가 이라크 사병의 손에서 AK-47 자동소총을 홱 잡아채더니 탄창을 빼고 무기를 치웠다. 그는 당황한 이라크 사병의 멱살을 움켜잡고 비난을 퍼부었다. 준디는 영어를 할 줄 몰랐지만, 그의 행동과 태도만으로도 메시지를 정확하게 전달받을 수밖에 없었다. 그는 작전을 엉망진창으로 만들었고 우리 중 누군가를 죽게 하거나 심하게 다치게 할 뻔했다. 또한 그 때문에 우리는 수류탄을 쓸 뻔했고 하마터면 민간인 사상자를 발생시키는 끔찍한 일이 벌어질 뻔했다.

해야 할 일이 더 남았기 때문에 사태가 더 악화되기 전에 내가 끼어들었다.

"자, 일단 밖으로 내보내자." 내가 말했다. 이라크 쪽 아랍어를 통역해 주는 통역관을 부른 뒤 준디에게 밖에 있는 차량 뒤편에 앉아서 기다리라고 전했다. 한 대원이 그를 안내했다. 그의 AK-47 소총에는 이제 탄환이 없었고 그는 내 말에 따라 밖으로 나갔다.

목표물이 확보된 후 조코와 기동 차량에 있는 다른 대원들에게 그 소식을 알렸다.

나는 포로처리팀을 따라갔다. 그 팀은 조금 전 생포한 징병 연령의 남자를 확인하는 중이었다. 곧 그 포로가 우리가 찾고 있던 반란군의 우두머리임이 드러났다.

조코는 앞문을 통해 목표 건물 안으로 들어와 우리가 찾아낸 것과 필요한 지원을 확인했다. "잡았습니다." 반군이 방으로 들어올 때 내가 엄지를 치켜세우며 말했다. "우리 손에 들어왔습니다." 내가 그를 가리켰다.

반란군의 손은 케이블 타이로 묶여 있었고 그는 철저하게 수색을 당했다.

"아슬아슬했습니다." 내가 조코에게 말했다.

"그래." 조코가 답했다. "자네가 침투하고 얼마 지나지 않아 AK 소총 발사 소리가 들렸네. 그래서 자네들이 뭔가 일을 치르겠구나,라고 생각했지." 그가 웃었다.

"문을 통해 총격을 받는 줄 알았습니다." 내가 설명했다. "파편성 폭탄인 수류탄을 문 너머의 방으로 던지려던 참이었어요. 그렇게 했으면 여자와 어린아이들이 끔찍하게 부상당했거나 죽었을 겁니다. 정말 재앙이 될 뻔했습니다."

무섭다. 나는 생각했다. 전투의 혼란 속에서 그런 일이 얼마나 쉽게 벌어질 수 있는지 곰곰이 생각해 보니 무서웠다. 그런 일이 발생했다면 우리는 각자의 마음속에 무거운 짐을 지고 살아가야 했을 것이다. 또한 그 일은 반군들에게 아주 주요한 선동 수단으로 활용되었을 것이었다. 사실 그들은 진즉에 우리를 비롯한 미군들을 도살자로 묘사하여 지역 사람들이 반란군에 저항하고 이라크 정부와 우리 편에 서려고 하는 것을 단념시키고 있었다. 하마터면 반란군 대응 임무에 전략적으로 매우 부정적인 영향을 미칠 뻔했다.

"그런 일이 일어나지 않아서 천만다행이군." 조코가 말했다.

나는 우리에게 그런 끔찍한 결과가 나오지 않게 해 주어서 신께 감사하다는 기도를 했다.

연기와 먼지, 총알이 이리저리 날아다니는 혼란스러운 상황 속에서 지나치게 세세한 부분에만 집중하는 것은 아주 위험할 정도로 쉬운 일이었다. 사소한 것에 집중하면, 초기의 결론이 잘못되었다는 걸 인식할 수 없으며 앞으로 닥칠 비극적인 결과에 대해 고려하지 않게 된다. 작전 중 기차 대형이 잠긴 문의 위협에 집중하고 있는 동안 나는 더 큰 그림을 보며 무슨 일이 벌어지고 있는지 파악하는 데 시간과 노력을 기울였다. 기차에서 한 걸음 빠져나와 주위를 둘러본 순간부터 무슨 일이 벌어지고 있는지 곧장 눈앞에 그려졌다. 그것은 심오한 교훈이었다. 리더는 한 걸음 뒤로 빠져 있어야 한다. 더 큰 그림을 볼 수 있는 분쟁 너머의 위치로 물러나야 한다. 그것은 팀을 효과적으로 이끌 수 있는 유일한 방법이었다. 그렇지 않았다면 결과는 참담했을 것이다.

그 사건은 라마디에서의 첫 전투에서 배운 교훈을 다시 상기시켰다. 당시 나는 사소한 것에 너무 몰두한 나머지 전술적인 그림을 보지 못했었다.

브루저 기동대가 라마디에 도착한 직후 정보팀이 우리에게 반군 용의자와 그자의 협력자, 그들의 거점지로 의심되는 곳에 관한 상세한 정보가 담긴 첫 번째 목표물 패키지를 주었다. 생포·사살을 목적으로 하는 직접 타격으로, 돌격대 지휘관으로서 나의 첫 작전이 될 터였다. 나는 목표물 패키지를 조코와 공유하고 그날 밤의 작전 개시 방향에 대해 그에게 알렸다. 조코는 이라크에 파병된 경험이 있었기 때문에 그런 임무를 이끈 적이 많았다. 그는 나에게 핵심 지도부가 전술적 계획을 운영하게 하라고 조언했고 우리가 상부 지휘 계통의 필수 승인을 받을 수 있도록 도와주기도 했다. 작전 승인을 받기 위해서는 방대한 양의 서류 작업이 필요했다. 상세한 정보가 담긴 파워포인트 슬라이드와 수십 장에 이르는 워드 파일을 작성해야 했다. 게다가 작전을 수행할 곳이 미 육군 부대가 맡고 있는 전투지였기 때문에 미 육군 부대와 협력도 해야 했다. 또 이라크 사병들을 동반하려면 이라크군 지휘 계통의 승인도 필요했다.

우리는 작전 계획을 짜고 승인을 얻는 데 많은 나날을 썼다. 그러는 내내 나는 그 상황에서 한 발짝도 물러서지 않았다. 세세한 부분까지 집착하며 꼼짝없이 그 안에 갇혀 있었다. 상부의 승인을 위한 서류 작업에만 너무 많은 시간을 보냈고, 정작 작전 계획에는 충분한 시간을 들이지 않았다. 이것은 '우선순위를 정하고 실행하라'는 원칙에 어긋나는 것이었다. 실무에 너무 깊숙이 빠져들어 있으니 팀이 제한된 시간 안에 어떤 부분에 더욱 집중해야 하는지 볼 수가 없었다. 작전 개시 시간이 다가왔는데도 우리는 임무 브리핑을 아직 완성시키지 못했다. 무언가 준비가 미흡하다는 생각이 머릿속을 감쌌다. 게다가 작전 개시 승인도 받지 못한 상태였다. 압박이 점점 심해졌고 결국 나는 조코에게 좌절감을 털어놓았다.

"제시간에 출동할 수 있을지 모르겠습니다." 내가 말했다. "아무래도 작전을 미루고 내일 밤까지 기다려야겠습니다."

그러나 조코는 동의하지 않았다.

"레이프," 그가 안심시키려는 목소리로 말했다. "그렇게 어려울 것 없어. 자네와 소대는 준비 그 이상을 마쳤어. 곧 알게 될 거네. 승인은 이제 날 거야. 계획대로 해. 임무 브리핑도 하고. 승인이 나면 곧장 출동해야지."

내가 눈앞에 놓인 계획 업무에 집착하고 임무를 수행하는 동안 조코는 한 걸음 물러서 있었다. 그는 더 큰 그림을 보며 처음 며칠 동안 지상에서 가능한 많은 작전을 개시하는 것이 우리에게, 그리고 브루저 기동대에게 왜 중요한지 생각하고 있었다.

"추진력을 내야 하네." 조코가 말했다. "여기에서 가능한 많은 작전을 치러야 해. 특히 파병 초반에는 말이야. 그래야 경험을 쌓고 우리의 내면에서 기동대의 자부심을 기를 수 있어. 초반에 충분히 추진력을 낸다면 그 분위기가 조성될 거고 그것이 여기에 있는 내내 우리를 이끌 거야."

나는 작전 계획 및 승인과 관련된 무수히 많은 세부 사항에 압도되어 있어서 전술적인 비전을 보는 통찰력을 잃고 있었다. 그제야 더 큰 그림을 들여다보면서, 작전 개시를 미룰 것이 아니라 계획대로 그날 밤에 치르는 게 더 중요하다는 사실을 깨달았다.

나는 당장 행동에 옮기기로 결심했다. 브리핑 관련 간단한 업무를 마치고 계획에 부족한 부분을 신속하게 채우고 팀 전체에게 임무 브리핑을 전달했다. 임무 브리핑이 끝나자마자 승인이 떨어졌고 우리는 작전을 나갔다. 조코가 예상한 대로 어려울 것 없는 일이었다. 그렇게 깊이 생각할 필요가 없었다. 우리는 반군을 체포했고 관련 정보를 얻어 내 무사히 본대로 돌아왔다. 그리고 조코의 사무실로 향했다.

"기동대장님 말씀이 맞았습니다. 어려울 것 없었습니다."

그 경험을 통해 앞으로는 더 진보한 '우선순위를 정하고 실행하라' 원칙이 필요하다는 걸 깨달았다. 그러려면 한 발짝 물러서 있어야 했다. 세세한 것에 집중할 것이 아니라 계획 및 승인 작업에 더 폭넓은 관점을 갖는 것에 유념해야 했다. 세세한 부분은 소대의 대원들이 처리하고 나는 그들이 잘할 거라고 믿으면 되었다. 그렇지 않으면 시간만 하염없이 흘러 결국 가장 중요한 것을 못 보고 지나칠 수 있었다. 나는 전략적인 그림에 눈을 맞추고 소대에게 그 관점을 전달하는 것이 얼마나 그리고 왜 중요한지 이해했다. 그러나 이것은 전술적인 세세함으로 빨려 들어가지 않을 때만 가능했다.

여기에도 이분법이 존재했다. 역시 균형을 이루는 것은 어려운 일이었다. 팀을 효과적으로 이끌기 위해 나는 사소한 부분에서 스스로 벗어나는 법을 배웠다. 그러나 리더가 너무 떨어져 있으면, 즉 세세한 부분에서 아예 벗어나면, 중요한 단계가 누락되고 팀의 성과에 손상이 갔다.

어느 날 라마디에서 전투 작전을 치르고 돌아온 나는 눈앞에 다가온 현실에 충격을 받은 적이 있었다. 우리의 본대인 샤크베이스로 복귀해 있는데, 선임 하사가 내게 다가와 안 좋은 소식을 알렸다. 찰리 소대의 선임 무전병이 아주 중요한 통신 장비를 잃어버렸다는 소식이었다.

당황스러웠다. "어떻게 그럴 수가 있지?" 내가 놀라서 물었다. 미군에는 고도로 기밀화된 필수 장비를 적절하게 통제 및 관리하기 위한 엄격한 표준 절차가 있었다. 그 절차는 미군의 모든 부대에 적용되는 것이었다.

나는 선임 무전 대원과 이야기를 나누러 갔다.

"무슨 일이야?" 내가 물었다. 그는 장비가 없어진 걸 어떻게 알았냐고 했다. 그와 다른 무전 대원들이 절차를 제대로 따르지 않았음이 확실해진 순간이었다. 그건 찰리 소대에게 심각한 문제였고 몹시 곤란한 일이었다. 브루저 기동대와 우리 네이비씰 팀 전체에 악영향을 미친다는 사실이 더욱 심각한 문제였다.

나는 조코에게 가서 그 일을 알려야 했다. 그는 달가워하지 않았다. 전에 무전 대원이었던 그는 반드시 지켜야 할 엄격한 절차를 누구보다 잘 알고 있었다. 그 일로 찰리 소대에 규율이 부족하다는 점이 분명하게 드러났다.

나는 무전 대원에게 몹시 화가 났다. 그건 그들이 더 잘 알고 있었다. 그러나 그보다 더 중요한 건 내 자신에게 화가 난다는 것이었다. *나는 비난받아야 했다.* 무전병을 비난하는 건 극한의 오너십과 정반대되는 행동이었다. 이건 내 잘못이었다. 너무 벗어나 있었다. 무전 대원에게 너무 많은 자유를 주었다. 정기적으로 그들을 확인하고 반드시 적절한 절차를 따르도록 했어야 했다. 그동안 나는 찰리 소대 통신팀의 세세한 부분에서 너무 멀리 떨어져 있었다.

일 년 전 찰리 소대의 훈련 사이클이 시작되고 초반에 나는 통신 장비 절차를 매우 주시했었다. 초기에 딱 한 번 실수가 있었는데, 그때 선임 무전 대원이 그 문제를 재빨리 바로잡았고 그는 해당 분야에서는 자신이 최고라는 것을 꾸준히 증명해 보였다. 나는 팀을 운영하는 그의 능력에서 자신감을 느꼈기 때문에 그에게 전부 맡겼다. 그리고 다른 곳에 더욱 집중했다. 솔직히 라마디에 있는 동안 나는 이리저리로 끌려다녔다. 그래서 선임 무전 대원과 나머지 대원들이 무전 통신 절차를 제대로 준수하고 있는지 점검할 시간이 없었다.

미 육군 대령 출신 데이비드 해크워스는 저서 《뒤로 돌아: 미군 전사의 방랑기》에서 자신의 미 육군 멘토에게서 이 본질적인 진리를 배웠다고 썼다.-*조직은 상관이 확인하는 것들만 잘한다.* 정기적인 절차 점검을 해야만 팀은 상관이 중요하다고 생각하는 것이 무엇인지 알 수 있다. 만약 내가 무전 장비를 규칙적으로 점검했다면, 우리 무전 대원들은 결코 느슨해지지 않았을 거고 절차를 잘 따랐을 것이다. 나는 그것이 우리에게 얼마나 중요한지, 지키지 않으면 어떤 부정적인 결과로 이어지는지 그들에게 상기시켜 주지 않았었다.

이제 브루저 기동대는 실패를 인정해야 했다. 나의 실패였다. 장비를 잃어버렸을 경우 따라야 하는 엄격한 절차가 있었다. 나는 그들이 그 절차를 반드시 따르도록 해야 했다. 우리는 즉시 상부에 문제 발생을 알리고 더 높은 위치의 본부에도 현재 상황을 전달했다. 또한 미군 전체에 주요한 통신 장비를 분실했다는 내용의 전자공문을 송부했다. 정말 부끄러운 일이었다. 브루저 기동대에게, 찰리 소대에게, 특히 나에게. 나는 그 실수를 인정해야 했다. 다시는 이런 일이 발생하지 않도록 하는 것이 무엇보다 중요한 일이었다.

그 일로 저녁에 예정된 찰리 소대의 전투 작전을 취소했다. 지난 몇 주간 계획했던 임무였고, 우리 부대에 좋은 영향을 미치는 작전이었지만 실행에 옮길 수 없어서 몹시 좌절했다. 아마 그 작전에서 '대혼란의 아수라장'이라 불리는 꽤 치열한 교전을 벌였을 거고, 그 과정에서 수많은 반군을 죽여 포악한 지역에 전술적으로 지대한 영향을 미쳤을 터였다. 작전 출동 대신 우리는 험비에 올라타 분실한 통신 장비를 마지막으로 사용했던 미군 전투 기지로 다시 돌아갔다. 샅샅이 수색했지만 콘크리트 장벽과 가시철조망으로 둘러싸인 전투 기지의 경계 범위 안에는 아무것도 없었다. 그 후 우리는 이전에 갔던 길, 반군의 악랄한 공격이 빈번하게 발생했던 도로를 따라 도보 정찰을 시작했다. 수색하기가 어려웠다. 하지만 무기로 엄호할 대원들이 충분히 있었기에 나머지 대원들은 쓰레기 더미와 도로를 살필 수 있었다. 수백 미터에 이르는 길을 광범위하게 수색한 뒤 전투 기지로 복귀하기 위해 방향을 틀었다.

다시 돌아가려는데 갑자기,

탕탕! 탕탕! 탕탕! 탕탕!

반군 두 명이 AK-47 소총을 들고 우리가 정찰하던 메인 도로로 이어지는 직각으로 뻗은 골목길에서 다가오고 있었다. 몇몇 대원들이 즉각 대응 사격을 하자 반군이 달아났다. 마크 리와 크리스 카일 그리고 나는 엄호 이동하며 골목길 아래로 그들을 쫓아갔다. 그러나 그들은 금세 멀어져 벽으로 둘러싸인 도시 근교의 혼잡한 주거 지역으로 사라졌다.

이제 그만 마치고 복귀할 때였다. 결국 분실 장비를 찾지 못했다.

나는 이 이분법을 겪으며 가치 있는 배움을 얻었다. 효과적으로 팀을 이끌기 위해서는 한발 물러서 있어야 한다. 그러나 너무 떨어져서는 안 된다. 세세한 부분에 과하게 집착해서도 안 되지만, 팀원들에게도 늘 주의를 기울여야 한다. 이는 절대 잊을 수 없는 신중하고 소중한 교훈이었다.

기본 원칙

당연히 리더는 세세한 부분에도 신경을 써야 한다. 그러나 더 큰 전술에서 길을 잃어 팀 전체를 통제하고 지시를 내리지 못할 만큼 작은 부분에 몰두해선 안 된다.

전투 중 무기의 조준기를 내려다보면, 시야가 좁아지고 한 곳에만 집중된다. 조준기의 작은 구멍 때문에 시야에 제한이 생기고, 자신과 팀의 주변에서 무슨 일이 벌어지고 있는지 볼 수가 없다. 그럴 때는 리더의 기본 무기가 반드시 높은 위치에 자리를 잡고 있어야 한다. 리더는 가능한 넓은 시야를 확보하고 대원들을 관찰하기 위해 뒤편에 서서 총구를 하늘로 향하게 해야 한다. 이를 통해 리더는 주변을 둘러보고 이동까지 하면서 팀을 통제하고 올바른 지시를 내릴 수 있다. 무엇보다 중요한 것은 이런 리더의 행동으로 인해 장기적인 관점에서 팀이 더 크고 대단한 목표를 향해 계속 나아갈 수 있다는 점이다. 이와 같은 유사성은 전쟁터가 아닌 일반적인 상황에서도 직접적으로 적용된다. 세밀한 부분에 과하게 몰두하지 않으면서 한발 물러설 줄 아는 리더의 능력은 비즈니스 세계에서도 매우 중요하다.

《네이비씰 승리의 기술》의 '챕터 7. 우선순위: 위기 상황에서 가장 먼저 해야 할 일'에 이런 말이 나온다.

> 작전 계획이 방대하거나 세부 내용이 복잡할 경우에는 사소한 문제에 발목을 잡혀 길을 잃기 쉽다. …… 리더가 …… 최전선에서 한발 뒤로 물러서 전략적인 큰 그림을 유지해 나가는 것은 매우 중요하다.

많은 독자들이 이 핵심 개념에 공감을 했고, 이는 그들의 리더십 역량을 향상하는 데 도움이 되었다. 또한 한발 물러서기는 여전히 많은 리더들이 고군분투하고 있는 문제이기도 하다. 리더는 세세한 부분에 집착하느라 더 큰 그림에 집중하지 못하는 경우가 발생하지 않도록 스스로 힘써야 한다. 이것이 자신의 기본 사고방식이어야 한다는 점을 똑똑히 이해하고 늘 인식하고 있어야 한다. 만약 리더가 그런 태도를 유지하지 않으면, 팀과 임무는 실패를 겪게 될 것이다.

《네이비씰 승리의 기술》에서 분명하게 설명하지 않은 것은 사소한 부분에 대한 이해와 작은 문제에 압도되어 완전히 빠져드는 것 사이에서 균형을 이루어야 한다는 내용이다. 리더는 최전방에서 무슨 일이 일어나고 있는지 자각하지 못할 만큼 너무 멀리 떨어져 있어선 안 된다. 작은 부분에도 관심을 꾸준히 기울이면서 전방 배치 대원들의 임무 수행 과제와, 리더들이 팀을 최고로 지원할 수 있는 시기와 방법을 알고 있어야 한다. 이 이분법은 반드시 균형을 이루어야만 한다. 리더가 세부 사항에 압도되어 과하게 몰두하면 임무가 실패로 돌아가지만, 반대로 세부 사항에서 너무 떨어져 있어도 통제력을 잃게 되어 결과적으로 팀과 임무를 실패로 이끌게 될 테니 말이다.

실전 비즈니스

"여러 가지 이유 때문에 어제는 제 사무실에 있을 때 그런 생각을 하지 못했습니다." 롭이 말했다. "그런데 오늘 여기 강의실에 앉아 있으니 저희 회사가 프로세스를 향상하고 수익을 증대하기 위해 어느 곳에 초점을 맞춰야 할지 문득 선명해졌어요.

저희는 모듈화에 집중해야 해요. 모든 활동을 모듈화에 맞춰 생각해야 합니다. 그래야 광대한 현장의 작업량이 줄어들 거예요. 엄청난 작업량 때문에 비용도 굉장히 많이 발생했고요. 모듈화가 작업의 효율성을 높이고 프로젝트 매니저들이 운영비를 삭감하는 데 긍정적인 영향을 줄 겁니다." 롭이 계속 말했다.

"흠, 괜찮은 것 같군요." 내가 말했다. "좋은 의견입니다. 일단 여기에 있는 모든 분들과 함께 조금 더 자세히 살펴보고 싶어요. 그러나 그전에 잠시 뒤로 물러나서 그런 생각이 왜 갑자기 선명해졌는지 분석해 보죠. 어제는 왜 그런 생각이 나지 않았을까요? 왜 지금 갑자기 선명해졌을까요?" 롭에게 물었다.

강의실 안의 지도부에게는 나의 질문에 대한 그의 대답이 무엇보다 중요했다. 반대되는 요소들과 균형을 이루는 이분법에 대한 리더의 이해와 인식은 그들을 승리로 이끄는 강력한 도구였다.

나는 굉장한 성공을 일군 어느 회사의 고위 지도부 열다섯 명이 앉아 있는 강의실 앞에 서 있었다. 에셜론 프런트는 고위급 지도자들을 위한 리더십 개발 및 조정 프로그램을 운영하기 위해 그 회사를 찾아갔다. 참가자 대부분은 부서장이었고 해당 산업에 대한 경험과 지식이 풍부했다. 회사는 기록적인 성공을 이루며 경쟁사들과의 관계에서 시장 점유율을 확대하고 막대한 이득을 얻으며 확고한 명성을 쌓았다. 회사가 성장하자 경영진은 고위 지도부를 위한 공식적인 리더십 훈련 프로그램이 없다는 사실에 주목했다. 그들은 에셜론 프런트에 연락해 《네이비씰 승리의 기술》의 기본 원칙이 회사 내 팀의 문화로 자리 잡을 수 있도록 프로그램을 개발해 달라고 요청했다. 초반에 참가자들과의 일대일 면담, 그리고 각 참가자들의 상관과 이야기를 나눈 뒤 하루 종일 이어지는 강도 높은 훈련을 시작했다. 그런 다음 몇 주에 한 번씩 회사의 운영 관련 부서 전체가 돌아가면서 후속 훈련을 받을 수 있도록 일정을 짰다.

세 번째 훈련에서 다수의 리더들은 평소 많은 시간을 보내오던 자신의 사무실과 그 주변에서 벗어났다. 내가 제시한 내용과 그 안에서 생성된 질문 및 토론과는 무관하게 자신의 일상생활에서 벗어나야 한다는 조건만으로도 모든 참가자들은 상당한 이점을 경험했다. 그로 인해 그들은 한 발 물러설 줄 알게 되었다. 일선 팀원들의 마감 시한에 대한 압력과 압박, 세부 사항에서 벗어났고, 전략적 우선순위를 명확히 파악하고 이를 달성하기 위한 최고의 방법을 더 쉽게 찾아내게 되었다. 한발 물러서기의 개념은 전쟁터와 비즈니스 세계, 그리고 삶에서 반드시 필요한 리더십 기술이다.

나는 롭과 모든 이들에게 같은 질문을 반복했다. "어제는 왜 그런 생각이 나지 않았다고 생각하십니까? 왜 지금 갑자기 선명해졌을까요?"

"어제는 전화 통화도 해야 했고, 몇 가지 프로젝트 관련 급한 일을 처리해야 했고, 이메일함에 빠져 헤어 나오지 못하고 있었습니다." 롭이 대답했다.

"너무 세세한 부분에 몰두해 계셨군요." 내가 동의했다. "물론 그런 작은 부분에도 관심을 기울여야 합니다. 그리고 너무 멀리 떨어져 있어서도 안 되죠. 그러나 세세한 부분에 집착하면 안 됩니다. 리더는 한발 떨어져 있어야 해요. 뒤로 물러나 더 큰 그림을 봐야 하죠.

이 훈련 프로그램에 참여하면서 대표님은 작은 부분에서 벗어나게 되었습니다. 그리고 이 강의실에 앉아 있음으로 해서 한발 물러서게 되었죠. 자, 이제 해야 할 일이 훨씬 더 명확해졌습니다. 대표님이 반드시 배워야 할 핵심 교훈입니다."

나는 네이비씰 팀에서 이 교훈을 어떻게 배웠는지 알려 주었다.

전투지의 리더가 무기의 조준기를 내려다보고 있으면, 주변을 180도 또는 그 이상을 바라볼 수 있는 시야가 조준 장치나 조준경의 작은 구멍만큼으로 줄어든다. 리더는 시야를 좁게 가지면 안 된다. 주위를 둘러보고 더 큰 그림을 볼 줄 알아야 한다. 우리 소대의 화력이 이미 가공할 만하기 때문에 내 소총의 화력은 그다지 중요하지 않았다. 그런데 만일 내가 주위를 돌아보지 않으면, 누가 할까? 아무도 하지 않는다. 그건 내 일이었다.

"비즈니스 세계에서의 리더십도 다르지 않습니다." 내가 설명했다. "여러분 모두 고위 지도부로서 한발 물러서 시야를 넓히고 우선순위가 어디에 집중되어야 하는지 파악해야 합니다.

물론 균형도 잊지 말아야 하죠. 뒤로 물러서 계세요. 그러나 무슨 일이 일어나고 있는지 모를 정도로 물러나진 마십시오. 무슨 일이 벌어지는지 모르면, 여러분이 팀을 도울 수 없기 때문입니다. 팀을 이끌 수 없게 되는 겁니다."

고위 지도부에게 이분법을 설명하기 위해, 죽음의 집에서 근접 전투 중이었을 당시 소대가 어느 위치에 자리를 잡아야 할지 몰라 우왕좌왕하고 있을 때 네이비씰 소대장으로서 나는 어떻게 대처했는지 알려 주었다. 죽음의 집 훈련은 도심 속 건물의 복도와 방들을 확보하기 위한 팀 연습이었다. 이전 소대에서의 내 역할은 일렬로 늘어선 대원들 중에서, 즉 기차 대형의 뒤편에 서 있는 거라고 생각했다.

"자네는 왜 기차의 뒤편에 서 있나?" 찰리 소대가 까치발을 하고 죽음의 집을 뛰어다니는 모습을 지켜보며 조코가 물었다.

"제가 있어야 할 자리가 여기라고 생각했습니다." 내가 답했다.

"기차의 앞쪽에 선 대원들에게 무슨 일이 벌어지고 있는지 말할 수 있나?" 조코가 물었다.

"무슨 일이 있는지 모릅니다." 나는 인정했다. 앞에서 무슨 일이 있는지 모르는데 어떻게 팀을 이끌 수 있었을까? 그들에게 닥친 특정한 문제를 해결하도록 도울 수 없었고, 사격수들에게 더 많은 지원을 할당하거나 적절한 지시 또는 통제를 할 수도 없었다.

"돌아가는 상황을 모르면 이끌 수 없다." 조코가 내게 말했다. "자네는 뒤에 있으면 안 돼. 앞에서 벌어지는 일을 모르기 때문이지. 또한 맨 앞에 있어서도 안 돼. 모든 공간 확보에 자네가 빨려 들어가면 전술적 세부 사항에 너무 몰두한 나머지 적절한 지시와 통제를 할 수 없어. 자네의 위치는 많은 병력이 동원된 중간쯤이어야 해. 전방과도 적당히 가까워서 무슨 일이 벌어지고 있는지 알 수 있지. 또 적당히 뒤로 물러나 있으니 전술적인 업무도 수행할 수 있어."

맞는 말이었다. 조코의 조언은 간단하지만 분명했다. 나는 자신감을 얻고 리더로서의 나의 위치가 어디인지 완벽하게 이해했다. 가장 중요한 것은 내가 특정한 위치에 정체되지 않아야 한다는 사실이었다. 주위를 돌아보며 어떤 일이 발생하고 있는지 확인하고 팀원들이 가장 필요로 하는 부분을 도와야 했다. 그것은 내가 절대 잊을 수 없는 중요한 교훈이었다.

"신중하게 균형을 이루기 위해서는," 내가 회사의 고위 지도부에게 말했다. "어느 한 방향으로 극단적으로 벗어나서는 안 된다는 점을 명심하셔야 합니다. 저는 한쪽으로 너무 멀리 벗어난 네이비씰 리더와 회사의 책임자들을 많이 봤습니다. 균형을 유지하셔야 합니다. 한발 물러서되, 현재 상황을 모를 정도로 벗어나지는 마세요. 그러면 팀을 이끌 수 없을 테니까요.

리더들은 누구나 팀이 아주 안 좋은 방향으로 가고 있을 때 직접 개입해서 문제를 해결해야 합니다. 가끔 문제 해결에 관심을 쓰지 않는 리더들을 본 적이 있습니다. 이는 한발 물러서기의 극단적인 형태로 저희는 이런 경우를 '전쟁터의 초연함'이라고 부릅니다. 좋지 않은 것이지요. 결국 심각한 문제를 일으킬 수도 있고요."

그 말은 조코와 내가 네이비씰의 어느 기동대의 훈련을 관찰하는 동안 조코가 과하게 뒤로 물러서 있었던 어느 리더를 묘사하면서 사용했던 용어였다.

네이비씰 기동대장이었던 그는 MOUT(도시 지형의 군사 작전) 마을에서 현장 훈련을 하는 동안 지상군 지휘관 역할을 맡았다. 그의 소대들은 커다란 콘크리트 건물들 중 한 건물 안에서 반군 역할을 맡은 연기자들에게 사방에서 쏟아지는 페인트볼 공격을 당하며 전술적으로 어려운 상황에 맞닥뜨려 있었다. 기동대는 조금 전에 목표 건물의 밖에 차량을 세웠고, 돌격대는 차에서 내려 건물 안으로 들어갔다. 그 즉시 잘 훈련된 반군들과–사실은 네이비씰 교관과 연기자들이었다–치열한 교전을 벌였다. 곧바로 대원들 몇몇이 총에 맞았고, 훈련 교관들은 그들을 자리에 앉게 했다. 심한 부상을 입었거나 죽었다는 의미였다. 나머지 돌격대원들은 목표 건물 안에 꼼짝없이 갇혀 버렸다. 그들은 도움과 재원, 지침, 지시가 필요했다. 조코와 나는 건물 내부로 들어가 대원들의 행동을 관찰하며 누군가 앞으로 나서서 지원하기를 기다렸지만, 아무도 그렇게 하지 않았다.

"기동대장은 어디에 있나?" 조코는 문제가 악화되는 상황을 몇 분간 지켜본 후 그들에게 물었다. 주위를 둘러보았지만 기동대장은 보이지 않았다.

"아무래도 아직 험비에 있는 것 같습니다." 내가 말했다.

조코와 나는 목표 건물 밖으로 나갔다. 기동대장은 어디에도 보이지 않았다.

마침내 우리는 건물 밖의 길가에 줄지어 주차된 험비들 쪽에 도착했다. 기동대장은 험비 안에 편안하게 앉아 있었다. 그가 있는 험비의 묵직하고 단단한 문을 열었다.

"이게 대체 무슨 기가 막힌 일인가?" 나는 나의 전우이자 이전 브루저 기동대의 델타 소대장이었던 세스 스톤이 즐겨 쓰던 말을 빌렸다.

"저 안에 무슨 일이 있는 거지?" 조코가 기동대장에게 물었다. 조코는 그의 대원들이 갇힌 목표 건물을 가리켰다.

기동대장은 대답하지 않았다. 고개를 숙여 지도를 바라보기만 할 뿐 험비의 뒷좌석에서 한 발짝도 움직이지 않았다.

"상황 업데이트를 기다리고 있습니다." 그는 마치 자신이 가장 높은 위치에 있기라도 한 듯 말했다.

그가 무전기의 볼륨을 높였다. "상황이 어떤가?" 그가 소대장에게 무전을 보냈다. 소대장은 건물 내부의 돌격대 지휘관 역할을 맡고 있었다. 조코와 나는 무전기를 켜고 기동대의 무전망을 모니터했다. 그들의 무전 내용에 귀를 기울이며 서로 간의 리더십 커뮤니케이션을 평가하기 위함이었다.

무전기에서 아무런 답이 들리지 않았다. 소대장과 대원들 대부분은 건물 내부에서 벌어지는 치열한 총격전에 꼼짝 못 하고 있었다. 그들은 모의 사상자가 여럿 있어서 교전으로 과열된 복도 밖으로 그들을 끌어내려 애쓰고 있었다. 그 말은 복도에도 총알이 날아다닌다는 뜻이었다. 소대장은 무전 수신을 들을 수 있는 처지도 아니었고, 더군다나 응답은 꿈도 꿀 수 없는 상황이었다.

"상황 업데이트 요함." 기동대장이 무전기에 대고 반복했다.

상황 업데이트는 오지 않았다. 침묵의 30초가 또 흘러갔다.

"자, 무슨 일이 벌어지고 있는가?" 조코가 다시 물었다.

"모르겠습니다." 기동대장이 답했다. "저는 상황 업데이트를 기다리고 있습니다."

조코가 고개를 돌려 나를 바라봤다. 당황한 표정이었다.

"돌격대 지휘관 쪽으로 이동해서 현 상황을 파악해야 할 텐데." 내가 말했다. "이렇게 차 안에만 들어앉아 있지 말고. 대원들에게 지시를 내리고 상황을 통제할 수 있는 가장 최고의 장소로, 그게 어디가 됐든 거기로 움직여. 여기에 가만히 앉아서 다들 죽기만을 기다릴 건가?"

그렇게 기동대장은 차에서 나와 무슨 일이 벌어지고 있는지 확인하고자 목표 건물로 이동했다.

"저게 바로 '전쟁터의 초연함'이지." 조코가 말했다. "이 정도로 뒤로 물러나 있는 경우를 가장 잘 표현하는 말이야." 리더가 너무 멀리 물러서 있으면 무슨 일이 벌어지고 있는지 알 수가 없다는 뜻이었다. 그 리더는 문제가 발생했을 때 다른 누군가 해결할 거라고 기대했다. 그는 솔직히 험비 밖으로 나와 팀을 이끄는 것을 귀찮아하는 듯했다. 다행히 그는 팀이 재앙의 경계에 서 있다는 걸 빠르게 인지했다. 이제는 팀을 도우며 문제를 해결하기 위해 책임자로서 앞으로 나가 전쟁터로 뛰어들어야 할 순간이었다. 이끌어야 할 순간이었다. 문제가 어느 정도 해결되어 가고 있을 때가 되어야 비로소 리더는 한발 뒤로 물러날 수 있다.

이와 같이 나는 강의실에 있는 고위 지도부들에게 이분법의 균형이 얼마나 중요한지 설명했다. 관심을 기울이되, 한발 물러서 있어야 한다. 이제 고위 지도부는 이 개념을 가장 적절하게 적용하고, 평형을 이루고 팀을 승리로 이끄는 방법을 이해했다.

찰리 소대가 포함된 브루저 기동대가 반란군으로부터 라마디를 되찾기 위해 레디 퍼스트 여단 전투 팀(미군 1기갑사단 1대대 소속)의 '장악, 정리, 유지, 건설' 전술의 첫 번째 주요 작전을 마친 후 우호 지역을 향해 도보 정찰을 하고 있다. 브루저 기동대 대원들과 이라크 병사들은 '장악, 정리' 부분을 육군 레디 퍼스트 여단의 육군 및 해병대의 용맹한 장병들과 함께 처리하고, 저격수의 감시 임무와 정찰 임무를 수행했다. 그들은 우호 지역으로 복귀한 뒤 신속하게 무기를 재장전하고 손본 다음 브루저 기동대의 작전을 위한 계획을 세웠다. 이 사진은 챕터 3의 초반에 언급한 작전을 마친 후에 찍은 사진이다.

(사진 제공: 저자)

『에필로그』

이 책에서 강조한 이분법은 리더의 모든 결정과 행동에서 균형을 이뤄야 하는 다양한 이분법 중 일부에 불과하다. 이분법을 나열하자면 끝이 없다. 이 책을 다 채워도 모자랄 것이다. 리더는 자신의 팀원이나 고객들의 마음에 충분히 주의를 기울이지 않은 채 정량적인 분석에만 과하게 의존할 수도 있다. 또는 반대로 데이터를 무시하고 사람의 감정에만 집중할 수도 있다. 그리고 팀원이나 하급 지도부에게 직설적으로 말을 하여 그들을 방어적으로 만들 가능성도 있다. 반면 팀원들에게 직접적으로 제대로 된 의사를 전달하지 않아서 리더의 의도가 명확히 드러나지 않는 경우도 있다. 또한 리더십 자산을 너무 많이 쏟아붓거나 충분히 활용하지 않을 때도 있다. 팀을 너무 빠르게 성장시키는 바람에 팀원들이 성과 표준을 준수하지 못하게 만들 수도 있고, 반대로 더디게 성장시켜서 팀을 일손이 부족한 상황으로 밀어 넣고 팀원들이 압박감을 느끼게 하는 경우도 있다. 게다가 팀원들을 작업에 너무 열중시킨 나머지 그들이 자신의 가족을 등한시하고 결국 각자의 삶을 고통스럽게 만들 가능성도 있다. 반대로 일은 뒷전이고 가족에만 몰두하게 해서 가족의 삶을 이끌어가는 수단인 일자리를 잃게 할 수도 있다. 리더가 진지한 모습을 무너뜨리고 팀원들과 시시콜콜한 농담을 너무 많이 하면 권위를 잃게 되고, 반대로 무슨 일이 있어도 절대 농담을 하지 않아서 팀 전체에 딱딱한 분위기가 조성될 수도 있다. 또한 리더가 말을 너무 많이 해서 팀원들이 리더의 말에 집중하지 않을 수도 있고, 반면 말을 아껴서 팀원들이 리더의 위치를 인지하지 못하는 경우도 있다.

이처럼 이분법은 무한하다. 리더가 지녀야 할 긍정적인 요소가 극단으로 치우치게 되는 순간 부정적인 요소로 변하기 때문이다. 그래서 리더의 최대 강점이 자칫 최대 약점이 되는 경우가 종종 발생한다. 그러나 이런 이분법의 존재를 인식하고 이해하는 것은 심각한 문제점으로 가는 길을 벗어나는 첫 번째 해결책이다.

두 번째 해결책은 무언가 균형이 맞지 않을 때 신중하게 주의를 기울이는 것이다. 만일 팀이 추진력을 잃는다면 리더는 마이크로 매니징을 해야 한다. 팀이 해야 할 업무를 하지 않고 광대 짓을 하고 돌아다닌다는 건 리더가 그동안 우스갯소리나 시시콜콜한 이야기를 너무 많이 했다는 뜻이다. 자신의 리더십이 비효율적이라고 느낄 때 리더는 어느 부분에서 균형을 잃었는지 신중하게 점검해야 한다. 그래야만 이분법 사이에서 균형을 이루었던 그 지점으로 되돌아갈 수 있다.

하지만 리더가 균형을 다시 잡으려 움직일 때는 팀원들의 행동을 과하게 교정하려 하지 말아야 한다. 이는 일반적으로 저지르는 실수다. 리더는 자신이 한 방향으로 너무 많이 갔다는 걸 느끼면, 균형을 다시 잡기 위해 반대 방향으로 너무 멀리 가는 경우가 잦다. 이런 행동은 비효율적이며 상황을 더 악화시킬 뿐이다. 그래서 반대 방향으로 과하게 멀리 가는 대신 이분법을 제대로 측정하고 계산하여 재조정하고 결과를 모니터한 후 균형이 이루어질 때까지 조금씩 반복적으로 수정해야 한다.

균형을 찾고 난 뒤에도 리더는 그 평형이 계속 지속되지 않는다는 사실을 인지해야 한다. 상황은 끊임없이 변한다. 하급 지도부와 리더, 팀원, 경쟁자, 그리고 전쟁터, 시장 상황, 세상 등 모든 것이 계속 변한다. 이러한 것들이 리더십의 이분법 균형을 틀어지게 만든다. 리더는 꾸준히 상황을 모니터하고 변화에 맞춰 재조정하며 균형을 되찾아야 한다.

리더십과 관련된 많은 문제들에 균형을 찾고 유지하는 것은 쉽지 않다. 《네이비씰 승리의 기술》에서 말했듯이 성공에 대한 만족스러운 보상을 얻는 것은 리더십의 거대한 도전 과제이다. 리더들은 리더십의 이분법을 깊이 이해하고 배움으로 인해 가장 높은 수준의 성과를 보여 줄 수 있고, 어느 전쟁터에서든 리더와 팀이 우위를 점령할 수 있다. 팀을 이끌고 승리하게 할 수 있다.

그렇기 때문에 도전해야 하고 가능한 가장 효율적인 리더가 되어야 한다. 여러분은 자신이 속한 분야의 모든 것에 극한의 오너십을 지녀야 하며 또한 모든 활동에 절대적인 균형을 잡기 위해 힘써야 한다. 이를테면 여러분의 아래 직원이나 상사, 동료, 결정, 감정 그리고 삶에서 균형을 찾아야 한다. 이는 매우 중요한 문제다. 그런 리더십 안에서 여러분은 도전을 발견할 것이고 보답과 노력, 성취를 찾아낼 것이다. 리더로서 늘 균형을 염두에 두고 생각하고 행동하면 모든 리더와 팀은 목표에 도달한다. 즉, 승리한다.

레이프 바빈 중위(왼쪽)와 조코 윌링크 소령(가운데)이 2006년 이라크 라마디의 브루저 기동부대 앞에 서 있다. 오른쪽에 있는 세스 스톤 중위는 델타 소대장이며 조코, 레이프와 가까운 사이였다. 이라크 라마디 파병을 마친 뒤 세스는 브루저 기동대장을 맡았고, 다시 이라크로 돌아갔다. 그는 2008년 바그다드의 사드르시티에서 안정을 되찾기 위한 캠페인이 성공적으로 진행되는 동안 네이비씰 작전을 공격적으로 주도했다. 2017년 9월 30일 세스는 훈련 중 사고로 목숨을 잃고 말았다. 우리는 그를 절대 잊지 않을 것이다.

(사진 제공: 저자)

덧붙이는 글

리더십의 이분법

반스 앤 노블(Barnes & Noble) 에디션

우리는 전투를 치르며 전쟁터에서 가장 중요한 것은 리더십이란 걸 배웠다. 팀이 성공을 하든 실패를 하든 리더십은 언제나 주요한 요소였다. 또한 네이비씰 팀에서 몇 년간 훈련 교관으로 지내면서 리더십 개발 프로그램의 놀라운 효과와 가치를 두 눈으로 확인했다. 2012년 초에 리더십 컨설팅 회사, 에셜론 프런트를 세운 뒤 우리는 다양한 산업에 걸쳐 크고 작은 회사와 기관을 아우르는 비즈니스 분야에서도 리더십이 중요하다는 사실을 여러 번 목격했다. 2015년 《네이비씰 승리의 기술》을 출간했을 때, 책 속에서 말한 원칙들이 우리뿐 아니라 여러 분야의 리더들에게 가치 있는 요소가 되었다는 걸 깨달았다. 그 책은 우리가 저질렀던 실수와 그 실수를 통해 배운 교훈을 자세히 담고 있다. 그렇다고 해도 《네이비씰 승리의 기술》이 뉴욕 타임스 베스트셀러 1위를 차지함과 더불어 지난 10년 동안 가장 성공한 비즈니스 서적 중 하나가 될 줄은 정말 꿈에도 몰랐다.

몇 년간 우리는 다양한 리더십 콘퍼런스와 사외 강연을 통해 리더십 훈련 프로그램과 프레젠테이션을 제공했다. 그리고 오랜 시간 동안 재능 있고 유망한 리더들의 모임을 만들 수 있기를 꿈꿔 왔다. 다른 리더와는 달리 어떤 분야이건 전쟁터와 같은 곳이라면 어디든 지배하고 싶어 하는 리더들의 모임 말이다. 그리고 《네이비씰 승리의 기술》을 읽고 원칙들을 이행하며 더 나아지려 노력하는 리더들, 조코의 팟캐스트를 듣고 그렇게 되고자 하는 리더들, 자기 자신을 잔인할 정도로 정직하게 들여다보고 겸손할 줄 아는 리더들, 그리고 직업적인 삶과 더불어 개인적인 삶에서도 자신을 향상시킬 수 있는 리더들의 모임 말이다. 우리는 이러한 리더들의 모임을 '극한의 오너십 머스터(Muster, 소집)'라고 하거나 단순히 '머스터'라고 부르기도 한다. 군대에서 머스터(소집)는 전쟁의 준비 과정으로, 최종 점검을 위해 병력을 모을 때 쓰는 용어다. 이 '머스터'란 단어는 비즈니스 세계와 자선 단체, 군대, 응급 의료 시설 등 모든 분야의 리더들 또는 앞으로 리더가 되려는 사람들이 한데 모인다는 의미로 쓰이기에도 적합하다. 그들은 각자의 전쟁터에서 팀을 이끌고 승리하고자 배우고 준비하기 위해 모인 리더들이다.

우리는 첫 번째 머스터를 계획했다. 누가 올지, 얼마나 올지 아무것도 몰랐다. 손에 꼽히는 인원보다 조금 더 올지 아닐지 알 길이 없었지만, 그래도 백여 명 정도가 참석하길 바랐다. 2016년 10월, 극한의 오너십 머스터 001이 캘리포니아의 샌디에이고에서 시작되었다. 그날은 10년 전 내가 브루저 기동대장으로서 이라크의 라마디로 출발하기 바로 전날이었고, 당시 나는 라마디에서 6개월 동안 계속 전투를 치렀다. 미국 전역과 몇몇 외국에서 350명에 가까운 리더들이 머스터에 참석했다. 피드백은 특별했다. 머스터에 참석한 리더들은 다음 머스터에 자신의 핵심 팀원들을 데리고 오며 계속 참여했다. 그 이후 수천 명이 머스터에 참석했고 지금도 계속해서 확장되고 성장하고 있다.

이틀간의 머스터 커리큘럼은 초반부터 《네이비씰 승리의 기술》 마지막 챕터의 주제인 리더십의 이분법을 깊이 파고드는 과정을 포함하고 있었다. 그 개념은 이미 책에 소개되긴 했지만, 그래도 몇몇 독자들이 이분법에 대해 더 깊이 연구하고 싶어 할 거라는 생각이 들었다. 에셜론 프런트를 통해 수백 개의 회사들, 수천 명의 리더들과 이야기를 나눠 보면서 우리의 생각이 옳다는 걸 새삼 깨달았다.

이분법의 균형은 리더십의 가장 어려운 부분이었다. 그러면서도 가장 필수적인 것이었다. 우리는 극한의 오너십을 지니려고 발버둥 치는 리더들이 잘못된 방식으로 혼자 모든 것을 처리하려다가 실패하는 경우를 종종 목격했다. 마찬가지로 지휘권 분산 원칙을 이행하려는 리더들이 통제력을 잃는 바람에 팀을 이끌 수 없게 되어 결국 오너십을 포기하는 모습도 본 적이 있다. 성공적인 리더십의 핵심은 서로 반대되는 요소들 사이에서 평형을 찾고 균형을 유지하는 데 있다. 참고로 리더들이 균형을 이루어야 하는 이분법은 수도 없이 많이 존재한다.

그래서 처음부터 머스터의 한 부분으로 리더십의 이분법에 대한 깊이 있는 토론을 반드시 다뤄야 한다고 생각했다. 머스터의 규모가 커지면서 리더십의 이분법에 관한 요구와 집중이 더 커지고 깊어졌다. 우리는 머스터를 통해, 리더십 컨설팅 업무를 통해, 그리고 리더들이 이분법을 인식하고 그 안에서 적절한 균형을 찾아가는 것을 도와주면서 리더십의 이 중요한 측면을 책에 담아야겠다는 생각이 들었다. 그러던 중 우연히 매우 뛰어난 경영자이자 나와 가깝고 믿음직한 친구가 이 주제를 《네이비씰 승리의 기술》을 잇는 다음 책에서 다루어 보면 어떻겠냐고 제안했고, 우리는 그의 말이 맞는 말이라는 걸 깨달았다. 그렇게 해서 여러분이 들고 있는 이 책 《네이비씰 균형의 기술: 리더십의 이분법》이 세상의 빛을 보게 되었다. 《네이비씰 승리의 기술》을 썼을 때보다 더 많은 리더들과 더 오랫동안 함께 일한 경험을 바탕으로 《네이비씰 균형의 기술: 리더십의 이분법》을 집필했고, 책 속에서 리더십을 위한 가장 힘든 도전과 모든 리더가 거쳐야 할 복잡하고 디테일한 길을 깊이 있게 다루었다. 모든 이분법에서 적절한 균형을 찾는 것은 모든 팀과 리더들이 이끌고 승리할 수 있도록 한다. 모두가 최적의 성능을 발휘하게 만든다.

–조코 윌링크, 레이프 바빈

회상

조코 윌링크

나를 기억하라.

나는 전사한 육군이자 해군, 공군, 해병대 병사이다.

나는 전사한 전사이다.

나는 물러서지 않는 사람이다.

가끔 나는 자원해서 갔다. 때로는 가라고 해서 가기도 했다.

조국에서 나를 부르면-그에 응했다.

임무를 다하기 위해 다들 당연하게 여기는 가족과 친구 그리고 자유를 뒤로한 채 떠났다.

시간이 흐르면서 다른 무기들을 사용했다. 검, 머스킷 총, 총검, 소총, 기관총.

두 발로 전쟁터를 행진할 때도 많다. 대륙 전체를 거쳐 끝도 보이지 않는 길을. 나에겐 물 조금과 먹을 것 약간이 전부였다. 그러나 그건 중요하지 않았다. 임무를 다해야 했다.

어떤 때는 말의 등에 타거나 마차를 타고 전투를 치렀다. 가끔은 기차를 타기도 했다. 나중에는 탱크나 지프차 또는 험비를 탔다.

전쟁 초반에는 나무로 만든 배를 타고 바람의 힘으로 이동했다.

나중에는 배가 강판으로 만들어졌고, 그 배는 디젤 연료나 원자에 의해 움직였다.

나는 심지어 공중으로 올라가서 비행기와 헬리콥터, 제트기를 타며 하늘을 장악하기도 했다.

시간이 지날수록 전쟁 무기도 진화했다.

그러나 우리 조국의 적들과 맞서 싸워야 했던 사람은, 그 전사는 언제나 나였다는 걸 기억하라.

나는 우리나라를 새롭게 탄생시킨 렉싱턴과 콩코드 전투에서 싸웠다.

1776년 크리스마스, 나는 델라웨어강을 건넜다. 자유는 우리 편이었다.

1812년 채터후치강에서 벌어진 전쟁에서는 공격을 방어했다. 나는 다시 일어섰다.

게티스버스와 실로, 불 런에서 벌어진 시민전쟁 중 나는 형제들과 함께 싸웠고, 또 형제들에 맞서 싸웠다. 나는 우리가 다시는 분열되어서는 안 된다는 것을 배웠다.

1차 세계 대전에서 나는 마른강으로 행군했고 벨로 숲에서 전투를 했다. 다들 그 전쟁을 "모든 전쟁을 끝내기 위한 전쟁"이라고 불렀다. 나는 그 전쟁을 이렇게 불렀다. 지옥.

2차 세계 대전에서 나는 온 사방에서 싸웠다. 노르망디 해변과 벌지 전투, 이오 지마의 모래사장과 지옥 같은 과달카날에 이르기까지, 어디에서나 싸웠다. 나는 폭정에 맞서며 어둠이 세상을 삼키는 것을 막았다.

한국에서 나는 인천에 상륙해 장진호 전투에 출격했다. 그들은 잊힌 전쟁이라 하지만, 나는 결코 잊을 수 없다.

베트남에서 나는 메콩강 삼각주와 이아 드랑, 케 산, 햄버거 힐에서 싸웠다. 어떤 이들은 우리나라가 포기했다고 말한다. 그러나 나는 포기하지 않았다. 절대로.

최근에 나는 그레나다와 파나마, 소말리아, 그 외에 지구상의 절망으로 무너져가는 지역에서 싸웠다.

그리고 마침내 나는 이라크와 아프가니스탄에서 싸웠다. 바그다드에서, 팔루자에서 그리고 라마디에서.

코나르, 헬만드, 칸다하르에서.

기술이 발전함에 따라 나는 야간 투시 고글과 GPS, 드론, 레이저, 열적외선 시스템을 활용했다.

그러나 그 임무를 수행한 건 여전히 나였다.

산을 오르거나 사막을 건너거나 길을 따라 정찰한 사람은 나였다.

무자비한 더위와 매서운 추위를 견딘 사람은 나였다.

밤마다 국가의 원수를 막아내고 악마와 대면하기 위해 밖으로 나간 사람도 나였다.

나였다.

나를 기억하라. 나는 전사였다.

그러나 이것 역시 기억하라.

전사는 나뿐만이 아니라는 것을.

나는 육군이자 해군, 공군, 해병대 병사만이 아니었다.

이것 역시 기억하라.

나는 아들이자 형제이자 아버지라는 것을.

나는 딸이자 자매이자 어머니라는 것을.

나는 너와 같이 미래를 향한 꿈과 희망이 있는 사람이었다.

나는 자식을 갖길 원했다.

나는 내 아이가 자라는 모습을 보고 싶었다.

나는 내 아들이 터치다운을 하고 바스켓에 골을 넣는 모습을 보고 싶었다.

나는 내 딸의 결혼식에 손을 잡고 들어가고 싶었다.

나는 내 아내에게 또 키스를 하고 싶었다.

나는 아내와 함께 늙어가고 싶었다. 삶이 힘들 때 아내의 손을 잡고 싶었다.

> 아내에게 죽을 때까지 함께할 거라고 말할 때, 진심이었다.
> 우리 아이들에게 언제나 함께 있을 거라고 말할 때도, 진심이었다.

그러나 나는 그 모든 것을 잃고 말았다.

전부 다.

저 먼 전쟁터에서, 신도 버린 먼지로 뒤덮인 어느 길에서, 두려움과 불덩이, 총알들 사이에서 모든 것을 잃고 말았다.

또는 치명적인 맹공격으로 물든 적진의 상공에서.

또는 적에게 맞서서 그리고 심연 깊은 곳과 맞서 싸웠던 지독한 바다 위에서.

그곳, 끔찍한 그 장소에서 나는 물러서지 않았다.

포기하지 않았고 주저하지 않았다.

나는 육군이자 해군, 공군, 해병대 병사였다.

나는 땅 위에 서서 나의 인생을 희생했다. 나의 미래와 희망, 꿈을 희생했다.

나는 모든 것을 희생했다. 너희를 위해.

메모리얼 데이*에 나를 기억하라. 전사한 전사를.

그리고 나를 위해서가 아니라 너희를 위해 나를 기억하라.

나의 희생을 기억하라. 그래야 너희가 지닌 놀라운 보물에, 삶, 자유, 행복 추구에 진심으로 감사할 수 있다.

* 메모리얼 데이: 미국의 전몰자 추도 기념일이다. -옮긴이

내가 포기한 삶의 기쁨을 누리며 그 안에서 즐겨라.

시원한 바람.

맨발을 스치는 봄의 부드러운 잔디.

얼굴에 내려앉은 따스한 여름 햇살.

가족. 친구. 그리고 자유.

이 모든 것이 어디에서 왔는지 잊지 말아라.

전부 희생에서 온 것이다. 대단한 희생에서.

낭비하지 말아라. 이 지구상에서 시간을 낭비하지 말아라.

전사한 영웅들의 희생을 기리는 삶을 살아라.

언제나 그들을 기억하라. 그리고 메모리얼 데이를 기억하라.

어떻게든 승리한다

조코 윌링크

리더십이란 무엇인가?

누구는 사람들에게 영향을 미치는 거라고 말한다. 누구는 사람을 믿는 거라고 말한다.

누구는 권위 있는 위치에 앉아서 사람들에게 일을 시킬 수 있는 거라고 한다.

리더십의 정의는 매우 다양하다.

그러나 나에게 리더십은 언제나 한 가지를, 딱 한 가지만을 의미했다.

어떻게든 승리한다.

나에게는 이것이 리더십의 의미다.

그 말에는 엄청난 힘이 있으며, 이는 대담한 발언이다.

'어떻게든 승리한다'라는 말은 이기기 위해 아무것도 멈추지 않을 것임을 의미한다.

내 길을 가로막는 건 아무것도 없음을 의미한다. 나는 내 길에 놓인 모든 것을 이겨 낼 것이다.

'어떻게든 승리한다'는 궁극적인 선언이다.

나는 이렇게 외친다. 나는 눈앞에 맞닥뜨린 모든 것을 파멸시키는 파괴자다!

지금 보기에는 상당히 단순한 발언처럼 느껴진다.

하지만 사실은 그렇게 간단하지 않다.

'어떻게든 승리한다'는 그 이상을 의미한다.

그러나 많은 사람들은 그 사실을 보지 못하고 이해하지 못한다.

'어떻게든 승리한다'는 모든 장애물을 거침없이 밀고 나간다는 것을 의미한다.

그러나 물러설 때를 아는 걸 의미하기도 한다.

또한 문제를 정면 돌파하는 걸 의미한다.

그러나 그 문제를 언제 회피하고 뒤로 빠져나가야 하는지 아는 것을 의미하기도 한다.

'어떻게든 승리한다'는 계획을 완수할 때까지 복수심을 가지고 계획을 추진하는 것을 의미한다.

한편으로는 그 계획이 효과가 없다는 것을 인정하고 새로운 시도를 하는 걸 뜻한다.

'어떻게든 승리한다'를 이루기 위해서는 리더가 책임지고 일을 성사시켜야 한다.

그러나 리더는 또한 옆으로 물러서서 다른 사람에게 지휘를 맡기고 팀을 이끌게 만들어야 할 시기를 알아야 한다.

리더로서 '어떻게든 승리한다'를 해내는 것은 군중 앞에 서서 앞으로 나아가는 길을 보여 주는 것이다.

그러나 또한 그늘진 뒤편에 서서 팀에게 힘을 실어 주고 그들에게 공을 돌리는 것이기도 하다.

그렇다.

승리하려면 무엇이 필요한가?

그렇다. 마음을 단단히 먹어야 한다.

그렇다. 의욕이 넘쳐야 한다.

그렇다. 승리를 위한 무적의 의지를 지녀야 한다.

진정으로 승리하기 위해 더 많이 유연해야 하고 더 창의적이어야 하고 더 잘 받아들여야 하고 더 잘 타협해야 하고 더 겸손하고 신중해야 한다. 대부분 사람들이 아는 것보다 더욱더.

이것이 승리하는 데 필요한 것들이다.

이것들이 '어떻게든 승리한다'를 이루게 하는 거라면 훌륭한 리더는 어떻게 만들어지는가?

답하기 어려운 질문이다.

사람들이 이 대답을 딱 집어 말하기 어려워하는 이유가 있다. 그건 바로 그것의 형태를 볼 수 없기 때문이다. 훌륭한 리더를 만드는 것들은 대개 보이지 않는다.

믿음.

관계 형성.

무언의 사례.

그리고 균형.

리더십의 이분법에서의 균형.

너무 강한 것과 약한 것 사이의 균형.

너무 시끄러운 것과 조용한 것 사이의 균형.

너무 공격적인 것과 수동적인 것 사이의 균형.

너무 거친 것과 부드러운 것 사이의 균형.

폭군이 되는 것과 만만한 사람이 되는 것 사이의 균형.

자신의 자아를 통제하는 것과 자아가 자신을 통제하게 하는 것 사이의 균형.

그 지점이 리더십의 진정한 아름다움이 놓인 곳이다.

많은 사람이 이해하지 못하는 아름다움이.

아름다움은 그곳에 있다.

만약 자신의 자아 위에 팀과 임무, 사람들, 원칙을 먼저 올려놓는다면, 승리한다.

이것은 반직관적인 현실이다.

반대로 만약 나 자신을 먼저 생각한다면, 다른 것들보다 나 자신에 더 신경 쓴다면, 실패한다.

만약 자신을 위해 팀을 희생한다면,

만약 팀보다 개인의 성공이 더 중요하다면,

나를 위해 일하는 사람들보다 나 자신을 더 걱정한다면,

그러면 무조건 무너진다.

하지만 팀을 최우선으로 두고 나 자신만의 성공이 아니라 본래의 목표를 위한다면, 팀과 그들의 임무의 성공을 위해 달린다면,

리더로서 다른 것들을 나보다 더 우선시한다면, 팀을 맨 앞에 두고 최우선으로 돌본다면,

그러면 무조건 이긴다.

이것이 바로 리더십이다. 내 앞에 임무와 나의 사람들을 두려는 순수한 목표와 정의로운 의지 말이다. 이것이 리더가 '어떻게든 승리한다'를 이뤄낼 수 있는 진정한 방법이다.

네이비씰 균형의 기술: 리더십의 이분법

펴 낸 날 | 초판 1쇄 2022년 1월 26일

지 은 이 | 조코 윌링크, 레이프 바빈
옮 긴 이 | 나현진

표지디자인 | 별을 잡는 그물 양미정
본문디자인 | 이가민
책 임 편 집 | 강가비

펴 낸 이 | 차보현
펴 낸 곳 | 데이원
출판등록 | 2017년 8월 31일 제2021-000322호
편집부(투고) | 070-7566-7406, dayone@bookhb.com
영업부(출고) | 070-8623-0620, bookhb@bookhb.com
팩 스 | 0303-3444-7406

네이비씰 균형의 기술: 리더십의 이분법 © 조코 윌링크, 레이프 바빈, 2022
ISBN 979-11-6847-029-3 (03320)

* 잘못된 책은 구입하신 서점에서 바꾸어 드립니다.
* 이 책의 출판권은 지은이와 데이원에 있습니다.
  내용의 전부 또는 일부를 재사용하려면 반드시 양측의 서면 동의를 받아야 합니다.
* 데이원은 펜슬프리즘(주)의 임프린트입니다.